Collection « L
dirigée pa

SVÂMI PRAJÑÂNPAD

DU MÊME AUTEUR

Svâmi Prajñânpad, un maître contemporain

T. 1. *Manque et plénitude*, La Table Ronde, 1989.

T. 2. *Le Quotidien illuminé*, La Table Ronde, 1990.

T. 3. *Une synthèse Orient-Occident*, La Table Ronde, 1991.

Candide au pays des gourous, Dervy, 1990.

La Pratique du Kinomichi avec Maître Moro, Critérion, 1992.

TRADUCTIONS

R. Srinivasan, *Entretiens avec Svâmi Pajñânpad*, L'Originel, 1984.

S. Prakash, *L'Expérience de l'Unité*, L'Originel, 1986.

Svâmi Prajñânpad, *Lettres à ses disciples* :
T. 1. *L'Art de voir*, L'Originel, 1988.
T. 2. *Les Yeux ouverts*, L'Originel, 1989.
T. 3. *La Vérité du bonheur*, L'Originel, 1990.

DANIEL ROUMANOFF

SVÂMI PRAJÑÂNPAD

Biographie

La Table Ronde
7, rue Corneille, Paris 6e

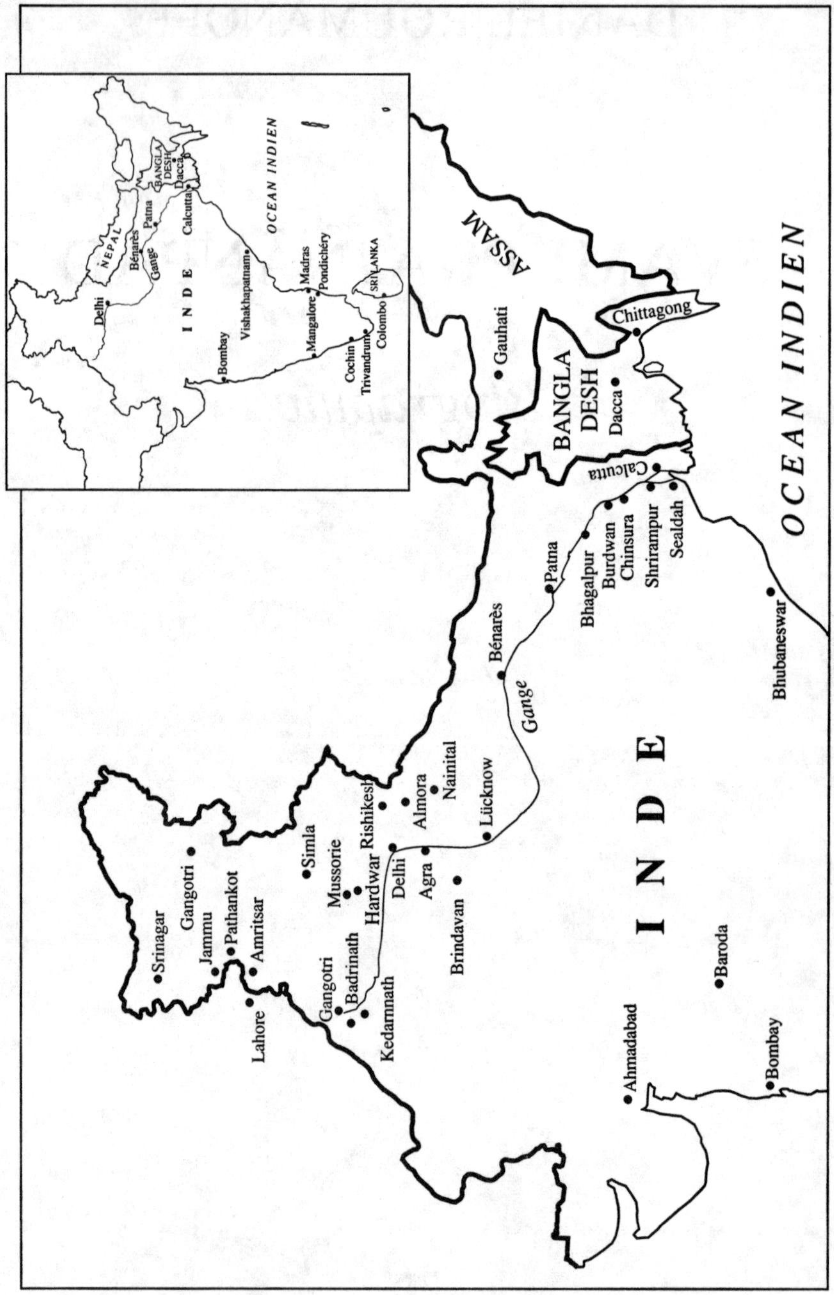

Villes de l'Inde citées dans le présent ouvrage.

ISBN 2-7103-0543-7.

Introduction

Dire quelque chose de quelque chose,
c'est déjà dire autre chose, interpréter.
Aristote, *Herméneutique.*

Un sage peut-il avoir une biographie ? Il n'a pas de passé. Il vit dans le présent. Pourtant il est né, il a grandi, il s'est développé et un jour la transformation s'est faite. Quel rapport entre la croissance de ce corps, de cette conscience et ce qu'il est maintenant ? Pour lui, aucun. Il est ce qu'il est ici et maintenant, et rien d'autre.

Svâmiji ne parlait pas de « son » passé. Il n'en avait pas car il en était libre. Que faut-il entendre par là ? Tout simplement qu'il pouvait vivre dans le présent sans aucune détermination venant du passé. C'est pourquoi il disait couramment : « Svâmiji a eu un passé mais il n'a plus de passé. » C'est ainsi que pour illustrer un point particulier, donner un exemple, il pouvait parfois être amené à parler du « jeune homme qu'il avait été ».

Il ne s'opposait pas à ce que l'on parle de sa vie. Un jour, un de ses disciples indiens Sumangal Prakash lui demanda : « Pourquoi n'écrivez-vous pas votre autobiographie, Svâmiji ? » Celui-ci lui répondit qu'il y avait certainement dans son expérience de la vie des éléments qui valaient la peine d'être écrits, mais que le besoin émotionnel de leur donner une expression ne se faisait plus sentir. Après un long moment de silence, rassemblant son courage, Sumangal Prakash dit : « Si Svâmiji voulait bien accepter de me raconter les expériences de son enfance, alors peut-être pourrais-je essayer moi-même de les rendre avec mes propres mots. » A sa grande surprise, Svâmiji accepta immédiatement et le soir même se mit à lui raconter des épisodes de « son » enfance. « Mais, dit Sumangal Prakash, les images évoquées par cet homme qui n'avait plus aucune passion ni émotion étaient si pleines de vie que mes capacités littéraires se révélèrent insuffisantes pour rendre justice au récit qu'il faisait et je dus renoncer à mon projet. »

Peu de disciples ont eu l'audace ou peut-être simplement l'intérêt d'interroger Svâmiji sur ses expériences passées, la manière dont il est venu à la vérité ou encore sur ses relations avec son propre maître. Pourtant, chaque fois qu'on lui posait des questions directes sur ces sujets, Svâmiji y répondait en détail avec une grande liberté et sans aucune réticence.

Personnellement, même du vivant de Svâmiji, j'ai essayé de recueillir le maximum d'éléments sur sa vie. Certes mon intérêt premier a d'abord été son enseignement[1], mais je me demandais parallèlement : « Comment devient-on sage ? Quel est le parcours ? Prédestination ou effort ? Vie antérieure ou vie actuelle ? » Svâmiji parlait de sensibilité, de capacité à ressentir profondément les événements, à en tirer un enseignement. Mais cette réponse me laissait sur ma faim, car d'où vient cette capacité ? Svâmiji disait couramment à propos d'une personne : « Telle est sa nature. » Expression qu'il n'a jamais véritablement explicitée, encore qu'il l'ait utilisée pour se caractériser en disant : « Svâmiji ne peut agir autrement. Sa nature a toujours été de donner, donner, de faire passer l'intérêt des autres avant le sien propre ; cela fait partie de ses caractéristiques intrinsèques (*it is in his grain*). »

Comment réconcilier ces déclarations avec le fait qu'il rejetait toute prédestination et faisait tout dépendre des efforts de l'homme ? Ne pourrait-on dire que, comme dans un jeu de poker, chacun reçoit des cartes particulières, des bonnes et des moins bonnes, et que tout dépend de la manière dont on joue les cartes dont on dispose ?

J'ai donc cherché à savoir d'une manière plus précise quelles ont été les cartes dont Svâmiji a disposées au départ, la manière dont il les a jouées.

Dans la plupart des biographies de saints ou de sages, leurs auteurs, pour essayer de mettre en valeur les qualités exceptionnelles de ceux dont ils relatent la vie, racontent que « dès leur naissance

1. Voir les trois volumes publiés aux Editions de La Table Ronde : *Svâmi Prajñânpad, Manque et plénitude* (t. 1), *Le Quotidien illuminé* (t. 2), *Une synthèse Orient-Occident* (t. 3). Ceux-ci traitent de son enseignement proprement dit. Dans cette biographie, au travers des anecdotes, des entretiens avec ses disciples, c'est un enseignement plus incarné qui apparaît.

ceux-ci présentent des dispositions ou des caractéristiques exceptionnelles », détruisant par là la valeur d'exemple qu'une telle vie peut fournir.

Svâmiji avait au départ certaines caractéristiques : le sentiment de sa propre dignité, la volonté de ne rien accepter sans le vérifier, d'aller chaque fois jusqu'à la racine des choses, le courage d'agir en fonction de ses convictions, etc. Mais l'élément essentiel semble avoir été une extrême sensibilité ainsi qu'il ressort des propos mêmes de Svâmiji :

« Svâmiji, a demandé une fois Surendra, un disciple indien, excusez-moi mais je suis très curieux de savoir ce qui réellement a fait changer votre vie.

– C'est difficile à déterminer... Il y a eu une série d'événements et certains événements ont effectivement changé ma vie... Et alors je lui en ai raconté un certain nombre.

– Mais, Svâmiji, de tels événements sont extrêmement courants et cela ne change pas la vie des gens.

– Bien sûr, c'est vrai... Ce qui se passe, c'est que les événements arrivent à l'extérieur ; vous ne vous laissez pas affecter par eux. Vous vous fermez. C'est pourquoi aucun changement ne se produit dans votre vie... Par contre, celui qui est affecté profondément par eux est obligé d'y faire face. Il n'a pas d'échappatoire, il perd ses illusions et se libère. Celui qui est capable d'être affecté par eux, qui est assez sensible pour les sentir, peut être affecté, bien sûr, par de tout petits événements quotidiens[1]. »

Le plus grand obstacle rencontré concernant cette biographie est venu de la difficulté à rassembler les sources d'information. Quels sont les éléments disponibles ? Il y a d'abord les récits que Svâmiji a pu faire et qui ont été enregistrés sur magnétophone[2] par ses disciples. C'est la source la plus authentique dont nous disposons et pratiquement la seule source pour les événements de la petite enfance[3]. Puis il y a les lettres que Svâmiji a écrites aux disciples, de 1927 à 1974. Enfin il y a les notes personnelles prises

1. Sumangal Prakash, *L'Expérience de l'Unité*, p. 224.

2. Les entretiens enregistrés sont indiqués par la lettre E suivie de la date. Les lettres écrites par Svâmiji sont indiquées par la lettre L. Les notes prises par les disciples après les entretiens par la lettre N.

3. J'ai rassemblé en 1978 tous ces récits dans un recueil intitulé *Vie de Svâmiji racontée par lui-même* et qui a été communiqué aux disciples français et à quelques disciples indiens. *L'Expérience de l'Unité*, Ed. L'Originel, contient un grand nombre de récits de la vie de Svâmiji racontés par lui-même et retranscrits par Sumangal Prakash.

par les disciples après les entretiens et que certains ont bien voulu me communiquer.

Par ailleurs, lorsqu'en 1978, les disciples français et indiens se sont réunis à Calcutta et ont pris la décision de rassembler et de publier les lettres de Svâmiji, le professeur Raja Ram Shastri, vice-recteur du Kashi Vidyapith, l'institution où Svâmiji avait enseigné à Bénarès, impressionné par le zèle des disciples français, s'est proposé de constituer une équipe de chercheurs indiens parmi les jeunes étudiants du Kashi Vidyapith dans le but de rassembler les éléments nécessaires à l'établissement d'une biographie de Svâmiji. Ce projet n'a pas eu de suite mais Sumangal Prakash, lui-même ancien élève du Kashi Vidyapith et disciple de Svâmiji, l'a pris très au sérieux. Il a pu recueillir et enregistrer au magnétophone les témoignages de Mâ Anasûya Devi, l'ex-épouse de Svâmiji, de Chinmayee sa fille ainsi que de quelques autres disciples indiens. Puis il a lui-même entrepris la rédaction d'une biographie en s'appuyant sur tous les éléments à sa disposition. J'ai beaucoup utilisé le travail considérable de Sumangal Prakash, auquel je souhaiterais ici rendre particulièrement hommage. Il a fourni notamment une aide inappréciable en donnant des dates précises à certains récits, ce qui a permis de classer les événements rapportés par ordre chronologique. Il a également supervisé la traduction en anglais des poèmes et des articles écrits par Svâmiji ainsi que la thèse de doctorat sur l'*Adhyâtmayoga et la psychanalyse* écrite en 1929 par Venkateshvar sous la direction de Svâmiji.

Chapitre premier

Enfance et études

1. *Enfance.*

A la fin du siècle dernier, Chinsura était une bourgade paisible située sur la rive gauche du Gange, à une cinquantaine de kilomètres au nord de Calcutta, non loin de l'ancien comptoir français de Chandernagor.

Yogeshvar Chatterjee, connu plus tard sous le nom de Svâmi Prajñânpad ou Svâmiji, y est né le 8 février 1891 à 2 h 45 de l'après-midi. La vie à Chinsura était simple et rustique malgré la proximité de la grande métropole bengalie et celle du grand axe routier (*Grand Trunk Road*), qui joignait Calcutta à Lahore au Penjab et passait par les villes les plus importantes du nord de l'Inde.

On connaît peu de choses des ancêtres de la famille de Yogeshvar. Tout au plus sait-on que son grand-père paternel était un homme érudit et portait le titre de *nyâya-tîrtha* [1]. Dans une attestation établie en 1918 par un ami de la famille, le professeur de mathématiques Ashutosh Chatterjee qui joua un rôle important dans la vie de Svâmiji, il est fait mention de ce grand-père comme « un des pandits les plus renommés en son temps du district de Hooghly ». Pareillement une attestation établie en 1919 par le Rai Sahib Mohendralal Bose de Chinsura mentionne qu'« il appartient à une famille de pandits renommés qui ont su gagner le respect des gens par leur érudition ». Il s'agit là, somme toute, d'attestations

1. Litt. : maître ou guide en logique, « maître en ce qui convient » d'où l'idée de maître en justice ou juge.

assez banales pour certifier que Yogeshvar était issu d'une « bonne famille ».

D'après ce que Svâmiji racontait plus tard, « ce grand-père était un Vedântin de stricte obédience tandis que son père était un adepte du culte de la *śakti* (litt. énergie), qui suivait la voie de la dévotion et le grand-père "se moquait de son fils à ce sujet[1]" ». Par ailleurs, « sa mère était aimante, d'une nature simple, son père aimant et détaché de ce monde[2] ».

C'était une famille orthodoxe faisant partie des brahmanes Chattopodhyaya, appellation anglicisée par la suite en Chatterjee par les Anglais. Kedarnath, le père de Yogeshvar, était estimé et respecté dans la ville non seulement parce qu'il était très religieux et qu'il connaissait bien les textes sacrés (*śâstra*) mais aussi pour la manière dont il remplissait ses fonctions d'officiant du culte, d'astrologue, de conseiller, d'arbitre et de guru. Comme la majorité des pandits de cette époque, il dépendait entièrement pour sa subsistance des dons qui lui étaient offerts par les familles pour l'accomplissement des services religieux ou pour sa participation à des fonctions sociales.

Svâmiji, qui a perdu ses parents très tôt, racontait plusieurs histoires concernant son père qui éclairent d'une manière particulière l'influence que celui-ci a pu exercer sur son fils dans la formation de son caractère :

« Je me souviens très bien, quand beaucoup de gens du village se réunissaient dans notre maison, on s'adressait à eux tous en les appelant *Dada* (frère) ou *Jyatha* (frère aîné), etc. Mon père leur faisait la lecture du *Râmâyana* ou d'autres livres sacrés. Je ne pourrai jamais oublier le jour où un exemplaire du *Râmâyana* de Tulsidas, que mon père avait commandé quelque part, est arrivé. C'était un énorme livre et mon père le tenait en si grande vénération et était si heureux de l'avoir enfin reçu que, le plaçant sur sa tête, il s'était exclamé : "Ah ! Je suis béni d'avoir reçu ce livre sacré." Il avait coutume de faire la lecture de ces livres sacrés devant une assemblée de gens très divers appartenant à toutes les castes et à toutes les classes qui, assis par terre, se réunissaient tous ensemble pour l'écouter[3]. »

Voici une autre histoire, caractéristique, semble-t-il, de la

1. E.7.5.69.
2. E.3.3.72.
3. Sumangal Prakash, *L'Expérience de l'Unité*, p. 372.

manière dont son père s'y prenait pour l'éduquer : « Ceci m'est arrivé quand j'étais très jeune... Quel âge pouvais-je bien avoir à ce moment ? Pratiquement six ou sept ans. Un jour, mon père me dit :

– *Baba* Jagai [1], écoute... écoute-moi.

– Oui, *Baba*, qu'y a-t-il ?

– Suppose que le village prenne feu et que le feu s'étende jusqu'à ta maison et jusqu'à la maison de ton voisin, que ferais-tu ?... N'essaierais-tu pas d'éteindre le feu ?

– Oh ! Oui, bien sûr... J'irais voir les autres et je leur dirais que notre maison est en train de prendre feu et je leur demanderais de l'eau pour éteindre l'incendie.

– Oui, effectivement, tu demanderais aux autres de t'aider à porter de l'eau pour éteindre le feu de ta maison. Mais suppose que, n'ayant pas d'eau pour éteindre le feu de ta maison, tu ailles voir ton voisin et que celui-ci t'explique que justement il ne peut pas t'aider parce que sa maison aussi est en feu. Tu trouverais qu'il a raison. Comment pourrait-il laisser sa propre maison brûler pour aller s'occuper de celle de son voisin ? C'est certainement un argument valable. Mais suppose que tu viennes aider ton voisin, que diraient les autres ? "Oh ! Oh ! Il a laissé sa propre maison pour nous venir en aide. Nous aussi allons-y... allons l'aider à éteindre le feu dans sa maison." En agissant ainsi, tu rendras les autres personnes désireuses de venir t'aider à éteindre le feu dans ta maison. Mais si tu t'occupes seulement de ta propre maison, les autres diront : "Oh !... Oh !... Il ne s'occupe que de sa maison, laissons-le se débrouiller tout seul." Et personne ne viendra t'aider alors que tu es dans le besoin... Quelle attitude convient-il d'avoir alors ? Ne pas rechercher son propre intérêt, mais prendre soin de l'intérêt des autres [2]. »

Une autre histoire va également dans le même sens et s'est produite à la même époque :

« Je me rappelle encore ce qu'un jour mon père m'avait dit quand le charpentier Jugal, de la caste Doma, était venu travailler dans notre maison. A l'époque quel âge pouvais-je avoir ? Six ou sept ans pas plus. Je n'étais qu'un enfant. Ayant pris un morceau de bois, je m'étais approché du charpentier pour lui demander d'en faire quelque jouet, je m'étais adressé à lui en l'appelant par son nom Jugal. Mon père alors, m'appela :

1. C'est la coutume au Bengale pour les parents d'appeler leur fils *Baba* (père) et leur fille *Mâ* (mère). *Jagai* ou *Yogu* est un diminutif de Yogeshvar.

2. Sumangal Prakash, *L'Expérience de l'Unité*, p. 397.

– *Baba* Jagai, *Baba* Jagai.

– Tu m'as appelé, *Baba* ?

– Oui, que viens-tu de dire juste maintenant ? Qu'étais-tu en train de lui demander ?

– Je demandais à Jugal de...

– Qu'est-ce que tu as dit ?... Qu'est-ce que tu viens de dire ?

– J'ai demandé à Jugal...

– Oui, oui... tu as bien dit : "Jugal", n'est-ce pas ?

– Oui, *Baba*.

– Très bien. Comment est-ce que je m'adresse à son père ? Est-ce que je ne l'appelle pas "*Rasik Dada* (frère aîné)" ?

– Oui, *Baba*, bien sûr, quand tu t'adresses à lui, tu l'appelles *Rasik Dada*.

– Et toi, comment l'appelles-tu ?

– *Rasik Jyatha* (oncle aîné).

– Quelle est alors ta relation avec Jugal ? N'est-il pas beaucoup plus âgé que toi ? Comment alors dois-tu t'adresser à lui ? Jugal *Dada*... n'est-ce pas ?

– Oui *Baba*, oui *Baba*... Jugal *Dada*, bien sûr.

Et pourtant c'était une personne d'une caste inférieure, un intouchable[1]... »

Ainsi que Svâmiji le rapporte lui-même, une telle influence n'est pas restée sans effet :

« Je me rappelle un incident après la mort de mon père. C'était le jour d'*ekadaśi*[2]. Vous savez qu'au Bengale les veuves et quelques autres personnes jeûnent ce jour-là et ne prennent ni nourriture ni même une goutte d'eau. Ils interrompent le jeûne, le jour suivant, en prenant un petit déjeuner rituel. Pour cela, il faut avoir une noix de coco fraîche. J'allai voir Sambhu, de la caste Doma et je m'adressai à Sambhu comme me l'avait enseigné mon père :

– Sambhu *Jyatha*... Sambhu *Jyatha*...

– Oh ! Oui *Baba*... oui *Baba*... Pourquoi es-tu venu ?

– Oh ! Vous savez, *Jyatha*, aujourd'hui c'est *ekadaśi*.

– Oui, oui, demain c'est *dvadaśi*, n'est-ce pas ? Très bien. Bien entendu, je ferai le nécessaire pour Mâ et j'apporterai une noix de coco fraîche, cueillie de l'arbre le matin même... oui... je le ferai absolument. Tu sais, il y a des gens qui sont venus de la maison de Suresh aussi pour demander la même chose. Ils sont venus et

1. Sumangal Prakash, *L'Expérience de l'Unité*, p. 397.
2. Onzième jour après la pleine lune : jour de jeûne, considéré comme sacré.

m'ont demandé brutalement : "Sambhu, Sambhu, tu sais, demain c'est *dvadaśi*..." Mais, bien entendu, j'apporterai d'abord la noix de coco à Mâ et je n'irai chez eux qu'après.

C'était pourtant une famille riche et importante qui vivait près de notre maison. Naturellement, ils lui payeraient très bien ses fruits, bien plus qu'il ne pouvait s'attendre à ce qu'on les lui paye ailleurs. Et pourtant il me dit : "Non, non... j'apporterai d'abord les fruits à Mâ..." Voyez comme cette attitude est payante. Le cœur touche le cœur. Si le sentiment est présent, il ne peut que toucher le cœur [1]. »

2. *Mort des parents et histoire du sel et de la farine.*

Les parents de Yogeshvar et son frère aîné moururent presque tous en même temps lors d'une épidémie de peste. La date exacte est difficile à déterminer. Certains disent que Yogeshvar avait entre sept et huit ans, mais c'est en 1897 qu'il y eut une épidémie de peste à Calcutta et dans les villes avoisinantes. Yogeshvar aurait alors eu six ans. Selon d'autres sources, ces morts se seraient produites quand le troisième frère aîné de Yogeshvar, Laksmi Narayan, appelé Sejda dans la suite de ce récit, faisait ses études de licence (M.A.). Sejda, né en 1885, a passé ses examens de licence en 1907. La mort des parents aurait donc eu lieu vers 1905 et Yogeshvar aurait été âgé de quinze ans. Pourtant on sait, d'après les souvenirs de Svâmiji, qu'il s'est trouvé orphelin lorsqu'il allait encore à l'école primaire. Or il n'y est resté que deux ans entre 1900 et 1902. Il devait donc avoir près de onze ans.

Parmi les survivants, il y avait le deuxième frère aîné (*Mejda*) Tarapada qui avait un emploi hors de Chinsura, un troisième frère (*Sejda*) Lakṣmi Narayan qui faisait ses études à Calcutta, ainsi qu'une sœur cadette restée veuve. Les revenus de la famille se trouvèrent réduits à dix roupies par mois. Yogeshvar se trouva soudainement promu chef d'une famille de quatre personnes, composée d'une belle-sœur devenue veuve à la suite de la mort du premier frère aîné, d'une deuxième belle-sœur, épouse de Sejda, et enfin d'une sœur plus jeune que lui, également veuve. Yogeshvar réalisa alors que si Sejda devait interrompre ses études, l'avenir de toute la famille serait compromis et qu'il fallait essayer de

1. Sumangal Prakash, *L'Expérience de l'Unité*, p. 376.

faire vivre tout le monde avec la faible somme dont il disposait.

C'est ainsi que, lors des visites dominicales de Sejda dans sa famille, il s'arrangeait pour que soit préparé à son intention un curry de pommes de terre, qui était son plat préféré. Si Sejda avait été informé de la véritable situation matérielle, il aurait certainement abandonné ses études pour prendre un emploi quelconque pour venir en aide à sa famille.

La pauvreté de la famille peut être aisément imaginée d'après les récits qu'en a faits Svâmiji, lorsqu'il était malade, près de deux ans avant sa mort. Des images apparaissaient devant ses yeux, lorsque jeune garçon, torse nu, vêtu d'un dhoti dont un pan recouvrait son épaule, il allait de porte en porte quémander de quoi acheter ses livres de classe. La nuit, il dormait sur une vieille natte déchirée recouverte de son dhoti.

Cette misère extrême, il la cachait non seulement à son frère aîné mais également à ses camarades. Vint un jour où il n'eut pas de quoi remplacer ses sandales usées. Aussi, pour éviter de dévoiler son dénuement, il se fit un pansement autour de ses orteils comme s'il était blessé. Mais il ne put tromper longtemps son instituteur qui, au bout de quelques jours, lui demanda sur le chemin du retour de l'école, de retirer son pansement. Ayant découvert la vérité, l'instituteur lui offrit une nouvelle paire de sandales. Yogeshvar refusa tout d'abord et il fallut toute la persuasion de l'instituteur pour le convaincre de l'accepter.

Même très jeune, Yogeshvar faisait preuve d'une extrême sensibilité et avait un vif sentiment de sa propre dignité. Il semble qu'il ait perçu très tôt que l'homme se distinguait de l'animal par des traits spécifiques et particulièrement la capacité de délibérer et de raisonner, ce qui apparaît clairement dans l'histoire du sel et de la farine que Svâmiji a racontée une ou plusieurs fois pratiquement à chacun de ses disciples et dont voici une des versions :

« Svâmiji à cette époque était un garçon de quatorze ans. Le garçon finissait son repas. Sa belle-sœur lui demanda :

– Alors comment as-tu trouvé la nourriture, était-ce bon ? As-tu aimé ?

– Oui, répondis-je.

Elle commença à rire, à rire franchement.

– Pourquoi ris-tu ?

– La nourriture était bonne ?

– Oui, oui, elle était tout à fait excellente.

– Il n'y manquait rien ?

– Non, non, rien.

– Et le sel ? Y avait-il assez de sel ?

– Oui, c'était parfait.

– Ah ! Eh bien, regarde !

Un peu de sel restait dans l'assiette. "Pourquoi me demande-t-elle de regarder ? Que veut-elle dire ?" Le garçon toucha le sel avec ses doigts. "Quoi ? Qu'est-ce que c'est ? Cela n'est pas aussi rugueux que le sel, cela est plutôt plus doux... Oh ! Cela ne ressemble pas à du sel. La preuve ? Cela n'a pas le goût du sel. Non, ce n'est pas salé. Mais, qu'est-ce que c'est alors ? Voyons." Une fois encore il essaya : "Non, non, non, ce n'est pas du sel, mais pas du tout. C'est quelque chose de très différent. Mais, qu'est-ce donc ?" Il n'arrivait pas à deviner ce que cela pouvait bien être, mais il était sûr que ce n'était pas du sel.

Une fois encore il essaya de goûter. Trois fois il refit l'expérience. "Oh ! Oh ! C'est de la farine... ce n'est que de la farine... c'est de la farine."

– Ne me redonnez plus de sel, à partir de demain, dit-il. Ne m'en donnez plus jamais.

Elles furent toutes les deux consternées. "Le garçon a mal pris la plaisanterie", pensèrent-elles.

– Non, non, ne dis pas cela, tu es trop habitué au sel.

– Non, ne me redonnez plus de sel à partir de demain.

Voyez, le garçon de quatorze ans n'avait aucun ressentiment. Il avait très sérieusement annoncé qu'il ne voulait plus qu'on lui donne du sel à partir du jour suivant.

– Ne sois pas fâché contre nous, nous voulions simplement plaisanter. C'est tout.

– Non, je ne suis pas fâché du tout, mais je ne veux plus de sel à partir de demain.

– Mais pourquoi donc, pourquoi, mon chéri ?

– Non, je ne veux plus de sel à partir de demain. C'est tout. A partir de demain, je ne veux plus de sel.

Comprenez-vous ce qui était réellement arrivé à ce garçon ? Que s'était-il passé ? On lui avait servi de la farine et il avait trouvé que cette farine avait le goût du sel. Il n'était donc pas du tout attaché au sel. "Je n'aime pas du tout le sel si, à sa place, je peux prendre de la farine sans que le sel ne me manque en rien." Voilà la première conclusion. Il y en a une autre : "Oh ! J'ai été vraiment ridicule devant eux tous. J'ai pris de la farine pour du sel. Je ne veux pas que cela se reproduise." A partir de ce moment, voyez-vous, son habitude de prendre du sel a totalement disparu. Comment ? La question de l'habitude ne s'est même pas posée une seconde. Parce qu'il a vu... il a simplement vu qu'il avait transformé lui-même la farine en sel. "Quelle cruelle supercherie ! Quelle monstruosité ! Mon goût pour le sel n'est donc qu'une tromperie !"

Parce que la farine était placée exactement à l'endroit où le sel était habituellement placé et aussi parce que son apparence était blanche comme celle du sel, que croyez-vous que le mental ait fait ? Il a cru que c'était du sel. Le garçon ne s'aperçut de rien. Il a été trompé par son mental d'une manière parfaite. Sinon, comment aurait-il pu trouver un goût salé sur sa langue alors qu'en réalité ce n'était rien d'autre que de la farine ?

Voyez donc jusqu'à quels extrêmes le mental peut aller ! Le garçon a mis de la farine dans sa bouche, mais le goût qu'il a perçu était celui du sel. C'est ainsi que fonctionne le mental.

Maintenant, voyez comme cette expression elle-même : "Regarde", était belle. Il n'y avait rien d'autre à dire, simplement : "Regarde... tu as fait une erreur, simplement regarde... vois", et la vérité surgit. Parce que sa sœur savait qu'elle avait donné au garçon seulement de la farine, elle lui a demandé de regarder. L'expression qu'elle a employée était : "Regarde, vois." Il n'y a rien qui puisse être comparé à cela... rien.

Ce garçon affirmait : "C'est du sel..." Comme c'est absurde !... Vraiment absurde !... N'aurait-il pas dû déceler que ce n'était pas ce qu'il croyait être ? Et pourtant, à partir de la farine, il a eu le goût de quelque chose d'autre... le goût du sel... "Voyons !... Que se passe-t-il ? Qu'est-ce que c'est ?... Une telle vie vaut-elle la peine d'être vécue ?... Ce n'est vraiment rien d'autre que la mort[1]"... »

Svâmiji racontait souvent cette histoire non pas pour son intérêt anecdotique, mais parce qu'on y trouve ce qui formera plus tard la base même de son enseignement : l'importance de voir ce qui est. A partir de ce moment-là, Yogeshvar l'a mis en application dans sa vie : voir permet de se rendre libre de l'illusion créée par le mental. Et seul le fait de voir suffit pour se rendre libre. Svâmiji dira plus tard : « Seule la connaissance libère. » Par ailleurs, l'illusion qui lui a fait croire que la farine était du sel l'a éclairé sur la nature du mental. Constamment le mental présente le faux pour le vrai et arrive à convaincre celui qui en

1. Sumangal Prakash, *L'Expérience de l'Unité*, p. 308.

est victime que l'irréalité même, la présence de farine, est la réalité.

Il est remarquable que, si jeune, Yogeshvar ait pu tirer toutes ces conclusions d'un incident somme toute assez banal. Il y était aidé par un sentiment très fort de sa dignité : « Comment ai-je pu être abusé à ce point ? De plus, je me couvre de ridicule devant mes belles-sœurs en exigeant du sel alors qu'en fait, je peux m'en passer. Mon désir de sel est donc purement imaginaire. » Et immédiatement, après vérification, la décision tombe et l'action s'ensuit : « Plus de sel à partir d'aujourd'hui. » « Voir, sentir, vérifier puis agir », dira plus tard Svâmiji. L'action suit le sentiment qui lui-même vient de la connaissance.

3. *Amitiés et sensibilité.*

A l'école primaire, Yogeshvar était très populaire parmi ses camarades, qui étaient extrêmement attirés par sa personnalité. « Dès le début, disait Svâmiji, le jeune garçon ne cherchait qu'à donner, donner, donner[1]. » Et il précise : « Il ne cherchait pas à recevoir, seulement à donner. Il n'avait jamais songé à recevoir quoi que ce soit. Même avec son frère aîné, il ne pensait qu'à donner. A aucun moment, il ne pensait : "Ils vont m'aimer." Mais toujours il sentait : "J'aime, c'est moi qui aime[2]." » « Ainsi, ajoute-t-il, il était si rempli d'amour que pour ses amis il aurait pu tout faire et spécialement pour un ami particulier[3]. »

Cet ami si proche dont parle Svâmiji était Paresh, son cadet de trois ans. Paresh était le petit-fils d'un personnage haut placé dans l'administration et le fils d'un commerçant très prospère. Il habitait une grande demeure très luxueuse selon les critères de l'époque. Voici comment Svâmiji rapportait l'intensité de l'amour qu'il éprouvait pour Paresh :

« Quand ce jeune homme[4] avait seize ou dix-sept ans, il avait un ami. Celui-ci tomba malade. C'était une famille riche... Et Svâmiji était très pauvre... Et si intense était son amour, que tous les jours le jeune homme restait debout devant le portail pour avoir

1. E. 3.3.72.
2. E.4.2.66.
3. E.27.11.66.
4. C'est ainsi que Svâmiji se désignait lorsqu'il parlait du jeune homme qu'il avait été avant de devenir Svâmi Prajñânpad.

des nouvelles de son ami. C'était une grande maison, avec une grande cour... les gens vont et viennent... il demande :

– Comment va Paresh ?

– Je ne sais pas, lui répond-on.

Il reste debout des heures et des heures, seulement pour savoir comment il va. Pourquoi ? "Je dois savoir comment il va." Au bout d'un certain temps, un serviteur vient :

– Oh ! il va un peu mieux aujourd'hui.

– Très bien, dites-lui que je suis venu.

Il s'en va. "Je dois avoir des nouvelles. Tant que je n'en ai pas je vais rester ici debout à attendre." N'est-ce pas de la folie ? Le jeune homme n'a qu'une seule idée en tête, un seul sentiment l'anime : "Je ne peux que rester là à attendre tant que je n'ai pas la réponse..."

Etant venu un jour rendre visite à Yogeshvar, Paresh eut quelques difficultés à le trouver. Il fut totalement surpris quand enfin il aperçut Yogeshvar caché dans un coin, pleurant en silence.

– Qu'y a-t-il ? Pourquoi pleures-tu ?

Essuyant ses larmes, Yogeshvar essaya sans succès de détourner l'attention de Paresh. Finalement la vérité se fit jour, Yogeshvar dut admettre qu'il avait très faim.

– Pourquoi ne manges-tu pas quelque chose alors ?

– Il n'y a rien à manger.

– S'il n'y a rien à la maison, allons chercher quelque chose au marché.

– Mais je n'ai pas d'argent sur moi.

– Pourquoi n'en prends-tu pas dans la cassette ? demanda naïvement Paresh.

– Il n'y a pas un seul *paisa* dans la réserve, dut se résoudre à avouer Yogeshvar.

Paresh, accoutumé à l'aisance de sa famille, n'arrivait pas à en croire ses oreilles. Yogeshvar dut finalement ouvrir la petite boîte en bois qui servait de cassette dans laquelle il plaçait soigneusement les dix roupies envoyées tous les mois par Tarapada, le deuxième frère aîné.

Paresh pendant de longs instants fixa d'un air sombre la petite boîte vide. Il sortit alors de sa poche une poignée de fruits secs qu'il offrit à son ami. Yogeshvar refusa. Paresh insista, mais quand il sentit que ce qui empêchait Yogeshvar d'accepter était le sens de sa dignité, des larmes se mirent à couler sur ses joues. Il dit à Yogeshvar que dorénavant, si celui-ci refusait de partager avec lui, il jetterait tous les fruits secs que sa mère lui donnerait. Cela fit céder Yogeshvar.

A partir de ce moment-là, Paresh mettait régulièrement de côté pour son ami une partie des fruits secs qu'il recevait. Un jour, sa mère s'aperçut comment il transférait subrepticement des fruits secs de la poche d'un habit à l'autre. Mais quand elle apprit le secret de son fils, elle se mit d'elle-même à en rajouter. C'en était trop pour Yogeshvar qui se mit à interroger Paresh. Celui-ci lui dit : "Quand ma mère m'a demandé des explications, que pouvais-je lui dire d'autre que la vérité ? N'est-ce pas toi qui m'as toujours appris à dire la vérité ?"

Le temps passait. Yogeshvar commença à être traité comme un membre de la famille de la maison de Paresh. Un jour qu'il s'y trouvait, Yogeshvar eut soif. Selon les usages traditionnels, un brahmane ne pouvait prendre aucune boisson venant d'une personne appartenant à une basse caste, mais son intimité croissante avec Paresh lui avait rendu ces règles odieuses. Tout son être se révoltait depuis longtemps contre ces barrières qui lui paraissaient dénuées de sens. Un jour, ayant mûrement réfléchi à la question, il demanda à la jeune sœur de Paresh de lui apporter à boire. Elle ne put en croire ses oreilles : "Tu vas vraiment boire de l'eau dans notre maison, Yogeshvar ?" demanda-t-elle étonnée. "Oui", répondit-il d'un ton déterminé. La mère de Paresh arriva sur ces entrefaites et se mit à le rabrouer : "Tu veux boire de l'eau dans notre maison ! Tu veux donc commettre un péché ?" – "Il n'y a aucun péché, répliqua Yogeshvar, n'êtes-vous pas des êtres humains comme nous ?" »

Le samedi suivant, Sejda, de retour de Calcutta, ayant appris cet incident, demanda des explications à son frère. Malgré l'immense affection et le respect qu'il éprouvait envers son frère, Yogeshvar s'était préparé à l'affronter. Arguments et contre-arguments se succédèrent mais ce fut à Sejda de s'incliner.

L'amitié de Yogeshvar et de Paresh ne fit que grandir avec le temps. Paresh avait deux ou trois ans de moins que Yogeshvar et imitait le comportement de celui-ci. Yogeshvar, de son côté, protégeait Paresh. Et lorsque, par la suite, ce dernier s'engagea encore jeune et fragile dans un groupe d'extrémistes révolutionnaires sans mesurer véritablement la portée de son acte, Yogeshvar passa plusieurs nuits, caché derrière les buissons près de la rivière Hooghly, à guetter le retour de son ami, de crainte que Paresh ne tombe dans un guet-apens. Paresh, bien entendu, n'en avait jamais parlé à Yogeshvar et lorsque celui-ci prit un jour l'initiative d'aborder ce sujet, Paresh lui raconta tout. Et c'est ainsi que, peu à peu,

Yogeshvar put l'amener à renoncer à des projets dans lesquels il s'était engagé sans y avoir suffisamment réfléchi[1].

La deuxième personne à laquelle Yogeshvar était profondément attaché était son troisième frère Sejda, bien qu'ils fussent tout à fait différents l'un de l'autre. En effet, si Yogeshvar, dès le départ, s'était montré rebelle et contestataire, Sejda était très attaché à la tradition et au respect des règles sociales et religieuses. Il est possible que l'idéal de Sejda, après la mort de son père, ait été représenté par un homme de sa propre caste, Ashutosh Chattopodhyaya du même village qui l'avait pris sous sa protection et l'avait aidé à poursuivre des études supérieures à Calcutta.

« Un jour qu'on célébrait la *Durgâ Pûjâ* dans la maison d'Ashuda, le septième jour après la pleine lune, les gens commencèrent à se rassembler pour l'offrande rituelle de fleurs (*puṣpâñjali*). La journée était déjà avancée et Yogeshvar n'était pas encore arrivé. Vers onze heures, Ashuda commença à se sentir nerveux. Ayant vérifié que Yogeshvar, ou Yogu comme il était appelé par ses aînés, était toujours absent, il se précipita vers Lakṣmi Narayan en se plaignant de l'absence de son jeune frère. Sejda partit alors à sa recherche. Ashu lui-même, après avoir déclaré : "Ce n'est pas un garçon à se conduire de la sorte", partit lui aussi à la recherche de Yogeshvar.

Au bout d'une heure, il le trouva assis sur la berge de la rivière en compagnie de Paresh : "Pourquoi n'es-tu pas venu à la *Pûjâ*, frère Jagai ? – Pourquoi aurais-je dû aller à votre *Pûjâ* avec mon offrande ?" répliqua Yogeshvar de manière plutôt abrupte . "C'est que Mâ (la déesse Durgâ) est déjà arrivée, expliqua le vieil homme. Mais Yogeshvar était décidé à se montrer peu courtois : "Non, Mâ ne vient jamais dans votre maison et c'est pourquoi je n'y vais pas."

Cela fut un grand choc pour Ashu, car il célébrait cette *Pûjâ* avec un grand faste, beaucoup de dévotion et en tirait gloire. S'ensuivit un échange assez vif au cours duquel il apparut que Paresh n'étant pas autorisé à venir faire ses offrandes en raison de sa caste, Yogeshvar ne jugeait pas utile de s'y rendre lui-même.

Trop interloqué pour prendre une décision immédiate, Ashu laissa les deux jeunes gens au bord de la rivière, mais ne put trouver aucun repos. Après quelque temps, les larmes aux yeux, son écharpe de soie glissant de dessus ses épaules, son dhoti en soie se desserrant à chacun de ses pas, il revint vers le jeune Yogeshvar

1. D'après le récit de Svâmiji lui-même à Sumangal Prakash en 1944.

et, d'une voix étranglée d'émotion, s'exclama : "Oh, mon Yogu, tu m'as aidé en vérité à trouver mon trésor perdu. Oh ! Tu es mon guru." En prononçant ces mots, il s'inclina dans une révérence profonde pour toucher les pieds du garçon. Bien entendu, ce fut au tour de Yogeshvar de se sentir embarrassé et il lutta fermement pour l'empêcher d'accomplir ce geste. Mais le vieil homme se sentait si bouleversé qu'il continua dans la même veine : "Si je m'incline à tes pieds, c'est non seulement parce que tu es brahmane, mais aussi parce que tu es le Seigneur Suprême en personne. Ne m'as-tu pas ouvert les yeux ?" Et se tournant vers Paresh, il lui dit : "Viens, Paresh, viens mon frère. Si tu ne viens pas, la Déesse Mère ne viendra pas honorer ma maison de sa présence, la statue de la Déesse restera sûrement dépourvue de vie... Maintenant passe devant, je te suivrai."

Toute la congrégation, rassemblée pour la célébration de la Pûjâ, attendait le retour d'Ashu car il avait laissé comme instruction de ne pas commencer la cérémonie avant son retour. Et quand, tenant le bras de Yogeshvar d'un côté, de Paresh de l'autre, il réapparut sur l'estrade qui avait été dressée, la congrégation l'attendait avec impatience. Il s'adressa à la foule de manière solennelle : "Ceux qui n'approuvent pas cela peuvent quitter la célébration d'Ashu Chatterjee car j'ai pris la résolution que ces jeunes gens seront les premiers à présenter leurs offrandes." »

Lorsque cette histoire fut racontée par Svâmiji lui-même à sa fille Chinmayee, il ajouta : « Ceci est l'incident qui m'a permis de réaliser combien l'amour pouvait être efficace. Ce n'est qu'en raison de l'amour intense que ce vieil homme me portait qu'il a pu dépasser les vieilles traditions qui l'imprégnaient jusqu'à la moelle des os. »

C'était Sejda qui avait pris en charge toutes les questions pratiques relatives à l'éducation de Yogeshvar. Tâche que selon tous les témoignages il accomplit de tout son cœur et sans aucune réserve. Yogeshvar, de son côté, non seulement le respectait, mais lui vouait littéralement un véritable culte :

« Avec quelle intensité j'adorais Sejda !... Combien je lui étais dévoué !... Il y avait eu cet incident... Alors que je venais juste de terminer le lycée... un oncle, un parent éloigné avait eu, un jour, une conversation avec Sejda :

– Yogu a maintenant fini ses études...

Ayant entendu qu'il parlait de moi, je prêtai l'oreille et commençai à écouter.

– Maintenant, envoie-le travailler...

– Non, il faut le laisser continuer ses études aussi longtemps qu'il le désire, répondit Sejda.

– Mais voyons, répliqua le visiteur, il a déjà une bonne éducation... Pendant combien de temps vas-tu continuer à le nourrir ?... Tu dois aussi t'occuper de tes propres enfants, n'est-ce pas ?... Envoie-le donc travailler...

– Non, mon oncle, je payerai ses études aussi longtemps qu'il voudra en faire... Je suis seul à la place de son père... notre frère aîné n'est plus là... Je suis pour lui à la fois son père aussi bien que son frère aîné... Je ne peux me permettre de négliger ses intérêts... Je vais le laisser étudier aussi longtemps qu'il le voudra. Tant qu'il ne me dira pas lui-même qu'il veut s'arrêter d'étudier, je continuerai à l'aider.

Mais l'oncle ne voulait pas abandonner la partie si vite.

– Voyons, dit-il, on ne peut pas compter sur un frère... Pourquoi fais-tu souffrir tes propres enfants pour l'amour de ton frère ?

C'est alors que Sejda se mit en colère et lui répondit :

– Je t'ai permis de parler jusqu'à maintenant, simplement parce que c'était toi. Si quelqu'un d'autre avait dit la même chose, sais-tu ce que j'aurais fait ?

– Qu'aurais-tu fait ?

– Je l'aurais pris par la peau du cou et l'aurais jeté hors de la maison.

Pouvez-vous imaginer comment je me sentis à ces mots ?... Appelez cela sensibilité, si vous voulez... J'étais complètement submergé... C'est ainsi que Sejda a parlé... il a prononcé ces mots... et simplement par amour pour moi !

A partir de ce moment, Sejda a pris dans mon esprit la place d'un dieu... Je suis devenu son esclave, pour ainsi dire[1]. »

Yogeshvar avait tellement le cœur sur la main et agissait de manière si impulsive que Sejda commença à s'inquiéter. Il craignait que des gens sans scrupules ne tirent profit de la spontanéité et de la naïveté de son frère. C'est ce qui ne manqua pas de se produire, peu de temps après, alors que Yogeshvar habitait à Srirampur où Sejda enseignait :

« J'étais étudiant au collège. Nous avions quitté Chinsura et habitions à Srirampur. Tous les matins, j'allais de Srirampur à la

1. Sumangal Prakash, *L'Expérience de l'Unité*, p. 349.

gare de Hooghly. Mon frère me donnait six annas chaque jour : deux annas pour le repas de midi, un annas pour aller de la gare au collège, un autre pour le retour... A la gare, je prenais une voiture à cheval, la partageant avec les autres pour aller au collège et en revenir... C'était avril ou mai, en plein été, et il n'y avait pas de route goudronnée à cette époque-là. La gare était à environ cinq kilomètres du collège et la route était très poussiéreuse... C'est ainsi que j'allais tous les jours au collège...

Un jour, j'entrai dans un compartiment de chemin de fer, à la gare de Srirampur. Il était à peu près dix heures. Il y avait avec moi, dans le même compartiment, des plaideurs et des avocats, qui allaient de Srirampur au tribunal de Hooghly... Tous ces avocats étaient là, installés dans le compartiment... et, assis par terre, il y avait un vieil homme qui pleurait... Il racontait qu'il n'avait qu'un fils qui s'était enfui de la maison... qu'il n'arrivait à le retrouver nulle part... qu'il n'avait pas d'autres enfants... que sa mère ne mangeait plus, tellement elle avait de chagrin et qu'elle allait mourir... Quelqu'un lui avait dit que ce garçon avait été vu à Calcutta, alors il était allé à Calcutta pour le retrouver... Mais malgré tous ses efforts, il ne l'avait pas trouvé... Quand il était venu à la gare pour rentrer chez lui, il avait découvert que tout son argent lui avait été volé. Il ne lui restait plus rien sur lui et il se lamentait.

Tout ceci, l'homme le racontait quand j'entrai dans le compartiment... Comme il pleurait amèrement !... Dès qu'il prononça les mots : "Mon seul fils... mon seul fils", quel coup je ressentis ! : "Oh ! Il n'a qu'un seul fils... un seul fils... et sa mère pleure de chagrin... Oh !... Oh !... Elle n'a qu'un seul fils, pauvre mère... Et ce fils maintenant est perdu.... Comme la pauvre mère doit souffrir !... Elle ne mange plus, elle ne prend plus rien... absolument rien... elle a tout perdu... Quand le père a entendu que son fils était à Calcutta... alors un rayon d'espoir est apparu... Oh !... Il s'est précipité à Calcutta... mais il n'a pas réussi à le retrouver... Et tandis qu'il retournait chez lui, on lui a pris tout son argent, le pauvre homme !... Oh !... Le pauvre homme ! Et tous ces plaideurs et ces avocats qui le regardent d'un air indifférent... Tous... ils ont vraiment des cœurs de pierre... ils ont vraiment le cœur dur... ils sont sans pitié..."

Tout cela se passait en moi, quand le train s'arrêta à la gare de Chandernagor. Je pris tout ce j'avais dans ma poche et le lui donnai en lui disant : "Prenez ces six annas, c'est tout ce que j'ai... Je suis désolé de n'avoir pas plus d'argent sur moi, mais descendez à cette gare, car beaucoup de gens riches habitent à Chandernagor et peut-être vous donneront-ils de l'argent... Quant à ces hommes qui sont assis là, ils ont vraiment le cœur très dur, comme vous pouvez le voir... votre chagrin ne les a pas touchés..." Et tous ces gens souriaient en me voyant agir ainsi. Et cet homme descendit du train en me bénissant pour la compassion que je lui avais témoignée.

Alors le train arriva à la gare où je devais descendre... Bien sûr, je dus aller à pied sur cette route poussiéreuse jusqu'au collège. Mais mon esprit restait fixé sur ce pauvre homme tout seul... "Il avait tout perdu... il n'avait plus d'argent... Comme il était malheureux !... Comment allait-il faire pour retourner chez lui ?... Et alors, une fois rentré chez lui, que pourra-t-il dire à la mère de son enfant ?... Il n'avait pas réussi à retrouver le garçon."

Voilà ce que j'avais à l'esprit tandis que je marchais sur la route du collège... J'arrivai au collège en retard et couvert de poussière... mais je n'y prêtais pas attention. Mon esprit était toujours fixé sur cet homme. "Oh !... Oh !... Le pauvre homme... Il n'a pas d'argent..." Je n'avais plus d'argent sur moi, je lui ai donné tout ce que j'avais... Mais cela ne suffisait même pas pour payer le prix de son billet, même jusqu'à Burdwan... Car il lui aurait fallu douze annas... Et où aurait-il pu les trouver ? Qu'aurais-je pu faire de plus ?... Bien sûr, je lui avais donné tout ce que j'avais... mais, qu'aurais-je pu faire de plus pour l'aider ?... Et c'est ainsi que j'arrivai au Collège.

Ce jour-là, je devais rester plus tard au collège, car c'était un jour de travaux pratiques... Les heures passaient... quatre heures... quatre heures et demie. Et je commençai à avoir très faim... et je n'avais pas d'argent pour la nourriture... Mais j'étais content d'avoir dépensé mon argent de cette façon. Je pris alors le chemin du retour. En arrivant à la maison, je racontai tout à mon frère et lui, simplement, sourit :

– Tu souris ? Tu as de la sympathie pour lui ?

– Oui, j'en ai... Mais il t'a simplement escroqué.

– Escroqué ? Que dis-tu là ?... Comment est-ce possible ?... Ne vois-tu pas qu'il n'avait qu'un seul fils... que sa mère pleure... comment peux-tu dire qu'il m'a escroqué ?

– Ce qu'il raconte pourrait être vrai, bien sûr. Mais à la manière dont tu racontes toute l'histoire, il me semble qu'il t'a escroqué.

– Non, non... Il ne m'a pas escroqué...

– Très bien... C'est très bien, s'il ne t'a pas escroqué... Mais tu dois faire un peu plus attention... tu es si facilement impressionnable... Comment feras-tu dans la vie si tu continues ainsi ?... Tu sautes aux conclusions sans avoir préalablement examiné tous les aspects de la question...

– Non, non ce n'est pas de l'escroquerie... Ne vois-tu pas : il n'avait qu'un seul fils... et la mère ne fait que pleurer, parce qu'elle l'a perdu ?

– C'est peut-être le cas. Mais seulement si tout cela est vrai.

– Pourquoi répètes-tu toujours la même chose ? C'est tout à fait vrai.

– Bien sûr, tu as fait ce qui était juste si c'était vrai... mais tout de même, tu dois faire un peu plus attention... Tu es si facilement impressionné par ce genre de choses... Comment feras-tu pour te débrouiller dans la vie ?

Voyez ce que le jeune homme avait ressenti à ce moment. Il a senti que tout ce qui était arrivé à cet homme... lui était réellement arrivé à lui... complètement... C'était devenu sa propre émotion : "Oh ! Comme la mère pleure amèrement... c'était son seul fils... Oh !... comme elle souffre !"

Mais par la suite, bien sûr, la vérité se fit jour. Quelque temps après... nous étions revenus à Chinsura... et un jour, alors que je rentrais à la maison, après une promenade avec Paresh, j'entendis une voix. J'attirai immédiatement l'attention de Paresh sur cette voix :

– Cette voix, il me semble la connaître...

– Comment ?

– Oui, oui, oui... c'est la même voix.

– Qu'est-ce que tu veux dire ?... Comment peux-tu la connaître ?... Il y a quelqu'un qui parle... qui raconte quelque chose...

– Non, non, cette voix m'est tout à fait familière... Allons voir et essayons de savoir qui c'est.

Nous y allâmes. C'était le même homme. Je dis à Paresh : "Vois-tu, c'est le même homme." Seulement maintenant il parlait urdu (c'était un musulman) : "Je réside à Lücknow, etc." Immédiatement, je me précipitai sur lui :

– Espèce d'escroc, vous continuez encore à raconter des histoires !

– Non... Pas du tout... je viens d'arriver ici...

– Même si vous niez, vous êtes la même personne, le même qui[1]... »

1. Sumangal Prakash, *L'Expérience de l'Unité.*

Mais la déception n'endurcit pas le cœur du jeune homme, ainsi qu'en témoigne l'histoire survenue quelques années plus tard alors qu'il prenait un repas dans une cantine d'étudiants à Calcutta :

« Il y avait un Anglo-Indien, assez âgé, qui se tenait près de la porte et qui disait : "Messieurs..." Nous lui avons demandé : "Que voulez-vous ?" Il répondit : "Puis-je vous donner l'occasion de témoigner de la compassion envers votre prochain ? Puis-je vous donner cette occasion ?..."

Pourquoi était-il venu ? Pour mendier quelques pièces de monnaie. Et quels étaient ses mots ? "Puis-je vous donner l'occasion de témoigner de la compassion envers votre prochain ?" Il avait raison, bien sûr. Il ne me vint pas du tout à l'esprit que cet homme était venu seulement dans le but de nous jeter de la poudre aux yeux et que je devais le renvoyer... Je me suis dit : "Oh ! Lui aussi est un être humain comme moi et il en est réduit maintenant à mendier... à me demander en mendiant, même à moi... Tout homme est, bien entendu, l'égal d'un autre homme. Cependant, il mendie... Oh ! Oh ! C'est intolérable. Et si j'étais à sa place... Si pour une raison ou une autre, j'en étais réduit moi aussi à cette condition ? Bien sûr, il n'est pas en mon pouvoir de l'aider... La société où nous vivons est telle que nous ne pouvons rien faire dans ce genre de situation. Cependant, en ce qui me concerne et autant que faire se peut je vais essayer de me sentir un avec lui : "Très bien, mon frère... oui... accepte ceci de moi, prends ce peu d'argent... je ne peux t'en donner plus[1]..." »

Yogeshvar ressentait de l'amour de manière naturelle et spontanée. « L'amour de l'humanité » dans son cas n'était ni abstrait ni un idéal emprunté. Tous les témoignages concordent pour montrer que, pratiquement avec tous les gens de son groupe d'âge, il avait des relations fraternelles dans son village. Il allait librement chez les uns et les autres comme chez Paresh et considérait leurs mères, leurs tantes, leurs sœurs, comme ses propres mères et ses propres sœurs... Ces liens étroits continuèrent lorsque, jeune homme, il quitta son village natal pour effectuer des études supérieures.

Dès qu'il revenait, il était de nouveau reçu de la même façon et témoignait à chacun la même affection. Son amour si intense et parfois si exclusif, comme c'était le cas avec son ami Paresh,

1. Sumangal Prakash, *L'Expérience de l'Unité*, p. 345.

incluait également tout le monde. Ainsi Molina Bose, la femme de Narendra Nath Basu qui était un ami intime de Sejda, racontait : « Quand je me suis mariée, mon mari m'a demandé de traiter Yogu comme un jeune beau-frère. En effet, Lakṣmi Narayan et Yogeshvar considéraient ma belle-mère comme leur propre mère. Autrefois, nous n'étions pas supposées fréquenter librement nos jeunes beaux-frères. Ainsi dès qu'il venait, je me couvrais le visage avec un pan de mon sari en sa présence. Mais il n'arrêtait pas de faire tant et si bien... il accomplissait toutes sortes de manœuvres pour que je me découvre. Parfois, il essayait de me tenter en m'offrant des cacahuètes grillées ou d'autres friandises, si je consentais à ouvrir la bouche et à lui dire quelques mots ou à me découvrir le visage. »

4. *Education et études.*

L'éducation de Yogeshvar, peut-être pour des raisons familiales, commença assez tard. Peut-être y eut-il également des raisons de santé, car il semble d'après ce que Svâmiji en dit lui-même que « l'enfant qu'il avait été avait souffert de malnutrition et qu'il avait eu une amibiase depuis l'âge de deux ou trois ans [1] ».

Son premier diplôme fut le certificat d'études obtenu en Décembre 1902 à l'âge de douze ans. Puis il alla au lycée d'où il sortit bachelier en 1910.

Voici ce qu'il dit de ses études :

« Telle a été la méthode de Svâmiji. Jamais il n'a été à l'école ni au lycée sans avoir préparé à l'avance les cours qui devaient avoir lieu. Il essaie d'avancer le plus clairement possible. "Ce point-là, je comprends... et ce point-là, je ne le comprends pas." Il continue. Et quand vient le cours, il suit. Et si en le suivant, son doute est levé, très bien. Sinon, il demande [2]. » Attitude rigoureuse, qu'il exigera lui-même par la suite de ses disciples.

Ses goûts le portaient vers la littérature. Lorsqu'il passa son examen de fin d'études (*matriculation*), Yogeshvar remporta le premier prix en composition bengalie. Le sujet était « Les Himalaya ». Quand Akhoy Chandra Sarkar, un professeur de Yogeshvar, le lut, il lui demanda s'il avait été dans les Himalaya. Yogeshvar

1. E.7.5.69.
2. E.10.1.74.

répondit qu'il n'y avait jamais été et qu'il avait tout sorti de son imagination. Lorsque le professeur rencontra Sejda, il le félicita chaleureusement. Il lui dit qu'il avait lui-même séjourné dans les Himalaya et qu'il avait pu grâce à cet essai redécouvrir les montagnes et les voir d'une manière tout à fait nouvelle. Mais le frère aîné ne fut guère impressionné par ces louanges et décida de freiner l'imagination excessive de son frère en lui faisant faire des études scientifiques.

Vers cette époque, Yogeshvar, âgé d'une vingtaine d'années, écrivit un assez long article ayant pour titre « Yudhiṣṭhira, héros du Dharma (*dharmavîra*) [1] ». Cet article fut couronné d'un second prix et publié en 1910 sous la forme d'un petit livre dédié à son professeur, Akhoy Chandra Sarkar, celui qui avait tant apprécié son essai sur les Himalaya.

« Dharma, écrit Yogeshvar, ne veut pas dire s'adonner à ses passions mais y renoncer et c'est pourquoi le *Mahâbhârata* ne se termine pas par la satisfaction des désirs mais dans la désillusion qui s'exprime par la perte d'attirance envers les objets des sens... Yudhiṣṭhira est le héros du *Mahâbhârata*, c'est pourquoi il est le père et le frère des Indiens... Chaque moment de sa vie est consacré à l'action, bien qu'il n'ait aucun désir, aucune passion, prospérité et adversité lui sont égales. Toute activité qui se présente à lui à tout moment, il l'accepte instantanément... »

Yogeshvar rejettera plus tard cette théorie de l'action sans désir (*niḥkâma karma*) mais cet article témoigne de la manière de voir de Yogeshvar à cette époque. Pour composer cet essai, il a dû lire tout le *Mahâbhârata*, en dégager les éléments significatifs, examiner les aspects controversés de la vie du héros qu'il admire pour son courage à suivre la voie du *dharma*.

Svâmiji avait d'incontestables dons littéraires et s'est mis très tôt à écrire des poèmes. On sait que ces poèmes ont même été publiés dans des revues littéraires de l'époque mais nous n'avons pu les retrouver. Par contre, quelques poèmes écrits de sa propre main ont été retrouvés dans les papiers de Paresh après la mort de ce dernier. Tous ces poèmes, probablement écrits pendant son adolescence, célèbrent soit la beauté de la nature ou bien sont des hymnes composés en l'honneur de la déesse Durgâ.

1. Yudhiṣṭhira, fils aîné des Pāṇḍava, héros du *Mahâbhârata*, est considéré comme l'incarnation du dieu Dharma.

D'autres poèmes composés plus tard ont été préservés. Svâmiji les a cités plusieurs fois dans les lettres adressées à des disciples, tantôt sous forme d'extraits, tantôt dans leur intégralité, toujours pour illustrer tel ou tel point particulier. Ils se rapportent tous à sa recherche spirituelle.

Un des premiers poèmes cités par Svâmiji est adressé à Śiva sous son aspect de Rudra le Terrible. Il a été inspiré par la vue de la mer en furie sur la plage de Puri. En voici la traduction française faite à partir de la traduction anglaise et qui, bien entendu, ne peut rendre la qualité poétique de l'original bengali. Elle permet tout au plus de se faire une idée de la manière dont Yogeshvar s'exprimait à l'époque :

Le tambour annonçant la destruction universelle
Résonne de plus en plus fort,
Devient assourdissant.
Le bruit qu'on fait d'un seul coup
En dégonflant ses joues
« Babam-babam-bam » remplit d'extase.
Le bleu insondable se précipite avec fureur
Dans le rythme d'une danse frénétique
Ta-thai ta-thai thiya.
Tu éclates d'un rire destructeur
Nous laissant stupéfaits par tes « ha-ha »,
N'est-ce pas ta danse tapageuse,
Le *tâṇḍava*[1], ô Terrible et Terrifiant,
Dans ton plaisir frénétique
Tu te précipites pour dévorer la terre ?
Trouant l'horizon, stupéfait et coi,
Un son profond surgit.
Quelle chanson de destruction universelle,
Nous chantes-tu
Qui résonne dans toutes les régions de la terre ?
Depuis la naissance de cette terre,
O Infini, ô Toi qui nous es favorable,
La musique silencieuse de la destruction
Accompagne celle de la création.
Avec ce terrible rugissement,
Avec le froncement d'un de tes sourcils
Ressemblant à un torrent furieux,
Est-ce le message que tu proclames
A l'intention de la création ?
Jamais tu ne nous as été défavorable,
Jamais tu ne donnes aucune place
Au désespoir dans tes projets.

1. Danse ordinairement accompagnée de gestes violents, notamment danse de Śiva.

Je m'incline, ô Eternel, ô Siva, ô Rudra,
A tes pieds[1].

Un deuxième poème, cité par Svâmiji dans la même lettre, semble avoir également été composé à la même époque :

O mon esprit
Tu seras victorieux
Oui, tu seras victorieux
Tu es le soleil, le Seigneur de la lumière
Face aux ténèbres, vas-tu ralentir ton pas ?
Détruis-les, ô Barde resplendissant de lumière.
Avec les rayons perçants de l'aurore.
Écrase, sous tes pieds, les ténèbres ;
Et laisse la lumière briller
Dans toute sa splendeur.
Pourquoi cette âme misérable
Quand l'univers regorge de nectar ?
Combien de temps accepteras-tu la défaite,
En te cachant dans les profondeurs
Sombres de la mort ?
Lève-toi ! O toi qui es sans peur,
Toi le vainqueur de la mort,
De quoi as-tu donc peur[2] ?

Le troisième poème, datant de la même période, est également cité dans une lettre : « Voici un cadeau pour vous sous forme de poème qui a jailli à l'aube de la jeunesse suite à une expérience saisissante qui a illuminé le sens et l'objet de ma vie :

Le bourgeon, rempli de parfum, désire prendre la forme du fruit ;
Le ruisseau, fou de joie, court impétueusement vers la mer ;
Les atomes de poussière chérissent dans leur cœur l'espoir de devenir chaînes de montagnes ;
La montagne s'essaie à toucher la lune en lançant ses pics toujours plus haut ;
La nouvelle lune brillante, dans sa joie sans limite, se languit de devenir pleine lune :
Tout l'univers est enchanté à la vue de ce jeu merveilleux de la Totalité.
Pourquoi toi seul resterais-tu à l'écart, ignorant, passif, insensible ?
Lève-toi, réveille-toi, ô vaillant, regarde ce jeu, abandonne toute lâcheté ;
Lance-toi en avant, empare-toi de la connaissance qui vient des trésors de la Mère Univers ;

1. L.3.10.50.
2. L.3.10.50.

Remplis ton cœur jusqu'au bord du chant d'un nouvel éveil.
Avec la douceur dont tu t'es rempli et qui vient de l'action (*karma*), de la connaissance (*jñâna*), et de l'amour (*prema*), puisses-tu devenir un nouveau Nimâï[1]
Construire une nouvelle Nadiâ[2] et ce faisant étancher avec ce nectar la soif de ton cœur[3].

Après son baccalauréat (*matriculation*), Yogeshvar quitta Chinsura et devint élève du Hooghly College. Après avoir terminé les classes préparatoires en science (I.S.C.) en 1912, il entra à l'école d'ingénieur de Sibpur près de Calcutta. Il y tombe malade et c'est très affaibli par une forte dysenterie bacillaire qu'il doit être ramené chez lui. Dès sa guérison, au lieu de poursuivre ses études, il se mit à préparer une licence ès lettres (B.A.) à Gauhati où son frère enseignait le sanskrit. Pourquoi une licence ès lettres et non une licence scientifique ? Il semble que Sejda s'inquiétait du tempérament fougueux et émotionnel de son frère et qu'il l'avait poussé à faire des études d'ingénieur dans l'espoir de mettre fin à ses effusions sentimentales. Mais Yogeshvar éprouvait un tel dégoût pour le métier d'ingénieur qu'il en tomba probablement malade, ce qui eut pour effet de persuader son frère aîné d'accepter un compromis. Yogeshvar allait préparer un diplôme littéraire : science et lettres (littératures anglaise et bengalie) combinées, mais pour sa maîtrise (M.A.) il opterait pour les sciences.

Yogeshvar se donnait généralement de manière entière à tout ce qu'il entreprenait et allait jusqu'au bout :

« Ainsi, à sa sortie de la salle d'examen, interrogé par ses professeurs, il répondit que tout s'était passé de manière satisfaisante :

– Combien de points espérez-vous avoir ?

– Cent pour cent.

– Comment cela ?

– C'est qu'il n'y a aucune faute, aucune erreur... Vous pouvez vérifier la copie. On ne peut trouver aucune raison pour enlever un seul point.

– Mais c'est impossible. Personne n'a jamais obtenu cent pour cent.

– Ainsi vous voulez dire que personne n'a jamais réussi de manière parfaite. Quoi que l'on fasse, vous n'accordez jamais la

1. Un des noms de Chaitanya, le saint bengali bien connu, adepte de la voie de la dévotion (*bhakti*).
2. Lieu de naissance de Chaitanya devenu un lieu de pèlerinage pour les Vishnouites.
3. L. 1947.

totalité des points. C'est votre décision. Je n'ai rien à en dire. Mais si vous me demandez mon avis, je mérite cent pour cent des points.

En fin de compte, ils m'accordèrent quatre-vingt-quinze pour cent des points seulement parce que cela ne se faisait pas de donner cent pour cent. Et après, l'un des professeurs me dit : "Ne vous en faites pas... cela méritait effectivement cent pour cent[1]." »

Diplômé, il reçut la médaille d'or de l'université de Calcutta ainsi que la médaille d'or Halilal. Il avait alors vingt-sept ans, ce qui était relativement tard selon les normes de l'époque. Il faut rappeler toutefois que non seulement il avait commencé ses études avec retard mais qu'il avait perdu deux années à l'école d'ingénieur.

Depuis sa plus tendre enfance, Yogeshvar n'avait qu'une seule aspiration : devenir enseignant.

« A sa sortie du collège, les gens autour de lui n'arrêtaient pas de lui donner des conseils :

– Fais des études de droit, sois avocat, sois médecin, etc.

– Non, je ne veux rien faire de tout cela, je veux être enseignant.

– Mais dans cette branche combien vas-tu gagner ? Rien. Les avocats et les médecins eux gagnent...

– Tant mieux pour eux. Moi, je veux être enseignant.

C'était ce qu'il avait toujours voulu faire. Aussi quand son frère lui dit : "Que vas-tu faire maintenant ? Il y a un poste de lecteur à l'université, pose ta candidature", il se sentit indécis. Il n'avait pas l'habitude de prendre des décisions par lui-même. Chaque fois qu'une situation nouvelle se présentait, il demandait : "Frère, que dois-je[2] faire ?" Le frère répondait : "Fais ceci... fais cela" et il le faisait. Et voilà que son frère lui dit : "Je t'ai déjà demandé si souvent d'aller voir sir Ashutosh." C'était un homme bien qui avait la réputation de toujours encourager les étudiants. Il était juge suprême à la Haute Cour de justice de Calcutta et vice-recteur de l'université. Mon frère et ses collègues allaient souvent lui demander conseil. Aussi quand il me dit :

– Pourquoi ne pas aller le voir ?

Je répondis :

– C'est que je ne veux pas aller flatter les gens. Vous autres, vous

1. E.1.74.
2. Quand il parlait de lui-même, Svâmiji se désignait toujours à la troisième personne, mais ici il passe à la première personne en rapportant le dialogue qu'il a eu avec son frère à cette époque.

allez les flatter et moi je ne peux aller flatter les hommes éminents. Je ferai mon propre choix. Un point c'est tout.

– Tu n'arrêtes pas de dire que nous allons le voir rien que pour le flatter, mais tu ne le connais pas. C'est pourquoi tu parles ainsi. Va le voir et tu verras. Tu apprendras qu'il connaît tout de toi.

– Comment peut-il me connaître ? Tu as dû lui parler de moi ?

– Non, je ne lui ai pas parlé de toi mais il te connaît.

– Comment peut-il me connaître ?

– C'est ainsi qu'il est. Il est très attentif aux bons étudiants de l'université et dès qu'il voit qu'il y a un bon étudiant... et toi tu es classé premier parmi les meilleurs, alors il a pris des renseignements sur toi.

– En est-il vraiment ainsi ?

– Oui.

J'étais très émotionnel.

– Alors j'irai le voir.

Pour aller de Chinsura à Calcutta il y avait plus de trente kilomètres par le train. Le meilleur moment pour le rencontrer c'était le matin quand il allait sur le Maidan pour sa promenade matinale et qu'il revenait chez lui. Sinon, après, il y avait trop de gens qui venaient le voir. Alors, à trois heures du matin, le jeune homme se mit en route et arriva à la maison de sir Ashutosh à Bhavanipur, dans la partie sud de Calcutta. Mon frère m'en avait fait la description et je m'approchai du portail. Il était ouvert. Je croyais que, dans la maison d'un juge à la Cour suprême, il devait y avoir des plantons partout. Il n'y avait personne : "Oh ! Une telle simplicité !" J'entrai. Il y avait un homme à l'intérieur. Je lui demandai :

– Où est sir Ashutosh ?

– Oh ! Il est allé faire sa promenade matinale. Il ne va pas tarder à rentrer. Attendez-le.

Il y avait un banc. Je m'assis. J'entendis le bruit d'une voiture traînée par un cheval. Il entra et je m'inclinai :

– Oui. Qu'y a-t-il ? D'où venez-vous ? Il parlait d'une voix si douce, si affectueuse, comme si nous étions intimes. Je me dis : "Cet homme, ce grand homme si connu, s'adresse à moi si jeune, d'un ton si affectueux..."

– Voilà je suis venu...

– Ainsi vous êtes venu de Chinsura ? Quand êtes-vous parti ?

– Oh ! A trois heures du matin !

– Oui. Asseyez-vous. Pourquoi êtes-vous venu ?

– Mon nom est...

Dès que je prononçais mon nom :

– Oh ! Vous êtes Yogeshvar ! Très bien ! Que faites-vous maintenant ?

– Je suis libre, etc.

– Oh ! demandez à voir Raman [1], le professeur de physique, allez voir Raman et commencez à travailler avec lui dans la recherche.

C'est ainsi qu'il me parla immédiatement. Je n'avais jamais imaginé pareille chose.

– Oui, j'irai.

– Très bien, allez-y.

Le jeune homme revint chez lui très heureux : "Oh ! C'est vraiment un homme bien." Pourtant le lendemain, il reçut une convocation pour un entretien au collège où il avait posé sa candidature pour être maître-assistant. Que faire ? Entrer au collège ou faire de la recherche ? Je demandai à mon frère :

– Que dois-je faire ?

– Si tu as été voir sir Ashutosh une fois, pourquoi n'irais-tu pas une deuxième fois pour un nouvel entretien ?

– Oh ! oui, je vais y aller.

– Tu peux aussi aller le voir le soir, quand il revient du tribunal, c'est le meilleur moment pour s'entretenir avec lui.

– Très bien.

J'y allai le soir. Il venait de rentrer et il était assis au parloir. "Ah !" Il me reçut si cordialement, comme si ce jeune homme faisait partie de sa propre famille.

– Entrez. Asseyez-vous.

Un professeur assistant de chimie lui parlait. Il lui demanda :

– Vous le connaissez ?

– Oui, je le connais.

– Très bien.

L'homme partit. Il demanda :

– Pourquoi êtes-vous venu ? Avez-vous commencé votre travail ?

– Je n'ai pas commencé. J'y pense !

Il se mit alors à me faire une belle description de son enfance :

– Voyez, je vous donne tous les détails pour montrer ce qu'un homme intelligent peut ressentir... Ce gouvernement – à l'époque

1. Célèbre physicien, inventeur de l'effet Raman pour lequel il recevra le prix Nobel de physique.

c'étaient les Britanniques qui exerçaient le pouvoir – est un gouvernement très astucieux. Il cherche à attirer les jeunes gens les plus doués dans l'administration. Je n'ai jamais voulu y entrer moi-même... Ne le faites jamais. Que deviendra le pays, si vous devenez fonctionnaire et servez le gouvernement ? Le pays attend beaucoup de vous, de tous ces jeunes gens...

Au bout d'une heure, le jeune homme pensait : "Quand vais-je donc pouvoir lui poser ma question ?" Alors il dit :

– J'ai quelque chose à vous demander.

– Qu'y a-t-il ?

– Voyez-vous, j'ai posé ma candidature pour un poste au Bhagalpur College et j'ai reçu une convocation. Et ici, vous m'avez conseillé de faire de la recherche en physique. Je suis perplexe. Que dois-je faire ?

Immédiatement, il devint grave. Au lieu de parler bengali, il se mit à parler anglais :

– Vous ne vous rendez pas compte de ce que vous dites. Comment dire devant tout le monde que mon *Alma Mater* [1] a produit un jeune homme, premier parmi les meilleurs, qui est incapable de prendre une décision par lui-même ?

J'étais très émotionnel, très sentimental. Cela me fit un choc. Je frissonnai et me sentis honteux. Immédiatement, il revint au bengali :

– Non, non, ne soyez pas honteux. Mais c'est à vous de décider. Ne me demandez pas de le faire à votre place. Ne demandez à personne. C'est à vous de décider ce que vous voulez faire. Je ne donne pas de conseil. Mais voyez, si vous entrez à l'université, tels sont les avantages, tels sont les désavantages. Si vous faites de la recherche, tels sont les avantages, tels sont les inconvénients. Prenez les deux possibilités et décidez par vous-même.

– Mais je ne peux décider immédiatement.

– Oh ! Oui, je le sais. Ne prenez pas la décision maintenant. Rentrez chez vous. Prenez un jour ou deux ou trois et décidez. Et soyez clair. Ne pensez pas que si vous entrez à l'université alors je vous en voudrai. Non, en aucun cas. Faites ce que vous considérez comme étant pour le mieux.

Le jeune homme, qui à l'époque se sentait rempli de vanité pour avoir obtenu le prix d'excellence, mit huit jours à prendre sa décision : "Oui, j'irai à l'université, parce que c'est mieux payé et

1. *Alma Mater* veut dire université.

j'ai besoin d'argent maintenant. Aussi est-ce là que je vais aller[1]." »

Si Yogeshvar voulait plus d'argent à ce moment-là, c'est que cédant aux pressions de son frère aîné, il avait accepté de se marier et qu'il sentait qu'il devait partager avec son frère les charges de la famille. C'est ainsi que quelque temps après il devint maître-assistant de physique au T.N. Jubilee College de Bhagalpur au salaire de cent cinquante roupies par mois.

1. E. 19.12.63.

Chapitre II

Mariage

Selon la coutume traditionnelle, il appartenait au frère aîné de Yogeshvar, puisque leurs deux parents étaient morts, de trouver une épouse appropriée à son jeune frère. Lakşmi Narayan lui-même avait épousé à l'âge de vingt ans, avant la fin de ses études, une jeune femme choisie par son propre père. A vingt-sept ans, Yogeshvar pouvait déjà être considéré comme un vieux garçon. Aussi faut-il reconnaître à Sejda le mérite de n'avoir pas exercé trop de pressions sur Yogeshvar pour le pousser à se marier avant la fin de ses études.

« Au début, raconte Svâmiji, avant que je passe mon examen de licence (M.A.), on me pressait de tous côtés pour me marier. Lui refusa en disant qu'aucun mariage n'aurait lieu tant que je ne pourrais pas subvenir à mes besoins. Les autres répondaient : "Mais vous, vous êtes parfaitement établi dans la vie et il est votre jeune frère... – Bien sûr, disait-il, et c'est vrai aussi qu'il est plus qu'un fils pour moi. Cependant tant qu'il ne gagne pas sa vie, tant qu'il n'est pas indépendant, il n'est pas question de le marier."

Cela me soulagea énormément, encore qu'occasionellement des pères désireux de trouver un mari pour leur fille soient venus se prosterner aux pieds de mon frère en plaidant leur cause jusque tard dans la nuit.

Mais après ma réussite à l'examen, Sejda lui-même et son principal tuteur et parrain Ashutosh Chatterjee, sans lequel Sejda n'aurait pas pu réussir à poursuivre ses études, insistèrent avec force pour me marier. Ashutosh Chatterjee lui déclara : "C'est le moment pour toi de prendre des dispositions pour le mariage de Yogu." Sejda se mit alors frénétiquement à chercher une fiancée. Un jour je lui demandai :

– Qu'est-ce que tout ce remue-ménage ?

– C'est pour ton mariage, me dit-il.

– Y as-tu réellement pensé ? Ne crois-tu pas qu'il faudrait m'en parler d'abord ?

– Pourquoi t'en parlerais-je ? Ashuda m'a demandé de faire le nécessaire et c'est ce que je fais.

– Bien sûr, c'est très bien, mais d'abord, il faudrait déterminer si, après tout, je dois me marier.

– Tu es stupide. Bien sûr, tu dois te marier. Qu'y a-t-il à déterminer ?

– Ça, c'est ce que tu penses. Quant à moi, j'ai beaucoup de doutes à ce sujet.

– Très bien, alors dis-moi comment tu vois les choses ?

– Ma question est simple, pourquoi se marier ? En ce qui me concerne, je n'ai aucune attirance pour le mariage.

– Quoi !... Tu n'as aucune attirance pour le mariage ?

– Non.

– Ni pour la vie de famille ?

– Non, aucune... l'idée d'avoir des enfants... l'idée d'avoir une famille à moi, d'avoir tout cela pour moi... ne m'attire pas du tout...

– Mais le sexe alors ?

– Ah, pour ça... bien sûr... le sexe en tant que tel, j'y ai trouvé, de temps à autre, un certain charme... mais je n'en suis pas encore tout à fait certain. En ce qui concerne le besoin d'affection ou d'amour, cela m'attire bien sûr... (J'avais déjà en effet eu l'expérience d'un profond attachement pour mon ami Paresh.) Il n'y a aucun doute dans mon esprit à ce sujet... L'amour exerce une attirance positive sur moi... mais comme tu le sais, j'ai décidé de consacrer ma vie au travail social. Et cela m'oblige forcément à affronter le fait que la société n'est pas composée d'hommes seulement. Les femmes aussi en font intégralement partie. De ce point de vue, si le mari et la femme ont le même tempérament, si tous les deux partagent le même objectif de travail social, cela pourrait être un projet attirant... Mais où trouver pareille fiancée ?... De plus, comment savoir si cela l'intéresserait aussi de faire tout cela avec moi ? Le mariage ne me semble donc pas un projet réaliste.

Sejda écarta mes objections en riant :

– Ces sortes de fantaisies, tout le monde les a. Ne te fais pas de souci. Il faut se marier. Se marier est un besoin naturel. C'est parfaitement normal et tu dois te marier.

– Toi, tu peux appeler cela un besoin naturel, mais moi je ne trouve pas du tout que c'est un besoin naturel.

– Vraiment ?

– Non... non... pas de cette manière, pas comme quelque chose d'inévitable.

– Mais après tout c'est un besoin naturel.

– Bien sûr, tout le monde dit ça. Je ne prétends pas n'avoir jamais ressenti aucune sensation... bien sûr, de temps en temps, j'en éprouve... mais ce n'est pas suffisamment fort au point de m'obliger à chercher une épouse. Et d'un autre côté, je ressens une grande attirance pour le travail social...

– Bon, là tu vas trop loin...Comment peux-tu vraiment être sûr que tu auras toujours cette attitude ? Je connais plusieurs personnes qui ont fait l'expérience d'une telle vie. Ils se consacrent à un travail social mais, en fin de compte, à l'âge de quarante ou quarante-cinq ans ou cinquante ans, ils sont ou forcés de se marier ou forcés de chercher une femme seulement pour le plaisir...

– Oui, j'ai en effet entendu moi-même parler de ces gens.

– Alors ? Aujourd'hui tu es sûr de tes sentiments. Mais si toi-même tu trouves difficile plus tard de te contrôler, que se passera-t-il à ce moment-là ? L'âge de te marier sera passé. Quelle sorte de vie sera la tienne ?

– Ce serait, sans doute, une situation terrible et tu as tout à fait raison de me mettre en garde. Mais cela ne m'arrivera pas.

– Comment ? Comment peux-tu en être sûr ?... Je n'exercerai plus de pression sur toi dans ce domaine, mais tu dois prendre l'engagement solennel que ce sentiment que tu ressens aujourd'hui persistera toujours. A cette seule condition, je ferai ce que tu voudras.

– Mais comment puis-je prendre un engagement sur l'avenir ? L'avenir est inconnu. Comment peut-on le prévoir aujourd'hui ? Bien sûr, je suis certain que mon sentiment ne changera pas. Je peux parler de mon sentiment actuel et dire que mon attitude ne changera pas. Mon sentiment me paraît stable et durable... Mais donner un engagement solennel, c'est une question différente. Comment puis-je dire aujourd'hui ce qui m'arrivera quand j'aurai cinquante ans ? Je peux simplement dire que ce sentiment persistera. Je me sens tout à fait certain qu'il ne changera pas.

– Non, ça n'ira pas comme ça... Je veux un engagement solennel.

– Mais comment puis-je prendre un tel engagement ? Comment puis-je savoir ce qui peut m'arriver à cinquante ans... quel changement peut se produire ? Ce dont je suis sûr, c'est que ce sentiment et cette attitude ne vont pas changer, qu'ils sont stables.

– Non, ça n'ira pas. Je veux que tu prennes un engagement solennel.

– Non, *Dada*, je ne peux pas le faire.

– Alors le problème est résolu. Tu dois te marier.

– Que puis-je dire de plus ?... Comme tu voudras...Mais tu dois aussi prendre en considération ce qui arrivera à cette pauvre fille avec qui tu veux me marier, si je ne change pas. Que lui arrivera-t-il alors ? Toute sa vie ne sera-t-elle pas gâchée ?

– Bof..., dit-il, en écartant simplement mon objection en riant. C'est ce que chacun pense au début. Mais toutes ces objections disparaissent graduellement après le mariage... toutes ces difficultés sont automatiquement aplanies. Qu'est-il arrivé dans mon propre cas ? J'avais aussi le même type d'appréhension. Mais tout s'est résolu après le mariage... Tu ne dois pas t'en inquiéter. Ce n'est rien. Quand on est marié, tout ça disparaît.

– C'est ce que tu dis... Mais suppose que cela ne se produise pas dans mon cas ? Alors ?

– Pas question de faire des suppositions ici. Ça se passe toujours comme ça.

– C'est peut-être comme ça dans des cas normaux, mais si je ne suis pas un cas normal, qu'arrivera-t-il alors à cette pauvre fille, pendant toute sa vie ?

– Pourquoi pousses-tu tes arguments jusqu'à des limites aussi absurdes ?

– Très bien, alors c'est à... toi de décider. Je n'ai rien à ajouter.

Car, en ce temps-là, Sejda était comme un dieu pour moi.

– C'est bien, dit-il, tu dois te marier.

– Comme tu voudras – je cédai sur ce point – mais à une condition. Si je dois me marier, alors il faut que la fiancée vienne plutôt d'une famille pauvre.

– C'est entendu. Marier sa fille pour le père d'une famille pauvre est une responsabilité sacrée. On doit aider les pères pauvres, bien sûr. Je ne chercherai pas une fiancée dans une famille riche.

– Très bien, fais comme tu voudras. Je n'ai rien d'autre à ajouter.

C'est ainsi qu'après des négociations avec plusieurs partis possibles, la fiancée fut finalement choisie. On m'en informa. Nous avions vu son père qui était alors en poste à Gauhati. Un jour, Sejda reçut une lettre de lui, lui demandant de lui rendre visite pour voir Tusi qui, écrivait-il, avait grandi. “Oh ! s’exclama Sejda, j’irai certainement voir sa fille”. Il y alla et revint tout joyeux : “Tout est arrangé... je me suis décidé en sa faveur. Le mariage est arrangé ; préviens tout le monde, y compris Baudi (ma belle-sœur). Il me demanda de leur rendre visite pour voir la jeune fille, mais je refusai :

– Je t’ai laissé maître de la question, dis-je. Si tu es content, je n’ai rien à objecter quant au choix de la fiancée.

– Mais, dit-il, si ensuite tu n’es pas content, je me sentirai coupable... Quel mal y a-t-il à ce que tu ailles leur rendre visite avant que l’on prenne un engagement définitif ?

– Non, non... je te laisse le choix à toi seul. Seulement, il y a un point qu’il faut prendre en considération... Tu dis que la fille n’a que onze ans et demi.

– C’est vrai, oui... Mais en fait, elle semble en avoir quinze ou seize.

– Peut-être que physiquement elle a l’air d’en avoir quinze ou seize, mais en réalité elle n’a que onze ans et demi. Mentalement son âge ne peut être de beaucoup supérieur. Son développement physique a peut-être été simplement trop rapide...

– Ne t’inquiète pas...

Et c’est ainsi que les choses se passèrent... C’était une famille très pauvre. Le salaire du père était très faible. Il ne gagnait que huit roupies par mois.

Dès que la décision fut prise de manière définitive, tout sembla s’arrêter pour moi. Je n’avais plus d’appétit, plus aucun intérêt dans la vie. Qu’allait-il arriver ? Où tout cela allait-il nous conduire ? Qu’allait-il arriver à cette fille au cas où mon inclination ne changerait pas ? Qu’allait-il se passer ? Pendant cinq ou six jours, je me sentis terriblement agité. Paresh lui-même n’avait pas le courage de m’approcher. Le soir nous avions l’habitude de nous donner rendez-vous au bord du Gange. Nous y restions assis ensemble, sans échanger un mot... Un jour cependant il rassembla son courage et me demanda s’il pouvait dire ce qu’il pensait. Je n’étais, bien entendu, pas d’humeur à tolérer la moindre interférence.

– De quoi s’agit-il ? lui demandai-je d’un ton fâché.

– Sejda aujourd’hui m’a fait beaucoup de reproches, répliqua-t-il.

– Sedja t’a fait des reproches ? Et pourquoi donc ?

– Je ne sais pas, parce qu’il m’a dit que ta belle-sœur s’était plainte que tu avais complètement perdu l'appétit, que tu ne t'intéressais plus à quoi que ce soit. "Que lui arrive-t-il donc ? m'a demandé Sejda. Nous avons, bien sûr, choisi une fiancée pour lui, mais si la fiancée ne lui plaît pas, qu'il nous le dise immédiatement. Je laisserai tomber cet engagement et je lui en trouverai une autre, mais je ne sais pas ce qui se passe. Pourquoi se conduit-il ainsi ?" Voilà les reproches qu'il m'a faits.

– Oui, je comprends pourquoi il t'a fait des reproches, dis-je en souriant. Il sait très bien que cela va me toucher directement, que je ne pourrai pas le digérer. C'est pourquoi au lieu de me parler à moi... il t'a parlé à toi.

Alors souriant à nouveau, je lui dis : "Maintenant, dis-lui que mon humeur présente n'a rien à voir avec le choix de la fiancée... que c'est tout à fait autre chose qui me trouble..."

Alors Paresh transmit le message et la question s'arrêta là. Ils ont dû se sentir soulagés en pensant que cela ne les concernait pas réellement.

Pendant sept ou huit jours, je fus ainsi dans un très grand trouble. A la fin, toutefois, je dus accepter la situation comme elle était, car il m'était impossible de passer outre à la décision de Sejda [1]. »

Comment comprendre l'absence d'attirance sexuelle dont fait état Yogeshvar à cette époque ? Il admet, dans la discussion avec son frère, avoir éprouvé occasionnellement des désirs sexuels, mais d'une nature telle qu'il ne s'est jamais senti contraint ni forcé de les satisfaire :

« Quand Svâmiji était jeune homme, il s'adonnait à la *bhakti*, racontait-il plus tard. Cet adolescent d'environ dix-huit, vingt ans gardait dans sa chambre une représentation de Râdhâ et de Krishna sur une balancelle. Tous deux sont dans un état de ravissement. Ils jouissent mutuellement l'un de l'autre... quelque chose comme ça : "Ah ! C'est si beau !" Et les gens disaient : "Ah ! Très bien, très bien... il a de la *bhakti* !" Et le jeune homme sentait également : "Ah ! Oui !" Et un jour, il sentit : "Qu'est-ce que cela ? Pourquoi suis-je emporté ? Voilà une image : un jeune homme et une jeune fille. Et voici la couleur du visage du jeune homme : vert-foncé. C'est donc Krishna. Et là c'est Râdhâ. Oh ! Qu'est-ce que c'est ? Ils sont en train de prendre plaisir dans la présence l'un de l'autre..." Et il sentit : "C'est comme si c'était moi qui étais en train de prendre le même plaisir...

1. Sumangal Prakash, *L'Expérience de l'Unité*.

oui, oui. Oh ! En moi-même, je désire donc faire comme eux. Alors, très bien. Et si je prenais l'image d'une balancelle et que j'y mette un autre jeune homme et une autre jeune fille, pourrais-je la garder dans ma chambre ? N'aurais-je pas honte ? Les autres diraient : "Oh ! Oh ! Il y a donc quelque chose qui ne va pas là-dedans. Ainsi telle est la nature de ma *bhakti* ! C'est cela que je désire en réalité, mais comme je ne peux pas l'obtenir, alors je mets une image de Râdhâ et de Krishna... Non... non... cela n'est que pur mensonge... Et c'est ainsi que mon attirance pour la *bhakti* disparut... Oh ! Svâmiji s'adonnait à la *bhakti* avec ferveur à l'époque et chantait des *kirtâṇa*[1]... »

Cette histoire est particulièrement significative. Elle montre tout d'abord, la rigueur de Svâmiji qui refuse toute forme de tromperie et d'hypocrisie. La *bhakti* recouvre pour lui un désir sexuel qui ne dit pas son nom.

Le deuxième récit rapporte de manière très crue la manière dont Svâmiji réagit au désir physique à cette époque :

« Un jour, alors qu'il était un jeune homme, il devait avoir vingt-cinq ou vingt-six ans, il voit un bouc qui s'avance... Il marche derrière une chèvre. Et il court, il court. La chèvre court de-ci... delà... et il la suit. Qu'y a-t-il ? Il regarde. Peu à peu, il voit que le bouc émet un son : "ba... ba... ba... ba...". Il émet un son... un son bizarre. Et alors, que voit-il ? Il voit que la chèvre écarte ses jambes. Et le bouc la suit derrière. Et progressivement le bouc sort sa langue... des gouttes de salive tombent à terre. La chèvre est en train d'uriner. Et le bouc lape l'urine avec sa langue. Au bout de quelque temps, il voit que le bouc a sorti son pénis... rouge... droit... et de ce pénis le sperme tombe... Et il bouge comme ça... Le jeune homme regarde... Alors le jeune homme ressentit aussitôt : "Ah ! Voilà l'image du désir sexuel (*lust*), voilà l'image de la sexualité. Si je ressens un désir sexuel, c'est ainsi que je deviens. Si laid ! Si dégradant (*beyond oneself*) ! Et de prendre de l'urine ainsi et agir de cette façon ! Ah ! Je sens cela ? Je me conduis comme cela. Oh ! Cela ne peut pas être !"

Il se sentit libre immédiatement. Comment cela s'est-il produit ? De pareilles scènes se produisent fréquemment partout. Les gens les voient et y trouvent du plaisir ! Mais ce jeune homme particulier voit tout cela... voit en profondeur, en voit tous les détails, en voit la vérité... Comment n'en serait-il pas libre ? Il ne peut pas

1. Chants dévotionnels, E.30.3.72.

ne pas en être libre. Immédiatement, il s'est senti léger. Comment est-ce possible ? Le jeune homme a vu la chose elle-même : "Oui c'est ainsi." Il a vu ce qui s'est passé : "Telle est la réalité du désir sexuel ! Oh ! Ce n'est pas digne d'un être humain ! Oh ! Je ne peux pas agir ainsi !" Aussitôt : "Si je sens les choses ainsi, alors je deviens comme cela... Je vais agir comme cela ? Oh ! Non ! Impossible... impossible." En est-il toujours ainsi ? Oui, tel est le désır sexuel (*lust*). Il peut être un peu différent en intensité... non en qualité[1]. »

Cette histoire a souvent été racontée par Svâmiji à ses disciples. Il disait même que ce bouc avait été son guru. Car en le voyant le jeune homme avait été libéré immédiatement du désir sexuel. Cette histoire peut prêter à confusion, si l'on comprend que Svâmiji condamne toute relation sexuelle. Il n'en est rien. Ce que Svâmiji perçoit dans l'accouplement de la chèvre et du bouc est le côté dégradant, indigne d'un être humain, d'une relation sexuelle qui ne serait que purement physique. Les animaux font l'amour, les hommes aussi. Ce n'est pas en faisant l'amour que l'homme se distingue de l'animal.

La notion de dignité est ici essentielle. Pour l'éclairer, il n'est pas inutile de rapporter un autre épisode de la petite enfance de Yogeshvar : « Enfant, il appréciait beaucoup les plats à base dc pommes de terre. Tel était également le cas de son frère Sejda. Un jour, il surprit sur le visage de son frère une grimace de déception de n'avoir pas eu au cours du repas sa préparation préférée. Yogeshvar fut frappé de sa laideur et de son absence de dignité. Il se sentit totalement identifié à son frère, comme s'il s'était trouvé à sa place dans une situation semblable. Instantanément son goût pour les pommes de terre disparut[2]. »

Le disciple auquel Svâmiji raconte l'histoire du bouc et de la chèvre croit comprendre que Svâmiji condamne toute relation sexuelle. Aussi, dans la suite de l'entretien, Svâmiji évoque Yâjãvalkya (dont parle la *Bṛhadâraṇyaka Up.*), le plus grand sage de l'Antiquité indienne. Celui-ci déclare que la réalisation la plus haute est comparable à ce qu'éprouve un homme qui tient sa bien-aimée fermement enserrée entre ses bras. Et Svâmiji ajoute : « Il ne s'agit pas alors de désir physique mais d'amour. » Et pour lever toute ambiguïté, il raconte l'histoire du baiser entre Marius et Cosette :

1. E.13.1.64.
2. Récit de Svâmiji rapporté par Sumangal Prakash.

Connaissez-vous *Les Misérables* de Victor Hugo ? Un jour Cosette et Marius sont ensemble. Ils sont assis... ils parlent... et sont tellement absorbés l'un par l'autre, écrit Victor Hugo, qu'ils ne surent pas quand leurs lèvres s'unirent. Cette phrase à elle seule est un chef-d'œuvre. Etait-ce de la passion amoureuse ? Absolument pas. Il y a une différence entre la passion amoureuse et l'amour. » Svâmiji enchaîne alors sur la distinction entre plaisir physique (*rati*) et plaisir mental (*prîti*). L'union physique, pour un être humain, ne peut exister de manière indépendante. Elle suit, elle est l'accomplissement de l'union des cœurs.

C'est pourquoi, lorsqu'il cède à son frère et accepte de se marier, il ne pose qu'une seule condition : « Que ce soit une jeune fille qui partage ses intérêts, c'est-à-dire qui s'intéresse au travail social. »

Le mariage fut célébré à Chinsura en 1919. Yogeshvar, âgé de vingt-huit ans, venait juste de rejoindre son poste de maître-assistant en physique au collège de Bhagalpur, alors que son frère Sejda était professeur de sanskrit à Gauhati, en Assam, dans un lycée d'Etat.

Après le mariage, selon la tradition, les participants se rendirent à Aida, le village natal de la mariée pour compléter la cérémonie. Après quoi les mariés passèrent quelque temps à Chinsura.

Dès le début, Yogeshvar avait annoncé à sa femme qu'ils ne vivraient pas comme mari et femme pendant deux ans. La mariée n'ayant que douze ans, cette décision parut raisonnable. Mais à l'expiration du délai, il ne modifia pas son comportement. Lors de la première nuit passée à Chinsura en compagnie de son nouveau mari, Anasûya raconte que lorsque Yogeshvar pénétra dans la chambre nuptiale décorée de fleurs selon la coutume, il était accompagné de Paresh, qui resta présent avec Yogeshvar dans la chambre. Cela pouvait s'expliquer par le fait que la mariée n'avait que douze ans et qu'il avait été décidé que le mariage ne serait pas consommé. Toutefois Anasûya fut frappée par les marques chaleureuses d'affection que Yogeshvar témoignait ouvertement à son compagnon, sans lui accorder, à elle, la moindre attention. Anasûya ajoute :

« Quand, après mon mariage, je me préparai à revenir avec mon père qui était venu me chercher pour me ramener, selon la coutume, dans la maison de mes parents, mon mari me demanda de lui donner la clé de la petite cassette qu'il avait placée sur une étagère. Il l'ouvrit et voulut me confier trois cartes postales qu'il avait achetées. Mon père était assis derrière moi. Il était évident que mon mari ne voulait pas que celui-ci soit au courant. Mais comment pouvais-je imaginer que c'était quelque chose de secret ? Aussi me laissai-je aller à la curiosité et je lui demandai ce qu'il y avait dans la cassette. Immédiatement, il replaça les images dans la cassette et la referma à clé. »

Quelles étaient ces images que Yogeshvar voulut soustraire au regard de son beau-père et qu'il était, en même temps, désireux de montrer à sa jeune épouse ? C'étaient les images de trois déesses : Espoir, Compassion et Dévotion.

Dès le début, Sejda avait pris la jeune Anasûya sous sa protection et se comportait avec elle comme un père :

« Je ne me voilais pas la face avec un pan de mon sari comme une épouse est censée le faire dans la maison de son mari en présence d'étrangers ou d'autres membres masculins de la famille, raconte-t-elle. C'est Sejda qui d'une voix douce m'a suggéré de le faire. Mais, par ignorance, j'eus l'impertinence de lui en demander la raison... Quand j'avais faim, c'était lui que j'allais voir sans me rendre compte que je le plaçais ainsi dans une position très délicate car, selon la coutume, il n'était pas censé demander de la nourriture à sa femme pour moi.

Un jour, les deux frères durent quitter Chinsura chacun pour une destination différente. Mon mari devait aller à Bhagalpur et Sejda à Gauhati où j'étais censée l'accompagner. Cela me déplaisait beaucoup. Sejda essaya de me convaincre de venir : "Pourquoi ne veux-tu pas venir avec nous à Gauhati où tu as beaucoup de compagnes de jeu ?" J'y avais en effet passé toute mon enfance où mon père était en poste. "J'inviterai toutes tes compagnes à venir jouer avec toi." Puis il me demanda la clé de mon coffre de façon à y ajouter quelques affaires. Mais je refusai de la lui donner, car je savais, comme je le lui dis franchement, que cela voudrait dire que je donnais ainsi mon consentement pour toutes les décisions qu'il prendrait. Or je ne le voulais pas. Cela rendit Sejda furieux, ce qui provoqua également la colère de mon mari, surtout parce que j'avais manqué de respect envers son frère aîné. Quand je fis part à mon mari du même argument que j'avais soutenu auparavant devant son frère aîné, il me répondit sèchement que "même sans mon consentement, je devais faire ce qu'on me demandait de faire". Quand nous arrivâmes à la gare de Sealdah, mon père, qui avait été préalablement informé de notre programme, vint à la gare pour nous dire au revoir. J'avais résolu de ne pas aller à Gauhati cette fois-là et en parlai à mon père. Sur mon insistance, il demanda à Sejda l'autorisation de m'emmener avec lui dans la maison parentale, ce que Sejda accepta volontiers. Mon mari, qui devait prendre le train à Howrah pour Bhagalpur, partit avec son ami Paresh. Il n'échangea pas un seul mot avec moi pendant toute la durée du trajet entre Chinsura et Sealdah ni ne m'adressa la parole lorsqu'il partit pour Bhagalpur.

Je restai pendant très longtemps chez mes parents sans recevoir aucune lettre de mon mari. Quand ma mère me demanda de lui écrire, je refusai d'un ton abrupt : "S'il ne voulait pas me parler, pourquoi moi-même ne resterais-je pas indifférente ?" Mon père me comprenait et me soutenait. Il dit à ma mère : "Qu'elle fasse comme elle l'entend."

Quand mon mari revint enfin pour me ramener avec lui, je me sentis trop intimidée pour entrer dans la pièce où il s'était installé. Ma mère n'arrêtait pas de me pousser à aller le rejoindre. Quand enfin mon père quitta la maison pour aller à son travail, je me décidai à entrer dans la chambre occupée par mon mari, mais j'en ressortis aussitôt après sans tenir compte des instructions de ma mère. »

Ce récit décrit clairement la difficulté d'insertion d'Anasûya dans sa belle-famille, ainsi que le caractère enfantin de ses réactions qu'on peut, par ailleurs, difficilement lui reprocher compte tenu de son âge, de son éducation et de la situation difficile dans laquelle elle se trouvait en raison de la personnalité si particulière de son mari. La suite nous est rapportée par Svâmiji lui-même :

« Après le mariage, à l'occasion de la Durgâ Pûjâ, la famille de la mariée envoya une grande quantité de cadeaux : des vêtements pour la saison froide... énormément de sucreries, etc. J'étais abasourdi de voir ce qu'ils avaient fait. Comment avaient-ils pu payer tout cela ? Cela dépassait tellement leurs possibilités... Comment s'y étaient-ils pris ? Je n'arrivais pas à résoudre ce problème.

Je posai donc la question à Anasûya. Elle était très naïve... Je lui demandai :

– Sais-tu comment ils ont fait ?

– Oui, je sais, répondit-elle.

– Comment ?... Où ton père a-t-il pu trouver tant d'argent ?

– Ma mère avait un bijou qu'elle portait sur la tête et ce bijou, ils l'ont vendu.

– Comment ? m'écriai-je, pris par un sentiment d'horreur... Appelez cela sensibilité ou ce que vous voudrez. J'étais simplement abasourdi. Quoi ? Le bijou en or que ta mère portait sur sa tête... ils l'ont vendu ?

– Oui, bien sûr... Sinon comment auraient-ils pu acheter tous ces cadeaux ? “Alors c’est ce qui est arrivé à la pauvre femme, m’exclamai-je. Non seulement elle a dû se séparer de ce bijou, mais jamais elle ne pourra s’en acheter un autre... Est-ce cela que je voulais en disant que je souhaitais une épouse venant d’une famille pauvre ?”

– Qu’est-ce que c’est que ça, Dada ? demandai-je à Sejda, car je ne lui cachais rien.

– Quoi ça ?

– Tous ces cadeaux que nous avons reçus... Comment peuvent-ils se permettre de dépenser autant d’argent ?

– Ah ! dit-il, il y a des coutumes sociales qu’il faut bien honorer et observer... Et de plus, on désire toujours envoyer des cadeaux à son gendre. Sans quoi on ne se sent pas heureux... C’est pourquoi chacun essaie toujours de faire les plus beaux cadeaux possibles. De plus, il y a certaines considérations sociales qu’on ne peut pas ignorer. Et si eux-mêmes n’avaient pas fait cela, comment nous-mêmes, aurions-nous pu faire face à nos engagements ici ?... En fait, déjà on me reproche de t’avoir marié dans une famille trop pauvre : “C’est ça les cadeaux que vous avez reçus d’eux ? disent-ils sarcastiquement. Même les gens des plus basses castes et les familles les plus pauvres se débrouillent pour envoyer des cadeaux bien plus beaux...” Voilà les commentaires désagréables que je suis obligé d’écouter... Alors maintenant, toi, ne te mêle pas de ces coutumes sociales. Tu n’as aucun souci à te faire...

Mais je continuai à protester :

– Non, on ne peut pas les laisser continuer ainsi.

– Comment les empêcher de continuer ?... Pourquoi es-tu toujours en train de créer des problèmes ?

– Non, non... je ne veux pas que cela continue ainsi.

– Ah ! Comme tu es un garçon difficile, dit-il, extrêmement ennuyé. Je t’ai déjà dit que c’était nécessaire pour l’observation des coutumes sociales.

– Bien sûr, cela correspond bien aux coutumes sociales, mais quelle est la condition que j’ai posée avant de me marier ? N’étions-nous pas d’accord pour choisir la fiancée dans une famille pauvre ?

– Bien sûr, ta fiancée vient d’une famille pauvre.

– Mais sais-tu comment ils ont fait pour envoyer tous ces cadeaux ?

– Comment ?

Je lui racontai ce qui était arrivé et comment ils avaient dû vendre ce bijou pour acheter tous ces cadeaux.

– Mais comment sais-tu cela ? dit-il.

Alors je lui racontai toute l'histoire.

– Pourquoi te mêles-tu de tous ces détails ? – Il était vraiment fâché. – Pourquoi lui as-tu demandé ?

– Je ne pouvais pas m'en empêcher. Nous gagnons beaucoup tandis que lui...

J'étais complètement désespéré parce que ces pauvres gens avaient dû vendre le peu qu'ils avaient. Mais Dada continuait à justifier son attitude en disant que c'étaient des coutumes sociales :

– Tous les cadeaux qu'ils ont envoyés sont, en réalité, tout à fait en dessous de notre standing social et cela nous crée des problèmes avec notre entourage... Après tout, dans notre vie sociale, nous aussi nous devons être à la hauteur.

– Je n'ai rien à faire de tout cela. Si vous aviez tellement de considérations pour votre standing social, alors pourquoi n'avoir pas pris une famille riche ?... Pourquoi as-tu choisi une famille pauvre ?... Est-ce ta manière d'aider le père d'une famille pauvre en le déchargeant de sa responsabilité sacrée et coûteuse de marier sa fille ?

Je lui parlais ainsi de manière franche et directe. Il se sentait embarrassé.

– Pourquoi te mêles-tu de tout ça ? continua-t-il à protester plutôt lamentablement.

« Mais j'étais déterminé à ce que rien de semblable ne puisse se reproduire à l'avenir :

– Maintenant l'hiver n'est pas loin. On doit les prévenir de ne pas répéter ce genre de chose...

– Bien, nous verrons, dit-il de manière évasive.

Durant l'hiver, nous reçûmes encore des vêtements de laine, un châle... un manteau de laine.

– Qu'est-ce encore que ceci ? demandai-je à Anasûya. Comment ont-ils fait cette fois-ci ?

– Oui, je sais, dit-elle. Cette fois ma mère a vendu ses bracelets.

Comme je me sentis mal ! L'image saisissante de leur pauvreté me traversait l'esprit... Non, je ne peux plus tolérer une pareille chose... La première idée que j'ai eue, mon premier souci, était comment faire pour qu'ils puissent récupérer la paire de bracelets... Mais ceci, bien sûr, était hors de question.

Alors j'allai voir *Dada*... Une nouvelle fois, il me parla des obligations inhérentes à la vie sociale, etc. Une fois encore, je mis solennellement en garde *Dada* contre la répétition de cette sorte de chose :

– Tu ne dois pas leur permettre d'agir ainsi à l'avenir. Écris-leur, s'il te plaît, à ce sujet, de manière très claire, etc.

Mais Dada fut encore évasif dans sa réponse.

Alors pour la troisième fois, toute l'histoire se répéta pareillement lors du festival suivant de Durgâ Pûjâ. J'étais alors à Patna. Immédiatement, j'écrivis une lettre à *Dada* en lui demandant comment une pareille chose avait pu se reproduire. Ne leur avait-il donc pas écrit la dernière fois de ne plus envoyer de cadeaux ?

C'est alors que je reçus la lettre de *Dada* en réponse à la mienne. Après l'avoir lue, j'ai souhaité à ce moment-là que la terre s'ouvre... et m'engloutisse. Une seule phrase dans sa lettre avait vidé pour moi l'univers de toute substance et de toute vie. Il écrivait : "Je trouve qu'actuellement, tu es plus concerné par ton beau-père que par ton Sejda."

Est-ce bien ce qu'il avait écrit ?... Est-ce *Dada* lui-même qui m'écrit cela à moi ?... A-t-il lui-même tracé ces mots sur le papier ?... Mon Sejda ? Il m'a semblé qu'en un instant le monde entier devenait noir... Bien sûr, je me connais. Je sais quelle est la place de Sejda dans ma vie... ce qu'il représente réellement pour moi. Bien sûr, il n'y a que moi pour savoir si je me sens plus concerné par mon beau-père ou par mon frère... Ce qu'il écrit n'est pas vrai le moins du monde... n'est pas vrai du tout... Et cependant c'est Sejda, ce même Sejda qui est pour moi plus que tout au monde, qui est ce que j'ai de plus précieux au monde, qui a pu écrire ces mots... C'est bien lui qui les a écrits ! Cela a été le plus grand choc de ma vie.

Pendant des jours et des jours j'ai pleuré et pleuré : "Sejda est insensible... Il ne me comprend pas..." Il me semblait que le sol se dérobait sous moi...

Et un jour, d'un seul coup, j'ai vu : "Malentendu. Tout cela est dû à un malentendu. Il ne m'a pas compris... simplement il ne m'a pas compris... Lui aussi a dû souffrir beaucoup... Sa lettre même montre combien il a souffert. C'est le résultat d'un pur et simple malentendu. Il ne m'a pas compris du tout."

C'est comme si un voile tout à coup s'était enlevé de devant mes yeux. Cela a été le plus grand tournant de ma vie... Si Sejda lui-même peut agir ainsi, qui d'autre dans ce vaste monde... sur qui d'autre puis-je compter... sur qui d'autre puis-je m'appuyer ? Rien alors n'est digne de confiance dans ce monde.

Sejda était tout pour moi. Et quand j'ai réalisé que ce Sejda lui-même ne me comprenait pas du tout, j'ai perdu la base même de ce qui m'attachait aux autres. Que me restait-il alors dans tout le monde entier ? Personne qui ait aucune valeur pour moi. Tout était faux : l'amour, l'affection... et tout le reste. Tout était sans valeur, tout était complètement ébranlé par ce choc terrible ; ce choc final a été suffisant pour tout anéantir[1]. »

Cette expérience a été fondamentale dans la vie de Svâmiji. C'est là qu'il a découvert « la loi de la différence », pivot de son enseignement, et qu'il prend conscience qu'une seule expérience vécue profondément suffit à elle seule à transformer une personne, à la rendre libre. C'est ce qu'il explique à un autre disciple :

« Oh ! Je sens que maintenant ton beau-père t'est plus cher que moi. C'est la phrase que Sejda avait écrite. Rien que cette phrase et le jeune homme sentit : "Le monde entier est devenu vide et sombre. Je ne peux plus croire en rien. Il n'y a ni bien, ni perfection dans le monde." Et à partir de ce jour son esprit (*mind*) devint libre, libre de tout intérêt mondain. Pouvez-vous l'imaginer ? Uniquement cette phrase : "Je vois que ton beau-père t'est devenu plus cher que moi", cette simple phrase. Pourquoi ? Le jeune homme s'est senti désespéré (*desesperate*) ou a perdu tout espoir (*hopeless*) concernant son frère. C'est tout. Parce qu'il a vu : "Je me connais, mon beau-père ne m'est pas du tout plus cher que mon frère... pas du tout. Et pourtant celui-ci pense, a pu penser que moi, qui aurais donné ma vie pour lui, lui qui est tout pour moi... Comment a-t-il même pu penser qu'un autre homme peut m'être plus cher que lui ? Comment a-t-il pu penser pareille chose ? Si lui parle comme ça, c'est qu'il n'y a rien au monde, personne au monde, aucun bien, rien en qui ou en quoi on puisse avoir confiance." Et pendant des semaines, environ deux semaines, ce jeune homme n'a pratiquement pas fermé l'œil. Il ne pouvait pas manger. Emacié, agité, misérable, il se disait : "J'ai tout perdu dans ma vie. Je n'ai rien sur quoi m'appuyer." Puis, après tant de souffrances, un jour, il lui apparut : "Je suis si malheureux... Pourquoi ? Pourquoi suis-je si malheureux ? Oh ! Mon frère a dit cela.... Pourquoi a-t-il dit cela ? Je me connais. Comment a-t-il pu penser cela ? Oh ! Je suis malheureux... mais lui aussi est malheureux." A la pensée même qu'il avait tout perdu, qu'il avait perdu son frère, il commença à savoir qui était son frère, à être capable de tout évaluer : "Alors qu'est-

1. Sumangal Prakash, *L'Expérience de l'Unité*, p. 349.

ce qui me rend malheureux et mon frère également ? Quelle en est la cause ? Oh ! Je sais ce que je suis... je le sais parfaitement. Mais lui pense autrement. Oh ! Il m'a mal compris. Il me comprend mal. Oh ! Cela veut dire qu'il ne me perçoit pas comme je suis. Il m'a pris pour quelqu'un d'autre. Oh ! C'est la cause de toute souffrance. Cette compréhension erronée est donc la cause. Je pensais faussement que mon frère pouvait me comprendre. Et moi aussi je le comprenais de travers. Il n'aurait pas dû penser ainsi. Mais il l'a fait. Cette incompréhension vient de là. Ainsi cette incompréhension ou compréhension erronée est à la racine du mal."

Ainsi avant, j'étais tellement monté contre lui : "Comment a-t-il pu faire cela ? Il m'a blessé, il m'a rejeté." Ainsi toutes sortes de sentiments négatifs s'élevaient contre lui : colère, répulsion, dégoût, parce que l'ego était là : "J'ai raison. Pourquoi a-t-il fait cela ?" Après avoir souffert ainsi pendant longtemps, l'ego s'est épuisé : "Oui, oui, je suis toujours malheureux. Alors quelle en est la cause ? Pourquoi ? Pourquoi est-ce que je souffre ainsi ?" Et immédiatement la réponse se fit à haute voix : "C'est qu'il ne me comprend pas. Personne ne m'est plus cher au monde que lui. Mais il ne me connaît pas. Il me comprend de travers." Dès que vint l'idée : "Il me comprend de travers", l'ego s'est senti justifié : "Je suis bien. Mais la cause est là. C'est ainsi qu'il pense. Que puis-je y faire ?" Tous les sentiments négatifs s'effacèrent : sympathie, douceur, tendresse apparurent envers lui : "Oui, il est malheureux."

Auparavant, il prenait son frère pour quelqu'un de parfait. Il ne voyait pas qu'il avait des pieds d'argile. Une seule expérience change la vie. Et on dit qu'il faut aller là, là, et là encore. Ceci montre que ceux qui parlent ainsi n'expérimentent pas. Il faut savoir ce que signifie "faire une expérience". Une seule expérience suffit. Combien d'expériences faut-il faire ? Si mille expériences peuvent transformer, une seule expérience peut transformer par son intensité, sa profondeur, la sensibilité avec laquelle on la reçoit. Ceux qui sont grossiers, vulgaires, étriqués peuvent souffrir mille fois, mais sans aucun résultat [1]. »

A partir de ce jour, on peut dire que la véritable recherche de Svâmiji a commencé. Son comportement extérieur n'a pas été modifié. Il continue à témoigner le même respect vis-à-vis de son frère. Mais ses relations avec sa femme sont toujours loin d'être satisfaisantes.

1. E.13.1.64.

Chapitre III

Rencontre de Nirâlamba Svâmi

1. *Les années d'enseignement.*

Les années 1920-1921 sont le théâtre de grands bouleversements sur la scène politique indienne. Gandhi, qui a pris la tête du mouvement d'indépendance nationale, lance un appel général à la non-coopération à tous ceux qui, de près ou de loin, travaillent dans l'administration. De nombreux membres de l'intelligentsia réagissent favorablement : les avocats cessent de plaider, les professeurs et instituteurs quittent leurs postes dans les écoles, les collèges et les facultés ; les étudiants, de leur côté, cessent d'assister aux cours.

Quelques écoles et collèges « nationaux » sont ouverts pour essayer de réorienter l'éducation selon des critères patriotiques et nationaux.

Au niveau économique, Gandhi lance un appel au boycott des tissus importés et cherche à promouvoir l'usage du rouet pour la fabrication des fils de coton et l'usage des métiers à tisser à la main pour la fabrication des tissus. L'ordre du jour est à l'austérité dans le mode de vie et à l'autosuffisance pour tout ce qui concerne la vie personnelle.

Ceci correspondait à tout point de vue aux sentiments de Yogeshvar qui, avec enthousiasme, fait sien ce programme.

Nous ne disposons que de peu de renseignements sur le séjour que fit Yogeshvar au Bhagalpur College (1918 - août 1919), puis au B.N. College de Patna (1919-1920), où il enseigna l'année suivante. On sait qu'il était très populaire auprès de ses collègues qu'il se lia d'amitié avec Meghnad Saha et Satyen Bose, ses condisciples à l'université de Calcutta qui devinrent célèbres par la suite pour leurs recherches en physique. Voici une histoire relative à cette période que Svâmiji racontait souvent :

« Quand ce jeune homme arriva au collège de Bhagalpur, il fut accueilli par les autres maîtres-assistants et professeurs, et plus particulièrement par le professeur de mathématiques qui lui dit : "Vous êtes nouveau ici et il faut que je vous mette en garde... Le chef de section est un homme très rigide... très sévère. Beaucoup de jeunes professeurs nommés à votre poste n'ont pu rester. Il ne permet pas aux professeurs débutants de faire des cours dans les classes les plus avancées. Il ne laisse rien passer à personne. Aussi tenez-vous sur vos gardes."

Après quelques jours, le chef de section lui demanda de venir :

– Yogeshvar *Babu*, il va falloir s'organiser... notre département doit planifier... essayons de voir...

– Oui, monsieur, mais il y a une chose que j'aimerais...

– Oui... De quoi s'agit-il ?

– Vous m'appelez Yogeshvar *Babu*[1] . Vous vous adressez à moi avec *ap* et vous m'appelez Yogeshvar *Babu* mais je vous considère comme mon père. Je suis si jeune. Comment pouvez-vous m'appeler *Babu* ?

– Mais nous sommes collègues... Certes, vous êtes plus jeune que moi, mais nous sommes collègues. Nous sommes donc égaux.

– Oui, bien sûr, nous sommes égaux. Pourtant je suis comme votre fils (c'était un fait que son fils avait été le compagnon d'études de Yogeshvar à l'université). Peut-être savez-vous que Lalit était un camarade de classe...

– Oh ! Oui. Lalit m'a dit que vous étiez son camarade de classe...

– Alors si Lalit me dit *tu* en tant qu'égal, comment pouvez-vous me dire *ap* ? Lalit étant votre fils et moi-même le camarade de Lalit, je suis également comme un fils...

Aussitôt le vieil homme... des larmes apparurent dans ses yeux. Et il dit :

– Oh ! oui, mon garçon, oui, oui... Nous autres qui sommes plus âgés, nous aimons sentir les choses ainsi. Mais ceux qui sont plus jeunes ne partagent pas cette manière de voir. Aussi essayent-ils

1. Svâmiji expliquait : « *Babu* veut dire Monsieur. Dans l'Inde du Nord *Ji*, au Bengale *Babu* ; et il s'adresse à moi en me vouvoyant. En Inde, il y a trois pronoms et non pas un seul comme en anglais *you*. A un supérieur, on dit *ap* ; à quelqu'un de plus jeune *tu* ; à quelqu'un de plus âgé *tum*.

de s'affirmer... C'est pourquoi, nous devons essayer de les remettre à leur place... mais vous..., oui... oui... Maintenant, je te dirai *tu*. Viens, viens mon fils...

Immédiatement, il changea complètement :

– Prends les classes que tu désires et laisse-moi les classes que tu veux...

Après cela, les collègues furent stupéfaits :

– Qu'avez-vous fait ? Comment vous y êtes-vous pris ? C'est vraiment miraculeux.

– Miraculeux ? Pourquoi ?

– Le vieil homme ne tarit pas d'éloges sur vous et n'arrête pas de dire : "Je suis un vieil homme et c'est lui qui m'attribuera les classes qu'il lui plaît." Qu'est-ce que cela veut dire ? N'est-ce pas un miracle ? Cela n'est encore jamais arrivé à personne jusqu'à maintenant[1]. »

Cette manière de désarmer tous ceux avec lesquels Yogeshvar entrait en contact lui venait naturellement et facilement et ce trait de caractère présent depuis son enfance lui est resté tout au long de sa vie.

C'est vers cette époque qu'il écrivit en bengali un article intitulé « La mission sacrée du savant et son mauvais usage », qui sera publié en hindi dans la revue trimestrielle du Kashi Vidyapith en juin-juillet 1929, sous le nom de Yogeshvar. Le style et la langue en sont très fleuris, caractéristiques du style romantique du Bengale de cette époque[2].

On y trouve la première ébauche de ce qui formera plus tard l'essentiel de l'enseignement de Svâmiji et notamment la vérité de la différence, la recherche sans aucune compromission de la vérité, le don de soi de manière entière et complète à l'objet de sa quête.

Dans cet article, Yogeshvar présente le savant ou l'homme de science comme le nouveau *jñânin*, l'homme de connaissance des *Upaniṣad*. La science devient ainsi la forme moderne de recherche de la vérité dont les poètes des temps jadis (*kavi*), les grands visionnaires du passé (*ṛṣi*) ont donné des énoncés sans toutefois faire une description précise du chemin pour y parvenir.

Cette relation entre science physique et science spirituelle, Svâmiji lui donnera une formulation nouvelle. Ainsi lorsqu'il fut

1. E.30.7.66.
2. *Cf.* Daniel Roumanoff, *Svâmi Prajñânpad*, t. 3, p. 14-15.

présenté quelques années plus tard par le professeur Bhagavan Das au Dr Annie Besant, présidente de la Société théosophique, en tant que « professeur de physique qui se consacrait maintenant à la métaphysique », celle-ci fut surprise :

« – Comment un professeur de physique peut-il passer à la métaphysique ? demanda-t-elle.

– De la physique à la métaphysique ce n'est que le pas suivant, répondit Yogeshvar, seulement *meta* : un pas au-delà. La métaphysique n'est rien d'autre que l'accomplissement, la transition naturelle ou l'accomplissement naturel de la physique. Celui qui en a terminé avec la physique passe à la métaphysique[1]. »

Cette réponse est caractéristique de Svâmiji et décrit le chemin qu'il a lui-même suivi : la non-dualité est l'accomplissement, l'aboutissement de l'expérience de toutes les dualités possibles. L'esprit ne s'oppose pas à la matière, il en est le point d'aboutissement. En engageant son jeune frère à suivre des cours de science et de physique pour dompter sa nature impulsive et ses inclinations poétiques, Sejda ne se doutait pas que l'étude de la physique allait donner à Yogeshvar les bases mêmes sur lesquelles il s'appuierait pour aller au-delà, c'est-à-dire à la métaphysique.

2. *Le fou de Dacca.*

En février 1921, Gandhi se rendit à Patna et sa présence galvanisa les esprits en faveur du mouvement de non-coopération. Yogeshvar ainsi que plusieurs de ses collègues démissionnèrent de leurs postes.

Yogeshvar n'était absolument pas attiré par l'action politique et ne se porta pas volontaire pour aller en prison à l'instar de milliers d'autres militants à cette époque. Son idéalisme le portait au service social, plus particulièrement à l'enseignement et à un mode de vie austère ainsi que le préconisait Gandhi. Voici la manière dont il rapporte lui-même un incident qui s'est déroulé à cette époque :

« Quand après avoir abandonné mon travail durant le mouvement de non-coopération en 1921, suite à l'appel de Satish Sarkar, je suis allé à Dacca rejoindre le Collège médical national, j'étais imprégné d'idéalisme gandhien. J'avais abandonné le vêtement

1. E.1.11.66.

traditionnel : je portais un dhoti qui ne m'arrivait qu'aux genoux et un châle en coton enroulé sur mon torse nu jusqu'à la ceinture. Nous étions, en fait, une demi-douzaine de jeunes gens qui vivions ensemble, avec l'autodépendance (*self-help*) pour devise. Nous portions nous-mêmes le bois empilé sur nos têtes... Nous n'avions aucun serviteur. Nous nous occupions nous-mêmes de tout.

Il y avait un homme à moitié fou qui chantait des chants dévotionnels et venait rôder autour de nous. Un jour, en m'appelant *Thakur Moshai*, car je portais encore sur mon corps le cordon sacré qui indiquait clairement que j'étais brahmane et par conséquent méritais le titre de *Thakur Moshai*, il me dit :

– Donnez-moi du *prasâda*[1] préparé de vos propres mains.

– Très bien... quand vous voudrez.

– Mais je voudrais que la nourriture soit cuite par vous, de vos propres mains.

– Très bien... c'est d'accord.

– Quand dois-je venir alors ?

– Eh bien, venez demain si vous voulez.

Alors le jour suivant il était là, avec la moitié d'une grande feuille de bananier qui devait lui servir d'assiette.

– Ah ! Vous avez apporté une feuille de bananier, c'est une bonne idée.

Je lui servis donc le riz cuit sur la feuille et lui demandai de creuser un petit trou sur le sommet du riz, pour que je puisse y verser le *dal*[2]. Ayant versé le *dal* et ajouté aussi quelques légumes, je lui demandai de s'asseoir. Il s'assit et je lui demandai alors de commencer à manger.

– Oui, bien sûr, je vais manger... je vais manger.

Mais il ne mangeait pas.

– Mangez donc.

– Oui... oui... bien sûr, je vais manger, *Thakur Moshai*... Oui je vais manger, dit-il et il se mit à pleurer à chaudes larmes.

– Que se passe-t-il ? Commencez votre repas.

– Oui, *Thakur Moshai*, mais que va-t-il m'arriver ? Que va-t-il m'arriver ?

– Pourquoi ? Que se passe-t-il ?

1. *Prasâda* : litt. fait de calmer, de réjouir, désigne couramment le cadeau et plus particulièrement la nourriture venant d'un dieu ou d'un être supérieur.

2. Purée de lentilles.

– Je parle comme un pandit savant, *Thakur Moshai*, mais j'agis comme un démon. Que va-t-il m'arriver ?

Et les larmes jaillissaient de ses yeux et couvraient ses joues.

Alors, voyez ce qu'est le sentiment et la sensibilité. Dès que j'ai entendu ces mots, j'ai senti comme si quelqu'un m'avait donné un coup dans la poitrine... "Que dit-il ? Quels mots sortent de sa bouche ? Ne disent-ils pas tous qu'il est fou ? Je parle comme un pandit savant, mais j'agis comme un démon, *Thakur Moshai*. Que va-t-il m'arriver ? Qu'est-ce que je fais moi-même ? Est-ce que je ne parle pas comme un pandit savant ? Est-ce que je ne continue pas à agir comme un démon ? Avant d'agir est-ce que je réfléchis pour savoir si j'agis en fonction de ce que je dis ? Non, non... A partir de maintenant, je cesse de parler... je ne peux pas parler de choses que moi-même je ne peux pas faire... Parler comme un pandit et agir comme un démon ? Non, non, et non... je ne peux pas le tolérer plus longtemps."

J'étais tellement submergé par ce sentiment que j'ai éprouvé le désir de me prosterner à ses pieds et de lui dire : "Vous êtes mon guru." Je me retins... Tous les autres jeunes gens regardaient la scène et se moquaient de lui : "Regardez ce que ce fou est en train de raconter... regardez, regardez..." Tous les autres ne faisaient que se moquer de cet homme. Mais qu'est-ce que je ressentais ? Ce n'était pas une réaction émotionnelle, comme certains pourraient le penser... Quel était mon sentiment ? "Oh ! Il n'y a pas de plus grande vérité que celle-là."

Voyez comme ce jeune homme réagissait. Immédiatement, il a incorporé toute la scène en lui-même : "Qu'est-ce que je fais moi-même ? Cet homme ne fait que pleurer. Très probablement, il ne sait pas lui-même ce qu'il est en train de dire. Pourtant, dire qu'il agit comme un démon et qu'il parle comme un pandit savant, cela veut dire quelque chose. Il doit se douter de quelque chose, sinon, comment pourrait-il pleurer ? Et moi, qu'est-ce que je fais ? Ai-je jamais fait attention si moi-même j'agis selon ce que je raconte ? Oh ! Quelle prétention ! Un savant, un lettré, vraiment ! Mais c'est fini, plus jamais... ma décision est prise : je vais cesser de parler. Avant de prononcer un seul mot, je dois voir si moi-même je suis capable d'agir selon ce que je dis. Si je n'en suis pas capable, je n'ai aucun droit d'enseigner. Je n'ai aucun droit d'enseigner sans faire d'abord ma propre expérience... Ma bouche doit rester close."

Alors qu'est ceci ? Etait-ce de la sensibilité ou du sentimentalisme ? C'était en fait un sentiment profond et fort... ne pas être emporté... et ensuite, une décision... La décision a été immédiate, tant la conviction était forte : "Avant de parler, voir... voir si moi-même je peux agir. Toutes ces grandes phrases, cette prétention d'être un savant, un lettré... Non, non." Cet homme a simplement dit quelques mots et le jeune homme en a fait une expérience... un sentiment. C'est ce qu'on appelle la sensibilité [1]. »

Cette histoire est très représentative de la sensibilité si particulière de Svâmiji. Chaque rencontre, chaque événement qui le touche est l'occasion pour lui de voir et de comprendre quelque chose de nouveau, compréhension qui se traduit immédiatement sur le plan de l'action.

3. *Doutes et angoisse.*

A peine trois mois s'écoulèrent entre le moment où Yogeshvar fut tellement bouleversé par la lettre de son frère et son adhésion au mouvement de non-coopération.

Quelle a été exactement l'influence des paroles de ce demi-fou sur Yogeshvar est difficile à déterminer. Mais il semble que peu de temps après il donna sa démission du Collège médical de Dacca (fin 1921) où il était entré quelques mois auparavant. On retrouve Svâmiji à la fin de l'année 1921 à Calcutta où il loge dans la maison de Shastri Bhushan Basak, un commerçant aisé, originaire de Chinsura, et qui témoigne une grande affection pour Yogeshvar, son cadet de plusieurs années. Basak l'interroge sur ses projets. Yogeshvar les expose avec enthousiasme. Il souhaite fonder une école où il donnerait dès le départ à de très jeunes enfants une éducation adéquate, fondée sur les idéaux les plus élevés de la tradition, mais à la lumière des découvertes scientifiques modernes.

Dépourvu lui-même d'éducation, Basak l'écoute avec intérêt et l'encourage à mettre immédiatement son projet à exécution. Mais Yogeshvar n'a aucun moyen financier. Qu'à cela ne tienne, Basak propose de lui fournir tous les moyens nécessaires. Yogeshvar refuse. Pas question d'emprunter quoi que ce soit qu'il ne puisse rembourser, ni accepter un don de quelqu'un qui n'éprouve aucun intérêt personnel pour cette cause. « Mais n'êtes-vous pas comme un frère cadet pour moi ? dit alors Basak les larmes aux yeux.

1. Sumangal Prakash, *L'Expérience de l'Unité*, p. 214.

Ne voyez-vous pas qu'en vous aidant à remplir cette mission qui vous tient tant à cœur cela me donne autant de satisfaction qu'en satisfaisant les désirs les plus profonds de mon cœur ? »

Yogeshvar ne put qu'accepter cette offre généreuse. Basak aida alors Yogeshvar à trouver un endroit convenable pour établir cette école. Il connaissait un certain Nirâlamba Svâmi qui résidait près du village Channa dans le district de Burdwan. Il lui remit une lettre d'introduction. Et c'est ainsi que Svâmiji fut introduit auprès de celui qui allait devenir plus tard son guru.

Nirâlamba Svâmi écouta Yogeshvar et l'aida à trouver des terres situées à six kilomètres environ de son ashram. Yogeshvar séjourna six mois environ à Channa. Il tenait absolument à ce que l'école soit autosuffisante et puisse couvrir ses dépenses de fonctionnement grâce aux revenus des terres données en fermage. L'acte d'achat fut signé en mars 1922 et Yogeshvar fit immédiatement construire une petite hutte au toit de chaume où il s'installa. Voici la manière dont Svâmiji racontait comment il fut amené à renoncer à ce projet :

« J'étais alors à Channa. C'était un soir de pleine lune et j'étais assis tout seul dans la hutte en train de répéter mon passage préféré de la *Bhâgavad Gîtâ* : "Apprends cela en étant disciple, en posant des questions et par le service..." (*tad-viddhi praṇi-pâtena pari-praśnena sevayâ*).

Oui, c'est le seul moyen d'enseigner. Oui, c'est cela qu'il faut apprendre, qu'il faut enseigner : "*Tad-viddhi praṇi-pâtena...* [1]" – "Imbécile..." – Quoi ? Qui parle ainsi ? Personne aux alentours. Dans un rayon de deux kilomètres, il n'y a pas un seul être humain. Que se passe-t-il donc ? J'avais un sentiment étrange. Qui a dit "imbécile" ?... Je commençai à avoir peur.

Après un moment, de nouveau je répétais le verset : "*Tad-viddhi...*" Bien sûr, c'est le vrai chemin de la connaissance. Il n'y a pas de doute quant à sa validité. Si vous voulez connaître, inclinez-vous devant le maître, posez-lui des questions, servez-le. C'est alors seulement que l'on peut atteindre la connaissance. Il n'y a pas d'autre chemin.

De nouveau la même voix : "Imbécile". Encore ? Que se passe-t-il ? Est-ce une voix divine (*devavaca*) ? On dit parfois que l'on entend des voix divines. Est-ce une voix divine ? Oh ! Que dois-je faire ? Mais ce que je récite est pourtant vrai...

1. *Bhâgavad Gîtâ* 4.3.4.

Et de nouveau : “Imbécile... tu ne vois que la moitié.” Quoi ?... Qu’est ceci ? “Tu vois seulement la moitié...” La moitié de quoi ?... Qu’est-ce que c’est ? Quelle moitié ? Oh ! Oui, c’est seulement la moitié du verset. La ligne que je récite était seulement la première partie du verset, l’autre partie que j’avais ignorée jusque-là disait : “Les sages, ceux qui voient l’essence des choses te donneront des instructions en sagesse” (*upadeśyanti te jñânaṃm jñâninaḥ tattvadarśinaḥ*).

Je n’y avais pas réfléchi jusque-là. J’étais passé complètement à côté. Qui donnera un enseignement ? Seulement ceux “qui voient l’essence des choses (*tattva-darśî*), ceux qui sont sages (*jñânî*)...” Maintenant, tu dois t’incliner devant eux, les interroger, les servir... Imbécile, es-tu devenu un *tattva-darśin*, as-tu vu l’essence des choses ? Ou désires-tu simplement que les autres s’inclinent devant toi ? Oh ! Quel imbécile je suis ! Il n’y a pas plus stupide que moi ! Fini avec ces sottises ! Je quitterai cet endroit dès demain. J’arrête tout. Je n’ai aucune autre tâche devant moi que de voir l’essence des choses. Tant que je n’aurai pas acquis la sagesse, je n’ai aucun droit d’enseigner qui que ce soit... aucun droit, d’aucune sorte[1]. »

« Le lendemain matin, ajoute Svâmiji, le jeune homme alla à l’ashram et y trouva Chinmayee Mâ, l’épouse de Nirâlamba Svâmi :

– Qu’y a-t-il ? demanda-t-elle.

– Je m’en vais.

– Pourquoi ? Qu’est-il arrivé ?

Et Svâmiji lui raconta. Alors elle dit :

– Déjà !

– Pourquoi dites-vous “déjà” ?

– Voyez-vous, quand vous êtes venu pour la première fois, Nirâlamba a dit : “Non, non, non, ce projet n’aboutira pas. Il y a un feu qui brûle en ce jeune homme.”

Pendant qu’il parlait avec Chinmayee Mâ, Nirâlamba Svâmi s’était isolé dans une case de l’ashram et ne souhaitait voir personne. Chinmayee Mâ insiste pour que Yogeshvar aille le voir quand même. Mais le jeune homme refuse en promettant de revenir plus tard[2].

J’informai alors *Dada*, mon frère aîné, de cette décision, poursuit Svâmiji. Il s’inquiéta : “Qu’est-ce qui ne va pas maintenant ?” Il s’était en fin de compte réconcilié avec mes nouveaux projets.

1. Sumangal Prakash, *L’Expérience de l’Unité*.
2. N.13.4.70.

Mais maintenant, brusquement, tout était bouleversé, de quelle nouvelle idée m'étais-je encore entiché ? Il me demanda de venir le voir avant de prendre une décision définitive. J'allai le voir à Gauhati. Il me demanda ce qui était arrivé... J'étais tout feu, tout flamme alors. Une fournaise brûlait au fond de moi... Je lui répondis que je ne pouvais pas continuer.

– Et pourquoi donc ?

– Pour rien... rien.

– Pour rien... mais pourquoi donc ?

– Je ne sais pas... je ne sais pas.

– Tu ne sais pas ? Qu'est-ce que cela signifie ?

– Je n'ai pas le droit de prononcer un seul mot... je n'ai pas le droit de dire à quiconque ce qui est juste et ce qui est faux.

– Qu'est-ce que cela signifie ? Pourquoi ? Comment tu n'as aucun droit ?

– Non. Je n'ai aucun droit.

– Que dis-tu donc ? Que dis-tu ? Moi qui suis le père de mes enfants, est-ce que je ne leur dirai pas ce qui est juste et ce qui est faux ? Étant le mari, est-ce que je ne guiderai pas ma femme aussi ?

– Non, tu n'as pas le droit d'agir ainsi [1]. »

Pendant quelques mois, Yogeshvar voyagea à la recherche de maîtres et de sages dont on lui avait parlé. Il rencontra notamment Sahibji Maharaj Anand Svarupji, le fondateur de la secte Radhasvâmi à Dayalbagh près d'Agra. C'est à cette époque également qu'il rencontra un maître réputé de tantrisme dont l'enseignement l'intéressa. Mais, après avoir répondu aux questions que lui posa Yogeshvar, celui-ci eut l'honnêteté de dire : « Jusqu'à ce point je connais. Au-delà je ne parle plus d'expérience. »

Des gens bien intentionnés cherchent à lui venir en aide.

« Quand Svâmiji était jeune homme, racontera-t-il plus tard, et qu'il était dans la plus grande incertitude, un ami de sa famille, très vieux, très érudit, qui lui voulait du bien, lui dit un jour :

– Que voulez-vous ? Pourquoi agissez-vous ainsi ? Tout le monde attend tant de choses de vous et vous vous agissez comme si vous étiez mentalement dérangé. Qu'y a-t-il ? Que désirez-vous ?

– Je veux voir la vérité face à face.

– Quoi ? Vous êtes si jeune et les gens essayent tellement.

1. Sumangal Prakash, *L'Expérience de l'Unité*, p. 144.

Il cita alors le verset bien connu : “Des milliers et des milliers de fois les gens essayent de voir mais ce n’est que rarement que l’on peut voir[1].” Comment pouvez-vous espérer voir ?

– Non, je dois voir face à face, ici et maintenant, dans cette vie maintenant.

– Oh ! Vous ne faites pas confiance à ce que disent les Ecritures (*śâstra*) ? Vous ne croyez pas à ce que dit la *Gîtâ* ?

– Eh bien, je ne sais pas...

– Mais les grands sages (*mahâtma*) ont dit... Vous ne les croyez pas ? N’avez-vous aucune foi ?

– Voyez-vous, ils peuvent dire ce qu’ils veulent mais moi c’est cela que je veux.

– Oh ! Vous avez l’esprit dérangé. Quel dommage ! Essayez d’avoir la foi.

– Oui, j’ai essayé d’avoir la foi, mais une voix intérieure ne me le permet pas. Elle me dit : “Tu dois voir la vérité face à face.”

– Mais ne voyez-vous pas que des milliers et des milliers de vies sont nécessaires... ?

– C’est possible. Mais je sens que je dois l’obtenir... je vais l’obtenir. Je vois cela. Je dois l’obtenir maintenant[2]. »

C’est une période difficile pour Yogeshvar qui se sent perdu et désorienté, ainsi qu’il ressort d’une discussion qu’il eut avec sa fille Chinmayee bien des années plus tard :

« Un jour, raconte-t-elle, je demandai à Chhele[3] :

– Tagore a-t-il réalisé la Vérité Suprême et peut-il être considéré comme un renonçant (*saṃnyâsin*) ?

– Il a réalisé, me répondit-il, de nombreuses facettes de la vérité ; il a presque atteint le point culminant mais il a échoué à s’y établir fermement. C’est pourquoi il n’a pas atteint la Connaissance Parfaite ou la Vérité Suprême. Ce qu’il a expérimenté et réalisé n’est qu’un aperçu de ce qu’il y a de plus élevé, mais cela s’est dissipé peu à peu. Il n’était pas capable de le conserver. Ainsi il a composé ce chant qui a ému et influencé ton Chhele de manière profonde à un moment crucial de son existence.

– Quel chant, Chhele ? J’aimerais l’apprendre.

1. *Bhâgavad Gîtâ* VIII. 3 : *manuśyânâṃsahasreṣu kaścit satati siddhaye.*
2. E.23.01.65.
3. Littéralement : *fils* mais ici *père*, nom par lequel Chinmayee appelait son père.

Et Chhele se mit à chanter. En voici le début :

Ne me laisse pas plus longtemps dans l'obscurité, Seigneur.
Permets-moi de me voir moi-même
Permets-moi de me trouver en Toi
Fais-moi pleurer, si je dois pleurer
Insupportables sont les plaisirs grossiers et vulgaires
Permets-moi, Seigneur, de regarder en moi[1].

La phrase "insupportables sont les plaisirs grossiers et vulgaires" exprimait la profonde angoisse qu'il ressentait au fond de son cœur face à l'inanité et à la futilité de tous les plaisirs de ce monde et qui lui faisait désirer souffrance et peine car alors seulement pouvait-il espérer réaliser ou atteindre ce qu'il appelait *brahman* ou Vérité Suprême.

Quand ton Chhele entendit ce chant pour la première fois, il se trouvait dans un état d'angoisse semblable, cherchant la vérité, il ne trouvait aucun repos. Dès qu'il entendit ce chant, particulièrement ce vers, il fut touché jusqu'au plus profond de lui-même et le chanta un nombre incalculable de fois et pendant longtemps. En chantant ces vers, l'angoisse qui s'y exprimait s'était transformée en sa propre angoisse et il sentait que c'était la même ardeur qui brûlait dans son propre cœur. Et c'est ainsi que ton Chhele a pu ressentir que Rabindranath également a dû vivre la même expérience que celle que Chhele éprouvait à ce moment-là, que Rabindranath aussi a dû se sentir suffoquer et étouffer sous les eaux de ce cloaque (*cesspool*) dans lequel il se noyait et dont il cherchait à se sortir par des efforts désespérés...

Ce chant a été une bénédiction et lui a permis de faire un pas en avant. Car lorsqu'il chantait "si je dois pleurer..." et "fais-moi pleurer..." et "insupportables sont les plaisirs...", des larmes coulaient spontanément...

C'est alors que je composai le poème qui commence par ces mots : "Où est ma demeure..." Dans quelle angoisse je me trouvais ! J'ai composé tout le poème dans un état d'agitation extrême. Tantôt je marchais de long en large, tantôt je m'arrêtais plongé dans un état de rêverie profonde, chaque mot de ce poème exprime l'angoisse profonde de me trouver perdu, déboussolé en même temps que l'effort désespéré pour trouver mon véritable lieu d'appartenance :

1. *Svasa-Vittana* de Rabindranath Tagore.

Où est en fait ma demeure ?
Les régions infernales (*atala* ou *pâtâla*) ou bien le ciel ou la terre ?
Qui suis-je, quelle est ma forme ?
Et qui sont en réalité les miens et ceux qui me sont étrangers ?
Ma demeure s'étend dans tout l'univers :
Ce qui s'élève redescend, ce qui vit meurt ;
Une fleur épanouie est destinée à tomber
En morceaux dès qu'elle a fleuri.
Dans une goutte je noie l'océan
C'est là que je suis.
Nulle lumière, ni ombre
Dans l'obscurité mon corps repose
Région inabordable où joue
La lumière de l'absence de lumière
Si doux en vérité le non-voir
Dans ce qui est vu !
Ecoute, ô mon esprit, et regarde les yeux ouverts
Un marin inconnu sur la grande mer
Court après mon propre moi
Je suis toujours en mouvement
C'est moi qui joue
C'est moi qui suis la flûte
C'est moi qui suis enchanté[1].

On peut avoir l'impression, à la première lecture, que celui qui a composé ce poème a réalisé la Vérité Suprême. Mais il n'en est rien, puisque Svâmiji dit lui-même qu'il l'a composé « dans un état de profonde angoisse ».

Quelle était la nature de cette angoisse ? Il l'explique dans une lettre adressée à sa fille[2] où il dit explicitement qu'il était tourmenté par la question : « Pourquoi l'homme fait-il des erreurs ? Pourquoi souffre-t-il ? Qu'est-ce que la vérité ? »

4. ***Nirâlamba Svâmi.***

Le besoin de connaître la réponse, de savoir ce qu'est la vérité était devenu véritablement intense. Il n'éprouvait plus aucun plaisir d'aucune sorte, dans aucune de ses activités quotidiennes, dans aucune action... Son agitation est constante. Il a perdu toute tranquillité d'esprit, au point de paraître mentalement dérangé aux yeux de son entourage. Sa quête est permanente. Il interroge inlassa-

1. L.28.1.52 et L.11.6.58.
2. L.30.12.41.

blement tous ceux qui lui paraissent susceptibles de lui donner une réponse. Et parmi eux, Nirâlamba Svâmi. Voici comment Svâmiji raconta lui-même, beaucoup plus tard, l'entretien qu'il eut avec Nirâlamba Svâmi, probablement vers la fin de l'année 1922 :

« Svâmiji a reçu de Nirâlamba Svâmi trois enseignements... trois seulement. A partir de là, le jeune homme se mit au travail et tout le reste s'ensuivit. D'abord il lui demanda :

– Svâmiji, qu'est-ce que la liberté ? Qu'est-ce que la délivrance ?

Nirâlamba sourit et dit :

– La délivrance n'est rien d'autre que d'être libre des *saṃskâra*...

La signification exacte du mot *saṃskâra* est préjugé mental, jugement de valeur. Aussitôt, le jeune homme se dit : "Qu'est-ce que ceci ? Délivrance des jugements de valeur, c'est-à-dire du sens du bien et du mal ? On doit donc renoncer non seulement au mal mais au bien également ? Comment peut on renoncer au bien ? Pourtant Nirâlamba Svâmi a bien dit : Etre libre de toutes les valeurs mentales ! Voyons. Il n'y a donc rien de bien rien de mal, rien d'agréable rien de désagréable... Il en est ainsi pour tout. C'est la même chose qui est considérée comme agréable par l'un et désagréable par l'autre. La chose est ce quelle est en elle-même. Le monde, le monde objectif est considéré comme agréable, comme une source de gloire, etc., pour celui qui s'intéresse à la vie mondaine, qui recherche les biens de ce monde... la prospérité. Il apparaît comme désagréable et pénible pour celui qui sent la vanité de la vie mondaine. Il n'y a donc rien de bien, rien de mal. Cela ne fait qu'apparaître ainsi. Tout dépend de celui qui..."

Nirâlamba Svâmi n'en dit pas davantage. Et le jeune homme ne lui demanda aucune explication supplémentaire. Il se mit au travail et il continua encore et encore.

– En est-il bien ainsi, Svâmiji ? Il n'y a donc rien de bien, rien de mal ?

– Tout à fait, répondit Nirâlamba Svâmi. Cela apparaît comme bien à celui qui...

Ce fut tout. Ce fut le deuxième enseignement. La troisième question du jeune homme fut :

– Quel est le chemin de la délivrance ?

– Il n'y a rien à faire, répondit Nirâlamba Svâmi, ou plutôt fais deux choses seulement... deux choses si tu peux. Et alors tu seras libre.

– Quelles sont-elles ?

– D'abord essaie de distinguer entre ce qui est permanent et ce qui impermanent. Ensuite essaie de discriminer entre le Soi et le non-Soi. Si tu peux discriminer de manière continue, vigoureusement entre ces deux aspects, alors tu seras libre.

Il n'en dit pas plus. Et la même chose est indiquée dans le *Vedânta* : discrimination entre le Soi et le non-Soi, discrimination entre ce qui est éternel et le non-éternel [1]. Le jeune homme prit ces deux indications et se mit au travail. Au bout d'un certain temps, il arriva à la conclusion : "Non. Cette discrimination entre le permanent et l'impermanent, le Soi et le non-Soi n'est pas suffisamment claire." Voici comment il y parvint : "Permanence et impermanence... Oh ! Il y a quelque chose de permanent, il y a quelque chose d'impermanent. Il y a quelque chose comme le Soi, quelque chose comme le non-Soi. Il faut donc savoir d'abord ce qui est permanent et ce qui est impermanent. Puis les distinguer alors on peut délibérer... discriminer. Non, ce n'est pas clair." Et puis il arriva à cette conclusion : "Oh ! Non. Il faut partir des faits. Pourquoi devrais-je supposer qu'il y a quelque chose de permanent ? Pourquoi devrais-je supposer qu'il y a quelque chose comme le Soi ? Pas de jugement a priori (*assumption*). Pour un esprit scientifique, pas de jugement a priori. Je dois partir des faits. Qu'est-ce que je vois ? Voyons, ceci est-il permanent ? Non. Et cela, est-il permanent ? Non. Le soleil se lève. Est-ce permanent ? Non. Aussi tout ce que je connais... Par exemple la nourriture... oui, la nourriture... s'est transformée en énergie. Il y a transformation d'énergie. Oh ! Alors, qu'est-ce qui est permanent ? Rien n'est permanent." Il retourna auprès de Nirâlamba Svâmi :

– Svâmiji, voici comment je vois les choses. Rien n'est permanent. De même pour le Soi et le non-Soi. Le Soi est impérissable, inaltérable, absolu. Je ne le connais pas. Je ne le trouve pas. Alors pourquoi devrais-je supposer son existence ? Si je dis : "Il est absolu, indestructible, indescriptible", ceci n'est que ma propre création. Je ne le sens pas. Comment puis-je relier l'un à l'autre ? Aussi, maintenant tout est non-Soi. Je vois que tout est destructible, que tout est relatif. Comment peut-on dire que tout est absolu ? Où est l'absolu ? Non, il n'y a d'absolu nulle part. Je ne comprends pas.

Nirâlamba Svâmi resta silencieux un moment puis dit :

1. « Âtma-anâtma-viveka/nitya-anitya-viveka » : citation du *Vivekacuḍamaṇi de Sankarâcarya.*

– Très bien. Pour un esprit scientifique comme le tien, c'est le chemin pratique. Oui, très bien, continue... continue ainsi.

C'est ainsi qu'il arriva à la conclusion qu'il n'y a rien de permanent, que rien n'est le Soi. C'est tout. Voilà où il aboutit tout d'abord : "Voici ce que je sens. Je ne vois rien de permanent nulle part. Rien n'est permanent, nulle part. C'est la vérité. Alors, qu'est-ce qui est permanent ? Rien n'est permanent. Alors il doit y avoir quelque chose de permanent. Pourquoi est-ce que je dis que tout est impermanent ? C'est relatif. Impermanent veut dire non permanent. Je dis que tout est impermanent, cela veut dire je me réfère à quelque chose de permanent. Oh !"

Et c'est à partir de là que graduellement tout s'est cristallisé... cristallisé... cristallisé... et, en fin de compte, Svâmiji est venu à vous parler si simplement. Il y a le changement. Rien n'est vous. Aucune chose n'est vous. Tout (*everything*) est autre que vous même. C'est le non-Soi et vous vous prenez vous-même pour le Soi... Il n'y a rien ni personne qui soit vous. Aussi en partant du général, cela permet de revenir sur terre. Le jeune homme fait part de ce qu'il a trouvé à Nirâlamba Svâmi :

– Très, très bien. Mais nous ne procédions pas comme cela. Nous ne sentions pas les choses ainsi.

– Mais si, les choses sont ainsi. Partout, toujours, la même vérité est là.

– Oui, oui... mais nous essayions de les prendre de manière précise.

– Mais comment les prendre de manière précise ? S'il y a une vérité, la vérité doit être ici, maintenant et partout. Quand quelqu'un est en méditation, il est dans cet état-là. Et dès qu'il sort de la méditation, il trouvera que les choses ordinaires sont moins belles. Quelle est l'utilité d'une telle méditation ? Chaque instant de la vie sera ainsi.

C'est alors que le jeune homme, pourrait-on dire, prit un autre chemin. Mais pas vraiment. Cet enseignement-là et celui-ci sont-ils différents ? Non, c'est la même chose, mais exprimée d'une façon plus cristallisée, plus terre à terre. C'est tout. Ainsi à partir de "Tout est non-Soi, tout est impermanent", il en vint à "tout change et donc tout est différent de moi". Tout le *Vedânta* s'y trouve. Nirâlamba Svâmi lui dit :

– Oh ! Tu es comme le Bouddha, tu es un véritable voyant (*seer*). Bouddha a dit : Tout est non-permanence du Soi, tout est impermanent[1]. Mais c'est la même chose que le *Vedânta* exprime de manière différente.

Ce n'est que plus tard que le jeune homme lut toutes ces choses. Il demanda à Nirâlamba Svâmi :

– Svâmiji dois-je lire les textes sacrés, des livres ?

– Non. N'y touche pas. Sois établi en toi-même. Et après pour te détendre (*recreation*), si tu as envie de lire, lis. Autrement, si tu te mets à lire alors tu accepteras ce que tu auras lu comme des faits et tu ne seras plus nulle part. Essaye d'être toi-même d'abord. Et alors si besoin est, si tu éprouves du plaisir à voir ce que les autres disent, alors lis. Pas maintenant[2]. »

Ce récit est important à plus d'un titre :

1. Il nous éclaire d'abord sur la relation entre Svâmiji et Nirâlamba Svâmi. En effet, certains disciples se sont demandés si celui-ci pouvait être considéré comme le guru de Svâmiji. Nous avons trois réponses différentes à ces questions qui s'éclairent l'une l'autre :

« Ce Svâmi était-il le guru de Svâmiji ? » demande un disciple et Svâmiji répondit : « Oui[3]. »

Dans un autre récit, Svâmiji dit : « Quand Svâmiji partit à la recherche... Il ne faisait que chercher et chercher... Il rencontra celui qui fut son guru d'*une certaine façon* et il lui demanda[4]... »

Enfin dans un autre entretien, Svâmiji dit : « Svâmiji eut plusieurs guru : une fourmi, un bouc, un demi-fou, un homme[5]. » Bien que l'homme dont il est fait mention ne puisse être que Nirâlamba Svâmi, Svâmiji ne lui accorde cependant pas une place prépondérante car, d'une manière générale, pour lui un guru est quelqu'un qui indique, qui montre. Mais le travail doit être fait par le disciple. C'est ce que fit Yogeshvar lui-même lorsqu'il reçut les réponses de Nirâlamba Svâmi aux trois questions qu'il avait posées.

2. Nirâlamba ne conteste pas la formulation nouvelle donnée par son interlocuteur, il ne la discute pas, il se contente de confirmer la découverte personnelle du jeune homme.

3. Cette « découverte » rejoint celle de Bouddha. D'où l'ensei-

1. C'est ainsi que Svâmiji traduit *sarvam-anâtman sarvam anityam*, litt. : « tout est non-soi, tout est non-éternel ».
2. E.28.1.66.
3. E.27.1.66.
4. E.1.9.66.
5. L.27.1.63.

gnement « nouveau » de Svâmiji. L'expression « nouvelle », dans un langage simple, devient accessible, pratique. Elle correspond à l'esprit du temps, mais elle revient au même. C'est pourquoi Nirâlamba Svâmi dit à Yogeshvar qu'il est comme un voyant car les *ṛṣi* des temps jadis sont ceux qui découvrent des chemins ou des formulations nouvelles.

4. On voit par ailleurs dans cette histoire la manière dont Svâmiji procède dans son cheminement. D'abord une écoute respectueuse du guru. Le guru formule un énoncé : « Pas de jugement de valeur. » Puis le disciple examine l'enseignement qu'il vient de recevoir : « Que veut-il dire ? Est-ce vrai ? Est-ce faux ? Cela me paraît inacceptable. Et pourtant il a bien dit ceci. Ce ne peut être une parole en l'air. Se libérer du bien ? Se libérer du plaisir ? Oui, il a raison. Je ressens une résistance en moi. Je dois la surmonter. » Enfin l'examen peut le conduire à contester ; le disciple constate en effet : « Tout est impermanent. » Dire « tout est impermanent », ce n'est pas la même chose à première vue que de dire « distinguer entre permanent et impermanent ». Comment les deux formules se rejoignent-elles ? Svâmiji donnera plus tard l'exemple du tas de sucre auquel se trouvent mélangés quelques grains de sable. Comment les trouver ? « C'est le sable que vous voulez éliminer et vous ne le trouvez pas. Enlevez le sucre grain à grain et vous trouvez le sable. Pareillement ici, enlevez tout ce qui impermanent, que reste-t-il ? Ce qui est permanent. » Contestation qui conduit au même résultat : la connaissance de ce qui est, de la réalité (*tattvajñâna*).

Dans son récit, Svâmiji ne précise pas la durée du « travail » de délibération qu'il accomplit pour parvenir aux conclusions qu'il soumet respectueusement à Nirâlamba Svâmi. Plus peut-être que les réponses, l'important est le processus suivi : un doute, une question et un travail de recherche pour trouver la réponse.

5. *Recherche d'un nouveau poste.*

Yogeshvar est prêt maintenant à revenir dans le monde. Il se trouve confronté à un nouveau problème. Il a acheté des terres à Channa grâce au don de son ami Basak. Mais maintenant qu'il a renoncé à y ouvrir une école, il considère ce don comme un emprunt qu'il lui faut rembourser.

Le prix d'achat des terres était de quatre cents roupies et le montant à rembourser d'environ mille roupies. Il devait donc trouver un emploi dont la rémunération serait la plus élevée possible pour lui permettre d'effectuer le remboursement dans les plus brefs délais.

Il envoya une lettre pour proposer sa candidature aux trois institutions d'enseignement supérieur qui venaient d'être créées dans la foulée du mouvement d'indépendance nationale. Yogeshvar écrivit aussi au Dr Bhagavan Das, directeur du Kashi Vidyapith (Bénarès), au Dr Rajendra Prasad, directeur du Bihar Vidyapith (Patna), à Khwaja Sahib (Abdul Majid Khwaja), directeur du Jamia Millia (Aligarh). On ne connaît pas la réponse des deux premières institutions. Tout ce que l'on sait, c'est que Svâmiji accepta d'enseigner dans la troisième, un établissement musulman où on lui proposa un salaire de cent cinquante roupies par mois. Lors de son engagement, au milieu de 1922, le directeur de l'établissement, Khwaja Sahib, avait tenu un grand discours prônant l'esprit de sacrifice, à tous les membres du corps enseignant. En effet, bien que la rémunération proposée fût supérieure aux deux autres établissements hindous, elle était néanmoins bien plus faible que celle qui était payée couramment dans les établissements publics ou semi-publics. Mais dès qu'il prit ses fonctions, Yogeshvar apprit de ses collègues que ce même directeur qui tenait des propos si édifiants était un gros propriétaire terrien (*zamindar*) aux revenus substantiels qui, de plus, s'attribuait généreusement, à titre personnel, cinq cents roupies par mois comme frais de représentation. Dès qu'il apprit la chose, Svâmiji se précipita dans le bureau du directeur et lui demanda si c'était exact. Embarrassé, celui-ci chercha à se justifier. Cette hypocrisie parut inacceptable à Yogeshvar. Il se dit : « Je ne veux pas être en rapport avec des gens malhonnêtes » et donna sa démission. Peu de temps après, il fut engagé au Bihar Vidyapith.

Chapitre IV

Période d'idéalisme et d'austérités

Le Bihar Vidyapith fut créé en 1921 pendant le mouvement de non-coopération. Rajendra Prasad, qui devint plus tard le premier président de la République indienne après l'indépendance, en était le directeur et le vice-recteur. Le Bihar étant une des régions les plus pauvres et les plus arriérées du pays, ses habitants menaient par nécessité une vie très frugale. Le Vidyapith convenait, de ce point de vue, à Yogeshvar qui pouvait y mener le mode de vie austère et frugal auquel il aspirait, encore que la rémunération très faible qu'il recevait ne lui permettait de rembourser que difficilement l'emprunt à Basak.

Nous ne savons pas quelle partie de son salaire mensuel Yogeshvar dépensait pour ses besoins et ceux de sa femme, qu'il avait autorisée à venir le rejoindre, ni combien il pouvait épargner. On sait cependant que, pendant son séjour au Sadaqat ashram, la résidence qui lui avait été attribuée par le Vidyapith, il avait réduit ses dépenses au strict minimum. D'après Yogendra Narain, l'un de ses étudiants au Vidyapith, Yogeshvar entra en fonctions en septembre ou en octobre 1922.

1. *Les méfaits de l'idéalisme.*

Tout ce que nous savons de cette période nous est connue par les récits d'Anasûya Devi. Récits qu'elle a maintes et maintes fois répétés pratiquement à chacun des disciples de Svâmiji, souvent à la demande de celui-ci et parfois même en sa présence. Il demandait chaque fois qu'on l'écoute attentivement, car il y voyait un exemple à ne pas suivre, une illustration vivante des méfaits de « l'idéalisme » dont il était imprégné à cette époque. « C'est un récit émouvant, dit Sumangal, et j'ai toujours vu Anasûya Devi éclater fréquemment en sanglots au milieu de sa narration, sa voix s'étouffait et ses yeux se remplissaient de larmes au souvenir de ces journées si éprouvantes pour elle. Même après avoir raconté son histoire tant de fois, même après la mort de Svâmiji, lorsque j'ai enregistré son récit, elle se sentait si totalement submergée par l'évocation de ses souffrances passées que sa voix devenait parfois inaudible, étouffée par l'émotion et que des larmes coulaient sur ses joues. »

« Dans notre maison à Sadaqat ashram, raconte-t-elle, j'étais complètement livrée à moi-même et ne pouvais rassembler suffisamment de courage pour lui demander ce dont j'avais besoin. Toutes les courses étaient faites par les plantons du Vidyapith. Mais quelles courses c'étaient ! On mangeait la nourriture la plus fruste, du riz grossier, du *dal* (purée de lentilles) et des pommes de terre. Parfois, il n'y avait même pas de *dal*. Le riz était simplement bouilli avec des pommes de terre.

C'était la première fois que je tenais une maison. Quand il n'y avait plus de sel à la maison ou plus de pommes de terre, je ne savais que faire. Je n'avais pas encore appris à le mettre au courant des choses à l'avance. Aussi je préparais le repas sans sel ou sans pommes de terre... Bien entendu, cela lui était égal, mais moi, cela m'était difficile de manger une nourriture pareille ! Et pourtant je devais me soumettre, sans dire un mot, à tout cela.

Nous n'échangions pratiquement aucune parole et je ne pouvais le voir que rarement. Dès le lever du jour jusqu'à l'heure du coucher, chaque minute de mon temps était réglé selon un programme établi d'avance affiché sur le mur en face de moi : de telle à telle heure filer du coton au rouet, de telle heure à telle heure préparer le repas, à telle heure précise servir le repas, etc.

Il y avait une interdiction très stricte d'utiliser des piments et si, sans penser à mal, je glissais un piment par inadvertance, il s'en apercevait, repoussait son assiette et se levait sans terminer son repas. Quel choc pour moi ! Je restais là sans manger toute la journée et il ne prenait pas la peine de s'enquérir si j'avais mangé ou non.

Quand nous étions à Sadaqat ashram, nous devions faire nos ablutions dans le Gange qui se trouvait à proximité. Comme les garçons de la résidence universitaire prenaient leur bain à quatre heures du matin, je devais avoir terminé le mien avant qu'ils n'arrivent. Mais j'avais très peur du fleuve et n'avais pas le courage de m'y tremper. Je restais simplement assise sur la berge et me lavais le corps avec une serviette plongée dans l'eau du fleuve. Mon mari fit tout son possible pour me guérir de cette peur de l'eau, mais il n'y parvint pas. Un jour, il me demanda ce qui me faisait peur.

– Je vais me noyer, répondis-je.

– Pourquoi as-tu peur ?

– Parce que je ne sais pas nager.

– Dans ce cas, viens, je vais t'apprendre.

En disant ces mots, il m'entraîna dans l'eau. Quand, ne pouvant plus résister, je me trouvai jusqu'au cou dans l'eau, lui-même remonta sur la berge, me forçant ainsi à me débattre dans l'eau pour sauver ma vie. Après ce qui me sembla une éternité, je réussis à regagner la rive.

– Eh bien ! Tu as réussi à sortir, après tout !

Mais je tremblais de peur.

– Oui, effectivement j'en suis sortie, répliquai-je pleine de ressentiment, mais je suis passée par l'enfer. Je mourais de peur.

– Mais maintenant tu l'as surmontée, dit-il en essayant de me rassurer.

– Non, je n'ai pas du tout surmonté ma peur. Et si tu me forces à nouveau à entrer dans l'eau, alors ce sera le même enfer pour moi.

Par ailleurs, je savais que si je n'arrivais pas à surmonter cette peur et, par-dessus tout, si je n'obéissais pas à ses instructions au pied de la lettre, il ne me permettrait pas de continuer à vivre avec lui et me renverrait dans la maison de mon père, éventualité que je craignais plus que tout.

Quand il allait se promener et me demandait de l'accompagner, je restais loin derrière lui car il m'était impossible de suivre les enjambées d'une personne de si haute taille, dans la fleur de l'âge. Mais il regardait rarement derrière lui pour savoir si je le suivais. Mon père était également en service à Patna et il habitait à une dizaine de kilomètres de là. Un jour nous allâmes rendre visite à mes parents et, comme d'habitude, je dus marcher derrière mon mari qui ne se donna même pas la peine de regarder si je le suivais ou non. Très vite, je me sentis terriblement fatiguée, mais il m'était impossible de demander un moyen de transport quelconque.

Quand j'étais avec lui, je ne me peignais jamais les cheveux car je ne pouvais lui demander de l'huile pour mes cheveux. Quand je me rendais à la maison de mes parents, ma mère me demandait pourquoi mes cheveux étaient si ébouriffés. Quand elle comprit qu'on ne me donnait même pas d'huile pour mes cheveux, mon père me fit cadeau d'une bouteille d'huile de noix de coco.

– Où as-tu trouvé l'huile pour tes cheveux ? me demanda mon mari quand il me vit bien peignée.

– C'est mon père qui m'en a fait cadeau sur le chemin du retour. Il m'a dit aussi que par manque d'huile mes cheveux longs et épais sont devenus grossiers et emmêlés. Père m'a donné une bouteille d'huile et un peigne aussi.

Notre manière de nous alimenter fut changée du tout au tout à cette époque-là. Il avait cessé de manger du poisson (consommé pratiquement par tout le monde au Bengale) et je devais faire comme lui. Un jour il me demanda si le poisson ne me manquait pas.

– Si tu n'en prends pas toi-même, répliquai-je, comment puis-je souhaiter manger du poisson ? Je ne peux pas préparer du poisson uniquement pour moi. Si tu peux vivre en ne mangeant qu'une nourriture la plus simple et la plus grossière, je peux certainement en faire autant.

Mais cela devenait un vrai problème lorsque je rendais visite à mes parents, car ils prenaient tous du poisson et je ne pouvais ni refuser, ni accepter de manger ce que je n'avais pas chez moi. Parfois je devais discuter ferme avec ma mère car je ne pouvais pas tolérer que l'on dise du mal de mon mari. C'est pour éviter de telles situations que mes visites à mes parents devinrent de plus en plus rares et espacées [1]. »

Il est évident, d'après ce récit, à quel point la vie que Yogeshvar menait et faisait mener à sa jeune épouse était austère. Elle devait se plier ou partir. Aucune douceur, aucune pitié, aucune patience. Il se montrait froid vis-à-vis d'elle. Comme il l'expliqua plus tard, son cœur était rempli d'affection mais il ne le montrait pas dans son attitude extérieure, croyant faussement par là stimuler ceux auxquels il souhaitait faire partager sa manière de voir les choses. Son comportement était alors le même vis-à-vis de ses amis, de ses élèves, de ses disciples, ou de ses proches.

De cette époque, de la bouche même de Svâmiji, nous ne possédons qu'un court récit dont la tonalité est très différente de celle d'Anasûya Devi :

1. Récit d'Anasûya Devi recueilli par Sumangal Prakash.

« Un jour la femme d'un professeur s'approcha de lui et le regarda, regarda, regarda. Alors son mari lui demanda :

– Pourquoi regardes-tu comme ça ?

– Oui, je regarde.

– Pourquoi ?

– Tu es un homme curieux.

– Qu'y a-t-il ?

– Tu es avec des livres dès le lever du soleil, continuellement avec des livres. Tu ne parles pas, tu ne joues pas, tu es dans les livres. Comment peut-on passer tout son temps avec des livres seulement ? Tu es un homme curieux.

Et Svâmiji commentait ainsi la réflexion de la jeune femme : "Exactement. Il apparaît étrange. Pour elle, il lui paraît étrange. Elle-même étant ignorante, venant d'un village arriéré, elle ne lisait pas. Rien de la sorte. Pour elle vivre veut dire jouer, parler, faire ceci ou cela et rien de plus"[1]. »

« Bref, continue Anasûya Devi, les jours passaient et je devais me soumettre à des épreuves difficiles. Ainsi, il y avait un emplacement pour la crémation des morts au bord du Gange qui n'était pas très éloigné de chez nous. Il me demanda un jour si je pouvais aller là-bas seule au milieu de la nuit et lui ramener une poignée de cendres du bûcher d'un mort. "Oh ! Mon Dieu, m'écriai-je, saisie de peur. Les mauvais esprits et les fantômes n'errent-ils pas là-bas pendant la nuit ?" Il n'y avait qu'une seule pièce dans notre maison et sur le devant une courette entourée de toile goudronnée en guise de palissade. L'endroit était désert, même la résidence des étudiants était éloignée. Comme il exerçait la fonction de directeur de la résidence, mon mari ne revenait que vers dix heures du soir. Jusqu'à son retour, je restais seule à la maison. Il n'y avait pas âme qui vive alentour. On ne pouvait voir aucune lumière. La nuit venue, j'allumais une lanterne et j'attendais impatiemment son retour.

Et maintenant, en plus de tout cela, il me demandait d'aller au lieu de crémation, une nuit sans lune ! J'avais bien sûr déjà vu cet endroit au bord du Gange. J'allais m'y asseoir de temps en temps, pendant la journée, pour passer le temps. Même en plein jour et vues de loin, les flammes bondissantes du bûcher où se consumaient les corps morts m'inspiraient de l'horreur. Juste derrière la courette de notre maison, sur la terre nue et désolée, je

1. E.27.12.65.

voyais souvent des chiens et des chacals qui rapportaient les membres à demi brûlés des corps morts ou encore des corps mutilés d'enfants morts enterrés non loin de là et dont ils rongeaient les os même pendant la journée.

Bien entendu, j'obéis à mon mari et fis ce qu'il me demanda de faire cette nuit-là. Mais ce fut une expérience si horrible que les détails de ce qui m'est arrivé cette nuit-là se sont presque complètement effacés de ma mémoire. Ce dont je me souviens c'est que lorsque je revins de cette mission effrayante, je tombai sans connaissance près du lit de mon mari et que, dans ma main tendue, il a trouvé les cendres du lieu de crémation [1]. »

Yogeshvar continua ainsi à soumettre Anasûya Devi à des épreuves qui lui parurent de plus en plus éprouvantes :

« La femme du frère aîné de mon mari ainsi que sa sœur étaient venues vivre avec nous pendant quelque temps et une maison avait été louée pour nous loger tous les quatre près de la gare Dighaghat, à l'extérieur du Sadaqat ashram. Là encore, un jour, il me réveilla à deux heures du matin. Il me demanda d'aller chercher une cruche d'eau du Gange. M'ayant donné cette directive, il s'assoupit en me laissant seule à considérer la tâche la plus difficile qui m'ait jamais été donnée d'accomplir. L'endroit étant nouveau pour moi, je ne connaissais pas très bien le chemin pour aller jusqu'au Gange. Certes j'étais allée plusieurs fois au Gange avec mes belles-sœurs, mais le chemin n'était pas direct. Il faisait de nombreux tours et détours et il fallait traverser la voie de chemin de fer où il n'y avait aucune lumière car on allumait la lampe à pétrole seulement lorsqu'un train de voyageurs était annoncé. Mais, à cette heure de la nuit, il ne fallait pas s'attendre à ce qu'un train passe.

Enfin je me levai et m'enroulai dans un sari noir. Je me mis un turban autour de la tête de façon à pouvoir passer pour un homme. Ce déguisement était également destiné à tromper mes belles-sœurs, car si l'une d'entre elles avait entendu bouger quelque chose, elle aurait pu penser, à ma plus grande confusion, que c'était mon mari qui m'avait jetée dehors. »

Suit le récit détaillé de tout ce qu'elle ressentit cette nuit-là après être sortie de la maison : les chiens qui aboyaient et sa terreur, comment elle avança pas à pas dans l'obscurité de crainte de heurter

1. Récit d'Anasûya Devi recueilli par Sumangal Prakash.

les rails du chemin de fer, son escalade de la plate-forme de la gare, la manière dont elle hésita dans quelle direction aller. Tout autour : obscurité et silence de mort... De temps en temps des bruits de voix, des hurlements de chacals. Elle se sentait transie de froid et de peur jusqu'à la moelle de ses os. « Mais avais-je le choix de rebrousser chemin ? Il serait certainement parti le lendemain me laissant à jamais derrière lui. » Elle resta hésitante un long moment sur le chemin à prendre. Soudain, elle remarqua une faible lumière dans le lointain. C'était le projecteur du vapeur qui remontait le Gange et elle aperçut, à son grand soulagement, le chemin sinueux qui descendait vers le fleuve. Elle se concentra tout entière sur cette faible clarté et courut vers le fleuve. Mais elle avait toujours peur du fleuve, surtout la nuit. Elle craignait sa profondeur, les crocodiles toujours possibles, l'étendue de vase et de boue qu'elle devait traverser avant d'atteindre l'eau. Et quand elle l'atteignit enfin, non seulement elle remplit la cruche d'eau, mais elle songea aussi à y mettre de la boue prélevée dans le lit du fleuve pour prouver à son mari, sans qu'il puisse avoir le moindre doute à ce sujet, qu'elle était effectivement allée jusqu'au fleuve.

Quand elle revint à la maison, après avoir surmonté les difficultés du retour pour trouver son chemin dans les broussailles, elle s'attendait à recevoir quelques mots d'appréciation pour son courage et sa réussite. Mais quand elle pénétra dans sa chambre, elle le trouva endormi.

Anasûya Devi a souvent raconté ce dernier incident à des disciples en présence de Svâmiji. Celui-ci l'écoutait chaque fois très attentivement et commentait son récit de la manière suivante :

« Le comportement de deux types de personnes, ceux qui ont un idéal très élevé et ceux qui sont égoïstes et centrés sur eux-mêmes est exactement le même. En réalité, tous deux sont égoïstes. Le premier d'une manière grossière et l'idéaliste de manière émotionnelle. Aucun des deux ne voit l'autre. Par exemple, Svâmiji autrefois, quand il était marié, s'est conduit d'une manière très cruelle avec la mère de Chinmayee. Pourquoi ? Parce qu'il était idéaliste. Il était très dur avec elle. Elle devait s'élever jusqu'à son idéal. Et si elle ne pouvait pas faire ce qu'il voulait qu'elle fasse, elle n'avait qu'à partir. Telle était son attitude... Bien sûr, on trouvera des gens qui le défendront en disant : "Il ne voulait rien pour lui-même et il n'était donc pas égoïste du tout". Lui-même le pensait aussi : "Je ne veux rien pour moi-même"... mais c'était aussi de l'égoïsme. Pourquoi ? Parce qu'il s'était forgé sa propre idée de la manière dont il voulait que sa femme se comporte. Ainsi était-ce son propre égoïsme qui était la cause de cette attitude[1]. »

« Un jour, rapporte Sumangal, ma femme Minati demanda à Svâmiji s'il n'avait pas ressenti de pitié pour cette jeune fille : "Pas la moindre", avait-il répondu, car rien d'autre n'existait pour lui que son idéal[2]. »

Svâmiji précise également au cours d'un entretien ultérieur que son attitude était tout aussi rigoureuse avec ses élèves et ses amis :

« Il faut que tu fasses cela.

– Je ne peux pas.

– Si tu ne peux pas agir comme moi... alors va-t'en... va-t'en.

Un jour, un de ses amis oublie de faire quelque chose que Yogeshvar lui avait demandé :

– J'ai oublié, dit-il.

– Oh ! Tu as oublié ce que j'ai dit.... Oh ! Alors tu peux m'oublier aussi. Va... Va-t'en. Je ne veux pas d'un pareil ami[3]. »

Au cours d'un autre entretien concernant sa santé, Svâmiji précise : « Le corps de Svâmiji est faible. Il n'a que peu de réserves... Sa faiblesse a été renforcée quand Svâmiji a pratiqué des austérités dans sa période de folie. Il sentait de manière erronée que le corps n'était que de la matière sans aucune importance et que seule l'âme comptait. Mais le corps est là... »

Svâmiji s'est donc soumis à des austérités intenses de sa propre initiative. Certes, il avait interrogé Nirâlamba Svâmi à ce sujet mais celui-ci n'approuvait ni ne désapprouvait. Il lui dit simplement : "Que vas-tu en tirer ? Quel bénéfice en escomptes-tu ? Si tu es attiré, fais-le[4]. »

« Un jour, continue Anasûya Devi, je fus enfermée dans ma chambre par ma belle-sœur qui était venue habiter avec nous... C'était la première fois que j'avais assisté à une querelle entre les membres de la famille de mon mari. De peur que je ne les entende, ils m'avaient enfermée. Mon mari s'était absenté pour quelques jours et son frère aîné m'avait demandé si les femmes de la maison s'étaient querellées. Les cloisons entre les chambres, faites en paille, étaient très minces et mes belles-sœurs purent entendre ma réponse. Aussi quand je fus seule quelque temps après, l'une d'elles vint dans ma chambre

1. Sumangal Prakash, *L'Expérience de l'Unité*, p. 97.
2. Minati Prakash, Récit.
3. E.4.2.66.
4. Daniel Roumanoff, Récit de Svâmiji.

et me frappa. A partir de ce moment-là, elles m'enfermèrent toujours dans ma chambre chaque fois qu'elles commençaient à se disputer. Un jour, je fus traitée de cette façon en présence de mon mari mais il n'intervint pas. Quand leur visite prit fin, je lui en demandai la raison. Il me répondit simplement :

– Cela n'eût pas été convenable. Elles sont des membres plus âgées et plus respectables de la famille.

– Cela leur donne-t-il donc le droit de me maltraiter ? Même mon père ne m'a jamais battue. Suis-je donc ici pour être traitée ainsi par vous tous ?

Mais en dépit de toutes ces humiliations, je m'accrochais à lui car j'avais besoin d'un endroit respectable qui soit mien, d'un soutien, d'un abri qui me permette de vivre avec une certaine dignité. C'est pourquoi j'étais décidée à ne partir sous aucun prétexte. Ce que j'avais appris, après avoir vécu auprès de lui, c'est que la manière la plus sûre de le retenir était de lui obéir, de surmonter toute forme de peur, de honte et de n'avoir aucune objection à tout ce qui pouvait m'arriver[1]. »

2. ***Mise en pratique de l'enseignement de Nirâlamba Svâmi.***

Toute l'année 1922-1923 au Bihar Vidyapith est pour Yogeshvar une période de travail intense, d'approfondissement et de mise en pratique des enseignements donnés par Nirâlamba Svâmi. Son premier effort consiste à essayer de se rendre libre des *saṃskâra* ou des jugements de valeur. Nous n'avons que peu d'éléments sur la manière dont procédait Svâmiji. Voici quelques histoires qu'il a racontées lui-même par la suite :

« Quand Svâmiji faisait ses tout premiers pas dans cette direction... un jour cela frappa Svâmiji... le jeune homme qu'il était : "Oh ! Qu'est-ce ? Je suis un homme. Quelle est la différence entre un homme et un animal ? L'animal ne sait pas ce qu'il fait, juste emporté par l'habitude. Aussi, si je suis emporté par l'habitude, je ne suis pas un homme. Alors ? Maintenant je dois faire attention à ce que rien n'arrive ou ne se produise sans que j'en sois conscient. Alors voyons, observons, de quelle manière je suis moi-même. Voici ce que je fais... Observons... J'ai envie de parler. Oh ! Pourquoi cette envie ? Pourquoi ? Qu'y a-t-il en moi qui me donne envie de parler ? Parles-tu

1. Récit d'Anasûya Devi recueilli par Sumangal Prakash.

parce que cela correspond à la situation ou bien es-tu emporté par quelque chose ? »

« Un jour, il arriva qu'il prit ses lunettes... elles étaient légèrement sales. Et tout à coup : "Oh ! Qu'es-tu en train de faire ?" Jusqu'à ce moment pour les nettoyer, il envoyait de la buée avec sa bouche : Ha ! Ha ! Puis il frottait le verre avec un pan de son habit. "Oh ! Que fais-tu ? Ha ! De la salive sous forme de vapeur ! C'est sale ! (En Inde on considère en effet que la salive est sale.) Tu salis tes verres et tu les nettoies avec tes habits ! Tu salis tes habits ! Qu'est-ce que cela veut dire ? Que fais-tu ? Si tu veux nettoyer tes verres, prends de l'eau, rince-les... Alors est-ce une manière raisonnable, logique, appropriée de nettoyer tes verres ? Non." Il se mit à les nettoyer de manière appropriée. Puis après quelques jours, il se demanda : "Comment est-ce arrivé ? Comment en suis-je arrivé à nettoyer mes verres de lunettes ainsi ? Je ne sais pas. Cela a pourtant dû commencer un jour. La première fois que je me suis mis à porter des lunettes, comment ai-je appris à les nettoyer ? Je ne sais pas. J'ai pensé que c'était ainsi qu'il fallait les nettoyer. Non, cela ne s'est pas produit ainsi. Tu as dû voir quelqu'un qui agissait ainsi... Ah oui ! Mon frère ! C'est mon frère qui nettoyait ainsi ses lunettes. Et parce que mon frère était un idéal pour moi, tout ce que mon frère faisait m'apparaissait être la chose à faire. Est-ce cela une action délibérée ? Non, c'est une imitation pure et simple..." [1]. »

« Un jour, quand Svâmiji suivait ce cheminement... il était, pour ainsi dire, pratiquement arrivé jusqu'au bout... Vous savez que Svâmiji vient d'une famille de brahmanes. Il portait donc le cordon sacré et il l'a porté pratiquement jusqu'à la fin. Un jour, il ressentit que cela lui brûlait, comme s'il y avait une brûlure. "Qu'est-ce donc ? Qu'est-ce que cela veut dire brahmane ? Je suis un homme. Oh ! Suis-je un brahmane ? Encore ce sens de la différenciation entre un brahmane et un *śudra* ? Et ce sentiment de supériorité ! Un brahmane c'est celui qui est un avec tout le monde. Il n'y a pas de 'je', pas d'inférieur, ni de supérieur, mais pourtant... Oh ! Après tant d'efforts... c'est encore présent. Cela doit partir... cela doit partir. Inutile de délibérer, parce que la délibération a déjà été faite..." C'était tôt le matin, trois heures environ. "Ce matin, je vais sortir et la première personne quelle qu'elle soit que je rencontre, je vais l'inviter à

1. E.1.64.

déjeuner." Il sortit. Et voilà qu'à sa rencontre vient un jeune homme. Mais c'était un brahmane... "Ah ! Tant pis... je l'invite quand même. Cette fois-ci, c'est comme ça" :

– Êtes-vous libre ? Pouvez-vous venir déjeuner ?

– Désolé, j'ai tant à faire, répondit-il. Je ne peux pas. Est-ce vraiment nécessaire ?

– Oui.

– Alors, dans ce cas, je viendrai.

– Oh ! Non... Non... Ce n'est pas vraiment nécessaire.

– Alors, dans ce cas, voulez-vous inviter Gopal ? Il pourra venir sûrement, si vous le voulez bien.

– Oh ! Très bien, envoyez-le.

C'était un *banya* : une caste inférieure, celle des marchands. Il arriva :

– M'avez-vous fait appeler ?

– Oui. Entrez.

– Mais pourquoi ?

– Asseyez-vous... Prenez votre repas ici aujourd'hui.

– Très bien.

A ce moment-là, Svâmiji était seul. Il se faisait lui-même la cuisine. Il lui tendit un plat. Et après le repas, selon la coutume, le jeune homme se leva, prit son plateau (*talli*) pour le laver.

– Laissez-le.

– Pourquoi ?

– Laissez-le. Cela sera nettoyé... Laissez-le.

– Oh ! Non... non... non... Comment puis-je le laisser ?

– C'est très bien ainsi. Laissez-le.

Et il partit. Le jeune homme se dit : "Et maintenant, brahmane, à toi. C'est un *banya* et il vient de manger... Les restes sont là. Allez vas-y, prends tout"... Il mélange le riz et le *dal*. Et il le mange. Parce qu'un brahmane ne peut pas manger les restes... Il est quelqu'un de supérieur. "Alors où est le brahmane maintenant ? Tu vois un brahmane ?" Immédiatement, tout ceci disparut. Et il jeta le cordon sacré : "Non, plus de différenciation. C'est cette différenciation qui te rend tel. C'est terminé. Aucun argument. Il s'est dit : "Voilà ce qu'il en est et j'agis. C'est terminé [1]." »

Un autre exemple relatif à une période plus tardive, probablement en 1923, raconté par Svâmiji lui-même, peut également servir

1. E.13.1.64 et E.27.3.72.

d'illustration au processus suivi par Svâmiji : « A cette époque, Svâmiji était professeur. Et c'était la coutume pendant les vacances scolaires de voyager, il se dit : "Qu'est-ce donc ? Toujours pendant les vacances partir en voyage ? Quel en est le sens ? Comme si cela démangeait. Non, cela n'a pas de sens. Cet été, je ne partirai nulle part. Je resterai ici. L'été, les vacances sont longues, je ne partirai pas. Je dois prendre une décision et informer tout le monde que, cet été, je resterai à Bénarès. Que risque-t-il d'arriver ? Telle chose peut se produire... quelqu'un peut mourir. Une autre... Alors ? Que ferai-je ? C'est fort peu probable qu'un pareil événement se produise... Mais je dois maintenir ma décision." Il prit cette décision et en informa tout le monde. Il arriva qu'un parent éloigné, très âgé, de presque cent ans mourût. "Non, je n'irai pas... – Pourquoi non? demandèrent les gens. – Parce que j'ai pris une décision et en ai informé tout le monde." Après cela, le désir de voyager disparut [1]... »

Nous ne connaissons pas grand-chose de la vie extérieure de Yogeshvar au Bihar Vidyapith, où il ne resta que d'octobre 1922 à mai ou juin 1923, sauf qu'il était respecté par ses collègues et ses étudiants. Une grande partie de son temps fut consacrée à la préparation de la session annuelle du Congrès national indien qui se tint en décembre 1922 à Gaya. Rajendra Prasad, nommé président du comité d'accueil, ayant du mal à trouver du personnel compétent pour superviser l'installation électrique et l'adduction d'eau, confia ces deux tâches à Yogeshvar qui s'en s'acquitta, semble-t-il, à la satisfaction générale.

1. E.28.3.72.

Chapitre V

Professeur à Bénarès

1. ***Yogesh Babu, professeur.***

En avril 1923, Yogeshvar fut désigné comme délégué du Bihar Vidyapith à la première conférence nationale sur l'éducation qui eut lieu à Bénarès et à laquelle furent conviés par Bhagavan Das, recteur du Kashi Vidyapith, philosophe et savant bien connu, les délégués de toutes les universités « nationales » du pays.

Les comptes rendus de cette conférence, publiés par le Kashi Vidyapith en 1923, montrent que parmi les vingt-huit délégués, Yogeshvar fut l'un des sept qui assista à l'intégralité des vingt sessions de la conférence. Bhagavan Das, qui était à la fois professeur et administrateur du Kashi Vidyapith à cette époque, fut très impressionné par les interventions de Yogesh Babu et eut plusieurs entretiens privés avec lui. Toujours intéressé d'inviter au Vidyapith les personnalités les plus remarquables, il proposa à Yogeshvar de venir y donner des cours, bien que les matières scientifiques ne fissent pas partie de l'enseignement dispensé au Vidyapith.

Yogeshvar accepta avec joie, d'autant plus que le salaire proposé était de cent vingt-cinq roupies par mois, montant plus qu'honorable par rapport à la moyenne des autres collèges « nationaux » en activité à cette époque.

Le Bihar Vidyapith où Svâmiji enseignait jusqu'alors était le plus pauvre de tous les collèges. En effet, la source de ses revenus venait du *muthya* : collecte effectuée quotidiennement, de porte à porte, auprès des habitants de la ville. Ceux qui contribuaient le plus étaient les gens du peuple qui offraient le plus souvent une poignée de riz.

Le Kashi Vidyapith avait des sources de revenus plus stables. Il avait été établi par la contribution d'un patriote très riche de Bénarès, Shiva Prasad Gupta, qui l'avait doté d'un capital d'un million de roupies dont les revenus étaient suffisants pour permettre au Vidyapith de fonctionner.

Voici comment le professeur Birbal Singh décrit Yogeshvar lorsque celui-ci vint s'établir au Kashi Vidyapith en juillet 1923 : « Il était vêtu d'un *dhoti* avec son torse nu recouvert d'un châle de coton jeté sur ses épaules. Ses cheveux étaient coupés ras. Nombreux furent ses collègues, notamment le professeur d'économie Ram Sharan, le professeur de mathématiques, Sharma Vir Singh et moi-même qui furent très impressionnés par sa personnalité, sa manière de vivre et les points de vue si personnels qu'il exprimait sur des sujets les plus variés. »

Yogesh Babu fut logé dans la partie de Chakla Bagh, non loin de la gare Kashi Cantonment. On lui attribua une maison indépendante composée de trois pièces au rez-de-chaussée et d'une pièce au premier étage. Par derrière, adjacent à la maison, il y avait un étang assez grand, à usage public, où résonnaient, à longueur de journée, les cris des enfants qui s'y baignaient et des femmes qui venaient y laver leur linge. Anasûya Devi vint habiter avec lui.

C'était tout à fait inhabituel de la part des autorités du collège de nommer un professeur dont les qualifications académiques ne correspondaient pas au cursus des matières enseignées. Ceci témoigne de l'admiration de Bhagavan Das envers Yogeshvar, mais montre également la confiance que pouvait avoir Yogeshvar dans ses propres capacités puisqu'il s'était proposé de lui-même d'enseigner différentes matières telles que la littérature anglaise et la philosophie.

Sa manière d'enseigner nous est connue par le témoignage d'un de ses anciens élèves, le professeur Raja Ram Shastri : « La discipline que j'étudiais au Kashi Vidyapith était la philosophie à laquelle étaient rattachées d'autres matières : psychologie, théorie de l'évolution, etc. Bien sûr, l'évolution était enseignée également par d'autres professeurs mais quand Yogeshvar commença à l'enseigner, nous étions tous émerveillés par sa manière de traiter le sujet et plus particulièrement par sa présentation de Darwin. Comme c'était un scientifique, il faisait un exposé d'une grande précision ce qui nous permettait de comprendre beaucoup mieux.

Peu de temps après, il se mit à enseigner la littérature anglaise. Au programme, il y avait les pièces de Shakespeare : *Jules César*, *Othello*, *Le Roi Lear*, ainsi que quelques autres écrivains classiques comme Ruskin. Il admirait beaucoup les œuvres de Ruskin et bien que nous n'ayons à notre programme que des œuvres faciles telle que *Sesame and Lilies* il suscita en nous un tel intérêt pour Ruskin que, sous sa supervision, nous nous mîmes à étudier un grand nombre de ses œuvres y compris son œuvre monumentale sur *L'Art et l'esthétique*, *Les Peintres modernes*...

Nous ne connaissions pas grand-chose à la peinture en tant qu'art et encore moins les maîtres occidentaux. Nous étions tout aussi ignorants de l'existence même de Turner sur lequel Ruskin avait écrit une œuvre de plusieurs volumes.

Une caractéristique particulière de la méthode d'enseignement de Yogesh Babu c'est qu'il suscitait chez l'étudiant un intérêt non seulement pour l'œuvre inscrite au programme mais également pour son auteur. Il conduisait l'étudiant à étudier les autres œuvres de l'écrivain ainsi que les auteurs ayant écrit sur les mêmes sujets. C'est ainsi que nous fûmes conduits à élargir notre culture générale en lisant davantage.

Une des méthodes employées par Yogesh Babu consistait à nous demander d'écrire sur un sujet particulier. Cela nous aidait beaucoup à clarifier nos idées. Puis, mot à mot, il examinait ce que chacun de nous avait écrit. Cette méthode rendait le sujet beaucoup plus compréhensible qu'un simple exposé que, bien entendu, il faisait également[1]. »

D'après Sumangal Prakash, qui fut également un de ses élèves à cette époque, « il était le professeur le plus populaire parmi les étudiants. Il avait des rapports personnels avec ses étudiants. Même lorsque ceux-ci cessaient de suivre ses cours, ses relations avec eux restaient cordiales et il continuait à s'intéresser à la manière dont ils poursuivaient leurs études. Il donnait également des cours informels chez lui sur les *Upaniṣad*, la langue et la littérature bengalies et notamment sur le *Gitânjali* de Tagore, qui venait de recevoir le prix Nobel de littérature[2] ».

Tous ces témoignages concordent pour montrer qu'indépendamment des disciplines scientifiques, Yogeshvar avait déjà des connaissances approfondies dans les domaines les plus divers : philosophies orientale et occidentale, littératures occidentale et bengalie ainsi que des connaissances en sanskrit suffisantes pour lire

1. Récit de Raja Ram Shastri.
2. Récit de Sumangal Prakash.

couramment les grands textes classiques : *Upaniṣad*, poèmes épiques, *Purâṇa*, etc.

D'après Sumangal Prakash : « Yogesh Babu se montrait d'humeur joyeuse, plein d'humour et affectueux envers tout le monde. Tous les étudiants du Vidyapith se sentaient proches de lui au niveau personnel. J'écrivais des poèmes à l'époque et, de temps en temps, les étudiants qui s'intéressaient à la poésie se réunissaient ensemble. Yogeshvar avait appris la chose et chaque fois qu'il me croisait sur le campus, il s'arrêtait pour me demander, le visage souriant, si j'avais composé quelques nouveaux poèmes ce qui ne manquait pas de me flatter secrètement.

En matière de discipline, cependant, Yogesh Babu était d'une sévérité extrême. Quand un étudiant arrivait en retard au cours, les remarques qu'il faisait, bien qu'acerbes, n'étaient d'abord pas trop appuyées, mais si cela se reproduisait, il déclarait de manière claire que tout étudiant arrivant en retard ne pourrait assister aux cours de la journée et que, même le jour suivant, il ne pourrait y assister que s'il avait pu rattraper son retard de la veille. A partir de ce moment, personne ne prit plus ses remarques à la légère.

Un jour, continue Sumangal, je vis un attroupement et j'entendis Yogesh Babu qui s'adressait à un étudiant d'une voix forte et animée : "Même si vous aviez raté votre train, cela n'aurait eu aucune importance..." Je m'approchai et essayai de me mettre au courant de ce qui s'était passé. Quelques jours plus tôt, un étudiant de la résidence universitaire était rentré chez lui et Yogesh Babu avait vu qu'il courait pour prendre son train. Maintenant il était revenu et Yogesh Babu lui avait demandé pourquoi il avait ainsi couru.

– Me dépêcher et courir étaient les seuls moyens de ne pas rater mon train.

– Aucun mal à cela, répliqua Yogeshvar. Cela vous servira de leçon de façon à ce que vous fassiez attention dorénavant à ne rien faire en vous dépêchant.

Tout le monde était surpris. S'ensuivit un long exposé de Yogesh Babu sur la nécessité de régler sa vie de manière ordonnée et d'observer des règles précises, d'accomplir tout travail d'une manière délibérée et calculée, d'absorber chaque bouchée de nourriture avec attention : dès qu'on la portait à la bouche, elle devait être mâchée et avalée avec soin et attention, ne rien faire en se dépêchant, être pleinement conscient dans tout ce que l'on entreprenait et tout accomplir de manière délibérée en calculant tout le processus du début à la fin... Tout cela paraissait étrange, difficilement compréhensible mais, en même temps, extraordinaire, nouveau et excitant[1]. »

Svâmiji, de son côté, a rapporté quelques incidents qui se sont déroulés au cours de cette période :

« Des gens s'approchent en courant et disent :

– Il y a un pandit, il est étendu par terre... De la bave coule de sa bouche... Ses yeux sont rouges et il est inconscient. Nous ne savons pas faire... S'il vous plaît... Venez... Venez vite.

– Que s'est-il passé ?

– Il vient juste de revenir... Il a été invité à déjeuner et il vient de rentrer... et il est tombé.

– Bon... Apportez de l'eau froide du puits... et versez-lui de l'eau sur la tête.

C'est ce qu'ils firent et, au bout de quinze ou vingt minutes, il commença à bouger les yeux puis, s'étant reposé quelque temps, il s'assit. Et quand il vit Yogeshvar :

– Oh ! J'ai honte.

– N'ayez pas honte... Détendez-vous. Que s'est-il passé ?

– Voyez-vous, j'ai été invité à déjeuner et j'avais pratiquement terminé quand fut servi le *pias* (c'est la nourriture la plus pure, commente Svâmiji, rien que du lait, du riz et du sucre. C'est ce qu'on appelle *param annam* : la nourriture parfaite). Je me dis : "Non, je suis rassasié, je n'en prendrai pas." Mais c'était si appétissant ! Je dis : "Très bien, donnez-m'en un peu." Je tendis mon bol et ils me servirent. "Oh ! Très bon ! Encore un peu." Ils m'en resservirent. De nouveau : "Encore." Et j'ai senti une bouffée de chaleur... Je fis comme je pus pour rentrer. Et je suis tombé.

Ainsi ce *pias* qui était une nourriture parfaite a agi comme du poison. Il avait pratiquement terminé son repas. Il n'aurait pas dû absorber autre chose... S'il n'en avait pris qu'un peu, rien ne serait arrivé. Il en prit beaucoup. Ainsi la meilleure des choses a eu des effets pires que du poison. Pourquoi ? Parce qu'elle a été absorbée dans des circonstances défavorables. C'est ce *pias* qui a donné l'éveil à Bouddha d'une certaine façon[2]... »

« Un jour que Svâmiji se promenait le soir dans le jardin du campus du Vidyapith, un jeune homme, très énergique, très intelligent, s'approcha de lui :

1. Récit de Sumangal Prakash.
2. E.4.5.1968.

– Alors, monsieur, vous n'allez pas en ville ?... Vous restez toujours ici ? Comment pouvez-vous vivre ainsi ? Monsieur, vous n'allez jamais au cinéma ?

– Oh ! Non.

– Comment ? Comment un homme peut-il... ?

– Si tous les cinémas de la vie peuvent être vus ici, quel intérêt d'aller au cinéma ?

– Ah ! Ce ne sont que des mots, monsieur, rien que des mots [1]. »

« Prakashji, professeur au Kashi Vidyapith de Bénarès, déclara un jour à Svâmiji :

– Regardez comme c'est absurde... tellement absurde.

– De quoi s'agit-il ?

– Tous ces étudiants qui se tourmentent sans cesse pour leur avenir... Ne sont-ils pas ici seulement pour étudier ?... Mais ils sont toujours en train de s'inquiéter de savoir comment et quand et où ils trouveront un emploi.

– Ce que vous dites est juste, mais ils ne peuvent s'empêcher de s'inquiéter pour leur avenir.

– Pourquoi ? Moi aussi j'ai été étudiant autrefois, et jamais je ne me suis fait du souci pour mon avenir.

– C'est vrai, bien sûr... vous ne vous êtes pas inquiété pour votre avenir. Pourquoi ? Où habitiez-vous quand vous faisiez vos études ?

– J'étais en pension, bien sûr.

– Oui, en pension. Et vos dépenses ?

– Je recevais de l'argent de la maison.

– Avez-vous jamais eu des problèmes pour recevoir cet argent ?

– Non, je recevais tout ce dont j'avais besoin.

– Oui, vous n'avez jamais senti le manque d'argent... vous n'avez jamais eu à vous faire de souci à ce sujet.

– Bien sûr que non.

– Vous êtes-vous jamais fait du souci sur la manière de vous procurer de l'argent ou comment faire pour payer vos repas ?

– Non, bien sûr. Je n'ai jamais eu besoin de m'en préoccuper.

– Mais regardez ces étudiants ici... ils ont tous les jours à faire face au problème de savoir comment payer pour leurs besoins journaliers. Il dépensent la totalité de la bourse qu'ils reçoivent du Vidyapith pour payer leur maigre nourriture. Cela ne leur suffit

1. E.1974.

même pas... Dans des circonstances aussi difficiles, n'est-il pas naturel qu'ils s'inquiètent de leur avenir, comment et quand ils trouveront un emploi par la suite ? Bien sûr, vous-même n'avez jamais eu à faire face à pareille situation.

– Oui, c'est vrai.

– Alors comment pouvez-vous comprendre leur anxiété ? Maintenant dites-moi, pouvez-vous imaginer la situation difficile dans laquelle ils se trouvent ?

– Mais ne doivent-ils pas tout de même se consacrer à leurs études ? Cela aussi est important.

– Oui, c'est important... C'est vrai qu'ils devraient se consacrer entièrement à leurs études, mais leur crainte de l'avenir n'est pas dénuée de fondement. Voyez aussi dans quelle situation ils se trouvent.

– Oui, c'est vrai. Mais je ne suis quand même pas capable de les comprendre.

– Nous y voilà. C'est tout à fait vrai. Admettez alors que vous êtes incapable de les comprendre. Voilà la vérité. Pourquoi dire alors que tout ceci est absurde ? Pourquoi dites-vous cela ? N'est-ce pas simplement parce qu'il vous est impossible d'imaginer même comment ils ressentent leur situation actuelle ? Dans le passé, vous étiez entièrement satisfait de votre situation. Tout ce dont vous aviez besoin, vous pouviez l'obtenir, vous n'avez jamais ressenti un manque. Pas le moindre... Mais ces étudiants sont dans un manque perpétuel... A chaque pas, ils sont confrontés à une situation désespérée... Ils n'ont rien d'autre devant eux qu'un avenir sombre. Mais dans votre cas ? Vous avez toujours eu devant vous un avenir brillant... Vous avez toujours su que vous iriez à l'étranger pour obtenir des diplômes, pour être avocat, n'est-ce pas ?

– Oui, c'est bien ainsi que cela s'est passé pour moi.

– Votre avenir était si brillant !... Vous pouviez faire tout ce que vous aimiez... Mais regardez ces étudiants, ils ne peuvent rien faire d'autre que de s'inquiéter de ce qu'ils deviendront après avoir terminé leurs études.

– Ah ! Oui, c'est ainsi... Et pourtant je suis incapable de les comprendre.

– Pourquoi ?... Parce que vous n'avez jamais eu une telle expérience... C'est pourquoi vous êtes incapable de comprendre leurs sentiments.

Voilà le point central. Comment quelqu'un sans expérience personnelle peut-il comprendre celle de l'autre ? C'est impossible car on ne peut pas atteindre quelque chose au-delà de soi-même, jamais[1]. »

2. ***Vie quotidienne au Kashi Vidyapith.***

Pour sa femme Anasûya Devi, le changement fut important. Au Bihar Vidyapith, elle vivait de manière complètement isolée dans une petite maison éloignée du centre des activités. Son mari étant absent toute la journée, il n'y avait personne pour lui tenir compagnie.

A Bénarès, la maison de Chakla Bagh n'était pas complètement isolée. Le collège et l'une des résidences pour étudiants étaient situés dans la même enclave. De plus, l'étang derrière la maison était continuellement animé du matin au soir. De sa fenêtre, elle pouvait observer tout ce qui s'y passait.

Une autre différence notable c'est que son mari n'enseignait que quelques heures le matin. Elle pouvait l'observer dans son activité d'enseignant puisque les cours avaient lieu en plein air sous un arbre ou sur une plate-forme, non loin de là, dans le jardin.

Après ses cours du matin, son mari passait le plus clair de son temps à la maison et y donnait même des cours. Enfin quelques mois après leur arrivée, quelques étudiants devinrent des habitués de la maison et l'un d'entre eux, Govardhan, avait même abandonné ses études pour devenir le « fils spirituel » de Yogesh Babu. Bientôt il se mit à les aider dans les tâches domestiques et la compagnie de ce disciple, bénévole et réservé, fut une source de joie pour Anasûya Devi.

L'attitude de son mari envers elle s'était-elle adoucie à cette époque ? Nous ne le savons pas d'une manière sûre. En tout cas, elle ne rapporte aucun souvenir de « cruauté » de la part de son époux. Bien au contraire :

« J'éprouvais un grand désir de recevoir une éducation systématique mais je ne savais pas comment procéder. Un jour, j'essayai d'aborder le sujet et de lui-même il me proposa de me donner des cours. Mais où pouvait-il trouver le temps de m'enseigner ? Tôt le matin, il devait aller au collège et, après son retour, il y avait un flot continu d'étudiants à la maison jusqu'à 9 ou 10 heures du soir. "C'est certainement un problème", dut-il admettre lorsque je

1. Sumangal Prakash, *L'Expérience de l'Unité*, p. 291.

lui fis remarquer la difficulté. Et, après avoir réfléchi, il ajouta : "Très bien, tu vas alors suivre toute seule un programme d'études. Et si tu éprouves des difficultés, viens me voir quand je serai libre."

Je fus très déçue, mais comme il me l'expliqua, il ne pouvait pas refuser de recevoir les étudiants qui étaient sa première responsabilité [1]. »

Un autre témoignage nous est rapporté par Raja Ram Shastri qui vers la fin 1924, début 1925, logeait dans la maison d'Anasûya : « Un jour, Anasûya Devi exprima le désir de visiter le temple de Viśvanâthâ pour rendre hommage au dieu Śiva. Son mari essaya de l'en dissuader car ce temple avait mauvaise réputation. Toutefois, quand ses arguments se révélèrent sans effet, il accepta de l'accompagner et demanda à Raja Ram Shastri de se joindre à eux. Comme d'habitude, le temple était plein de fidèles. Raja Ram se fraya un passage à travers la foule, suivi d'Anasûya et atteignit la statue sur laquelle Anasûya devait verser l'eau sacrée de Gange. Un individu, membre du personnel du temple, qui avait observé la jeune fille, essaya à la dérobée de la serrer de trop près. Anasûya, prise de panique, leva son pot à eau d'un geste brusque et celui-ci glissa de sa main. Son mari avait observé la scène loin derrière la foule et sur le chemin du retour lui dit que maintenant elle avait fait par elle-même l'expérience pratique de ce qu'étaient, en réalité, ces prétendus endroits sacrés [2]. »

3. *Découverte de la psychanalyse.*

Il semble, d'après cette description, que la vie de Yogesh Babu est maintenant stabilisée et que ses relations avec sa femme se sont améliorées. Il donne à ses étudiants et collègues l'impression d'une forte personnalité et mène une vie régulière et apaisée. Comment en est-il arrivé là alors qu'il y a quelques mois à peine, il était anxieux, agité, désespéré et que sa femme le présente comme un monstre de cruauté et d'indifférence ?

Certes, il a cherché à se débarrasser de ses *saṃskâra* en accomplissant un intense travail sur lui-même, mais sa rigueur était

1. Récit d'Anasûya Devi.
2. Récit de Raja Ram Shastri.

excessive, son idéalisme si forcené que Svâmiji qualifia lui-même cette période d'austérité de « période de folie ».

Bien sûr, au cours de l'année passée au Bihar Vidyapith, il s'est mis à lire les écrits traditionnels et plus particulièrement les *Upaniṣad* et le *Yogavâsiṣṭha*. Nous n'avons aucune indication sur les versets qui l'ont particulièrement frappé à l'époque mais nous pouvons supposer que c'est au cours de cette période qu'il a relevé les versets cités dans la thèse qu'un de ses élèves Venkateshvar Sharma écrivit entre 1927 et 1929 sous sa direction. Ces versets sont pratiquement les mêmes que ceux qu'il citait par coeur à ses disciples au cours des entretiens pour illustrer tel ou tel point particulier.

En tout cas, les témoignage concordent. En arrivant au Kashi Vidyapith, Svâmiji avait une connaissance suffisante des textes pour pouvoir enseigner la philosophie indienne. Par contre, c'est probablement en arrivant au Kashi Vidyapith qu'il découvre Freud et la psychanalyse.

Le Kashi Vidyapith était dirigé par le Dr Bhagavan Das, un philosophe curieux de tout, membre de la Société théosophique, ami du Dr Annie Besant. Il se tenait au courant de toutes les nouveautés et commandait systématiquement pour la bibliothèque de l'école les livres parus à l'étranger qui lui paraissaient intéressants.

Pourquoi Yogeshvar s'est-il intéressé d'emblée si passionnément à la psychanalyse ? C'est que, selon toute vraisemblance, il y trouvait quelque chose de nouveau, qui manquait ailleurs, ou qui lui apparaissait comme une lumière nouvelle dans sa compréhension des Grands Enoncés (*mahâvâkya*) des *Upaniṣad*. Sumangal Prakash rapporte à ce sujet un entretien qu'il eut avec Svâmiji en 1940 :

« Je me souviens parfaitement bien comment, lorsque Svâmiji nous rendit visite à Patna après mon mariage, pendant la promenade du matin, nous discutions du désir et de sa satisfaction. Le sujet n'était pas nouveau car Svâmiji, à plusieurs occasions, avait indiqué qu'un désir, s'il était suffisamment intense, devait se réaliser. Mais ce qui était nouveau fut l'exemple qu'il donna de sa propre expérience : "Il y eut un temps dans sa vie, dit-il, où il était désespérément à la recherche de quelque chose qui pourrait l'aider à résoudre un problème qui l'angoissait beaucoup. Il sentait qu'il devait y avoir quelque chose qui fournirait un chaînon manquant à la connaissance du soi énoncée par les Grands Voyants des *Upaniṣad* qui avaient atteint la délivrance (*mukti*) des liens de *mâyâ* ou de la dualité. Et, précisément à ce moment-là, quand son angoisse atteignit son point culminant, il trouva le chaînon manquant dans la psychanalyse de Freud. »

Ce récit peut laisser supposer que Svâmiji a lu des livres de psychanalyse avant 1923 puisque la période où il était si angoissé se situe de 1922 à 1923. Cela paraît peu vraisemblable. En effet, il ne fait aucune mention de Freud lors de ses entretiens avec Nirâlamba Svâmi en 1922. De plus, il faut rappeler que si *L'Interprétation des rêves* de Freud a été traduit en anglais dès 1913, *L'Introduction à la psychanalyse* n'a été traduite qu'en 1922. Enfin le Bihar Vidyapith où Yogeshvar enseigne de 1922 à 1923 était situé dans une région arriérée de l'Inde et disposait de trop peu de ressources financières pour pouvoir acheter des livres coûteux publiés à l'étranger. Il y avait à peine suffisamment d'argent pour nourrir les professeurs.

D'après le professeur Raja Ram Shastri, qui fut élève de Yogeshvar de 1923 à 1925, celui-ci était très familier avec la psychanalyse. Ainsi, quand il « donnait des cours sur l'œuvre de Shakespeare, Yogeshvar entrait dans les moindres détails pour rendre compte du comportement inexplicable de certains des personnages et nous demandait de trouver les causes de leurs actes. Je me souviens, par exemple, d'un personnage dont le comportement apparaissait tout à fait incongru. Yogeshvar demanda à chacun d'essayer d'en expliquer par écrit la raison. Mais aucune des explications avancées ne parut satisfaisante. Alors Yogesh Babu attira notre attention sur un événement particulier qui s'était produit quelque temps plus tôt. Ce personnage avait entendu, sans le vouloir, un dialogue entre deux personnes et en avait éprouvé de la culpabilité. Bien que ce fût inintentionnel, il s'était senti inconsciemment coupable d'avoir commis un acte considéré comme socialement répréhensible. »

Yogeshvar réussit à intéresser Bhagavan Das à la psychanalyse et c'est sur son initiative que cette discipline fut introduite dans le cursus des études dès l'année 1924-1925 et ses principes élémentaires enseignés aux élèves par le professeur Saṃpurṇânanda.

Dès le départ, la psychanalyse est apparue à Yogeshvar comme un complément des *Upaniṣad.* Il exprime cette position dans l'introduction à la thèse de Venkaheshvar écrite en 1929 : « Tout l'effort des Indiens est consacré à la recherche de la connaissance spirituelle alors que les Occidentaux mettent toute leur énergie dans l'obtention de gains matériels. Aucun n'est complet en lui-même : l'un est le complément de l'autre. » Et plus loin : « La psychanalyse analyse les processus du mental. Les complexes sont dénoués. Alors cela devient facile de les annihiler avec l'épée acérée du

Vedânta. La psychanalyse est au service de la science spirituelle. »

Pour comprendre en quoi la psychanalyse est, pour Svâmiji, complémentaire des Grands Enoncés des *Upaniṣad*, il faut se reporter à la définition si personnelle que Svâmiji donnera plus tard, à propos de la psychanalyse effectuée sur ses instructions par un disciple français chez un psychanalyste à Paris : « Il n'y a psychanalyse que lorsqu'il y a expression d'émotions. » Cette expression est pour Svâmiji le cœur même de la psychanalyse. L'expression est ce qui peut rendre l'inconscient conscient. D'où la séquence du cheminement de Svâmiji dans sa quête de la vérité qu'on peut reconstruire de la manière suivante :

– Qu'est-ce que la délivrance ? La libération des *saṃskâra*, c'est-à-dire des jugements de valeur. Il n'y a donc ni bien, ni mal, ni plaisir, ni déplaisir, tout est neutre.

– Pourtant des émotions restent présentes, émotions par lesquelles on est emporté, qui échappent à tout contrôle conscient et sur lesquelles on n'a aucune prise ; leur source est inconnue car elles sont inconscientes. Comment rendre l'inconscient conscient ? Un seul moyen : l'expression aussi libre que possible de tout ce qui se présente à la conscience.

– Dès que les faits peuvent être présentés au regard de la conscience, le travail d'investigation, de délibération (*vicâra*) ou de discrimination (*viveka*) peut être poursuivi. Ainsi il devient possible de décider en toute connaissance de cause ce qu'il convient de faire face au désir. Non pas être emporté mais choisir délibérément comment le satisfaire si nécessaire.

Voilà probablement le chaînon manquant évoqué par Svâmiji et qui a permis au jeune Yogeshvar de poursuivre son chemin et de passer de la conscience ordinaire à la réalisation de la vérité telle qu'elle est exprimée dans les *Upaniṣad*. Ces *Upaniṣad* auxquelles, fort de sa nouvelle compréhension, il peut maintenant revenir et dans lesquelles il trouve un sens nouveau. Nous prendrons pour exemple le verset de la *Bṛhadâraṇyaka Up.* (IV.3.21) si souvent cité et commenté par Svâmiji par la suite : « Celui qui a satisfait tous ses désirs, qui a accompli tout ce qu'il voulait, lui seul est désireux de lui-même ; lui seul est sans désir. Cet état sans désir seul est au-delà de la souffrance, ni peine, ni souffrance [1]. »

Cette interprétation totalement nouvelle et originale n'apparaît nulle part dans les commentaires traditionnels. Elle est même en

1. « Aptakâmam âtmakâmam akâmaṃ rûpaṃ śokântaram », L.1.12.50.

complète opposition avec l'approche classique telle qu'elle est exposée par différents commentateurs. Il convient cependant de remarquer que si dans le Vedânta la sexualité n'est guère discutée et apparaît comme un tabou, il n'en est pas de même dans les *Upaniṣad*. Le Vedânta en tant que système philosophique n'est pas antérieur au VIIIe siècle après J.-C. Ce n'est qu'un système particulier d'interprétation des *Upaniṣad*, auquel Svâmiji ne se réfère pratiquement jamais. Le tabou concernant la sexualité est, semble-t-il, d'apparition relativement récente en Inde et probablement lié au développement des cultes dévotionnels de la *bhakti* et plus récemment encore à l'influence du christianisme ou plus exactement du puritanisme britannique. Tel n'était pas le cas des traditions plus anciennes. Aussi Svâmiji citait plusieurs versets des *Upaniṣad* pour montrer que la sexualité était prise en ligne de compte : « Le sexe est la source unique de tous les plaisirs[1]. » A noter qu'*upastha* signifie littéralement pénis ou organe sexuel.

Yâjñavalkya, considéré comme le plus grand sage de l'Antiquité, répond lorsqu'on lui demande ce qu'est la réalisation : « C'est comme un homme tenu étroitement enlacé par sa chère épouse, il ne connaît rien d'autre[2]. »

Parallèlement, Svâmiji racontait souvent l'histoire de celui qui vivait comme un ermite dans une forêt épaisse. Un jour, il vit de petits poissons qui s'ébrouaient dans un étang autour de leur mère. Qu'est ceci ? s'étonna-t-il. Il n'avait jamais vu chose pareille. Il se rendit auprès du roi et lui demanda sa fille en mariage, en posant comme condition de pouvoir la ramener à son père dès qu'il aurait expérimenté ce que c'était que d'avoir des enfants. Seule la fille cadette du roi accepta cette condition. Le *ṛṣi* l'emmena avec lui. Puis, après avoir eu une progéniture, ramena la fille à son père. Svâmiji commentait ainsi cette histoire : « Voilà l'Inde. L'Inde n'a jamais eu peur de la sexualité. »

De même, du livre de Venkateshvar qui reflète les vues et l'expérience de Yogeshvar à cette époque, pouvons-nous citer les deux extraits suivants de la conclusion rédigée par Yogeshvar lui-même :

« L'homme mène une vie superficielle... Il est par conséquent effrayé par les besoins spontanés qui surgissent du plus profond de

1. « Sarveṣâm ânandânâm upastha eva ekâyanam », *Bṛhadâraṇyaka Up.*, IV.5.12 et II.4.11.

2. « Tad yathâ priyayâ striyâ saṃparisvakto na-antaraṃ veda », *Bṛhadâraṇyaka Up.*, IV.3.21 E.1966.

lui-même ou, en d'autres termes, il cherche à recouvrir le feu sous les cendres. Mais ces efforts sont vains. De manière concomitante aux activités conscientes de son esprit, ses besoins inconscients surgissent de manière déguisée. »

« Celui dont le détachement est grand plonge profondément en lui-même et devenant conscient de ses besoins inconscients leur donne une expression extérieure. Et satisfaisant ses besoins, toute son énergie active est apaisée et le brasier de ses peines et de ses souffrances est éteint. »

« Les auteurs des *Upaniṣad*, écrit-il également dans l'introduction de cette même thèse, attachent une attention particulière à ce que les organes des sens soient satisfaits. Aussi longtemps que ces désirs ne sont pas satisfaits, l'homme ne voit pas la réalité de manière neutre et désintéressée. Il ne peut pas voir sa vraie nature. C'est pourquoi les *Upaniṣad* ont d'abord tellement insisté sur la satiété et par voie de conséquence sur l'aversion qui s'ensuit pour les jouissances des sens ; ce qui permet à l'homme de se consacrer sans aucune distraction à ce qu'il étudie. Ainsi dans l'introduction de la *Kena Up.*, trouve-t-on : "Puissent nos organes trouver satisfaction ; puisse ma parole, ma respiration, mes yeux, mes oreilles, ma force et tous les organes des sens être apaisés". »

Nous savons qu'en 1928 au plus tard Yogeshvar avait des connaissances suffisamment étendues en psychanalyse pour lui permettre d'analyser lui-même certains de ses anciens étudiants mais nous ne savons pas comment il s'est formé . Certes, il lui est arrivé de mentionner parfois les noms de psychanalystes praticiens en Inde, tels que le Dr Girindra Shekkar Basu de Calcutta ou le Dr Berkeley Hill de l'hôpital psychiatrique de Ranchi mais nous connaissons mal la nature de leurs relations. Sumangal Prakash rapporte que Berkeley Hill s'était plusieurs fois mis en rapport avec Yogeshvar pour le consulter sur certains sujets particuliers, mais on ne peut en déduire que Svâmiji s'est fait analyser. On en est réduit à l'hypothèse qu'à l'instar de Freud il s'est analysé lui-même. A la question que je lui ai moi-même posée un jour : « La clarification intellectuelle n'est-elle pas suffisante ? », Svâmiji m'avait répondu : « Si l'intellect est très clair, très fort, très précis, vous pouvez le faire. Mais ce n'est pas le cas pour vous à l'heure actuelle, parce que vous êtes prisonnier de vos émotions. Quand cette emprise est très forte... alors il faut la prendre selon ses propres termes. Il faut la libérer ou la relâcher émotionnellement. Alors l'intellect pourra fonctionner correctement. »

Ainsi le processus d'auto-analyse n'a-t-il pas été complètement écarté par Svâmiji mais il n'est possible que pour ceux qui sont déjà relativement libérés de leurs émotions refoulées. Ce processus d'auto-analyse ne s'est pas accompli en un seul jour. Il a dû se poursuivre pendant des années. Mais les résultats pouvaient déjà être observés dans le changement d'attitude et de comportement de Yogeshvar envers sa jeune épouse, lors de la première année de son séjour à Bénarès.

Chapitre VI

Vie sexuelle

1. *Naissance de Chinmayee, fille de Yogeshvar.*

La chasteté jouit traditionnellement en Inde d'un prestige considérable. En dehors des *saṃnyâsî*, la plupart de ceux qui s'engageaient à consacrer leur vie au travail social s'engageaient également à mener une vie de célibat.

La vie de Gandhi en est l'exemple le plus connu. Sa réputation en Inde s'établit non seulement parce qu'il préconisait une lutte non violente contre la domination britannique mais aussi parce que tous ceux qui venaient le rejoindre au Sabamarti ashram, hommes ou femmes, mariés ou non, devaient de plus prononcer des vœux de chasteté (*brahmacarya*). C'est ce que Gandhi lui-même et sa femme avaient pratiqué bien des années auparavant lorsqu'ils avaient lutté contre les Britanniques en Afrique du Sud.

Aussi, la vie de chasteté que Yogesh Babu menait au Vidyapith de Patna et de Bénarès correspondait-elle à une norme admise et personne ne trouvait à y redire. Certes, parmi les étudiants comme partout ailleurs il y avait des « extrémistes » qui critiquaient leur professeur et lui reprochaient de forcer sa jeune femme encore adolescente à mener une vie de chasteté. Mais l'opposition la plus forte venait bien entendu de la famille de sa femme. Témoin ce dialogue rapporté par Svâmiji :

« Quand Svâmiji était dans sa période de recherche et était assoiffé... pour ainsi dire, un jour, un vieil homme de ses relations directes, c'était le grand-père de sa femme, presque centenaire, très pieux, très direct lui dit :

– Alors, frère, qu'y a-t-il ? Que cherchez-vous ?

– Je cherche ceci...

– Oh ! C'est très bien d'être pieux, d'être religieux. C'est très bien. Continuez avec votre *Gîtâ*, vos *Upaniṣad* si vous le voulez, faites votre *pûjâ*, etc., etc. C'est très bien, très bien ! Mais j'ai entendu dire que vous ne couchiez pas avec ma petite-fille... que cela ne vous intéressait pas. Est-ce vrai ? En est-il bien ainsi ? C'est bien d'être religieux mais pourquoi contestez-vous la vie de famille ? Pourquoi ne couchez-vous pas avec ma petite-fille ?

Et Svâmiji ajoutait alors : "Voyez-vous ce qu'il disait ? Il parlait de vie religieuse comme de quelque chose de séparé de la vie ordinaire [1]." »

Aussi, lorsqu'au Kashi Vidyapith la nouvelle se répandit qu'Anasûya Devi avait donné naissance à une petite fille trois mois seulement après que Yogeshvar fut devenu *saṃnyâsin* et partit dans les Himalaya après avoir donné sa démission du Kashi Vidyapith, la nouvelle fit l'effet d'une bombe et les commentaires, comme on l'imagine, allèrent bon train.

Parmi les étudiants ou les collègues de Yogesh Babu, raconte Sumangal Prakash, personne n'alla s'imaginer un seul instant ce qui aurait été, semble-t-il, la réaction la plus courante en Occident, qu'il avait pris son plaisir puis abandonné sa jeune épouse enceinte sans se préoccuper de l'avenir de celle-ci ni de celui de son enfant. Personne n'alla supposer la moindre immoralité de la part du professeur, de même personne n'envisagea un seul instant que Yogesh Babu ait pu céder à la tentation et qu'il était devenu *saṃnyâsin* en guise d'expiation (*prayaścitta*) pour avoir rompu ses vœux. Il n'était guère possible d'imaginer qu'il eût pu agir pour un tel motif, car Yogeshvar était trop estimé et respecté pour donner prise à ce genre de soupçons.

Aussi, certains de ses étudiants, notamment Sumangal, qui avaient exprimé leur désaccord et leur désapprobation lorsque leur professeur était devenu *saṃnyâsin*, se réjouirent-ils en apprenant la nouvelle de la naissance de la fille d'Anasûya Devi. Leur professeur, selon eux, « avant de renoncer à la vie dans le monde avait enfin témoigné de la considération envers sa jeune femme et pris en compte ses sentiments en lui donnant la possibilité d'être mère ».

Toutes ces réactions nous éclairent sur le milieu dans lequel vivait Yogeshvar mais ne nous expliquent pas les raisons de son action. Qu'est-ce qui a pu amener Yogeshvar à avoir des relations

1. E.14.1.64.

sexuelles avec sa jeune épouse ? A-t-il voulu véritablement la rendre mère ? Et pourquoi a-t-il décidé à ce moment-là de devenir *saṃnyâsin* et de partir ?

Ces questions sont restées pendant longtemps l'objet d'un certain mystère, les réponses de Svâmiji, lorsque ce sujet était abordé, étant restées fragmentaires ou peut-être tout simplement non enregistrées. Nous disposons cependant depuis peu de temps d'une lettre très circonstanciée adressée par Svâmiji lui-même le 30 décembre 1941 à sa fille Chinmayee et à son gendre Satinath et que ceux-ci ont accepté de communiquer à Sumangal, en l'autorisant à la reproduire :

« C'est une bonne chose, écrit Svâmiji, que vous soyez allés tous les deux à Ranchi. Vous avez considéré que cela était une chose comme allant de soi que Mâ [Anasûya Devi] donnerait son consentement avec joie ; il y a bien sûr une manière aisée d'obtenir son consentement. Cette manière consiste à "ne lui donner aucun ordre" de faire quoi que ce soit. Pour tout ce que vous souhaitez faire, il vous faut obtenir son approbation de sa propre bouche, comme si vous agissiez selon sa volonté et que personne ne l'oblige à se soumettre à la volonté d'autrui ; il faut qu'elle sente cela. Il faut lui demander : "Mâ, puis-je faire ceci ?" Rien que cela l'amènera à donner son consentement. Jamais elle ne doit sentir : "Je ne suis rien. Je ne suis personne ; chacun essaie de m'écraser ; il n'y a personne pour me soutenir." Si vous gardez ceci à l'esprit, si vous agissez ainsi avec elle, Mâ se sentira heureuse ; elle acceptera avec joie tous vos projets et vous aussi vous serez heureux.

Tous deux vous êtes maintenant des adultes et vous allez bientôt commencer à faire l'expérience de la complexité de la vie ; essayez par conséquent de comprendre la nature de la personne, quelle qu'elle soit, avec laquelle vous entrez en contact. Cette manière d'agir vous rendra heureux car elle est fondée sur la vérité. Il est préférable que vous sachiez tous les deux comment Mâ en est venue à avoir ce comportement. En effet, si vous connaissez la cause profonde de son comportement, vous pourrez comprendre à quel point celui-ci est naturel ; cette compréhension balaiera en vous tout ressentiment, indignation ou souffrance. La vie présente de Mâ est enracinée dans son passé ; l'histoire de ce passé, est en résumé la suivante :

Depuis son enfance, Mâ a l'esprit simple, incapable de traiter de problèmes compliqués. Elle a été mariée à onze ans et demi. Et cette enfant innocente a eu pour mari un homme dont les yeux étaient grands ouverts dans toutes les directions, qui avait déjà choisi un mode de vie particulier pour lui-même ; et cette façon de vivre ou ce but était si subtil et si complexe, qu'il était impossible pour Mâ de s'en approcher même de loin. C'est pourquoi, lorsque, juste après son mariage, Mâ apprit que pendant deux ans ses relations avec son mari seraient seulement celles d'une relation ordinaire et que ce n'est qu'après cette période qu'elle irait vivre avec lui, cela la dépassa complètement et elle ne put pas comprendre ce que cela impliquait. De même, au cours de cette période initiale de deux ans, son mari dut constamment la protéger pour qu'elle n'ait pas à souffrir ; mais en dépit de ses efforts, Mâ a dû supporter beaucoup de souffrance mentale (*mental agony*) dans la maison de sa belle-famille. Ceci, bien sûr, aurait pu être évité, si sa belle-famille avait eu une attitude de sympathie à son égard.

Et il se trouva que juste deux ans après son mariage, votre Chhele [nom sous lequel Svâmiji était appelé par sa fille et son gendre] a trouvé le chemin qu'il voulait suivre à ce moment-là : travailler pour le pays. Tous les membres de sa belle-famille, tous les parents, se sentirent certainement déçus. Ils avaient tous compté sur lui pour qu'il leur procure tous les bénéfices matériels que les gens recherchent habituellement : argent, prestige social, statut, etc., qu'ils se sentaient assurés de pouvoir obtenir. Quand, par conséquent, ils virent que le jeune homme (*fellow*) avait brisé tous leurs espoirs et leurs attentes, d'un seul coup, leur colère se tourna contre Mâ, une bien meilleure cible que votre Chhele. Leur première attaque contre Mâ fut : "Pourquoi n'as-tu pas pu garder une meilleure emprise sur lui ?" Mais que cela soit clair : dès le début l'amour de votre Mâ et sa dépendance vis-à-vis de son mari furent illimités ; combien profond et pur était l'amour de ce cœur de jeune fille et avec quelle dévotion profonde elle lui faisait confiance ! De cela votre Chhele a été le témoin direct.

Lorsqu'il lui demanda ce qu'elle pensait du fait que son mari démissionne de son poste de professeur, elle répondit : "Qu'est-ce que je connais à ces questions ? Ce que tu décideras sera pour le mieux." Après cela, le plus grand coup qu'elle reçut vint de sa grand-mère maternelle. Ayant épousé un veuf, c'était une personne très frustrée eu égard à ses aspirations élevées ; elle avait espéré et s'était attendue à ce que le gendre de sa fille excelle de toutes les manières possibles : apparence, érudition, statut social et richesse ; quand elle fut déçue, bien que la cible de sa fureur fût le gendre de sa fille, sa petite-fille fut une victime facile. Et la même chose se produisit dans sa belle-famille. Mais, malgré tout cela, l'affection que le grand-père maternel portait à sa petite-fille ne changea pas. Il en fut de même, dans une certaine mesure, pour *Jetha Masai* [frère aîné de Svâmiji : Sejda] à Gauhati. En dehors de ces deux-là, tous les autres parents, proches ou lointains, firent de Mâ une cible constante de leur mépris, de leurs reproches et de leurs sarcasmes ou bien manifestèrent une forme de sympathie teintée de supériorité. Et tout ceci arriva à une fille très innocente, encore une enfant ! Maintenant ceci est la souffrance qu'elle dut supporter au point de vue social. Intérieurement, elle était privée de l'amour de son mari, bien que celui-ci ressentît une profonde affection envers elle dans son cœur qu'il ne manifestait jamais extérieurement. Quand il lui fit part des difficultés de la vie qui serait son lot si elle choisissait de vivre avec lui : pas de compagnie, niveau de vie faible pour tout ce qui concerne la nourriture et autres possessions matérielles et qu'il lui conseillât de rester avec ses parents ou bien à Gauhati [dans sa belle-famille], elle ne se montra pas du tout d'accord : "Je vivrai avec toi. Ne me demande pas de me séparer de toi." Et pourtant, vivant avec lui, elle fut privée de sa compagnie, de tout contact, de toute expression d'amour et d'affection, bien que, et c'était tout à fait naturel, elle aspirât du moins à un peu d'amour. Voici comment votre Mâ passa sa vie jusqu'à ce qu'elle eût dix-sept ans.

Tout en travaillant à l'émancipation du pays, le but principal de votre Chhele à ce moment-là était de chercher la réponse à la question : "Pourquoi l'homme fait-il des erreurs ? Pourquoi souffre-t-il ? Qu'est-ce que la vérité ?" Le besoin ardent de savoir cela, de savoir ce qu'est la vérité, devint en fait très intense. Il ne trouvait aucun plaisir d'aucune sorte dans ses activités quotidiennes. Son corps devint émacié ; la couleur de sa peau devint plus sombre. Son agitation était constante, toute paix de l'esprit était perdue. Et cependant, il avait pris l'engagement de rembourser un emprunt de mille roupies en une année, alors que votre Mâ vivait avec lui et qu'il avait toutes sortes d'autres engagements auxquels il devait faire face. (Mais il n'est pas nécessaire de raconter tout ceci.) En dépit de tous ces inconforts et difficultés, votre Mâ ne l'a pas quitté. Pendant cette période, se produisirent deux incidents dont Mâ fut particulièrement bouleversée :

– Un parent âgé de Mâ, homme érudit et fortuné, fit la remarque : "Oh ! oui, comment est-il possible pour un mari avec une fille si jeune et si jolie à ses côtés, de ne pas coucher avec elle et de ne pas faire l'amour, à moins d'être impuissant ?"

– Une fois à Patna, à l'occasion de la Durgâ Pûjâ, quand Mâ essaya de s'approcher de l'endroit où la nourriture était préparée pour la déesse, une femme âgée s'exclama : "N'y touche pas ; l'eau que tu as touchée de ta main devient impure, car tu n'es pas encore devenue mère."

Indépendamment du fait d'entendre des mots comme ceux qui ont été prononcés dans le premier cas, Mâ a dû entendre beaucoup d'autres personnes dire la même chose sous des formes différentes, par exemple : "C'est vous qui êtes à blâmer ; y a-t-il un homme qui pourrait vivre sans la toucher près d'une fille telle que vous ? La faute doit être attribuée à votre manque de volonté et de force ; ce que vous dites pour vous défendre est faux..." A toutes ces attaques, la réponse de Mâ a toujours été : "Allez voir par vous-même quel genre d'homme c'est !" Ces deux incidents mirent en évidence ses sentiments de complète frustration et de totale impuissance. Mâ a passé plusieurs mois pendant cette période en état de choc. Rien ne pouvait la guérir. Dans quel état d'agonie insupportable a-t-elle dû passer ces jours-là avec des symptômes violents de palpitations cardiaques et quelle était l'intensité de ses battements de cœur provoqués simplement par son désir ardent d'un peu d'amour, d'être tenue embrassée ne fût-ce qu'un moment ! Combien pathétiques étaient ses pleurs. "Ma vie est un échec complet, je suis restée non-touchée et donc impure à jamais ; même l'eau que je touche n'est plus pure." Tous les efforts entrepris pour s'occuper d'elle afin de la consoler et la calmer ne provoquèrent aucune amélioration. Quelle période difficile ce fut en vérité ! En fin de compte, en réponse à son désir désespéré, elle fut autorisée à venir dans le lit. Oh ! Comme son plaisir fut intense, comme sa joie fut profonde ce jour-là. Et c'est ainsi que tu es née, Chinmayee. Ta naissance n'a pas été une naissance ordinaire. En fait, c'est très rare que quelqu'un naisse de cette façon. Même une idole n'est jamais adorée avec une dévotion aussi profonde que celle que ta mère avait [envers son mari]. Sa vie a trouvé le bonheur.

Bien sûr, plusieurs années plus tard, en raison de sa dépendance vis-à-vis d'autrui et de sa peur de l'avenir, son sentiment de totale impuissance a de nouveau repris le dessus et elle commença à éprouver du ressentiment contre toi, parce que tu étais une fille et non un garçon. Cela, bien entendu, tu le sais déjà et tu en as souffert. Cependant, après avoir ainsi pris en considération cette suite d'événements, il ne t'apparaîtra plus comme raisonnable de te sentir chagrinée (*sore*) à ce sujet. Le sentiment dominant dans l'esprit de Mâ était : "Que va-t-il m'arriver dans l'avenir ? Si j'avais eu un fils, il se serait occupé de moi !"

Cet état fut suivi d'une attaque de typhoïde, puis de troubles mentaux. Comme votre Chhele avait alors trouvé l'illumination et obtenu la vraie connaissance, il prit des dispositions pour qu'elle fût soignée de manière appropriée. C'est avec de grandes difficultés que la santé de Mâ fut rétablie.

Voici quel est l'arrière-plan de la vie actuelle de Mâ. Ceci vous permettra certainement de comprendre pourquoi elle se sent si impuissante même à l'occasion d'un événement sans conséquence et pourquoi elle est extrêmement blessée par tout comportement qui la fait se sentir ainsi. La raison pour laquelle elle a souhaité tant dépenser pour votre mariage était due seulement à la crainte que quelqu'un puisse la considérer comme inférieure. Y a-t-il aucune mère qui désire donner avec autant de joie tout ce qu'elle possède pour le mariage de sa fille, comme elle l'a fait ? Seuls ceux qui avaient des yeux pour voir étaient capables de voir la joie qu'elle ressentait en donnant ainsi...

Vous deux, vous vous êtes choisis l'un l'autre. Ta mère, Chinmayee, avait une grande peur qu'après son mariage une fille soit complètement séparée de sa mère ; c'est pourquoi elle ne pouvait même pas concevoir que tu te maries, bien qu'elle ait toujours su que ton mariage était inévitable. Le conflit entre ces deux sentiments était toujours là dans son esprit. En fait, ton mariage n'a pas été ordinaire. Le mariage entre vous deux a été un mariage dans son sens véritable : se choisir l'un l'autre avec amour et affection dans son cœur ; c'est la première condition pour se mettre ensemble. »

2. ***La sexualité de Yogeshvar.***

Le changement radical dans l'attitude de Yogeshvar vis-à-vis de sa jeune femme au cours de la première année de son arrivée au Kashi Vidyapith est certainement remarquable. Ce changement, selon la lettre de Svâmiji à sa fille, serait dû à la prise en considération de l'opprobre social dont souffrait Anasûya et qui tantôt accusait son mari d'être impuissant ou bien lui reprochait à elle son manque de savoir-faire pour séduire son mari. Bien entendu, compte tenu des destinataires et de l'objet de la lettre, les motifs invoqués par Svâmiji sont tout à fait adéquats et appropriés au contexte et il n'est pas nécessaire de chercher d'autres causes.

Pourtant, si les explications données par Svâmiji éclairent cet aspect, d'autres éléments demeurent néanmoins encore mystérieux. Svâmiji avait pris la décision « par idéalisme » de mener une vie de continence. Et voilà qu'il y renonce en prenant conscience des besoins de la jeune femme à laquelle il a été marié. Pour tenter de comprendre comment il a été conduit à prendre cette décision, peut-être est-il temps d'examiner la nature de cet « idéalisme », qui d'après Svâmiji était le trait essentiel de son caractère et dont il est resté des traces pratiquement tout le long de sa vie.

L'opposition de Yogeshvar au mariage :

Dans son opposition à mener une vie d'homme marié, Yogeshvar a été certainement influencé par la société dans laquelle il a vécu tout autant que par ses choix personnels.

Toute la société indienne, à cette époque, était marquée par des préjugés très forts contre la sexualité. Il n'était pas considéré de bon ton, même parmi les classes cultivées, de parler ouvertement de la sexualité et encore moins d'en montrer les signes extérieurs. La sexualité, sujet honteux, était complètement occultée. De plus, cette attitude de puritanisme probablement importée par les Britanniques rejoignait la tradition séculaire qui décrivait la sexualité comme une force dangereuse conduisant inéluctablement l'homme à sa perte. Dans le peuple, ceux qui ont maîtrisé leur désir sexuel sont l'objet d'un grand respect et d'une admiration mêlée d'effroi.

Au Bengale, tout cet aspect se trouvait renforcé par la renaissance culturelle à la fin du XIXe siècle, qui entraîna un développement du nationalisme, le besoin de faire retour aux traditions et aux idéaux anciens pour affirmer une identité nationale glorieuse face à l'occupant étranger. On oppose ainsi l'Inde spirituelle à l'Occident moderne et matérialiste. L'idéalisme est partout. On prône des réformes sociales, politiques, morales, spirituelles. On fait appel à l'esprit de sacrifice et d'abnégation. Beaucoup se sentent appelés à consacrer leur vie à ces idéaux. Le mariage apparaît ainsi comme un obstacle.

Par ailleurs, ainsi que le dit Yogeshvar à son frère, la famille lui paraît un cercle trop étroit. C'est l'humanité entière qu'il aime : « La sexualité non, l'amour oui. » Déjà on sait que Yogeshvar était particulièrement disposé à aimer. « Dès le début, étant enfant

Svâmiji ne faisait que donner, donner, donner et non recevoir [1]. » Pourtant il a le sentiment d'avoir tellement reçu de son frère, comment pourrait-il ne pas le satisfaire à son tour et plus particulièrement répondre au désir de celui-ci de voir son jeune frère marié ? De plus, Svâmiji se fait une très haute idée de ce à quoi il aspire : « Ce jeune garçon disait : "Cette petitesse non... cette mesquinerie non..." Et citait le proverbe bengali : "Si je dois voler je volerai le trésor royal. Si je dois tuer je tuerai le rhinocéros [2]." »

Un désir sexuel inexistant ou faible :

A cet idéalisme qui semble avoir été la caractéristique essentielle du caractère de Svâmiji, il faut ajouter que le désir sexuel de Svâmiji a été inexistant ou du moins peu intense. Certes, parler d'individu asexué non morbide peut paraître incroyable à l'époque moderne, mais cela correspond à d'anciennes traditions indiennes selon lesquelles chaque personne naît suivant des degrés différents de perfection venant des vies antérieures. L'illustration la plus frappante est celle du Śukadeva né *jîvanmukta* et incapable de distinguer un mâle d'une femelle.

Même sans faire appel aux vies antérieures pour expliquer des différences de tempérament, de facultés, de dispositions ou de sensibilité, des différences dans l'intensité du désir sexuel sont une constatation des plus courantes et ne nous étonnent plus. Svâmiji disait lui-même : « Svâmiji n'a jamais ressenti un très fort désir sexuel » et répétait souvent qu'il n'éprouvait pas une grande attirance pour la sexualité. Il ajoutait même : « Svâmiji s'est toujours senti une grande affinité avec Ruskin, qui était dépourvu de désir sexuel. » Il précisait : « Plus est fort l'intérêt que l'on trouve dans la recherche d'un but particulier, d'un objet particulier... d'autant plus faible est l'attrait sexuel. » Svâmiji n'a jamais pu se satisfaire d'aucun amour particulier ainsi que cela ressort de l'histoire de Sridev, cet ami d'enfance venu rendre visite à Svâmiji à Bénarès :

« Un jour, alors que Yogeshvar était à Bénarès, il alla rendre visite à son frère aîné qui était venu passer ses vacances de Pûjâ dans la région et avait loué une maison près du Gange. Un soir, un homme s'approche de lui et le serre fortement dans ses bras. Comment un

1. N.2.3.72.
2. E.12.11.66.

homme peut-il l'étreindre ainsi ? Oh ! Sridev... Bienvenue, mon frère, viens... C'était un vieil ami de l'école primaire. Et cela faisait près de vingt ans que je ne l'avais plus vu. Il dit :

– Je suis venu à Bénarès. Mon père y habite maintenant. Et j'ai appris que tu étais ici. Alors j'ai fait tout ce que j'ai pu pour te retrouver ; et maintenant tu me dois une réponse.

– Quelle réponse ?

– Vois-tu, les gens disent que tu ne sens plus l'amour que tu éprouvais jadis envers nous tous. Est-ce vrai ?

– Qui t'a dit cela ?

– C'est-à-dire que lorsque je te vois, tu rayonnes d'amour, mais les gens disent que tu ne nous aimes pas autant qu'avant.

– Je vais très bien. Que désires-tu d'autre ?

– Non, non je veux la réponse. Je les ai interrogés et ils m'ont dit : "Oui, c'est un fait." Mais je leur ai dit qu'il ne pouvait en être ainsi parce que l'amour que tu donnais était si profond ! Comment un tel amour peut-il disparaître ? Tu n'aurais pas pu aimer si tendrement, si profondément, si intensément. Comment aurais-tu pu te rendre libre d'un amour ? Ce n'est pas possible, réponds-moi.

– Que puis-je te dire ? Demande-leur.

– Non, non, c'est à toi de répondre.

– Eh bien, Sridev, tu as fait des études et tu vois il y a un grand récipient et un petit récipient. Les deux sont remplis d'eau. Maintenant dans le petit récipient il y a un petit trou et l'eau en sort. Cela prendra combien de temps pour que ce récipient se vide ?

– Cela dépendra du trou, du volume de l'eau, etc. Cela prendra un certain temps.

– Très bien, maintenant le grand récipient plein d'eau, tu le retournes, combien de temps mettra-t-il pour se vider ?

Il resta assis muet pendant deux secondes puis s'approcha et de nouveau me serra fortement dans ses bras.

– Oui, frère, j'ai trouvé la réponse, oui, oui, c'est bien vrai.

Svâmiji lui dit alors :

– Vous autres, frère, vous êtes des gens cultivés. Vous avez un si petit récipient au fond du cœur et vous ne pouvez l'ouvrir. Aussi votre cœur est-il encore dans cet état d'amour et de haine, n'est-ce pas ? Alors que ce cœur a tout pris en lui et a tout déversé.

– Oui, maintenant, je le sais. J'ai la réponse. Nous autres nous ne pouvions pas... Je me suis émerveillé de voir la manière dont tu nous aimais tous si tendrement, si intensément, si profondément. Mais maintenant n'as-tu plus aucun amour ?

– Cet amour-là était centré sur quelqu'un. N'est-ce pas ? Alors que cet amour maintenant... c'est la plénitude de l'amour. Tout le monde peut l'obtenir. »

Sublimation ou refoulement ?

L'idéalisme de Yogeshvar peut être interprété de plusieurs manières. On peut dire « c'est de la sublimation » ou bien « ce n'est que du refoulement » ou encore « c'est un mélange des deux ».

Il peut paraître incongru de parler de refoulement. En effet, tout ce que l'on sait de la vie de Yogeshvar jusqu'à présent ne laisse pas l'impression que la sexualité était un sujet tabou, ni qu'il était une personnalité inhibée. Il n'a jamais manifesté le moindre signe de timidité dans son enfance ou dans sa jeunesse à l'égard des membres du sexe opposé. Au contraire, il s'est toujours comporté d'une manière extrêmement libre avec les gens de sa famille, de sa belle-famille, ses sœurs, ses belles-sœurs ou ses connaissances. Il n'a jamais manifesté d'horreur vis-à-vis des choses sexuelles qu'on trouve si communément répandue dans les cercles religieux où la sexualité est considérée comme une tentation répréhensible, un mal nécessaire, auquel on cède malgré soi mais à laquelle on cherche à renoncer dès que cela devient possible.

Pourtant l'hypothèse d'un certain refoulement n'est pas à exclure d'emblée. Trois éléments à l'appui de cette thèse : sa réaction lorsqu'il voit un bouc s'accoupler avec une chèvre, sa réaction lorsqu'il enlève du mur de sa chambre l'image de Radha et de Krishna sur une balancelle, enfin sa « cruauté » envers sa jeune épouse au Bihar Vidyapith.

Prenons tout d'abord le récit du bouc en chaleur qui laisse souvent un certain malaise à ceux qui le lisent. Yogeshvar n'a pas détourné les yeux mais a observé la scène avec intérêt jusqu'à son déroulement final. Ce qui le trouble, c'est l'idée que « ce n'est pas correct, que c'est indigne et dégradant ». S'il trouve que le bouc a un comportement indigne d'un être humain, c'est qu'il se fait une représentation « idéaliste » de ce qu'est une relation humaine ou en tout cas de ce que devait être une relation sexuelle, lui qui n'en avait jamais eue. Ce qui le dégoûte ou lui répugne dans le bouc est l'image de la bête en chaleur emportée par la passion, représentation d'une personne complètement dominée et emportée par le plaisir du moment et entièrement dépendante d'un objet extérieur pour la satisfaction d'un désir incontrôlable. Cette image « abominable » faisait un contraste frappant avec l'image très digne de ce qu'était un être humain véritable et à laquelle seulement il s'identifiait.

Il en est de même pour l'histoire de l'image de Radha et Krishna dans une balancelle qu'il gardait dans sa chambre et qu'il avait plaisir à regarder. S'il l'a enlevée de sa chambre, ce n'est pas en raison d'un tabou sexuel mais parce qu'il avait découvert comment il se leurrait lui-même ; il a été choqué de voir que ce qu'il prenait pour de la dévotion n'était en fait qu'un camouflage de sa propre attirance pour un tel plaisir. Ce qui lui répugnait c'était la tromperie. Sous le couvert de la dévotion, c'était tout simplement l'attirance sexuelle qui y était représentée. Il pouvait garder dans sa chambre la représentation d'un dieu et d'une déesse qui jouissaient mutuellement l'un de l'autre mais non un jeune homme et une jeune femme qui se donnaient mutuellement du plaisir, fût-il platonique.

Quant à la cruauté vis-à-vis de sa jeune épouse, nous avons le récit que faisait Mâ, encouragée par Svâmiji, de sa « cruauté vis-à-vis d'elle pendant son séjour au Bihar Vidyapith », répété tant de fois et dont Svâmiji authentifiait la véracité. Il ne doit pas cependant être pris intégralement au pied de la lettre. Certes les faits exposés sont exacts mais l'interprétation que l'on peut en faire ne peut être que subjective. En fait ce récit, que Mâ faisait avec une grande intensité émotionnelle, était la forme de *lying* par laquelle Mâ exprimait la profondeur de son ressentiment et de sa frustration. Pour être efficace, l'expression de sa rancœur devait être effectuée à la fois en présence de Svâmiji et en présence d'une tierce personne. Comme pendant les *lyings*, Svâmiji restait calme, souriant avec approbation.

L'expression de Mâ avait valeur thérapeutique face au groupe. Expression pure... Cela ne veut pas dire que telle était la vérité. Mais c'était sa vérité à elle et l'exprimer ainsi l'apaisait. Ce qui est réellement arrivé est certainement différent.

Expérience de la sexualité :

Tout semble corroborer l'hypothèse selon laquelle Svâmiji n'éprouvait pas de désir sexuel pour Anasûya. Pourtant il a décidé de « lui permettre de venir le rejoindre dans son lit » certainement parce que c'était son plus cher désir à elle : à la fois désir sexuel de sa part et désir d'être mère.

Qu'en était-il pour Svâmiji ? Probablement, et ceci n'est qu'une hypothèse, il pouvait souhaiter expérimenter par lui-même ce qu'était l'acte sexuel. Il aurait agi comme un savant qui tente de faire une expérience, ce qui ne signifie pas qu'il reste extérieur et ne s'y engage pas entièrement car Svâmiji s'est toujours engagé complètement dans tout ce qu'il faisait.

Expérience délibérée et consciente de la sexualité (*bhoga*) :

Le plaisir, la joie, la félicité éprouvée par sa jeune femme ne lui sont pas apparues vulgaires. Il ne parle pas, il est vrai, de ses propres sensations ni de ses sentiments dans la lettre adressée à sa fille. Toutefois nous disposons de la lettre écrite par lui en 1927 à l'un de ses anciens étudiants du Bihar Vidyapith, Yogendra Narain, dans laquelle il établit une distinction subtile entre *bhoga* (expérience délibérée et consciente) et qui en Inde désigne traditionnellement la jouissance et plus particulièrement la jouissance sexuelle et *upabhoga* (expérience dans laquelle on est emporté par le plaisir). Svâmiji renouvelle le sens du verset de la *Bhagavad Gîtâ* qui formait traditionnellement le principal argument des idéalistes en faveur de la continence à savoir : « Le désir n'est pas apaisé par la jouissance superficielle[1] ; au contraire, il s'en trouve renforcé de la même manière que le beurre clarifié versé sur le feu ne l'éteint pas mais lui donne encore plus de force[2]. »

Le mot *upabhoga*, qui généralement est compris comme jouissance, est traduit par Svâmiji par *indulgence*, de sorte que *bhoga* c'est « vivre délibérément ses passions... c'est cela être un homme, tandis qu'*upabhoga* c'est n'avoir qu'une jouissance superficielle sans aucune réflexion et c'est agir comme un animal »... Ceci n'est pas sans rappeler ce qu'il disait lorsqu'il a observé le comportement du bouc en chaleur.

L'acte sexuel n'est plus « indigne » de l'homme, s'il est accepté de manière délibérée (*bhoga*). Svâmiji en accomplissant l'acte sexuel y a trouvé un plaisir. Et ce plaisir il l'a accepté et en a joui d'une manière délibérée. Cette jouissance délibérée formait par la suite la base même de son enseignement et était la condition

1. *Indulgence* en anglais : *upabhoga*.
2. « Na jâtu kâmaḥ kâmânâm upabhogena śamyati/havisâ kṛṣṇavartmeva bhûya evâbhivarddhate », *Bhagavad Gîtâ*.

indispensable de la délivrance de la dualité faite de peur et de plaisir.

Sumangal raconte à ce propos qu'en 1950 une fête avait été organisée à Patna pour célébrer l'anniversaire de Svâmiji. Un de ses disciples Abalakant Bose avait demandé à Svâmiji comment il pouvait venir à bout de ses très forts désirs sexuels. Svâmiji lui avait conseillé lorsqu'il faisait l'amour d'agir consciemment et délibérément et d'observer attentivement et minutieusement chacun des aspects de l'expérience qu'il était en train de faire. Il avait illustré ses conseils en prenant son propre exemple, en disant comment lui-même avait pressé la poitrine de sa femme en portant toute son attention sur ses propres sensations de façon à voir ce qui lui manquait encore.

J'ai moi-même posé la question à Svâmiji lors de son séjour à Seez-Moulins. Il m'avait alors répondu : « Ne dites pas "je n'ai pas mais j'espère obtenir" mais dites "j'ai obtenu ce que je cherchais mais quelque chose me manque". Mettez l'emphase sur ce qui manque, sur ce que vous n'avez pas obtenu et essayez de voir pourquoi. »

Il n'y a aucune raison de penser que Yogeshvar lui-même n'ait pas suivi le même processus. Et la manière d'y parvenir, il l'a exposée avec les détails les plus intimes dans une lettre à Sumangal Prakash qui vient juste de se marier et qui montre que son expérience de *bhoga* ou de la jouissance a dû être totale et complète. Voici ce qu'il écrit :

« Cela prend du temps de s'habituer à la sensation nouvelle de toucher... Le frémissement du toucher produit des vibrations et des tremblements dans le corps comme dans l'esprit. Ces vibrations et ces tremblements et leur charge comme si elles étaient électriques submergent d'abord le système. Ce n'est que lorsque celles-ci sont absorbées et assimilées qu'on éprouve leur douceur. Avant que cet état soit atteint, la nouveauté et l'intensité de l'expérience empêchent d'en être conscient. On s'y trouve perdu. A mesure que l'on commence à s'habituer à l'intensité de cette sensation tactile, la capacité d'expérimenter augmente. L'excitation sexuelle et la tumescence mettent plus de temps à venir qu'au début ; en fait avec la capacité augmentée d'endurance, la durée augmente. La jouissance est dans la capacité à supporter l'attaque sans relâcher trop tôt.

Que la nature (*prakṛti*), de votre femme devienne folâtre (*frolicsome*) et active, mais que le mâle (*puruṣa*) jouisse de l'activité.

C'est la nature de Prakṛti d'être excitée ; Puṛusa doit laisser à cette excitation la possibilité de trouver une sortie. Prakṛti reçoit, tremble en fait de recevoir ; Puṛusa gratifie en donnant. L'élasticité du vagin est augmentée par la friction produite au cours de la copulation ; des tremblements de plaisir (*thrill*) se sont répandus dans tout le corps et l'esprit, la vie entière est remplie de félicité et de douceur et il y a un sentiment de gratification et d'accomplissement. Il y a alors un sentiment de complétude et de totalité de vie. C'est cela qu'on appelle amour (*prema*), complétude.

Trouver la complétude l'un dans l'autre, avoir un sentiment de plénitude dans son cœur, sentir : "je suis en fait satisfait", c'est cela l'amour (*prema*). Une certaine dose d'austérité est nécessaire pour obtenir la félicité de l'amour. La vitalité conservée par la continence, comme pour la préparation d'une fête, augmentera le sentiment de félicité. Il vous faut garder à l'esprit que vous vous préparez en fait à une grande fête[1]. »

Ce qui précède n'est pas tiré de la lecture des œuvres de Freud ou d'Havelock Eliss, qui sont citées dans la thèse de Venkateshvar, mais de sa propre expérience.

Certes, Svâmiji ne se privait pas de citer également des textes sanskrits et notamment le *Kâmasûtra* de Vatsayana : « Le désir a deux facultés *Rati* et *Prîti*[2]. *Rati* c'est le plaisir physique et *Prîti* c'est le plaisir mental. Et ce plaisir complet, transparent » est obtenu en oblitérant les deux et en les fondant en un[3]. »

Voici également ce qu'il a dit à un disciple au cours d'un entretien : « Il y a une différence entre l'amour et la passion amoureuse (et il cite alors le verset précédent), mais il arrive un temps où *Rati* disparaît et où *Prîti* reste... c'est cela l'amour. Et *Rati* c'est la passion amoureuse. » Svâmiji raconte alors l'épisode du bouc et ajoute : « Aussi longtemps que vous éprouvez du désir physique et que vous devenez hors de vous-même avec cette passion, vous ne pouvez vous empêcher d'être laid... mais quand vous êtes vous-même, vous n'êtes pas hors de vous alors le désir est présent mais vous n'êtes pas emporté par le désir. Vous permettez au désir d'avoir libre cours. Vous êtes le maître alors[4]. »

Bhoga ou la satisfaction délibérée et consciente des désirs est

1. L.22.11.39.
2. *Kâmasya dve bharye ratiśca prîtiśca.*
3. L.10.7.58.
4. E.13.1.64.

l'un des thèmes centraux de l'enseignement de Svâmiji qui revient très souvent dans les lettres et les entretiens :

« Quelle est la racine du mot *upabhoga* ? *Upa* est un préfixe. Quelle est la signification de *upa* ? Quelle est la différence entre *pati*, le mari et *upapati*, l'amant ? Un *upapati* est celui qui est simplement emporté par le désir sexuel et qui n'a aucun sens de responsabilité vis-à-vis de l'objet de son désir, qui se désintéresse des conséquences. Ainsi, pour lui, seul le sexe, le désir sexuel prédomine. Lui-même n'est pas responsable. Il n'est pas *kartâ* : celui qui agit. Il est simplement emporté. Il est emporté par la force du désir. Il n'a aucun sens de la responsabilité. Il n'a aucun sentiment de la relation, ni amitié, ni but dans la vie, ni sympathie pour la partenaire. Il n'éprouve rien d'autre que du désir sexuel.

Qu'est-ce qu'un *pati* (mari) ? Lui aussi éprouve un besoin sexuel. Mais est-ce le seul élément présent ? Non. Bien sûr, ce besoin est là aussi, mais ce n'est qu'un élément parmi d'autres. Le principal intérêt, c'est d'être ensemble, c'est l'amour. Il y a un objectif et un but commun : vivre ensemble. Le besoin sexuel n'est qu'une partie, sans laquelle le reste n'est pas possible. C'est pourquoi il l'accepte. Alors il devient *kartâ* : celui qui agit. Il sait que le besoin sexuel est là. Mais il y a quelque chose de plus. Sans doute, il donne à la sexualité l'importance qu'elle doit avoir. Mais ce n'est pas l'élément le plus important pour lui... Voilà la différence entre *pati* et *upapati*. La différence entre *bhoga* et *upabhoga* est similaire.

Ainsi il faut être *bhoktâ* (celui qui jouit consciemment). Que signifie *bhoktâ* ? Celui qui accomplit *bhoga*, celui qui jouit consciemment et satisfait ses désirs. Que verra-t-il ?... "Cela est mon désir, je dois le satisfaire." Maintenant, quelle sorte de désir est-ce ? Un désir nouveau ou un désir ancien ? Oh ! Non. Ce désir est un désir ancien. J'ai déjà fait tout ce qui était en mon pouvoir pour le satisfaire. Pourquoi apparaît-il à nouveau ? Cela signifie que j'ai laissé quelque chose d'inachevé. J'ai fait ce que j'ai pu pour le satisfaire, mais il est encore là. C'est pourquoi le désir apparaît à nouveau. Très bien, très bien... Maintenant voyons, quel est l'élément nouveau ?...

Voyez... voyez bien comment vous avez essayé et ce que vous avez fait pour le satisfaire. Que ce soit en mangeant ou dans l'acte sexuel, voyez ce que vous avez fait pour satisfaire votre désir. Voyez seulement ce que vous avez laissé inachevé, ce que vous n'avez pas fait. Regardez seulement. Comme si vous étiez en train de passer en revue toutes ces actions pour en avoir le *bhoga*, pour en jouir.

Regardez-les maintenant très attentivement et essayez de voir s'il y a quelque chose que vous auriez laissé inachevé.

Si votre désir réapparaît, cela implique que vous n'avez pas accompli quelque chose. C'est la seule raison pour laquelle le désir réapparaît de nouveau. Voyez et essayez de voir de quelle manière votre désir est demeuré insatisfait et inaccompli. Quels sont les nouveaux aspects de ce désir que vous découvrez ?

C'est important. Essayez de voir de très près. Si vous découvrez que le *bhoga* a été incomplet, alors essayez de l'assouvir quand une occasion favorable se présente. Essayez de l'assouvir complètement, totalement, sans peur, sans inhibition d'aucune sorte. Oui, oui... Allez-y, faites-le. Et voyez, ensuite, si vous avez bien obtenu ce que vous vouliez avoir. Si ce n'est pas le cas, demandez-vous : "Pourquoi n'ai-je pas obtenu ce que je voulais ?" Essayez de l'obtenir, essayez de l'obtenir [1]... »

Et Svâmiji continue alors en donnant une illustration tirée évidemment de sa propre expérience de la sexualité :

« Par exemple, voyez ce qui se passe lors d'une étreinte amoureuse. Celui qui s'abandonne à la jouissance ordinaire, *upabhoga*, agit de la même manière que celui qui aime vraiment (*prema*). Que se passe-t-il à ce moment-là ? On parle "d'étreinte cruelle". Toute étreinte de par sa nature même est cruelle. Très cruelle en vérité. Pourquoi ? En amour ou même en amitié, on devient très cruel lorsque l'on serre quelqu'un très fort dans ses bras. Qu'est-ce que la cruauté vient faire ici ? Qu'est-ce que l'on cherche donc ? On veut être un avec l'autre. Alors on l'écrase, tout simplement. Pourquoi ? Parce qu'on veut se fondre complètement dans l'autre, on veut supprimer la différence, la séparation, le fait d'être deux. On essaye de toutes ses forces, autant que l'on peut, mais finalement on n'y arrive pas, car c'est impossible. On ne peut pas y arriver... On veut se fondre entièrement dans l'autre, mais on ne peut y parvenir.

Pourquoi ? Car même si dans l'étreinte on écrase l'autre très cruellement, on ne peut pas réussir à être un avec lui, on ne peut pas arriver à éliminer la différence, à éliminer la séparation entre les deux. Alors on s'étonne : "Mais pourquoi en est-il ainsi ?"

Finalement, on découvre que c'est impossible, que cela ne peut pas se faire, que c'est impraticable. Pourquoi ? Parce que les corps sont séparés. Ils ne peuvent pas devenir un : "Oh ! Oh !... L'étreinte

1. Sumangal Prakash, *L'Expérience de l'Unité*.

n'est pas le moyen de supprimer la différence entre les deux corps. Mon désir ne peut pas être satisfait... Oh ! Oh !... Alors ? Mon désir d'être physiquement un avec l'autre ne peut pas être satisfait."

Quand faites-vous cette découverte ? Quand vous avez fait tout ce que vous pouviez pour atteindre votre objectif et que vous avez échoué. Alors vous aboutissez à la conviction que ce désir est impossible à satisfaire. Vous avez fait tout ce qui était en votre pouvoir pour le satisfaire et cependant vous avez échoué. Non, vous n'avez pas réussi... pas réussi du tout. Alors seulement vous serez convaincu de la futilité de vos efforts et vous atteindrez finalement le stade du "pourquoi ce n'est pas possible". C'est cela qu'on appelle *bhoga*.

Dans *bhoga* ou jouissance lucide, on devient entièrement un avec l'objet, on est aussi complètement que possible avec lui. On est en contact avec lui. *Bhoga* est l'action où celui qui agit sait ce qu'il fait et pourquoi il agit ainsi. Il sait ce qu'il obtient, tout en se demandant à lui-même tout le temps s'il obtient réellement ce qu'il voulait avoir. Il agit et il voit ce qu'il fait. Dans *bhoga*, on est entièrement un avec son acte.

Bhoga satisfait. Que signifie cette affirmation ? La satisfaction du désir et, en même temps, simultanément avec elle, l'annihilation du désir. On ne devient libre du désir que lorsque avec sa satisfaction, on expérimente, en même temps, que le désir ne peut pas être satisfait.

Contradiction ?... D'où peut venir cette force de conviction que le désir ne peut pas être satisfait ? "De la conviction, dites-vous, que toute la satisfaction qu'il était possible d'obtenir a été obtenue." Oui, tout... Tout ce qui était en votre pouvoir pour satisfaire le désir, vous l'avez fait. Vous avez été un *kartâ*. Oui... et vous n'êtes pas emporté. Vous avez vu ce que vous désiriez, pourquoi vous le désiriez, vous avez vu tout cela. Et après avoir vu tout cela, vous vous êtes lancé dans l'action pour voir si le désir pouvait être satisfait... Après avoir fait tout ce que vous pouviez faire, vous vous demandez : "Alors as-tu obtenu ce que tu voulais avoir ?..." Si quelque chose est resté inachevé, si vous sentez que, pour obtenir une satisfaction complète, il a manqué quelque chose à vos efforts, continuez, continuez encore et encore, jusqu'à ce que vous ayez la conviction que vous avez fait tout ce qu'il était en votre pouvoir de faire et qu'il n'y a rien que vous ayez laissé de côté.

Quand, après avoir fait tout cela, vous découvrez finalement que vous n'avez pas eu ce que vous vouliez, alors seulement la question surgit de l'intérieur : "Pourquoi n'est-ce pas possible ?"

Alors se pose la question : Quelle est la nature du désir ? Le désir est en moi, mais pour le satisfaire je dépends de l'extérieur. Il n'est pas sous mon contrôle. Ce n'est donc pas dans l'ordre des choses que le désir soit satisfait. Regardez donc ce que Vâsiṣṭha dit à Râma dans le *Yoga Vâsiṣṭha* : "O Anagha (toi qui es sans péché) sois un grand Connaissant (*mahâjñânin*). Comment peux-tu y arriver ? Sois un grand homme d'action (*mahâkartâ*), un grand Jouissant (*mahâbhoktâ*), et alors tu pourras être un grand Connaissant (*mahâjñanin*). On ne peut pas être un grand Connaissant sans agir et jouir auparavant, parce que connaître (*jñâna*) signifie 'les choses sont vues telles qu'elles sont' (*yathâ-sthitaṃ vastu dṛśyate*)." C'est cela que la connaissance (*jñâna*) signifie[1]. »

Cet extrait un peu long est cité ici non seulement parce que cette compréhension du *bhoga* forme la base fondamentale d'une approche tout à fait novatrice qui conduit du plan matériel au plan spirituel mais aussi parce qu'il est impossible de parler d'étreinte cruelle comme l'a fait Svâmiji sans en avoir fait soi-même l'expérience : « Vous pouvez facilement sentir en vous-même – si vous l'avez fait réellement, alors vous l'avez senti – que vous voulez rendre l'objet un avec vous. Quel est le sens d'étreinte cruelle ? Si vous avez accompli l'acte sexuel complètement et entièrement et que vous n'avez pas été entraîné par l'habitude, vous avez dû sentir que votre étreinte était si forte qu'elle en est devenue cruelle, comme si vous vouliez briser quelque chose. Pourquoi ? Parce que vous vouliez être un avec votre partenaire. Ce n'est rien d'autre que le désir d'être un avec l'objet du désir. Et si vous avez accompli cet acte de manière intense, vous avez pu sentir : "Qu'est-ce ? Aussi fort que j'essaye, le corps reste séparé." D'une certaine façon, vous êtes frustré. Alors vous essayez encore et encore. Et finalement vous pouvez en venir à la découverte que c'est dans la nature de ce qui est physique de ne pas devenir un avec l'autre : "Je ne peux pas devenir un sur le plan physique. Aussi le plan physique ne pourra pas me donner le sentiment d'unité et de plénitude." Immédiatement, vous serez libre du désir sexuel : "J'ai fait tout ce que j'ai pu et j'ai découvert que cela ne peut être obtenu[2]." »

Dans d'autres entretiens, Svâmiji déclare : « Svâmiji a tout fait

1. Sumangal Prakash, *L'Expérience de l'Unité*.
2. E.20.7.66.

dans cette vie mondaine et a découvert par sa propre expérience qu'une seule jouissance, un seul acte sexuel est suffisant pour se rendre libre du désir sexuel[1]. »

Affirmation surprenante qui pourrait laisser supposer que l'acte sexuel accompli avec Anasûya Devi a été si délibéré, si intense, si concentré que Yogeshvar n'a pas éprouvé le besoin de recommencer une deuxième fois. Et que c'est au cours de cet acte unique que sa fille a été conçue ! Pourtant Anasûya Devi a souvent affirmé qu'elle n'a eu que « deux années seulement de vie mariée », expression ambiguë qui laisserait entendre qu'elle a vécu comme mari et femme avec Svâmiji pendant deux ans. Cette apparente contradiction peut se résoudre facilement si l'on comprend qu'un seul acte est suffisant pour se rendre libre mais que ce n'est pas forcément le premier.

Svâmiji répétera souvent cette affirmation : « Une seule expérience suffit pour se rendre libre » et ceci non seulement pour le désir sexuel mais pour tout désir quel qu'il soit : « Une seule expérience peut se révéler suffisante. Quand on est capable de voir complètement la nature d'une seule expérience, que les choses sont ainsi, alors on est convaincu que tous les objets sont de même nature, que les objets sensuels possèdent ce seul élément en commun...Des milliers d'objets sont là dans le monde et on est surpris par leur variété et leur nombre. On les trouve tous si différents. Bien sûr, ils sont différents ; et en même temps il n'y a pas de différence entre eux. Parce que, dans *bhoga*, une expérience et une seule mais complète permet d'aboutir à la conclusion : "Oh ! Telle est la nature des objets des sens." »

Ceci nous permet de conclure à notre tour qu'arrivé à ce stade, Yogeshvar s'est trouvé délivré non seulement du désir sexuel mais de tous les désirs portant sur les objets des sens. Il est alors parvenu, selon sa propre terminologie, au stade d'*âptakâma*, celui qui a obtenu ce qu'il désirait. Il ne renonce pas au monde mais c'est le monde qui renonce à lui.

1. E.4.8.66 et E.13.1.64.

Chapitre VII

L'habit monastique

1. *La prise de l'habit de saṃnyâsin.*

Yogeshvar était au sommet de sa popularité quand, soudainement, les étudiants et professeurs du Kashi Vidyapith apprirent qu'il était devenu *saṃnyâsin*.

Certes, ses inclinations spirituelles étaient connues et de nombreux étudiants se réunissaient souvent chez lui pour y discuter de matières spirituelles et lui demander conseil. Certains des professeurs se joignaient même à eux, notamment le professeur de mathématiques Sharma Vir Singh et le professeur d'économie Ram Sharan. Mais il n'était jamais venu à l'idée d'aucun d'entre eux que Yogeshvar, qui était si jeune et qui exprimait des points de vue si rationnels et si révolutionnaires, « renoncerait » au monde de manière traditionnelle en quittant à la fois son travail et sa jeune épouse : « Autant que je puisse m'en souvenir, raconte le professeur Raja Ram Shastri, il y avait bien quelques indices selon lesquels il envisageait de devenir *saṃnyâsin* et tous ceux qui avaient été plus ou moins mis au courant au Vidyapith avaient exprimé leur opposition au projet. Certains avaient même essayé de l'en dissuader. Il leur paraissait difficile de croire qu'un homme rationnel comme Yogesh Babu pouvait trouver nécessaire de renoncer au monde de manière traditionnelle et d'abandonner sa jeune épouse. »

« Bien que l'ambiance du Kashi Vidyapith, raconte Sumangal Prakash, fût favorable à tout ce qui était considéré comme le meilleur de l'héritage spirituel, nous étions quand même très imprégnés des valeurs occidentales et lorsque certains d'entre nous se mirent à défendre l'action de leur professeur, c'est en faisant appel à des arguments modernes : "Est-ce que nous formulons des objections, disaient-ils, lorsque des hommes, sacrifiant leur famille, rejoignent les rangs du mouvement national de libération ou bien quittent leur foyer pour défendre leur pays menacé ? Beaucoup sont jetés en prison leur vie durant ou bien sont tués. Pourquoi les appelle-t-on héros plutôt que de les décrier comme des hommes irresponsables ?" »

Qu'il fût critiqué ou apprécié, cela ne nous éclaire pas sur les raisons de la décision de Yogeshvar. Essayons de nous en tenir à ce qu'il en dit lui-même, car en fait tout découle de sa manière de comprendre la signification de *bhoga* : « Le désir est détruit quand l'objet désiré est obtenu et quand simultanément vous réalisez que le désir ne peut être satisfait. Tant qu'il n'en est pas ainsi, le désir n'est pas satisfait[1]. »

Yogeshvar, comme nous l'avons vu, même s'il avait pu avoir quelque désir sexuel, n'en éprouvait plus aucun après avoir fait une expérience complète de la sexualité :

« Il arrive un stade dans la vie, expliquera-t-il plus tard (après avoir créé physiquement, mentalement, émotionnellement : l'art, la religion, etc.), où l'on sent et où l'on réalise que ces désirs ne peuvent donner la satisfaction à laquelle on aspire. Ou en d'autres termes, on sent : "Oui, j'ai tout reçu de l'extérieur, mais pas ce qui peut me satisfaire et cette satisfaction je ne peux pas l'obtenir de l'extérieur, parce que j'ai expérimenté, vu et joui de toutes choses." Alors et alors seulement surgit un besoin impérieux. Que se passe-t-il donc ? Ni à l'extérieur, ni dans la dualité, ni dans le "moi", ni dans "l'objet", ni dans cet état de séparation, je ne peux trouver satisfaction. Alors apparaît un sentiment de vide ! Un sentiment de vide qui vient du fond du cœur, un sentiment exigeant qui ne tolère aucune frustration, qui ne peut que trouver ce qui ne change pas et qui dure. C'est cela le besoin de vérité, le besoin de ce qui n'est pas deux, de ce qui n'est ni sujet ni objet, mais un état où on est libre des deux. Voilà ce qu'est le besoin impérieux d'aller de la non-vérité à la Vérité ou des vérités à la Vérité, de la dualité à l'Unité, de l'obscurité à la Lumière[2]. »

Renoncer au monde et devenir *saṃnyâsin* était le but traditionnellement accepté et considéré avec la plus grande appréciation

1. Sumangal Prakash, *L'Expérience de l'Unité*, ch. 2.
2. L.15.1.64.

en Inde depuis des temps immémoriaux. Voici ce qu'en disait Svâmiji : « Bien que la vie humaine fût divisée en quatre stades de vingt ans chacun et qu'il ne convenait d'adopter l'état de *saṃnyâsa* que dans le dernier quart de sa vie, il était spécifiquement enjoint que si "le sens du détachement" apparaissait à un moment quelconque au cours des trois stades précédents, il fallait renoncer et opter pour le dernier stade parce que le but ultime de la vie est d'être un et libre de la dualité [1]. » Toutefois, ainsi que le rapporte Svâmiji : « Des gens âgés disaient de Svâmiji : "Oh ! Celui-là est si jeune ! Que va-t-il chercher là ? Il faut être plus âgé. Que peut-il connaître..." A quoi Svâmiji répondait : "En fait, Svâmiji a tout fait dans cette vie dite mondaine [2]. »

Mais, pourrait-on objecter, si Yogeshvar n'a plus de désir, il n'en est pas de même de sa jeune épouse qui, elle, n'ayant aucune expérience de la vie, est remplie de désirs et attend légitimement de son époux qu'il les satisfasse. C'est peut-être très bien de devenir *saṃnyâsin* et de partir, mais quitter le monde n'est-ce pas aussi une manière de fuir une situation difficile ? Objection à laquelle Svâmiji répondra lorsqu'un disciple un jour lui demande :

« Pourquoi Svâmiji a-t-il quitté le monde ?

– Svâmiji n'a jamais quitté le monde. C'est le monde qui a quitté Svâmiji. Que pouvait-il y faire ?

– Que voulez-vous dire ?

– Svâmiji n'a jamais quitté celle qui fut autrefois sa femme. C'est elle qui d'une certaine façon l'a quitté.

– Comment ? Lorsqu'on divorce...

– On divorce pourquoi ? Pour un autre plaisir... Et ici, on s'en va, pourquoi ? Il n'est pas question de plaisir. Par exemple, un père qui joue avec son enfant ne peut jamais prendre la place d'un camarade de son âge. Ainsi, si les niveaux sont différents, c'est de la cruauté pure et simple que d'être avec l'enfant. Aussi vaut-il mieux le laisser à ses propres affaires. De la même façon, il quitte son épouse pour son bien à elle. Car que va-t-elle sentir alors ? Elle sentira que les choses sont ainsi et elle n'aura plus de désir, d'attente, d'espoir, etc., sinon s'il continue à vivre avec elle, elle sentira : "Oh ! C'est mon mari". Elle demandera, s'attendra à recevoir... et n'obtiendra pas. A chaque instant, elle se sentira malheureuse. L'espoir sera là et elle n'aura pas de satisfaction. S'il s'en va, elle

1. E.2.08.68.
2. E.10.66.

va se réconcilier avec le fait. Ce n'est pas pour son plaisir à lui qu'il s'en va... S'il est véritablement dans cet état... Il ne s'enfuit pas. Il n'est pas question de fuite mais d'accomplissement. Deux personnes sont différentes. Dire : "Si l'une est parvenue à un état et l'autre également..." est une erreur. Elle est dans une situation qui est la sienne et lui dans une autre. Pourquoi rester avec elle s'il sent qu'être avec elle sera une source continuelle de souffrance pour elle ? Ainsi c'est par amour, par amour profond pour ainsi dire, qu'il l'a quittée. Est-ce un divorce ? Est-ce égoïste ? Au contraire, sa personnalité est si riche qu'il sent pour l'autre et essaye de garder l'autre autant que possible dans la situation qui est la sienne. Il n'impose rien. S'il était resté, elle se serait dit : "N'aurait-il pas mieux valu qu'il parte ? C'est une source continuelle de souffrance". Et le mental est une chose si particulière qu'une fois qu'il accepte un fait, il se réconcilie avec lui. Quand il sent : "Il n'y a pas d'alternative, immédiatement il se réconcilie avec le fait[1]." »

A peu près à la même époque, dans une lettre adressée à un disciple indien, Svâmiji explique comment l'habit de *saṃnyâsin* lui fut conféré :

« Dans les dernières années de sa vie, Nirâlamba Paramhansa m'adressa une lettre qui commençait par "*matsvarûpa* Yogeshvar" (que l'on peut traduire par "Yogeshvar qui n'est autre que moi-même"). Et à la fin de la lettre, il écrivit "*tvatsvarûpa* Nirâlamba" ("Nirâlamba qui n'est autre que toi-même"). Quand, après cela, la question de prendre l'habit de *saṃnyâsin* (*geruâ*) fut soulevée, il dit :

– Ta connaissance est maintenant complète, tu as atteint en fait *âtmasthiti* (le fait de te tenir en toi-même), quel besoin y a-t-il du symbole (extérieur) de la couleur safran (*geruâ*) ?

– Mais les parents proches blessés de ne pas voir leur attente satisfaite doivent réaliser qu'il n'y a plus pour eux aucune possibilité d'obtenir ce qu'ils veulent.

– Penses-tu que pour leur faire réaliser cela, il soit nécessaire de porter la couleur safran (*geruâ*) pour les dissuader ainsi d'attendre quoi que ce soit ?

– Oui.

Alors il conféra le *saṃnyâsa* de la manière requise[2]. »

Dans une lettre ultérieure, Svâmiji précise alors la distinction subtile entre le renoncement intérieur et la forme extérieure du renoncement :

1. E.29.12.64.
2. L.1.66.

« Revêtir la robe couleur safran (*geruâ*) et le *saṃnyâsa* ne sont pas une seule et même chose. *Geruâ* est quelque chose d'extérieur, tandis que le *saṃnyâsa* est intérieur. Quand le *saṃnyâsa* émerge à l'intérieur, on peut, si les circonstances le demandent, avoir besoin du *geruâ*. Ce n'est pas obligatoire. Cela dépend des circonstances. Le *geruâ* n'est qu'un symbole. Quel est son objet ? Se protéger soi-même ou protéger autrui. Se protéger de deux manières :

– Quand le *saṃnyâsa (sam + nyâsa = sam + ni + âsa* = esprit complet et défini de renoncement) émerge à l'intérieur mais n'a pas pris fermement racine, porter une robe couleur safran est recommandé comme une forme d'aide...

– Pour permettre la survie du corps physique, car cela facilite l'approche d'autrui pour le gîte et le couvert. C'est le privilège (*dharma*[1]) d'un maître de maison que d'aider un *saṃnyâsin* à poursuivre le chemin sur lequel il s'est engagé. Le maître de maison sait que : "Moi aussi, j'aimerais suivre ce même chemin, mais mes désirs restent encore insatisfaits. Et comme il est déjà sur le chemin c'est certainement mon privilège que de l'aider. C'est une vraie bénédiction pour moi !" Avec respect et considération, il offre donc nourriture et vêtements au *saṃnyâsin*. Mais il n'en est plus de même à notre époque : le *saṃnyâsin* comme le *bhikṣu* ne sont plus pareils. Les gens ont changé leur manière de voir. Maintenant, ils ne les considèrent plus que comme des mendiants.

Pour ce qui est de la protection d'autrui, celui en qui le *saṃnyâsa* émerge à l'intérieur n'éprouve plus d'attirance pour la jouissance des choses extérieures (*bhoga*), mais quand il lui arrive de se trouver parmi les membres de sa famille ceux-ci ont certaines attentes à son égard qui, non satisfaites, peuvent donner lieu à des frustrations et être ainsi sources de conflits. Le symbole a ainsi pour but de les empêcher (*ward off*) d'entretenir de telles attentes. Ils pourront alors se dire : "Il n'y a aucun espoir pour nous d'obtenir quoi que ce soit de lui". Le conflit peut ainsi être évité. De plus, si le *saṃnyâsin* entre (en habit ordinaire) dans la demeure d'un maître de maison, celui-ci également peut nourrir en son cœur certaines attentes. Cela aussi est évité. Le *geruâ* n'est qu'un symbole. Seul le *saṃnyâsa* (intérieur) est le fondement. On ne devient pas un *saṃnyâsin* simplement en revêtant la couleur safran[2]. »

1. Le mot *dharma* est couramment compris et traduit par « devoir ». Svâmiji disait que l'homme n'a pas pas de « devoir » mais des « privilèges ».

2. L. Non datée.

Une autre question que l'on ne peut manquer de se poser, c'est de savoir si c'est de manière délibérée que Svâmiji a décidé de rendre son épouse enceinte et mère avant de devenir *saṃnyâsin*. Comment répondre à cette question ? Pour s'en tenir strictement aux faits, on peut dire, de manière sûre, que c'est certainement, de manière délibérée qu'il a décidé d'avoir des relations sexuelles avec sa femme. Par ailleurs, c'est trois mois avant la naissance de son enfant qu'il décide de devenir *saṃnyâsin* et qu'il donne sa démission de l'université pour partir dans les Himalaya.

Que Yogeshvar ait des relations sexuelles avec sa femme et qu'il la rende enceinte délibérément pour la rendre mère afin de satisfaire les vœux les plus chers de celle-ci s'inscrit dans une perspective qui a sa logique propre et qui correspond à celle de Svâmiji à cette époque. Par contre, il est plus difficile de comprendre que Yogeshvar décide de devenir *saṃnyâsin* et de revêtir la robe couleur safran sans en avertir au préalable sa femme trois mois avant la naissance de son enfant. Sa seule préoccupation semble être en accomplissant son geste « de ne pas donner naissance à des attentes qu'il n'est plus en mesure de satisfaire ».

Svâmiji dira souvent par la suite, au cours d'entretiens concernant la relation entre mari et femme, que si le mari trouve que sa femme est un obstacle sur le chemin de son accomplissement ou pour obtenir le but suprême de la vie, il n'y a pas d'autre choix que de suivre son chemin sans tenir compte des sentiments de ceux qui sont attachés à lui et qu'il risque de heurter : « Vous pouvez heurter les sentiments de votre femme... Si, en agissant ainsi, ses sentiments sont blessés parce qu'elle ne comprend pas, que pouvez-vous y faire ? Vous ne cherchez pas à lui faire du mal délibérément [1]... » Ou encore : « Prendre autrui en considération ne peut être le critère de votre action. Vous ne souhaitez blesser personne. Mais si l'autre se sent blessé que pouvez-vous y faire [2] ? » De même : « Une femme dit à son mari : "Que tu sois un drogué, un fou, que tu me trompes avec une autre ou que tu sois un saint, c'est pareil pour moi, parce qu'en tant que femme, je n'obtiens pas ce que je veux. Vivre c'est tuer quelqu'un d'autre" [3]. »

Certes, devenir mère était le désir le plus cher d'Anasûya Devi. Mais cela voulait-il dire que Svâmiji s'engageait de ce fait à continuer à rester son époux et à devenir père lui-même ?

1. E.6.11.66.
2. E.12.11.66.
3. E.12.11.66.

2. ***Errance dans les Himalaya.***

Une fête d'adieu fut organisée en son honneur par le personnel enseignant et la communauté des étudiants du Kashi Vidyapith. A noter que cette fête fut boycottée par certains étudiants, dont Sumangal Prakash, pour protester contre cette « action impardonnable ». Le professeur Birbal Singh, un collègue de Yogeshvar au Kashi Vidyapith, fut l'un de ceux qui l'accompagnèrent. Il en a fait le récit suivant :

« Sur la suggestion de Yogesh Babu, certains d'entre nous avaient formé le projet d'aller dans l'Himalaya pendant les vacances d'été de 1925. Courant avril, Yogeshvar partit à l'ashram Channa au Bengale et revint *saṃnyâsin* après avoir été initié par son guru Nirâlamba Svâmi. Son nom avait été changé en Svâmi Prajñânpad. Mais notre plan de voyage d'exploration de l'Himalaya n'en fut pas modifié pour autant, bien qu'il eût donné sa démission du Kashi Vidyapith. Nous quittâmes Bénarès pour notre pèlerinage le 26 ou le 27 avril 1925. Notre groupe comprenait Svâmiji, deux membres du corps enseignant, le professeur Ram Sharam et moi-même ainsi que trois étudiants : Govardhan, un ex-étudiant de Yogesh Babu, qui était devenu membre de sa maisonnée, Indra Bahadur Singh et Sharda Prasad Asthana, qui tous deux venaient juste d'obtenir leur diplôme du Kashi Vidyapith.

Sur la route de Dehra Dun, nous nous arrêtâmes pour une journée dans la maison du professeur Ram Sharan à Moradabad. Puis étant arrivés à Hardwar, nous partîmes à pied en traversant Dehra Dun et Mussoorie vers les quatre lieux sacrés : Gangotri, Jamamotri, Badrinath et Kedarnath. Mais, à notre retour, notre groupe se scinda en deux et nous prîmes deux itinéraires différents. Govardhan et moi-même accompagnâmes Svâmiji sur le chemin du retour. »

Et donnant ses impressions de voyage, Birbal Singh montre qu'en dehors du changement d'habit, aucun changement perceptible ne se remarque dans le comportement ou l'attitude de son ex-collègue. Il y avait, bien sûr, les haltes habituelles, toutes les deux heures, sur la route traditionnelle du pèlerinage, aux lieux prescrits appelés *chatti* où ils passaient également la nuit. Ils portaient avec eux une lettre d'introduction de Baba Karali de Hardwar, personnalité bien connue qui supervisait tous les *chatti*. Aussi purent-ils disposer de tout le confort souhaitable au cours de leur pérégrination. Ils avaient la possibilité dans ces *chatti* de faire cuire leur nourriture, d'obtenir de l'eau chaude pour leur bain, etc.

La préparation des repas était effectuée par les jeunes étudiants et Svâmiji ne prenait aucun intérêt à ces « questions mondaines ».

« Il se tenait à l'écart des autres et mangeait ce qui lui était proposé. Cela ne l'intéressait pas de visiter les temples et il ne participait à aucune célébration religieuse. Mais il prit un grand intérêt aux paysages naturels que nous traversions et se montrait parfois si enchanté qu'il se mettait à courir quasiment ivre de joie. Cela naturellement était source de problème pour le groupe qui l'accompagnait et qui devait le suivre de façon à garder son rythme.

Sur le chemin de retour, nous passâmes tous les trois par Panddi, puis Dugadda, Kotdwar et Najibahad pour finalement arriver à Moradabad où le professeur Ram Sharan nous avait précédés en suivant un autre chemin. Nous y restâmes un jour ou deux, puis allâmes à Fyzabad où le frère du professeur Narendra Dev avait une maison. De là, nous retournâmes à Bénarès mais Svâmiji fut invité par notre hôte de Fyzabad à s'installer à Ayodhya dans les locaux de l'école primaire. Ceci se passait en juin. »

On voit, par le compte rendu qui précède, que cette errance (*roaming*) dans les Himalaya n'était pas véritablement un pèlerinage comme ceux que peuvent accomplir certains *saṃyâsî*, encore moins d'« errance à la grâce de Dieu », comme nous le rapporte Svâmi Ramdas dans ses *Carnets de pèlerinage*, mais simplement un voyage préparé à l'avance, bien avant que Svâmiji revête la robe couleur safran, et qu'on qualifierait aujourd'hui de « touristique ». Les austérités dont Svâmiji faisait état lorsqu'il parlait de sa « période de folie » se réfèrent donc uniquement à la période de son séjour au Bihar Vidyapith.

Svâmiji a très peu parlé de son voyage dans les Himalaya. Il en a rapporté ce récit : « Je vais vous raconter une belle histoire. Svâmiji a eu plusieurs gurus : une petite fourmi, un fou, un bouc, un homme. Ils ont été les meilleurs gurus de Svâmiji. Une petite fourmi a été un des premiers gurus, un des plus intelligents, des plus révérés des gurus de Svâmiji. C'était il y a longtemps, très longtemps, il y a à peu près quarante ans, Svâmiji était alors à Kankhal, près de Hardwar... Svâmiji est assis dans une chambre, il voit un grain de riz qui tombe : "Oh ! Qu'est-ce ? Voyons. Oh ! Le grain de riz bouge Comment bouge-t-il ? Oh ! Une fourmi ! Oh ! Comment tombe-t-il ? Oh ! Il y a un trou ! Que se passe-t-il ? La fourmi transporte le grain. Elle monte le long du mur. Elle veut faire rentrer le grain de riz dans le trou... mais il se met de travers. Il tombe. Elle redescend... recommence. Et finalement, au treizième essai, elle réussit à le faire entrer dans le trou." Chaque fois elle changeait l'angle d'approche. "Oh ! se dit le jeune homme, on dit que l'homme est intelligent, et cette fourmi change chaque fois l'angle d'approche et, en fin de compte, elle réussit à le faire entrer. Moimême ai-je autant de patience ? Comment est-ce possible ? Comment se fait-il qu'elle ait tant de patience ? Elle recommence encore et encore et encore, sans tenir compte du temps, sans tenir compte du nombre de fois... pourquoi ? Oh ! Elle n'a qu'une seule idée : "Je dois le faire entrer". Tant qu'elle n'y arrive pas, elle travaille, travaille, travaille. Oh ! Quel est donc le secret de l'action ? Vous décidez ce que vous voulez faire et tant que ce n'est pas réalisé, aucun repos. Le temps, le nombre de fois que vous recommencez n'a aucune importance. Voilà le secret de l'action, le secret d'une action réussie, juste... Vous décidez ce que vous avez à faire et vous agissez tant que ce n'est pas terminé. Le jeune homme dit : "Tu es mon guru. J'ai trouvé le secret de l'action... Il est valable pour tout ce qu'on accomplit dans tous les domaines[1]." »

3. ***L'assemblée des pandits.***

Selon la coutume bengalie, la future mère retourne habituellement dans la maison de ses parents pendant toute la durée de sa grossesse jusqu'à son accouchement. C'est ce que fit Anasûya Devi dont le père venait d'être nommé à Patna. Voici comment elle racontait la manière dont elle vécut tous ces événements :

« Dès que je fus enceinte, j'allai m'installer chez mes parents à Patna. Juste avant les vacances d'été, alors qu'il se rendait à Chinsura, mon mari fit halte à Patna et m'informa qu'il s'apprêtait à aller dans les Himalaya pendant l'été. Quand je lui demandai quand il reviendrait ici, il m'assura qu'il reviendrait certainement mais qu'il ne pouvait pas dire exactement quand. Toutefois, il ne me dit rien quant à ses intentions de devenir *saṃnyâsin*. Ce n'est que plus tard qu'il écrivit une lettre à Sejda pour lui relater ce qu'il avait fait. Quant à moi, je n'étais au courant de rien. Ce n'est que bien longtemps après que je fus informée de l'existence de cette lettre par la sœur de mon mari et de la réaction de son frère aîné. Celui-ci fut tellement abasourdi après l'avoir lue qu'il s'exclama, frappé de chagrin : "O Seigneur, s'est-il marié seulement pour faire ceci à sa femme ?"

1. E.27.3.72.

Quelques jours avant la naissance de Chinmayee, mon père fut transféré à Bénarès et nous nous installâmes dans l'enclave English Lines, située à proximité du lycée pour garçons (Kumar Vidyalay) du Kashi Vidyapith. Je demandai au plus âgé de mes jeunes frères d'obtenir des informations sur mon mari. C'est alors qu'il me dit qu'il était de retour de son voyage dans les Himalaya, qu'il était devenu *saṃnyâsin* et qu'il résidait à l'ashram Varistha à Ayodhya.

Quand j'appris qu'il était devenu *saṃnyâsin*, je fus simplement abasourdie. J'avais pourtant passé avec succès toutes les épreuves qu'il m'avait imposées et j'avais fait tout ce qu'il m'avait demandé de faire simplement pour le convaincre de ma capacité à rester avec lui plutôt que de revenir chez mes parents et maintenant voilà que...

Mon père écrivit alors à Sejda pour le mettre au courant. Celui-ci répondit que comme il venait juste de reprendre ses cours à Gauhati après les vacances d'été, il ne pouvait s'absenter immédiatement mais qu'il viendrait le plus tôt possible. Quand il arriva, il se rendit, accompagné de mon père, à Ayodhya, mais là, il apprit que mon mari avait quitté les lieux un peu plus tôt ce jour-là. Tous deux revinrent au Kashi Vidyapith mais personne ne put leur dire où il était.

Son frère aîné se rendit alors à Chinsura, qui était sur le chemin de retour à Gauhati. Les douleurs de l'enfantement venaient de se déclencher mais ma mère ne voulut pas le retenir et ne le mit pas au courant. Dès qu'il fut parti quelqu'un m'informa que Svâmiji, comme on l'appelait maintenant, se trouvait sur les bords de la Varuna (à Bénarès). Mon père envoya immédiatement un télégramme à Sejda. Le temps qu'il arrive et Chinmayee naquit. Mais Sejda refusa même de la regarder "tant qu'il n'aurait pas ramené le père". Et c'est accompagné de mon jeune frère qu'il partit à la recherche de son frère cadet. A son retour Sejda dit à mon père :

– J'ai eu l'occasion dans ma vie de voir bien des saints mais jamais je n'ai assisté à une scène pareille. Je ne pouvais même pas m'imaginer une situation pareille.

– Qu'avez-vous vu ? demanda mon père.

– Vous me demandez ce que j'ai vu ?... Il était assis au bord du Gange... plusieurs heures sont passées et je suis resté debout devant lui. Ses yeux étaient tout le temps grands ouverts, sans ciller, et il était totalement inconscient d'une présence humaine en face de lui. Avait-il perdu tout sens de la perception ? Qu'est-ce qu'il faisait tout ce temps-là ? Quand enfin, incapable de me contrôler plus longtemps, je posai la main sur son corps et lui demandai

Yogeshvar (assis) et Paresh (debout).

Professeurs et élèves du Kashi Vidyapith (1924).
Premier rang assis :
– Premier à gauche : Raja Ram Shastri (aujourd'hui recteur du Kashi Vidyapith)
Deuxième rang assis :
– Deuxième à partir de la gauche : Satya Dev, qui deviendra disciple de Svâmiji.
– Quatrième à partir de la droite : Sumangal Prakash.
– Sixième à partir de la gauche : Kanhayalal.
Troisième rang assis, les professeurs :
– Quatrième à partir de la gauche : Ram Sharan, professeur d'économie.
– Cinquième à partir de la gauche : Birbal Singh, professeur de mathématiques.
– Sixième à partir de la gauche : Bhagavan Das, philosophe, directeur du Kashi Vidyapith.
– Deuxième à partir de la droite : Shri Prakash, professeur.
– Premier à partir de la droite : Yogeshvar, professeur de lettres et de philosophie.

Case de Svâmiji à Channa.

Rivière Khuri passant près de l'ashram.

Cases de Channa où étaient logés les visiteurs.

Mausolée de Channa représentant Yâjñavalkya donnant des instructions à Maitreyï.

Svâmiji, Anasûya Devi et Chinmayee âgée de quinze ans (1940).

Svâmiji à Ranchi (1966).

Svâmiji à Bourg-la-Reine (1966).

Svâmiji à Bourg-la-Reine (1966).

de se lever, alors seulement, il me regarda en souriant et dit : "Oh ! C'est toi ? D'où viens-tu ? – Je suis venu te chercher pour t'emmener avec moi." Aussitôt il se leva, réunit ses affaires et me suivit. »

Chinmayee, qui était présente lors de ce récit, interrompit à ce moment sa mère pour préciser un point : « Je tiens à vous dire ce que Chhele m'a raconté lui-même à ce sujet. Lorsque son frère aîné vint le chercher, il lui dit : "Il y a une seule question, Sejda, que je veux te poser. Si tu peux y répondre de manière satisfaisante, je ferai ce que tu me demandes de faire." Mais son frère aîné ne put répondre à sa question. C'est alors que Sejda décida de convoquer une assemblée de pandits à Bénarès. Il y invita les plus grandes autorités du pays.

Quel jour en vérité, poursuivit alors Anasûya, celui où Sejda le ramena à la maison de mon père et dit à ma mère : "C'est à vous autres de prendre la responsabilité de Yogeshvar à partir de maintenant, car je n'ai pas réussi à le persuader de revenir à ses devoirs familiaux." C'est alors que ma mère s'effondra complètement. Mon père essaya de la raisonner et de la réconcilier avec l'inévitable, mais lui-même se sentait comblé par la chance extraordinaire qui faisait qu'un employé subalterne du Service des Postes comme lui abrite dans sa maison une immense assemblée de centaines de pandits et d'érudits parmi les plus hautes autorités du pays concernant les Écritures Sacrées... Car, comme vous le savez, le frère aîné de Svâmiji étant lui-même un pandit très érudit et un spécialiste de sanskrit, avait persuadé les plus hautes autorités de venir discuter la question avec son frère cadet pour le dissuader de poursuivre le chemin qu'il voulait suivre : la vie de *saṃnyâsin*.

Lorsque l'assemblée fut réunie, je me tenais dans les quartiers intérieurs de la maison et mon frère me tenait informée à intervalles réguliers du déroulement des discussions. "Svâmiji est assis d'un côté et en face, me raconta-t-il, sont assis tous les pandits et autres autorités... Et, un à un, chacun d'eux pose une question et, le moment suivant, Svâmiji réplique de façon telle que l'érudit semble totalement vaincu... Chacun des érudits discute ainsi avec Svâmiji et ayant échoué à le convaincre se lève et quitte la pièce."

Quand la réunion prit fin, ajoute Chinmayee, Chhele demanda humblement à son frère aîné d'accepter de lui donner sa bénédiction pour suivre la voie qu'il avait choisie. Et c'est ainsi que finalement son frère aîné lui donna lui aussi son consentement car "je n'ai rien de plus à dire contre ce projet", dit-il. »

4. ***Retour à l'enseignement.***

Quelle est la question que Yogeshvar a posée à son frère aîné ainsi qu'à la congrégation de pandits ? Nous en sommes réduits aux conjectures car nous n'avons que peu d'indices. Il est certain que le frère aîné voulait par-dessus tout que Yogeshvar revienne auprès de son épouse et de son enfant et abandonne, tant qu'il était chargé de famille, l'idée de devenir *saṃnyâsin*. On peut donc supposer que Svâmiji lui aurait demandé : « Si le détachement (*vairâgya*) se produisait plus tôt dans la vie, avant le quatrième stade tel qu'il est décrit dans la *Manusmṛti*, qu'est-ce qui empêcherait de devenir *saṃnyâsin* à ce moment-là puisque le *saṃnyâsa* est la manifestation extérieure du détachement intérieur ? Svâmiji aurait pu avancer à l'appui de sa position ce verset de la *Bṛhadâraṇyaka Up.* qu'il citait si souvent par la suite : "Lorsque le désir des choses extérieures est satisfait, il n'y a plus qu'à se tourner vers soi-même pour devenir sans désir [1]". »

Une autre question qu'on ne peut s'empêcher de poser est de savoir ce qui a conduit Svâmiji à reprendre ses activités au Kashi Vidyapith, à faire revenir sa famille auprès de lui, à cesser de porter la robe couleur safran et à reprendre ses habits de maître de maison. Voici la relation qu'en fait Anasûya Devi :

« Quelque temps après, je le trouve, un jour, soudainement devant moi, dans la maison de mon père, qui se trouvait près de l'église à Godowlia. Il y avait une voiture à cheval (*tonga*) à la porte et il me demanda de l'accompagner.

– Pour aller où ? lui demandai-je, interloquée.

– Viens avec moi, fut sa réponse.

– Mais je dois en parler à mon père et à ma mère.

– Je vais m'en occuper, dit-il.

Il alla voir mes parents et leur expliqua qu'il avait loué une maison dans le quartier Maduadih où il souhaitait m'emmener avec le bébé. Mon père fut naturellement bouleversé par le tour heureux que prenaient les choses. Ainsi nous partîmes en tonga. Chinmayee n'avait que trois ou quatre mois et elle reposait sur mes genoux. Après avoir parcouru une certaine distance, il me demanda de la lui confier... Après quelque temps, nous arrivâmes à la nouvelle maison.

1. *Bṛhadâranyaka Up.* : aptakâmam âtmakâmam akâmaṃ rûpaṃ śokântaram.

En dehors du fait de m'occuper du bébé, je devais naturellement garder la maison, préparer les repas, faire la vaisselle, le ménage, etc. La charge de travail était très lourde. Aussi une servante fut-elle engagée seulement pour s'occuper du bébé. Un jour que la servante massait, comme d'habitude, Chinmayee avec de l'huile de moutarde, l'enfant poussa soudainement un cri. Après quoi, au lieu de pleurer, elle resta silencieuse. Svâmiji se précipita vers elle et après l'avoir examinée trouva que la peau de ses joues avait craqué à cause du froid de l'hiver et que l'huile de moutarde avait provoqué une douleur cuisante à la peau sensible. Aussi, il me demanda de mettre chaque jour de côté la peau douce et épaisse du lait bouilli spécialement pour le bébé et donna des directives à la servante pour que le bébé soit massé avec la crème du lait. Je fus surprise par ces directives, car je n'avais jamais vu qu'on utilise la crème du lait pour faire un massage. Pour moi c'était tout simplement un aliment nourrissant. Il y avait un jeune homme du nom de Govardhan qui était étudiant et qui habitait avec nous dans cette nouvelle maison. Il était très attaché au bébé et tous les matins attendait avec impatience le moment où Chinmayee avait été massée et baignée. Il la gardait alors longtemps sur ses genoux en lui récitant des vers sanskrits sans prêter attention aux sons articulés ou inarticulés qu'elle émettait, ce qui avait pour effet de la calmer immédiatement.

Bien entendu, je fus ravie de la tournure prise par les événements, mais, à dire vrai, j'avais toujours chéri dans mon cœur l'espoir que Svâmiji reviendrait car il m'avait promis qu'il le ferait et il avait toujours tenu ses promesses.

Après nous être installés dans notre nouvelle maison, il composa un jour un poème et m'apprit à le chanter. Il me demanda alors de le chanter comme une berceuse pour le bébé :

Éternel, Libre et sans changement,
Pur, Illuminé et Immaculé,
O, Toi le plus grand Poète, qui résides au-delà du monde et des océans,
Ta beauté irradie et rend le soleil lumineux,
Ta douce mélodie anime le chant des oiseaux,
Ton parfum sans égal rend le vent enchanteur,
Elève-toi, ô pur Esprit,
Vers les richesses qui abondent en ton cœur.
Dépourvu de crainte, garde toujours ton sourire vivifiant[1]. »

1. Récit d'Anasûya Devi recueilli par Sumangal Prakash.

Bien entendu, la musique des paroles bengalies remplit parfaitement le rôle de berceuse, encore que la jeune mère devait certainement avoir un certain mal à en saisir le contenu. Ce poème montre bien que Svâmiji, toujours imprégné d'idéalisme, n'avait peut-être pas encore entièrement perdu l'espoir d'amener Anasûya à s'intéresser à la recherche de la vérité.

« Fatiguée après avoir travaillé toute la journée, poursuit Anasûya, je me sentais souvent plutôt ensommeillée le matin. La petite Chinmayee avait l'habitude de se réveiller très tôt quand il faisait encore sombre, aussi j'allumais une lanterne et la plaçais dans le coin du lit juste sous la moustiquaire. Un jour tandis que Chinmayee était éveillée et la lanterne allumée, je m'endormis. La lanterne se renversa et le bébé fut brûlé. Quand il l'entendit pleurer, Svâmiji se précipita vers son lit et vit ce qui était arrivé.

– T'es-tu endormie après avoir allumé la lanterne et l'avoir placée sur le lit ? me demanda-t-il

– Oui... Je ne sais pas quand je me suis assoupie.

L'enfant s'était brûlée sur une de ses joues et Svâmiji soigna la plaie qui mit quelques jours à guérir... Peut-être est-ce à partir de ce moment qu'il me donna l'instruction de déposer le matin Chinmayee dans son lit, à ses côtés [1]. »

Le retour de Svâmiji à la vie active et la part qu'il prenait dans l'éducation de sa fille peuvent paraître surprenants dans la mesure où nous ne disposons d'aucun élément qui pourrait nous permettre d'en expliquer les raisons. Anasûya nous fournit cependant une des clés dans son récit. En effet, avant de revêtir la robe couleur safran, alors qu'il se rendait à Channa pour voir Nirâlamba Svâmi, Yogeshvar lui annonça son intention d'aller passer ses vacances dans les Himalaya, alors qu'elle était enceinte et, en même temps, lui dit qu'il reviendrait. Elle ne met pas en doute ses paroles car elle a appris par expérience qu'il tient toujours parole. Ceci laisserait supposer qu'il n'est pas parti dans les Himalaya avec l'idée de ne plus revenir. C'était, comme nous l'avons vu, une sorte d'excursion en compagnie de collègues et d'étudiants, qui devait prendre fin avant la rentrée universitaire. Pourtant, le voyage terminé, Svâmiji ne revient pas de lui-même. C'est son frère qui vient le chercher et qui le ramène dans sa famille. Cette assemblée spectaculaire de pandits ressemble à une sorte de mise en scène pour

1. Récit d'Anasûya Devi recueilli par Sumangal Prakash.

convaincre toutes les personnes concernées : son frère aîné, sa femme, les parents de celle-ci, du caractère irréversible de sa décision. Svâmiji utilise les grands moyens. Il va même jusqu'à donner sa démission de professeur et il attend trois ou quatre mois avant d'aller chercher sa femme et son enfant.

Quelles raisons a-t-il pu avoir d'agir de la sorte ? Il sait par ses études de psychanalyse l'importance du rôle des parents dans l'éducation des enfants. Dans le dernier chapitre du livre de Venkateshvar, il écrit : « Mais quelle est la place des parents dans la vie de ceux qui prétendent avoir la connaissance ? » Voici ce qu'en disent les *Veda* : « Seul peut acquérir la connaissance celui qui a des parents et un maître compétents (*mâtṛmân pitṛmân âcâyâvan veda*). C'est pourquoi Yâjãvalkya dit : "Comme celui qui a eu une bonne mère, un père et un maître pouvait vous dire, aussi Śailini vous dit [1]..." » Par ailleurs Sumangal raconte que le retour de Yogeshvar à l'université faisait l'objet de discussions animées parmi les étudiants : « Qu'est-ce qui a fait revenir Svâmiji ? Qu'est-ce qui l'a fait renoncer à porter des habits couleur safran ? » Tout le monde en attribuait le mérite à Bhagavan Das. Celui-ci aurait fait valoir à Yogeshvar que l'habit extérieur n'a pas d'importance, que ce qui compte c'est l'esprit. Il lui aurait demandé de reprendre ses fonctions comme auparavant, de renoncer à porter l'habit couleur safran et d'accepter de toucher sa « récompense (*puraskâra*) » habituelle, terme utilisé au Vidyapith pour désigner le salaire.

Est-ce Bhagavan Das qui aurait convaincu Svâmiji ou bien leur intimité était-elle si grande qu'ils partageaient le même point de vue sur la question ? Comment le savoir ? Voici la relation de ce qui s'est passé, d'après le récit de Svâmiji lui-même à Chinmayee : « Pour ton Chhele, il n'y a pas de différence entre la couleur safran et le blanc. Mais ne vois-tu pas qu'il y a différentes manières de se vêtir dans différents pays selon la température et autres conditions ? De la même façon, cette manière particulière de s'habiller, différente de celle utilisée par les autres personnes, a été prescrite pour le *saṃnyâsin*. C'est l'expression extérieure et la marque distinctive d'un *saṃnyâsin*. Elle désigne une identité séparée de sorte qu'on lui attribue une fonction distincte, différente de celle des autres, dans la société. Depuis des temps immémoriaux, dans ce pays, l'habit couleur safran jouit d'une tradition qui suscite respect,

1. Yathâ mâtṛmân pitṛmân âcâyâvan brûyât/tathâ tac-chailînir-abravìt, *Bṛhadâraṇyaka Up.* 4.1.2.

révérence et amour de la plupart des gens et dont ne jouissent pas ceux qui portent un habit différent. C'est seulement pour cette raison que ton Chhele porte l'habit couleur safran. Mais ce qu'il porte ou même ne porter aucun habit est immatériel pour lui. » Anasûya, présente lors du récit de Chinmayee, ajoute alors : « Ce point fut rendu totalement clair à ma mère. Lorsqu'il revint des Himalaya portant l'habit couleur safran, elle fut submergée de tristesse et dans une crise de rage lui dit qu'elle casserait son bâton (*daṇḍa*) et jetterait sa robe couleur safran (*geruâ*) dans le Gange. Il répondit en souriant : "Vous pouvez certainement casser le bâton et vous pouvez aussi, si vous le souhaitez, jeter la robe *geruâ* ou même la réduire en cendre en la brûlant, mais vous ne pouvez pas brûler ce qui est à l'intérieur. Car tous ceux-ci ne sont que des symboles extérieurs. Ce qui compte c'est ce que je suis à l'intérieur". » Il a ajouté alors, dit Chinmayee : « J'ai besoin de cet habit extérieur, Mâ, pour aussi longtemps que je ne serai pas complètement *geruâ* à l'intérieur. Le jour où j'aurai atteint ce stade et serai devenu *geruâ* ou détaché à l'intérieur également, alors j'abandonnerai moi-même cet habit et reprendrai mes habits ordinaires. Et le jour où cela arrivera, je vous le ferai savoir. »

5. *Extase (samâdhi) ou délibération (vicâra) ?*

Le professeur Birbal Singh rapporte qu'au cours des sessions du comité directeur du Kashi Vidyapith, Yogeshvar, lorsque le sujet discuté ne le concernait pas, « plongeait profondément en lui-même » et devenait totalement absent de ce qui se passait autour de lui. Ceci était naturellement considéré comme un état de *samâdhi* par ceux qui estimaient qu'il avait atteint un état avancé de réalisation spirituelle. De même Sejda, lorsqu'il était allé chercher son frère au bord du Gange et qu'il l'avait trouvé assis immobile, en pleine méditation, les yeux ouverts, oublieux de tout l'entourage, n'hésite pas à employer le mot *samâdhi* pour décrire son état.

C'est une chose courante en Inde de qualifier de *samâdhi* tout état d'immobilité dans lequel le sujet ne semble pas présent ou encore lorsqu'il semble emporté par une force qui le dépasse. Ce type de phénomène a pour effet de provoquer un sentiment d'adoration sacrée. Mais toutes ces descriptions ne sont que des appréciations subjectives ou opinions sans grande valeur sur l'état dit de *samâdhi*, lorsqu'il est vu de l'extérieur.

Le *samâdhi* a donné lieu à des gloses savantes. Il est issu du yoga. C'est le stade final du processus qui passe par la purification extérieure et intérieure (*yama* et *niyama*), les postures et le contrôle du souffle (*âsana* et *prâṇayama*), la concentration et la méditation (*dhâraṇa* et *dhyâna*). Il est passé dans le langage courant pour désigner l'état d'accomplissement suprême, la délivrance finale.

Or on sait que la voie suivie et enseignée par Svâmiji n'est pas celle qui est décrite dans les *Yoga Sûtra* de Patañjali. Svâmiji parlait d'une manière assez dérogatoire de toutes ces pratiques. Dans une lettre de 1930, il écrit : « Il ne faut pas vous concentrer... détendez l'esprit. Ne vous concentrez sur rien. » Dans un autre entretien il dit : « La tradition dans le sens où elle est prise habituellement implique de se concentrer sur une idée fixe ou des objets particuliers. » Il explique alors que cette approche est erronée car « on ne peut méditer sur l'infini[1] ».

Dans un autre entretien encore, il précise qu'« en fixant son attention sur une forme particulière, on voit cette forme partout. Voilà la tragédie de la concentration sur un point ou une forme particulière. La concentration vous rend étroit. Et de là, l'adoration d'idoles comme *Siva* et *Viṣṇu*... Vous devenez asservi à une forme particulière... Quand vous avez une forme particulière, vous dites "ceci est ma maison" et toutes les autres maisons vous deviennent étrangères[2] ».

Dans un autre entretien, il ajoute : « En méditant pendant un certain temps on trouve une fausse satisfaction... ce n'est qu'une drogue... on ne fait qu'obéir aux diktats de l'ego ou *mâyâ*[3]. »

Mais alors, s'il s'oppose à la concentration et à la méditation, que propose-t-il ? Svâmiji oppose la concentration à la lucidité (*awareness*), car la concentration implique une sélection tandis que la lucidité englobe tout. Par ailleurs, à la question d'un disciple qui lui demande s'il a jamais pratiqué la méditation, Svâmiji répond : « Non, pas la méditation, comme vous autres l'appelez, mais *vicâra* (examen attentif, délibération) qui signifie "être complètement avec"[4]. »

1. E.3.2.63.
2. E.9.1.64.
3. E.15.1.64.
4. E.25.3.72.

Que faut-il entendre par *vicâra* et « être complètement avec » ? Svâmiji l'explique dans un entretien de 1967 : « Dans le *bhoga* (expérience délibérée et consciente) on va complètement avec l'objet... *Bhoga* est cette action dans laquelle l'acteur sait ce qu'il fait et pourquoi. Il sait ce qu'il obtient et se demande continuellement s'il obtient bien ce qu'il cherche. Il agit et en même temps voit ce qu'il fait. Il est complètement un avec l'objet [1]. »

Pour Svâmiji, « *bhoga* est un élément essentiel de la recherche de la réalité (*tattva*), de la vérité (*satya*) ou réalisation de soi... *Bhoga* satisfait. Qu'est-ce que cela veut dire ? Satisfaction du désir et de manière concomitante, annihilation du désir. On se rend libre du désir lorsqu'on satisfait le désir et que de manière simultanée on expérimente que le désir ne peut être satisfait. Ce n'est que lorsque vous trouvez, en fin de compte, que vous n'en obtenez pas ce que vous vouliez, qu'alors seulement surgit la question du retour vers soi et que vous vous demandez : "Pourquoi cela n'a-t-il pas été obtenu ? Pourquoi le désir n'a-t-il pas été satisfait ? Pourquoi n'y a-t-il pas eu satisfaction" ? »

Cette élucidation du terme *vicâra* nous rappelle l'énoncé de l'*Upaniṣad* si souvent cité par Svâmiji et commenté ainsi par lui : « Celui qui a satisfait tous ses désirs, qui a réalisé tout ce qu'il voulait (*âptakâman*), lui seul devient désireux de lui-même (*âkâmam*), lui seul devient sans désir (*âkâmam*). »

L'expression *âtmakâma* par sa combinaison des deux termes *âtma* (le Soi ou soi-même) et *kâma* (désir) est ambiguë. Ce n'est pas l'amour de soi ou le narcissisme au sens freudien mais, comme l'explique Svâmiji, le désir de voir, de comprendre la manière dont on fonctionne, c'est-à-dire le fonctionnement du mental dans le but de s'en rendre libre. C'est précisément le sens de *vicâra*. Comment ce *vicâra* s'applique-t-il pratiquement ? Le *Yogavâsiṣṭha* en donne une description précise : « Destruction des désirs, connaissance et annihilation du mental pratiquées ensemble, régulièrement, apportent le bonheur [2]. »

Dans une de ses lettres, Svâmiji explique le processus : « Vous devez être totalement conscient de tout ce qui arrive. Cette "conscience lucide" (*awareness*) vous permettra de connaître ce qui arrive ici et maintenant dans le présent ... Trouvez la relation entre l'action

1. Sumangal Prakash, *L'Expérience de l'Unité*, ch. 7.
2. Vâsanâkṣaya vijñâna manonaśaḥ mahâmate samakâlaṃ cirâbhyastâḥ bhavanti sukhadâ matâ.

et sa cause, ensuite essayez d'éliminer la cause. Si la cause de ce qui arrive maintenant ne correspond pas au présent, alors la cause se trouve dans les profondeurs du mental : celles-ci seules sont la source du mental. Trouvez-les et annihilez les émotions qui s'y trouvent rattachées. Ainsi ces trois activités peuvent être accomplies simultanément :

– Annihilation du mental par la destruction des émotions non satisfaites et refoulées.

– Annihilation des désirs par la jouissance appropriée des désirs conscients.

– Connaissance de ce-qui-est (*vijñâna* ou *tattva*)[1]. »

Dans une autre lettre de 1970, Svâmiji explique en quoi consiste le *bhoga* d'un état mental particulier (*manobhoga*) : « On commence par trouver et réaliser ce qu'est le mental et quelle est son activité. Après cela vous prenez connaissance de l'état actuel de votre mental et vous en faites l'expérience (*bhoga*). Puis vous recherchez la cause. Pourquoi le mental est-il apparu ? Qu'est-ce que la vérité et qu'est-ce que le mental a créé ? Le mental a certainement créé autre chose en lieu et place de ce qui existe. Dès que vous réalisez cela, le mental disparaît[2]. »

Cette expérience de soi-même (*âtmabhoga*) est chez Svâmiji synonyme d'*âtmakâma*. C'est le chemin enseigné par Svâmiji à ses disciples et qu'il a, selon toute vraisemblance, lui-même suivi, car il n'a rien dit ni enseigné qu'il n'ait expérimenté par lui-même. Aussi n'est-ce qu'avec la plus extrême circonspection qu'il nous faut accepter la qualification de *samâdhi* attribuée par les témoins à cet état étrange dans lequel ils ont pu observer Svâmiji à certains moments.

Lorsque Svâmiji est venu reprendre sa place au Kashi Vidyapith, il était certainement encore en chemin ou plutôt son accomplissement n'était que partiel. La première étape (*âptakâma*) avait certainement été atteinte et il entrait dans la seconde (*âtmakâma*) où la délibération (*vicâra*) portait sur ce qui se passait en lui-même. Ce n'est que plus tard qu'il parvint à l'unité complète qu'on peut qualifier de *samâdhi* naturel ou spontané (*sahaja samâdhi*) et que Svâmiji décrit de la manière suivante : « Vous êtes toujours fixé sur des choses particulières, vous avez une maison particulière, un

1. L.8.1.60.
2. L. Fév. 70.

travail particulier, un intérêt particulier, un goût particulier, mais un stade peut venir dans la vie quand l'attirance que vous pouvez éprouver pour un objet particulier disparaît et que vous vous sentez comme suffoqué. Alors, si on a le courage et la faculté de discrimination et le détachement, on devient vide... comme s' il y avait un vide... et il ne reste rien à garder ni à saisir. Dans la vie du monde, on saisit toujours un objet particulier. Mais qu'arrive-t-il lorsqu'on sent et qu'on réalise qu'il n'y a rien à saisir ? Il y a une annihilation complète de la conscience du monde et quand ce sentiment se cristallise on sent : "Tout est à moi, tout m'appartient". Ainsi il n'y a plus de distinction, le particulier devient général. L'éveil n'est rien d'autre que cela [1]. »

1. E.5.8.66.

Chapitre VIII

Début de l'enseignement

Ayant quitté l'habit couleur safran (*geruâ*), vêtu de *khadi* blanc, Yogeshvar, ou Svâmi Prajñânpad, reprend son poste au Kashi Vidyapith. Il n'est plus tenu d'assurer des cours. Le directeur Bhagavan Das est heureux de sa simple présence au sein de l'institution.

Plusieurs mois après son retour, le voilà de nouveau installé à Chaklabagh, le quartier résidentiel le plus calme de tout le campus. Il continue d'être appelé « Yogesh Babu » ou « Professeur Sahib » mais il semble avoir abandonné son nom de famille Chattopadhyaya. L'usage de ce nom aurait impliqué qu'il continuait à appartenir à la caste des brahmanes, alors qu'un *saṃnyâsin* n'a plus de caste. Lui-même, au cours de cette période, signe ses lettres « Yogeshvar » et publie même un article dans le bulletin trimestriel de l'école sous ce nom en 1929. Toutefois Anasûya Devi ainsi que Paresh l'appellent « Svâmiji » à partir de ce moment-là et nous nous proposons de suivre leur exemple.

Pendant les cinq années de son séjour à Bénarès de 1925 à 1930, Svâmiji mena une vie de famille comme un homme ordinaire en compagnie des membres de sa famille, recevant des visiteurs qui venaient séjourner chez lui pour des périodes plus ou moins longues. Son frère aîné et son épouse furent ainsi ses hôtes ainsi que sa sœur cadette et bien entendu Paresh. Son guru, Nirâlamba Svâmi, vint également lui rendre plusieurs fois visite. A ces occasions, Svâmiji le servait comme un disciple attentionné, allant jusqu'à nettoyer et allumer sa pipe à eau (*hookah*). Mais Nirâlamba Svâmi, de son côté, tout en acceptant les marques extérieures de respect, ne se considérait en rien comme supérieur à Svâmiji et le traitait en égal.

Un groupe de jeunes étudiants s'était rassemblé autour de lui. Il recevait également la visite de Nritya Gopal Roy, un de ses anciens étudiants du Collège médical de Dacca, ainsi que de Yogendra Narain Verma, un ancien étudiant du Bihar Vidyapith. Ce dernier est le disciple qui est resté en relation avec Svâmiji, sans aucune interruption, pendant la plus longue durée. Il rendait très souvent visite à Svâmiji et lui écrivait régulièrement. Il était déjà marié lorsqu'il rencontra Svâmiji pour la première fois mais il ne put présenter sa femme Shaila sur le moment car celle-ci était encore trop jeune. Il avait demandé à Svâmiji de composer un poème pour inciter sa jeune épouse à suivre la voie de l'Adhyâtma Yoga plutôt que de faire les *pûjâ* des divinités indiennes : *Krishna*, *Kâli*, etc. En voici un extrait cité par Svâmiji dans une lettre adressée à un disciple :

> Qui donc peux-tu encore haïr ?
> C'est ton propre visage que tu contemples partout.
> C'est ta propre main que tu tends à l'autre.
> Tout sera oublié : le bien et le mal.
> Plonge ô mon esprit,
> Plonge profondément en toi-même [1].

Et le poème continue en disant que non seulement *Kâli* et *Krishna* mais l'univers entier sont présents en lui-même et qu'il est donc futile de les rechercher à l'extérieur.

Shaila, interviewée en 1984 par Sumangal Prakash, lui relata sa première visite à Bénarès en 1926. Elle avait alors dix-sept ans et venait d'un village du Bihar, l'une des régions les plus arriérées de l'Inde où l'on pratiquait encore le port du voile pour cacher le visage (*purdah*). Mais son mari était déterminé à l'éduquer et à lui faire abandonner cette coutume. Il était impressionné par le mode de vie de Yogesh Babu et le comportement de son épouse qui parlait librement aux élèves de son mari de même âge qu'elle. Aussi, quand Yogendra demanda à Shaila de découvrir son visage devant Svâmiji, elle se sentit trop intimidée pour obéir. Elle s'inclina devant Svâmiji mais refusa de lever la tête et de toucher ses pieds. Comment aurait-elle pu toucher et regarder une personne du sexe opposé qui n'était pas membre de sa famille ? C'eût été aller contre toutes les traditions séculaires qu'on lui avait enjoint d'observer.

1. L.22.10.50.

A sa grande surprise et à son grand soulagement, Svâmiji interdit à son mari de la forcer à faire quoi que ce soit contre sa volonté. Et quand Yogendra lui ordonna de toucher les pieds de Svâmiji, celui-ci le remit sévèrement à sa place en lui disant qu'il dépassait les limites : était-il approprié qu'il intervienne entre son épouse et Svâmiji alors qu'il avait fait venir celle-ci uniquement pour son bien à elle ?

Svâmiji la laissa libre de venir quand elle voulait. Et bientôt elle se mit à accompagner son mari lors de ses visites. Elle s'asseyait près de son mari à une certaine distance de Svâmiji. Celui-ci se mit à lui poser des questions d'un ton affectueux sur ses parents, ses frères et sœurs, la vie dans son village, ce qui l'intéressait, etc. C'était une expérience tout à fait nouvelle pour elle ; personne dans la maison de son mari ne s'était jamais autant intéressé à elle, à sa vie, à ce qu'elle aimait ou n'aimait pas.

Bientôt elle commença à prendre une part active aux tâches ménagères de la maison sous la direction d'Anasûya Devi. Le mode de préparation des repas d'une famille bengalie de classe moyenne et celui d'une famille villageoise biharie était totalement différent et Shaila dut tout réapprendre. Svâmiji lui-même venait la voir préparer le repas. « Un jour, quand il vit que je posais sur le sol en terre battue la louche avec laquelle j'avais mélangé le curry dans la casserole, il me demanda gentiment si cela ne risquait pas de la salir ? N'y aurait-il pas des saletés qui se trouveraient mélangées au curry lorsque je touillerais à nouveau le curry sur le feu ? Quelle joie c'était pour moi d'apprendre tant de choses nouvelles d'une manière si gentille et affectueuse ! » Au bout de quelque temps, quand son mari revint la chercher, elle ne voulut plus partir. Svâmiji essaya de la persuader de retourner chez elle avec son mari. Mais elle sentait que sa vraie place était en compagnie de Svâmiji. Elle se mit à pleurer. Il lui dit alors qu'elle pourrait revenir dès que les circonstances le permettraient et lui donna des instructions pratiques à mettre en œuvre dès qu'elle serait revenue chez elle.

Yogendra et Shaila, tout au long de leur vie, eurent à cœur de rendre visite à Svâmiji chaque fois que cela leur était possible et le servaient méticuleusement quand Svâmiji, à leur demande, venait passer quelques jours chez eux. Tous leurs enfants, quatre filles et deux fils, devinrent également des disciples fervents de Svâmiji[1].

1. Voir les lettres adressées à Shanta Manju, Sudha Verma, Usha Narain, Amit Prakash et Sudhanshu.

Parmi les étudiants du Kashi Vidyapith qui fréquentaient Svâmiji, le premier à être irrésistiblement attiré fut Govardhan. Il abandonna ses études et vint s'installer dans la maison même de Svâmiji. Il avait une attitude de dévotion inconditionnelle et se dévouait corps et âme à son maître. Son seul plaisir était de rendre des services personnels à son maître et de tenir compagnie ou de rendre service à Anasûya Devi. Il fut le seul parmi les élèves à accompagner Svâmiji dans son périple dans les Himalaya et ce fut lui qui, probablement, s'occupa de Svâmiji après son retour jusqu'au moment où celui-ci revint au Kashi Vidyapith.

Deux histoires concernant Govardhan, rapportées par Svâmiji lui-même, nous éclairent à la fois sur la dévotion de Govardhan et l'évolution de Svâmiji.

La première a été racontée en réponse à une question posée par un disciple français :

« Comment se fait-il que Svâmiji, pendant une grande partie de sa vie, a été un homme strict, sévère et déterminé ? Comment s'est produit le changement ? Car, apparemment, une telle attitude implique d'avoir un ego très fort ?

– Exactement ! Il avait un ego très fort. Cet ego s'en tenait fermement à tout ce qu'il considérait comme juste, quel que soit le sacrifice que cela impliquait : "Si c'est juste, il faut le faire. Et rien d'autre." Toute personne qui venait voir Svâmiji était soumise à cette épreuve : "Si vous pouvez agir ainsi, alors venez, sinon allez-vous-en."

– Mais comment Svâmiji s'est-il débarrassé de cet ego si strict ?

– Quand Svâmiji a senti que cette attitude était aussi l'expression de l'ego. Bien que cela soit juste d'une certaine façon, ce n'est pas véritablement juste mais partiellement juste parce qu'il ne prend pas en considération la variété, l'infinie variété de la création. Il ne prend en compte qu'un seul modèle. Celui qui s'y conforme, très bien... il est accepté. Mais tout le monde n'est pas comme ça. Chacun a ses limitations et ne peut aller qu'aussi loin que cela lui est possible. La seule condition posée est d'être sincère, comme vous dites...

A l'époque, avant que Svâmiji ne devienne Svâmiji pour ainsi dire, il était comme du feu. Aucune considération d'aucune sorte. Il était si sévère qu'il n'y avait aucune douceur... Deux jeunes gens habitaient avec Svâmiji. Ils s'occupaient de tout. L'un était Govardhan qui était très sincère, très honnête, très déterminé, l'autre Satyanarain. La règle que Svâmiji avait prescrite était : "Ne rien donner à personne, ne rien prendre de personne, utiliser uniquement ce que l'on a." Un jour, il arriva qu'il n'y eut plus de légumes. Ils en discutèrent entre eux. “Quelle nourriture préparer ?” Satyanarain dit : “Allons emprunter de l’argent aujourd’hui et nous pourrons préparer des légumes.” Mais Govardhan était si sincère que lorsque Svâmiji se mit à table, il dit :

– J’ai commis une erreur aujourd’hui.

– Qu’as-tu donc fait ?

– Il n’y avait plus de légumes aujourd’hui et j’ai pensé : “Comment puis-je ne donner que du *dal* et du riz ?...” Alors voilà comment j’ai obtenu les légumes.

– Oh ! Tu as fait cela !... Dehors !.. Dehors !... Immédiatement dehors ! Tu n’as pas respecté la règle.

Et le jeune homme sortit. Quand Svâmiji revint dans l’après-midi, il demanda à Satyanarain :

– Où est Govardhan ?

– Je ne sais pas... Il a eu si peur...

– Tu ne sais pas ?... Va le chercher... Va là... (et il indiqua l’endroit où il pouvait le trouver). C’est là qu’il se trouve... (de telles intuitions peuvent se produire). Et dis-lui de revenir manger.

Satyanarain y alla et revint :

– Oui, c’est bien là qu’il est... Il travaille.

– Qu’a-t-il dit ?

– Govardhan m’a dit : “Il m’a pardonné, mais je ne peux revenir tant que je n’aurai pas gagné suffisamment d’argent pour rembourser le montant emprunté. Je ne pourrai revenir à la maison avant le coucher du soleil.”

Govardhan revint le soir et se prosterna devant Svâmiji :

– Qu’y a-t-il ?

– Ça y est, c’est fait.

– Qu’est-ce qui est fait ?

– J’ai remboursé avant le coucher du soleil tout ce que j’ai emprunté. J’ai exécuté vos instructions. J’avais fait un vœu : “Tant que je n’aurai pas remboursé, je ne reviendrai pas[1].” »

Cette histoire nous éclaire sur l’attitude de Svâmiji à cette époque, attitude qu’il qualifia plus tard de « rigide » et qui était encore l’expression de son ego.

La deuxième histoire rapporte un dialogue entre Svâmiji et Govardhan :

1. E.1963.

« Un point intéressant a été soulevé par Govardhan une fois. Il a dit :

– C'est faux, Svâmiji, c'est absolument faux...

– Qu'est-ce qui est faux ?

– On dit : "Voir chacun comme soi-même (*âtmavat sarvabhûtani*)". C'est faux, c'est absolument faux.

– Comment ?

– Voir les autres comme soi-même, cela voudrait dire que chacun devrait manger la même quantité de nourriture que celle que je prends. (Il était très frêle et mangeait très peu.) Mais c'est totalement absurde.

– Vraiment. Ne dit-on pas que vous devez voir les autres comme vous-même ?

– Bien sûr, c'est le principe que j'applique ici. Parce que je ne peux manger que cette quantité, les autres aussi alors devraient manger la même quantité ? N'est-ce pas ce que signifie : voir les autres comme soi-même ?

– Non, vous ne voyez pas les autres comme vous-même, mais vous les ramenez à vous.

– Quelle est la différence ?

– Ce que vous faites c'est simplement ramener les autres à vous. Parce que vous ne pouvez prendre qu'une petite quantité de nourriture, alors l'autre aussi devrait consommer la même quantité ! Ainsi, vous ne voyez pas l'autre comme il est, mais simplement vous le ramenez à vous-même. Mais, en fait, vous n'êtes pas lui. Vous ne pouvez pas vous projeter en lui. Vous ne faites que surimposer votre propre moi à cet endroit... mais il est différent.

– Ah ! Cela semble si mystérieux.

– Oui, le mystère réside simplement en ceci, que vous n'avez pas à ramener les autres à vous, mais à les voir comme vous-même. Vous prenez telle quantité de nourriture ; cette quantité est suffisante pour vous satisfaire. Alors vous devez simplement trouver quelle quantité est suffisante pour satisfaire les besoins d'autres personnes... C'est cela voir les autres comme vous-même. Il est différent de vous. Bien sûr, vous mangez et lui aussi mange. Mais la manière de manger des deux n'est pas la même. Est-ce qu'il mastique sa nourriture de la même manière que vous ? Est-ce que vous lui demanderez de vous imiter en cela aussi ? Est-ce que vos dents sont les mêmes que les siennes ? En est-il bien ainsi ? Non. Alors à quoi arrivez-vous ? A cela que la quantité de nourriture pour chacun doit être prise selon ses besoins. C'est alors que vous voyez les autres comme vous-même.

Quelle était son erreur ? Il se mettait à la place des autres. La réalité toutefois, c'est qu'il n'y était pas du tout. Et c'est ainsi qu'on se conduit d'une manière ridicule. Vous voulez simplement que les autres agissent comme vous agissez. Et cela est tout à fait absurde. Le fait pur et simple est que "moi" et "lui" sommes deux mondes différents, deux termes différents [1]. »

Peu de temps après, Govardhan mourut. Voici comment Svâmiji racontait sa mort : « Govardhan sentait : "Mes parents ont été si mauvais et si égoïstes, ma santé est si mauvaise, j'ai beau lutter, lutter, je n'atteindrai pas le but dans cette vie. Je ne peux pas." Et après quelque temps, il mourut. Voici comment cela c'est passé. Il devait retourner dans sa famille pour la vente d'une propriété. Il ne voulait pas y aller : "Je n'appartiens pas à ce milieu, je n'irai pas." Svâmiji lui demanda d'y aller. Il y alla, tomba malade et fut admis à l'hôpital. Svâmiji vint lui rendre visite. La moitié d'un poumon avait disparu... Ce n'était plus qu'un squelette. Les médecins disaient : "Il n'en a que pour un mois à vivre au maximum." Govardhan dit : "Je ne veux pas mourir à l'hôpital." On le ramena chez lui. Mais il voulut revenir à Bénarès avec Svâmiji. Il retourna à Bénarès et vécut deux mois. II disait : "Je veux mourir à vos pieds." Et c'est ainsi que cela s'est passé [2]. »

Il mourut en 1927-1928 d'après Sumangal Prakash qui a assisté à la levée du corps : « Son corps reposait sur la terre, recouvert d'un linceul blanc en face de la maison de Chaklabagh. Svâmiji était debout donnant des instructions pour la procession funéraire. Chinmayee âgée de deux ou trois ans était debout à ses côtés. »

Shukadeva fut le deuxième étudiant du Kashi Vidyapith attiré par la personnalité de Svâmiji. Lui aussi avait abandonné ses études et souhaitait passer le reste de sa vie en compagnie de Svâmiji. Mais alors que Govardhan était issu d'une famille très riche du Gujerat, Shukadeva venait d'une famille pauvre du Bihar. Aussi Svâmiji avait-il demandé à Shukadeva d'apprendre un métier pour devenir financièrement indépendant. Il lui avait suggéré d'apprendre le métier de tailleur, car il n'y avait pas de tailleurs hindous. Ce métier ouvrait des perspectives intéressantes pour un jeune homme entreprenant. Shukadeva s'inscrivit donc dans une école « nationale » à Brindavan près de Mathura pour y apprendre le métier

1. Sumangal Prakash, *L'Expérience de l'Unité*, ch. 11.
2. E.10.3.71.

de tailleur. A son retour, il s'installa dans la maison de Svâmiji.

« Un jour, raconte Svâmiji, Shukadeva l'aborda en lui disant :

– Tout ce que j'ai fait ne sert à rien ! Il eût mieux valu que je n'apprenne pas ce métier.

– Pourquoi ?

– C'est que je réside chez vous. Je ne connais personne d'autre que vous. J'ai appris ce métier. Et le résultat de mon premier travail c'est à vous que je veux l'offrir. Et si je ne peux vous l'offrir, alors qu'en ferai-je ? Or vous ne portez pas de chemise.

Effectivement à l'époque Svâmiji ne portait qu'un *dhoti* et une écharpe et ne portait pas de vêtements coupés-cousus.

Et Shukadeva devint très malheureux... Un jeune homme si plein d'émotions !... Arguments, contre-arguments se succédèrent...

– Non, non, disait-il je ne porterai pas de chemise sans vous en offrir une d'abord !

Et il était malheureux. Il se sentait perdu... Aussi, un jour, je lui dis :

– Très bien, tu peux coudre une chemise pour moi.

– Et vous la mettrez ?

– Oui, je la mettrai.

– Mais comment cela ?

– Tu te sens si malheureux maintenant. Si tu crois qu'en m'offrant une seule chemise tu peux être sauvé, très bien, fabrique-la. Tu prends trois mètres de tissu, tu les coupes, tu les couds. C'est le même tissu, une autre forme. Ce n'est qu'une forme différente, n'est-ce pas ? Autrefois, on disait que mettre une chemise était immoral ! Maintenant je sens que toutes les choses se valent. Ce ne sont que trois mètres de tissu !

Il mit deux ou trois jours à coudre une chemise assez bien réussie. Je devais m'en revêtir, la porter d'abord puis, au bout d'un certain temps, lui en faire présent ! Oh ! Quelle ne fut pas sa joie quand Svâmiji sortit portant la chemise sur lui ! Mais les gens du voisinage commencèrent à dénigrer Svâmiji : "Oh ! regardez cet homme, on le prenait pour un saint, pour un homme réalisé, un homme ayant atteint le but, etc., et maintenant regardez-le, il porte une chemise ! Il est fini !"

Un jour, Shukadeva revint en pleurant :

– Qu'y a-t-il ? Qu'est-ce qui ne va pas ?

– Vous êtes sorti avec la chemise et les gens disent que vous êtes tombé si bas qu'ils croyaient que vous étiez un grand saint et maintenant !... Ils n'arrêtent pas de vous dénigrer de toutes parts... Tout ceci à cause de moi !

– C'est cela qui te trouble, qui te rend inconsolable ?

– Oui... je suis si malheureux...

– Ne t'inquiète pas. Tu vois que ces gens me prenaient pour un saint et maintenant ils me prennent pour un misérable (*villain*). Je suis tombé bien bas, n'est-ce pas ? La chemise est le critère de sainteté alors ? Telle est leur manière de voir les choses. Celui qui porte une chemise ne peut pas être un saint. Etre un saint dépend du port ou non d'une chemise ! En est-il bien ainsi ? Tu es tailleur. Trois mètres de tissu sous une forme et trois mètres de tissu sous une autre forme. Pourquoi es-tu troublé [1] ? »

Shukadeva resta auprès de Svâmiji jusqu'en 1929 puis s'établit à Allahabad où il exerça le métier de tailleur.

Un troisième étudiant, Satyanarain Simha, qui n'avait que quatorze ou quinze ans lorsqu'il rencontra Svâmiji résidait également auprès de Svâmiji. Il travaillait alors dans un ashram de Gandhi non loin de Chaklabagh à filer du coton et à tisser du *khadi*. Satyanarain était un garçon intelligent, d'une énergie bouillonnante qui fut immédiatement attiré par Svâmiji. Il quitta l'ashram de Gandhi, s'inscrivit au Kashi Vidyapith et en sortit diplômé en un temps record. Rebelle à toute discipline, engagé dans des activités révolutionnaires, pourchassé par la police, il dut s'enfuir de l'Inde comme passager clandestin sur un paquebot italien. Débarqué à Naples, il fut recueilli à Capri par l'écrivain russe Gorki, qui l'envoya à Berlin porteur d'une lettre de recommandation pour Einstein. Celui-ci l'envoya à Vienne auprès de Freud où il resta en psychanalyse quelque temps. Puis, à la prise de pouvoir par Hitler, il trouva refuge en Union soviétique, où il reçut une formation de révolutionnaire communiste et devint capitaine de l'armée rouge. De retour en Inde, il fut élu député après l'indépendance et mena une campagne politique active en faveur des Tibétains. Satyanarain est resté toute sa vie très attaché à Svâmiji et a échangé avec lui plus d'un millier de lettres couvrant la période 1920-1974.

Anasûya Devi devint *Mâ* ou la mère de tous ces jeunes gens qui gravitaient autour de son mari bien qu'ils aient tous à peu près son âge. Certes, elle était déjà mère d'une petite fille, mais elle avait

1. E.1964.

toujours souhaité avoir un fils et la présence de tous ces jeunes gens compensait le vide qu'elle pouvait ressentir. Elle les traitait comme s'ils étaient « ses fils » et attendait d'eux en retour qu'ils se conduisent envers elle comme des fils adultes. Svâmiji savait que cela ne pouvait être qu'une compensation partielle et cherchait à la satisfaire de toutes les manières possibles sauf dans le domaine sexuel. Elle avait ainsi toute liberté de rendre visite à ses parents chaque fois qu'elle le souhaitait et il s'arrangeait pour qu'elle puisse avoir le plus possible la compagnie d'une autre femme pour lui enseigner la manière de tenir une maison. Pendant plusieurs années, ce rôle fut joué par la sœur cadette de Svâmiji (*Pisimâ*) qui était veuve depuis son enfance. Voici un court récit d'Anasûya qui décrit ses relations avec Svâmiji à cette époque : « Un jour que je secondais *Pisimâ* à la cuisine, Svâmiji revint du collège et pointant son bâton dans ma direction me demanda d'un air joyeux : "Peux-tu deviner qui j'ai ramené avec moi ?" Il répéta sa question en se retournant vers sa sœur. La femme qui l'accompagnait se tenait debout devant nous et aucun parmi nous ne la connaissait. J'avais toujours eu une peur affreuse d'être délaissée par Svâmiji si je ne me montrais pas à la hauteur de l'épreuve, or c'en était une. Et je sentis mon cœur défaillir d'avance à l'idée de cette nouvelle épreuve.

– Mais je ne l'ai jamais vue avant, m'écriai-je désespérée.

– Bien sûr, tu ne l'as jamais vue, acquiesça-t-il, et pourtant tu dois essayer de deviner.

Je ne sais pas ce qui se produisit, mais, d'un coup, j'eus une sorte d'intuition et m'exclamai :

– Puis-je essayer ?

– Mais bien sûr, répliqua-t-il.

– N'est-ce pas Bhikkhe Mâ (la personne qui remplace la mère lors de la passation du cordon sacré), celle que vous appelez Baudi Mâ (sœur du frère aîné) ?

– Mais tu ne l'as jamais rencontrée ! Comment as-tu fait pour deviner ?

– C'est ce que j'ai senti... Qui d'autre aurait-ce pu être ?

Alors il se tourna vers sa sœur cadette :

– Et toi tu n'as pas pu la reconnaître et pourtant tu la connaissais...

– Non je n'ai pas pu la reconnaître, reconnut-elle.

– Ainsi toi qui la connaissais tu n'as pas pu la reconnaître, lui dit-il en souriant et elle, comment a-t-elle fait sans t'avoir jamais rencontrée précédemment ?

– Je ne sais pas, dis-je, peut-être est-ce toi qui m'as fait deviner ?

Mon bonheur ce jour-là ne connut pas de limite, car j'avais réussi l'épreuve. »

Si Svâmiji était devenu amical et affectueux dans sa manière de traiter Anasûya et accordait tous ses soins au bébé, il était toujours aussi strict avec les autres personnes qui entraient en contact avec lui et qui souhaitaient être guidées. Il ne donnait aucune initiation (*dîkṣâ*) dans le sens traditionnel et soumettait chacun de ses disciples à des épreuves difficiles. Il avait renoncé à la plupart des austérités qu'il s'était imposées au Bihar Vidyapith mais il continuait à mener une vie simple et frugale.

« Dandekar, raconte Svâmiji, était un jeune homme du Maharashtra très intelligent, très sérieux. Il vint voir Svâmiji en disant :

– Je veux connaître la vérité.

– Très bien, tu peux essayer. Voyons si cela t'est possible. Mais d'abord qu'est-ce que la vérité ? La vérité c'est ce qui est inconditionné. Elle ne connaît aucune condition... aucune limitation pour ce qui est de manger, de prendre...

Dandekar était complètement végétarien et il dit :

– Manger de la viande ?

– Oui, il ne peut être question de ne pas manger de la viande.

– Manger de la viande, ce n'est donc pas mal ?

– Non. La viande, c'est de la nourriture. Un point c'est tout. Si le corps la tolère, très bien, parce que c'est physique. Si le corps ne peut la tolérer, il ne faut pas en prendre. Mais on ne peut pas dire que c'est mal de manger de la viande. C'est de la nourriture....un type de nourriture comme les pommes de terre.

Le sujet fut discuté pendant des jours et des jours.

– Maintenant je suis tout à fait convaincu. Il n'y a rien de bien dans le fait d'être végétarien. Il n'y a rien de mal dans le fait de manger de la viande. C'est un conditionnement, c'est relatif, cela vient des coutumes sociales, etc. Je n'ai pas le moindre doute là-dessus.

– Très bien. Si tu n'as pas le moindre doute, la preuve....

– Quelle preuve ?

– Va manger de la viande...

– Oh ! Oui... C'est très facile, maintenant que je suis convaincu...

– Très bien. Va au restaurant... Oublie la viande... Tu peux très facilement trouver des œufs... Prends-en et reviens.

– Oh ! Très facile ! Très facile, dit-il en souriant, c'est ce que je vais faire.

Le soir il revint effondré.

– Qu'y a-t-il ?

– J'ai honte

– Pourquoi as-tu honte ?

– Je n'ai pas pu... J'y suis allé et j'ai commandé une omelette. Je pensais que c'était bien mais dès que j'ai vu l'omelette.... la couleur ! Aussitôt je me suis mis à trembler. Je me suis dit : « Qu'est-ce que c'est ? C'est comme des pommes de terre. Pourquoi je tremble ? Ce n'est rien. » Je raisonnai un moment. Le tremblement disparut. Je pris le plat et j'essayai de le toucher... Aussitôt le tremblement réapparut. Qu'est-ce que c'est ? Pure superstition. J'ai appris, j'ai trouvé... Ce n'est qu'un type de nourriture... Mais dès que je portais les yeux...

– Voici que tu es encore rempli de préjugés, que tu distingues encore entre cette nourriture-ci et celle-là...

– Oui, oui... Dès que j'ai mis un morceau dans ma bouche, je me suis mis à vomir... Je n'ai pas pu.

– Tu vois : tu as dit que tu as compris... que tu connaissais... Ta connaissance n'est qu'intellectuelle. Tu peux faire des conférences sur le sujet. Mais regarde ce que tu ressens... regarde l'inertie de tes habitudes physiques...

– Oui, je vois... mais je dois surmonter cela.

– Oui, essaye.

De nouveau, un autre jour, il y alla. Et il revint.

– Non, je n'ai pas pu... je n'ai pas pu encore...

Et plus tard :

– Ça y est, aujourd'hui, j'ai pu manger sans être perturbé d'aucune façon, ni intellectuellement, ni émotionnellement, ni dans l'action. »

Venkateshvar était originaire de l'Inde du Sud. Il devint lui aussi un des familiers de Svâmiji et prépara sous sa supervision une étude intitulée *Adhyâtmayoga et Psychanalyse* qu'il présenta comme thèse de doctorat en 1929. Puis il retourna dans sa province natale pour y enseigner. Il passa quelque temps en prison pendant la lutte pour l'indépendance et mourut peu de temps après.

Kanhayalal avait d'abord été étudiant au Kashi Vidyapith puis y était revenu pour enseigner en tant que maître-assistant d'économie. Voici la narration des épreuves que Svâmiji lui a fait subir avant de l'accepter :

« A l'époque où j'enseignais au Kashi Vidyapith un étudiant vint me voir en exprimant le désir de suivre le chemin de la vérité.

– Vous voulez suivre le chemin de la vérité mais c'est un chemin très difficile.

A ce moment-là, Svâmiji n'était ni aussi flexible ni aussi généreux qu'il l'est devenu aujourd'hui. Il lui dit de manière abrupte :

– C'est très difficile... et pour vous ce n'est même pas possible.

– Mais, Svâmiji, je suis tout à fait déterminé à suivre le chemin de la vérité.

– Très bien, mais alors dites-moi si vous êtes un vrai et authentique *brahmacârin* (celui qui mène une vie de chasteté), comme tous vos camarades le racontent ?... Croyez-vous réellement ce qu'ils racontent à votre sujet ?

– Oui, je le crois.

– Pourquoi le croyez-vous ?

– Parce que mes camarades parlent de leurs sensations et de leurs sentiments en ce qui concerne le sexe opposé et cela ne produit en moi aucune réaction. Ils parlent de pollutions nocturnes aussi et je n'en ai pas. Je ne sais pas ce que c'est.

– Alors c'est vrai ? Vous n'avez jamais eu de pollutions nocturnes ?

– Non, jamais... Ils en parlent, mais je ne sais même pas ce que cela veut dire.

– Bon, alors... toutes ces conversations, au sujet des filles, ne produisent aucun trouble en vous ?

– Non, aucun. Je n'ai aucune attirance pour de telles choses.

– Je vois. C'est pourquoi ils disent tous que vous êtes un véritable et authentique *brahmacârin* ?

– Oui... bien que mes compagnons ne le croient pas tout à fait. Certains me traitent même de menteur. Pourtant quand je leur raconte très franchement tout ce que je ressens effectivement, alors ils me croient. Et eux-même reconnaissent que je suis un parfait *brahmâcarin*.

– Et vous avez aussi commencé à le croire ?

– Oui, bien sûr. Quand tout le monde dit que c'est un fait, je dois aussi l'accepter.

– Bien sûr, c'est naturel pour vous. Mais le fait est tout à fait différent.

– Comment cela ?

– La nature a ses propres lois, n'est-ce-pas ? Après un certain âge, après l'adolescence, le besoin sexuel doit apparaître. C'est la loi de la nature... Et vous ne trouvez pas trace d'un tel besoin en vous ?

– Non, pas du tout.

– Alors il faut considérer cette question de deux points de vue... Les véritables caractéristiques d'un *brahmâcarin* ne correspondent pas du tout à la description que vous en faites.

– Comment cela ?

– Parce que ces caractéristiques ont également un aspect mental, or vous êtes très irritable. N'êtes-vous pas très intolérant dans certains domaines ?

– Oh ! Oui, c'est vrai. Plusieurs de mes camarades se plaignent de mon intolérance au mensonge.

– Ah ! Bien ! Cela ne montre-t-il pas que vous êtes intolérant dans votre attitude vis-à-vis des autres ?

– Oui, bien sûr. Je ne peux tolérer aucune fausseté.

– Mais cela ne correspond pas au caractère d'un *brahmâcarin*. Qu'est-ce que cela signifie ? Ainsi que vous le voyez, dans votre cas, il s'agit d'une déviation des lois de la nature. Ce qui peut signifier seulement deux choses : ou bien vous êtes au-dessus des lois de la nature, ce qui veut dire supranormal, ou bien vous êtes anormal. Mais, manifestement, vous ne faites pas partie de la catégorie des gens supranormaux, car vous êtes extrêmement irritable et extrêmement intolérant. Ce ne sont pas des caractéristiques de celui qui est supranormal. Elles indiquent donc que vous êtes anormal.

– Qu'est-ce que cela signifie ?

– Cela signifie qu'il doit y avoir quelque cause cachée derrière tout cela. Cela montre une résistance... un refoulement très grave. Il a dû arriver quelque chose dans votre passé qui vous a fait refouler complètement votre besoin sexuel.

– Est-ce possible ?

– Oui, bien sûr. Il n'y a aucun doute à ce sujet. Car si vous aviez été une personne supranormale, alors il y aurait eu une expression évidente dans votre comportement. Cette extrême sensibilité, cette attitude intolérante, ce caractère colérique... pourquoi tout cela ? Ce ne sont pas les caractéristiques d'une personnalité supranormale. Ce sont les symptômes d'un besoin sexuel refoulé... et même totalement refoulé.

– Est-ce possible ? Je dois alors me libérer de ce refoulement.. Je dois le surmonter.

A la fin, l'ayant trouvé tellement sérieux dans son désir de se libérer, j'ai accepté de l'aider. En même temps, cependant, je le mis en garde sur la difficulté de ce proiet.

– Regardez maintenant. Vous avez un sens extrêmement aigu de la moralité. N'est-ce pas ?

– Oui, oui... c'est vrai.

– Et cela sera le plus grand obstacle à votre progrès.

– Est-ce possible ? Mais pourquoi ?

– Bien sûr, il y a une sorte de moralité... non dans le sens où elle est communément acceptée... celle-là n'a aucune valeur. On considère généralement le sexe comme quelque chose de mal, ce qui en fait n'est pas vrai. C'est une chose de ne pas ressentir le besoin sexuel ou ne pas avoir d'inclination pour cela, c'en est une autre que de le considérer comme quelque chose de mal et en conséquence de le réprimer. Il vous faudra prendre tout ceci en considération.

– Mais...

– Il ne peut pas y avoir de "mais" sur ce point ou alors ce sera trop difficile de poursuivre. Dans ce cas, il vaut peut-être mieux ne pas commencer... car c'est un chemin dangereux.

– Comment ça dangereux ?

– C'est ainsi. C'est très dangereux. On ne peut rien faire tant que ce sens de la moralité... tant que ce jugement de valeur tellement fort persiste.

– Pourquoi ce sens de la moralité ? En quoi peut-il être un obstacle sur le chemin ?

– Parce que la moralité n'a aucun rapport avec la vérité.

– La moralité n'a aucun rapport avec la vérité ?

– Non, aucun. La vérité a sa propre moralité. Mais ce qu'on appelle moralité, généralement, n'a aucun rapport avec la vérité.

– La moralité n'a aucun rapport avec la vérité ?

– Non... pas cette prétendue moralité... Bien sûr, la moralité aussi a une valeur, la vérité elle-même, bien sûr, est morale, mais ce que l'on considère communément comme moralité n'a aucune valeur.

Il était complètement stupéfait.

– Que dois-je faire alors ? demanda-t-il, dans la confusion la plus totale.

– Laisser tomber.

– Non. Je ferai tout ce que vous me demanderez.

– Très bien.

Alors je le soumis à une expérience.

– Prenez cette question de moralité dont vous êtes tellement entiché. Qu'est-ce que c'est que cette moralité ? La moralité comprend des actes bien supérieurs aux actes les plus vertueux que vous pouvez imaginer...

– Est-ce possible ?

– Oui, bien sûr, ...Non seulement des actes les plus vertueux, mais autre chose aussi.

– Quoi d'autre ?

– Elle comprend aussi des actes qui sont bien pires que les actes les plus répréhensibles dont vous pourrez jamais rêver.

– Comment ? Est-ce possible ?

– Oui... Serez-vous capable de le supporter ? C'est très facile d'accepter de vous une image qui correspond à celle d'une personne très vertueuse, mais serez-vous capable d'accepter de vous l'image d'une personne des plus vicieuses, une image que vous ne pouvez même pas concevoir ? Or, en fait les deux vont ensemble. Vous sentez-vous capable d'accepter les deux ?

Pendant un moment, il fut perplexe. Je lui conseillai de réfléchir à la question et de revenir après trois jours, si réellement il voulait affronter une telle épreuve. Après trois jours il revint et dit qu'il était prêt à l'affronter.

– Puisque je ne suis pas en position de porter un jugement là-dessus, dit-il, pourquoi devrais-je m'inquiéter alors que je ne suis même pas conscient de l'image dont il s'agit, la plus vertueuse ou la plus répréhensible qui pourrait m'être révélée, pourquoi en ferais-je tout un drame ?

– Très bien. Dites-moi maintenant quelle est la chose que vous considérez comme la plus répréhensible. Quel est l'acte qui vous paraît le plus horrible, le plus affreux que vous puissiez imaginer ?

– Boire de l'alcool.

– Mais c'est ce que vous voulez faire.

– Quoi ?... Moi ?

– Oui. Quoi d'autre considérez-vous comme abominable ?

– Euh ! C'est boire de l'alcool qui est le plus répugnant.

– Quoi d'autre considérez-vous comme la chose la plus répréhensible ?

– L'adultère ou la fornication... c'est encore plus répréhensible.

– Qu'est-ce que c'est que l'adultère ou la fornication ? Un homme et une femme... se mettent ensemble... et agissent d'une certaine manière. N'est-ce pas cela qu'on appelle adultère ou fornication ?

– Oui. C'est cela qu'on appelle adultère ou fornication. Il n'y a aucun acte qui soit plus atroce que celui-là.

– C'est ce que vous-même vous voulez faire.

– Quoi ? Moi ?

– Oui, bien sûr. Sinon, pourquoi considéreriez-vous que c'est répréhensible ? De plus, quel type de fornication considéreriez-vous comme le plus répréhensible ? Entre un frère et une sœur ?

– Entre un frère et une sœur ?

– Oui... ou entre une mère et son fils ?

– Quoi ? Que dites-vous ?

Il était abasourdi.

– Oui. C'est exactement ce que j'ai dit... C'est exactement ce que je veux dire... Ce désir aussi peut se tenir caché en vous. Je ne veux pas dire qu'il s'y trouve effectivement, mais ce que je veux dire, c'est qu'il est possible qu'il y soit. Serez-vous capable de supporter l'existence d'un tel désir s'il apparaît en vous ?

– Oh !... Impossible ! Horrible ! Comment pourrais-je ?

– Alors, laissez tomber... Restons-en là....Non ? Alors revenez après trois jours.

Après trois jours, il revint et déclara :

– Maintenant je suis prêt. Je suis prêt à faire face à tout ce qui peut se produire. Puisque je ne sais pas ce qui est caché en moi, que puis-je faire d'autre ?

– Vous voilà de nouveau égaré par votre sens de la moralité, lui répondis-je de manière abrupte. Serez-vous capable d'accepter un fait comme rien d'autre qu'un fait ? La question de la moralité ne va-t-elle pas constituer un obstacle ?... N'aurez-vous pas le sentiment que vous êtes perdu ?... ou un sentiment semblable ?

– Je serai capable de faire face à tout ceci, répliqua-t-il d'une voix déterminée.

Quand il fut rendu à ce stade, je lui dis :

– Tout ceci est très bien jusqu'à maintenant, mais vous devrez passer une sorte d'épreuve pour vous qualifier.

– Dites-moi simplement ce que je dois faire et je le ferai. Je suis prêt à faire ce que vous me direz.

– Très bien, alors... Déterminez maintenant le moment précis où vous prendrez vos repas, où vous irez vous coucher... où vous vous lèverez le matin. Ces trois fonctions, manger, se coucher et se lever doivent être complètement régulières et être effectuées selon un horaire précis. Il ne doit pas y avoir le plus petit écart dans cet horaire. Serez-vous capable de vous tenir à cette discipline ?

– Oui, bien sûr, je le ferai.

– Alors, faites-le. Quand cet horaire sera pour vous extrêmement facile à suivre et tout à fait spontané, quand vous n'aurez aucun effort à faire pour atteindre cet objectif, alors seulement vous pourrez revenir ici.

– Mais quand ?

– Il n'est pas question de quand. Quand vous aurez atteint cet objectif, que cela prenne un jour ou deux jours ou une semaine ou des mois ou même une année, quand vous aurez réussi à atteindre ce résultat, alors revenez et dites-le-moi.

« Pendant une année entière, il ne revint pas. Quelquefois je pouvais l'observer à une certaine distance car il habitait sur le même campus, mais il ne vint pas me voir. Quand à la fin il se présenta devant moi, après une année entière, il s'inclina respectueusement.

– Alors ? lui demandai-je.

– Je n'ai pas pu venir plus tôt car vous m'aviez demandé de le faire seulement lorsque j'aurais réussi à respecter l'horaire fixé, sans aucun effort d'aucune sorte... Maintenant, je suis parvenu à le faire... non seulement cela m'est devenu facile et ne me coûte aucun effort mais, en même temps, la totalité de ma vie commence à devenir régulière, toutes mes actions sont devenues régulières.

– Très bien...Alors tout est devenu facile et sans effort ?

– Oui, absolument. Je n'ai plus d'effort à faire maintenant

– Très bien... Maintenant, dites-moi ce que vous voulez.

– Soyez gentil avec moi, maintenant... Je ferai ce que vous me direz.

C'est ainsi que je commencai à m'occuper de lui [1]. »

Pourquoi la sexualité était-elle si refoulée chez Kanhayalal, c'est ce qui apparut au cours des *lyings*, ainsi que Svâmiji l'a raconté plus tard : « Une scène de son enfance...et vous savez qu'en Inde tout ce qui concerne le sexe est tabou... Il avait alors huit ans et avait une belle voix. Il faisait la lecture du *Râmâyana*. Il y avait une voisine. Elle était veuve, elle avait vingt-deux ou vingt-trois ans et elle l'aimait beaucoup. Il allait lui rendre visite et lui faisait la lecture du *Râmâyana*. Un soir, alors qu'il lisait le *Râmâyana*, la jeune femme lui dit : “Oh ! Kanhayalal, veux-tu faire quelque chose pour moi ? Mon corps me fait mal partout. Je vais m'allonger et toi tu vas me masser.” Elle s'allonge et lui dit : “Viens, allonge-toi sur moi et avec tes jambes... vas-y... plus fort.” Et lui

1. Sumangal Prakash, *L'Expérience de l'Unité*.

que sait-il ? Alors, elle lui prend son pénis et le met dans son vagin : "Ah ! Quelle sensation horrible !" Il se dit : "Ce n'est pas bien ! Quel péché !" En fait, par la suite, à l'adolescence, lorsque la sexualité est apparue, ce sentiment est apparu et tout fut refoulé. Il ne sent rien. C'est pourquoi on disait que c'était un *brahmacârin*. Après, dès qu'il s'est débloqué, un tel désir sexuel est apparu ! "Oh ! C'est cela le désir sexuel ?" – "Oui, Kanhayalal, c'est cela le désir sexuel" [1]. »

Kanhayalal est mort en 1930 : « Il avait un tel désir de mourir, raconte Svâmiji, Svâmiji pouvait le voir. Quand Svâmiji vint s'installer à Channa, il apporta de l'argent à Svâmiji. Ce n'était pas son habitude :

– Pourquoi cet argent... ?

– Nous ne savons pas si nous nous reverrons une autre fois.

– Tu sens que tu ne reviendras pas... Pourquoi ?

Il fut quelque peu calmé. Svâmiji apprit quelque temps plus tard qu'il était mort après trois jours de maladie [2]. »

Voici comment Svâmiji annonça sa mort dans une lettre écrite à Yogendra : « Oui, Shri Kanhayalal est mort. De même que vous allez à différents endroits comme Patna, Allahabad, etc., selon les désirs que vous avez, de la même façon l'âme individuelle (*jîva*) va d'une vie à l'autre en fonction de ses désirs. Aussi longtemps que son association avec un corps reste dans des conditions favorables pour la satisfaction de ses désirs, elle reste avec ce corps, mais quand elle réalise qu'elle ne peut placer aucun espoir dans le corps existant, alors elle l'abandonne et en adopte un autre plus favorable et c'est ce qu'on appelle la vie et la mort [3]. »

La rigueur avec laquelle Svâmiji a traité Govardhan ou Kanhayalal n'était pas réservée à ses disciples. Ses proches étaient traités de la même façon. Ainsi, quand sa fille Chinmayee eut deux ou trois ans, Svâmiji ne se montra pas moins exigeant vis-à-vis d'elle :

« Chinmayee se montra très indépendante, raconte Svâmiji. Lorsqu'elle grimpait sur un arbre, on lui demandait :

– Tu veux que je t'aide ?

– Non je veux monter toute seule.

Un jour, alors qu'elle avait quatre ans, les étudiants qui étaient

1. E.11.12.69.
2. N.10.3.73.
3. L.14.1.32.

là l'invitèrent à faire une promenade et elle y alla. A son retour Svâmiji lui dit :

– On t'a dit de ne pas aller au-delà de cette limite. Pourquoi y es-tu allée ?

Elle répondit :

– Je n'y suis pas allée. Ce sont eux qui m'ont appelée.

Chaque fois elle répondait : "Je n'y suis pas allée. Ce sont eux qui m'ont appelée." Elle ne pouvait pas comprendre la différence.

– Très bien, ils t'ont appelée mais c'est toi qui as franchi la limite.

– Non, je n'y suis pas allée. Ce sont eux qui m'ont appelée.

– Pourtant on t'a dit de ne pas aller au-delà de cette limite.

– Oui, c'est ce qu'on m'a dit.

– On te l'a dit ?

– Oui.

– Alors pourquoi y es-tu allée ?

– Mais ils m'ont appelée. Je n'y suis pas allée.

– Pour bien te montrer que ce sont eux qui t'ont appelée mais que c'est toi qui y es allée, tu dois être punie alors.

Mais elle saisit son bâton :

– Non, tu ne peux pas me punir. Je n'y suis pas allée.

Mais il lui dit :

– Tant que tu ne diras pas que tu es allée là-bas, même si ce sont eux qui t'ont appelée et que tu n'aurais pas dû le faire, tu ne seras pas autorisée à rentrer dans la maison.

Alors cette petite fille de quatre ans resta à l'extérieur de la maison. Elle ne faisait que répéter : "Je n'y suis pas allée... je n'y suis pas allée". Toute la nuit, elle resta dehors et sa mère tremblait. En ce temps-là, Svâmiji n'était pas l'homme qu'il est aujourd'hui. Il était si strict, si sévère : "Non, qu'elle reste dehors et toi reste à l'intérieur de la maison." Et à l'aube il dit :

– Alors que sens-tu ? Veux-tu rentrer ?

– Oui !

– Es-tu effectivement allée là-bas ?

– Oui, je suis allée là-bas, mais ce sont eux qui m'ont appelée.

– Oh ! oui, ils t'ont appelée, mais c'est toi qui es allée là-bas... Ils ne t'ont pas emmenée. C'est toi qui y es allée.

– Oui, ils ne m'ont pas emmenée. J'y suis allée.

– Très bien, maintenant tu peux rentrer.

– Oh ! Merci.

Tel était son caractère. Tout ceci pour vous montrer quelle était l'attitude de Svâmiji [1]. »

Les années passées au Kashi Vidyapith sont pour Svâmiji une période de recherche, d'approfondissement et d'expérimentation de « cette nouvelle science » qu'est pour lui la psychanalyse. Il se met d'abord à étudier de manière approfondie les livres de Freud en les annotant tout comme le ferait un étudiant.

Ce travail trouve son aboutissement dans la présentation de la thèse de doctorat, intitulée *Spiritualité et psychanalyse* (*Adhyâtmayoga aur cittavikalana*) soutenue en 1928-1929 par son élève Venkateshvar Sharma âgé de vingt-trois ans. Par ailleurs, il commence à mettre en pratique ce qu'il a compris de sa lecture de Freud et prend en « analyse » ceux de ses élèves qui se montrent intéressés par la connaissance de soi.

Svâmiji s'est toujours beaucoup intéressé à la thèse de Venkateshvar. Il a demandé successivement à deux disciples indiens Sumangal Prakash et Srinivasan d'étudier la possibilité de la faire éditer en anglais en y apportant les modifications nécessaires. Mais ni l'un ni l'autre ne s'y sont particulièrement intéressés. Svâmiji a d'ailleurs lui-même précisé lors d'un entretien avec un disciple français : « Chacun des chapitres a pour ainsi dire été élaboré par Svâmiji d'une certaine façon [2] ! »

Cet ouvrage est intéressant à plusieurs titres :

1. Il nous donne d'abord une idée de la manière dont Svâmiji percevait les choses dans les années 1928-1929 alors que nous n'avons que très peu de renseignements sur cette période de sa vie.

2. Puis le texte établit un parallèle entre les approches traditionnelles indiennes et les analyses freudiennes. Toutes les citations sanskrites sont significatives d'autant que ce sont les mêmes que Svâmiji continuera de citer par la suite. La plupart viennent du *Yogavâsistha*, texte que Svâmiji a toujours tenu en haute estime, et témoignent de l'étendue de la culture de Svâmiji en ce domaine. On y trouve également des références aux *Yogasûtra* de Patañjali, au *Sâṃkhya* de Iśvakṛṣna, aux *Upaniṣad* bien entendu, aux *Tantra* ainsi qu'au poète et dramaturge Kâlidâsa. Par contre, on constate déjà l'absence de références au *Vedânta* classique, à Sañkarâcârya, aux systèmes philosophiques indiens Nyâya, Mîmâmsâ, etc.

1. E.1963.
2. E.13.1.64.

3. La référence essentielle reste toujours la science. En effet la psychanalyse au même titre que les *Upaniṣad* est considérée comme « une science ». Les auteurs parlent de « l'approche scientifique des rishis »... Scientifique est bien entendu utilisé au sens où l'entend Svâmiji, c'est-à-dire « conforme à la vérité... à ce qui est ».

4. Par contre la présentation des théories freudiennes, tout en étant précise, paraît souvent excessivement enthousiaste. Les termes freudiens sont rapprochés de leurs équivalents sanskrits (*kâma* est la libido, *pratyâhâra* est la régression, *citta* est l'inconscient, etc.). Les thèses de Freud sont acceptées sans réserve ni critique. Faut-il attribuer cet enthousiasme qui nous paraît aujourd'hui dépassé à Venkateshvar ou à Svâmiji ? Certes c'est Venkateshvar qui a rédigé la majeure partie de l'ouvrage, hormis les trois chapitres écrits par Svâmiji, et on y reconnaît un style un peu gauche et naïf explicable peut-être en partie par le fait qu'il n'avait que vingt-trois ans à l'époque. Il n'en reste pas moins que le texte a été supervisé par Svâmiji et les vues qui y sont exprimées reflètent sans aucun doute sa manière de voir les choses à l'époque.

5. Le texte de Venkateshvar forme en quelque sorte « le creuset » de la plupart des idées, des prises de position de Svâmiji sur les sujets les plus divers et qu'il développera plus amplement par la suite. On y trouve ainsi la majeure partie des versets sanskrits cités par Svâmiji, les exemples tirés de la vie courante, les histoires venant des textes traditionnels indiens. Les idées qu'il exprimera ultérieurement sur la vie, la société, l'Occident, l'Inde, la non-violence, s'y trouvent déjà présentes.

Certes Svâmiji va changer et évoluer. Il affinera et développera certaines formulations, en éliminera d'autres. Sa pensée ne procède pas en contestant, en rejetant ou en s'opposant, mais par un processus plus subtil. Le plus souvent, il change le sens des termes et en élargit la portée, processus qui s'apparente à une digestion et à une assimilation.

La conclusion qui a pour sous-titre : « Connais-toi toi-même, accepte et sois cela » a été entièrement rédigée par Svâmiji. En voici quelques passages significatifs :

« D'un point de vue spirituel, on verra qu'en raison de la séquence constante et inséparable de l'action-réaction, une action ou un progrès sont immédiatement annihilés par une réaction sous forme de régression. Ce qui en résulte, c'est qu'il ne reste éternellement que l'Un, Calme, Absolu, Au-delà de la dualité de la progression et de la régression.

« Le seul moyen de se libérer de cette peur est d'accepter de devenir soi-même, de s'établir ainsi dans sa nature véritable, d'agir conformément à celle-ci. C'est transcender et satisfaire sa nature en donnant une expression adéquate à ses besoins. C'est pourquoi on dit : "L'état naturel est le meilleur qui soit[1]." »

« Mais avant d'accepter quoi que ce soit, il est nécessaire de le connaître. Par conséquent, avant d'accepter et de s'établir dans sa propre nature, il est nécessaire de la connaître complètement. Se connaître complètement est l'obligation première et principale à la fois du point de vue spirituel et temporel. C'est pourquoi le seul et unique enseignement des rishis des *Upaniṣad* est : "Connais, connais-toi toi-même" : "Connais le Soi[2]"... »

« Ainsi pour ceux qui n'ont pas surmonté leur dispersion mentale et dont le détachement n'est pas suffisamment fort, Freud est plus approprié.

La contribution de Freud dans ce domaine est l'établissement, sur une base scientifique solide, d'une partie de ce que voyants, penseurs et hommes accomplis réalisent fondamentalement dans des conditions particulières.

Grâce aux découvertes de Freud, la première phase de la discipline spirituelle devient facile : notre véritable nature nous est révélée et aucun obstacle artificiel ne se trouve plus en travers du chemin de l'acceptation. Le mental est ainsi à même d'abandonner la dispersion et de se concentrer. Dans le langage des *Yogasûtra*[3] de Patañjali, il devient un initié, un disciple méritant. Il peut alors accéder au deuxième stade de la voie spirituelle.

Les difficultés ne manquent pas dans le processus psychanalytique. L'analyste doit avoir la capacité inestimable d'accepter de manière impartiale toutes les émotions exprimées par un individu, parce que l'instrument principal de l'analyse est la relation directe, à cœur ouvert et intime entre l'analyste et le patient. Celle-ci trouve son point d'aboutissement dans le transfert. Si l'analyste est incapable de neutralité et s'il reste sous l'emprise d'une mentalité étriquée, qui lui fait rechercher le plaisir, des relations sexuelles illicites sont inévitables. C'est pourquoi l'analyste doit posséder certaines des qualités des gurus ou des maîtres des *Upaniṣad.* »

1. Uttamâ sahajâvasthâ. Source non trouvée.
2. Atmâ vâre vijijñâsva. Source non trouvée.
3. Atha yogânusânam (*Yogasûtra*, 1.1).

Chapitre IX

Installation à Channa

En septembre 1930, Svâmiji fut appelé d'urgence à Calcutta au chevet de Nirâlamba Svâmi qui se mourait d'une gangrène suite à une blessure mal soignée à la jambe. Une vingtaine de jours après sa mort, de retour à Bénarès, Svâmiji écrit à Yogendra Narain :

« La raison pour laquelle je vous ai déconseillé de venir maintenant me rejoindre ici (à Bénarès) est la suivante :

Le 5 septembre 1930, Paramahansa Svâmi s'est immergé dans le Soi. Vous savez quelle était ma relation avec lui. En raison de sa mort, des dispositions sont sur le point d'être prises en ce qui concerne l'ashram : je serai, selon toute vraisemblance, chargé de la responsabilité d'assurer sa conservation, etc. Lettres et requêtes affluent de la part des gens de cette région. Même au moment de sa mort à Calcutta, j'ai été sollicité et de nombreuses demandes m'ont été adressées. A l'ashram ses cendres ont été enchâssées dans un *samâdhi*. Dans quelques jours, tous ses disciples et fidèles vont se réunir. Je serai présent à cette occasion. Après cela, il est à peu près certain que je vais quitter Bénarès et m'établir à Channa. Dans ces circonstances, alors que tout est encore incertain, le moment ne m'a pas paru opportun pour que vous autres veniez ici. Attendez que tout soit réglé. La venue de Shaila [1] doit également être reportée. Quand tout sera réglé, Shaila pourra venir là où Mâ s'installera. Si mon installation à l'ashram est confirmée, il faudra que vous preniez la responsabilité de Mâ. Vous serez informé le moment opportun. »

Cette lettre est suivie d'une autre datée du 22 octobre 1930, dans

1. Epouse de Yogendra.

laquelle Svâmiji écrit de Channa : « Suis arrivé ici hier » et qui annonce son installation à Channa.

1. ***Raisons et circonstances de la décision.***

On peut se demander pourquoi Yogeshvar a accepté de prendre la place de son guru à l'ashram Channa. Qu'est-ce qui l'a conduit à prendre cette décision alors qu'apparemment Nirâlamba Svâmi ne lui a rien demandé de tel ? Cette question a été abordée de manière indirecte lors d'un de mes entretiens avec Svâmiji en 1970 :

« Après la mort de Chinmayee[1], Svâmiji se rendit un jour à l'ashram et en s'approchant vit de loin une silhouette la tête inclinée sur ses genoux repliés. C'était Nirâlamba Svâmi. Svâmiji fut surpris :

– Que se passe-t-il ?

– Assieds-toi, je vais te le dire, répondit Nirâlamba Svâmi. Je n'ai pas mangé depuis six jours.

Il n'y avait personne pour prendre soin de lui. Des gens devaient bien lui apporter de la nourriture du village voisin, mais ils ne le faisaient pas ou bien Nirâlamba Svâmi ne mangeait pas parce qu'il ne prenait aucun soin de lui-même et était très irrégulier dans ses habitudes de vie. Aussi Svâmiji prit-il soin de lui, lui prépara ses repas à heures régulières et le força à manger. Alors Svâmiji lui dit :

– Venez avec moi à Bénarès.

– Non, toi viens ici.

– Très bien, je viendrai à tout moment où vous me le demanderez.

Mais Nirâlamba Svâmi ne l'a jamais demandé. Bientôt, il fut emmené à Calcutta, car, faute de soins appropriés, ses jambes s'étaient gangrenées. Prévenu par télégramme, Svâmiji se rendit immédiatement à Calcutta. Nirâlamba Svâmi était dans le coma. Quelqu'un dit : "Yogeshvar est arrivé". Nirâlamba Svâmi leva les yeux et sa main en signe de reconnaissance et mourut. Alors Svâmiji prit en charge l'ashram à la demande générale[2]. »

Certes, ce sont les disciples et fidèles de Nirâlamba qui ont demandé à Svâmiji de venir prendre la place de Nirâlamba, mais

1. La femme de Nirâlamba Svâmi.
2. E.13.4.70.

pourquoi a-t-il cédé à leurs sollicitations ? A la question que je lui posai : « Nirâlamba avait-il d'autres disciples ? Et que sont-ils devenus ? » Svâmiji me répondit laconiquement : « Oh, oui. Il avait un très grand nombre de disciples... tous sans valeur[1]. »

Si ce n'est pas la qualité des disciples de Nirâlamba Svâmi, ce n'était pas non plus la qualité de l'environnement qui a décidé Svâmiji. Channa était un endroit isolé, au plus profond de l'Inde rurale, pratiquement coupé de toute civilisation. Quelques arpents de terres, deux ou trois cases en terre battue pouvant difficilement loger deux ou trois couples de visiteurs, un approvisionnement difficile en aliments de première nécessité. Y avait-il une raison quelconque de préserver cet endroit ? Ni Nirâlamba Svâmi, ni son maître Soham Svâmi, ni le maître de celui-ci Tibatti Baba, ne s'étaient montrés soucieux de préserver la continuité de leur enseignement.

Faut-il en chercher la raison dans la relation particulière entre Svâmiji et Nirâlamba Svâmi ? Pour tenter de répondre à cette question peut-être faut-il essayer de voir qui était Nirâlamba Svâmi.

Nirâlamba Svâmi avait treize ans de plus que Yogeshvar. Il était né d'une famille brahmane du village Channa, situé à environ cinq kilomètres de la station de chemin de fer la plus proche, Khana Junction, dans le district de Burdwan, dans la partie occidentale du Bengale. Voici comment Svâmiji racontait sa vie : « Son nom était Jyotindranath Banerjee. Après avoir terminé ses études, lorsque le mouvement nationaliste indien se développa, il en vint à la conclusion que les Indiens pour s'opposer aux Britanniques devaient organiser une armée. Mais à cette époque les Bengalis ne pouvaient entrer dans l'armée, car ils étaient considérés comme trop intellectuels et indisciplinés : les Anglais les avaient qualifiés de "race non martiale". Il essaya de s'engager mais se heurta à un mur. Il changea de nom et se fit appeler Jyotindra Upadhyay, ce qui n'était pas un nom bengali. Il apprit que le Mahârâja de Baroda avait un secrétaire privé originaire du Bengale et que celui-ci pourrait éventuellement l'aider à obtenir une formation militaire. Ce secrétaire était Aurobindo Ghosh, le futur fondateur de l'ashram Aurobindo à Pondichéry, qu'il rencontra et qu'il convertit à ses idées nationalistes. Celui-ci l'appelait Frère Aîné (*Bhauda*). Jyotindranath s'engagea dans l'armée. D'abord dans l'infanterie,

1. E.13.4.70.

puis dans la cavalerie. Il revint alors à Calcutta pour y organiser la résistance contre la domination britannique.

Il avait pris l'habitude de faire du cheval tous les matins sur le Maidan, ce qui impressionnait beaucoup la foule de ceux qui le voyaient. Aurobindo lui dépêcha alors son jeune frère pour l'assister. Mais ils furent en désaccord. Bientôt il perdit ses illusions car les jeunes gens dont il était entouré transformèrent le mouvement en organisation terroriste et il n'approuvait pas cette orientation. Ses fonctions l'avaient amené à beaucoup voyager. Il était allé partout au Penjab, dans les Himalaya... C'est à Nainital qu'il rencontra Soham Svâmi qui devint son guru et lui conféra l'initiation au *saṃnyâsa*.

Au cours de ses déplacements il était constamment suivi par la police qui le considérait comme un dangereux terroriste et le soupçonnait, sous le couvert d'habits de *saṃnyâsin*, de poursuivre ses activités révolutionnaires et de préparer des attentats.

Sa mère apprit qu'il s'était fixé à Nainital. Elle écrivit à Soham Svâmi pour lui dire que c'était son fils unique, qu'elle acceptait maintenant qu'il vive comme il l'entendait mais qu'elle souhaiterait qu'il s'installe près de chez elle pour qu'elle puisse le voir de temps en temps. C'est ainsi que Nirâlamba Svâmi vint à Channa. Il s'installa près du temple où se trouve actuellement le sanctuaire de Kamalakantha, à faible distance de l'emplacement de l'ashram actuel. Sa femme lui apportait de la nourriture tous les jours. En fin de compte les propriétaires terriens (*zamindar*) de Channa lui offrirent un peu de terrain sur lequel l'ashram actuel a été construit. Sa femme devient *saṃnyâsinî* et y séjourna avec lui.

« Avait-il des relations sexuelles avec elle ? demandai-je.

– Oui, jusqu'à la fin. Il était très strict en matière de discipline. Sa femme voulut garder quelques vaches et il lui dit : "Elles vont s'échapper et iront manger dans les champs du voisin". Elle répondit : "Je veillerai à ce que cela ne se produise pas." Mais cela se produisit. Le voisin vint se plaindre. Il fit appeler sa femme. Elle admit sa négligence. Il la réprimanda en présence des autres. C'était une femme très sensible. Elle en fut très affectée, se retira dans sa case et quelques jours après mourut. Du moins c'est ainsi qu'on a rapporté la chose à Svâmiji.

– Etait-elle une femme réalisée ?

– Elle a fait de très gros efforts. Mais on ne peut pas dire une chose pareille. Non.

– Et Nirâlamba Svâmi était-il réalisé ?

– Il y avait trois personnes réalisées : Soham Svâmi, Tibatti Baba le maître de Soham et Nirâlamba Svâmi [1]. »

Pourtant dans un autre entretien, Svâmiji nuança cette prise de position :

« Svâmiji a connu un sage (se référant manifestement à Nirâlamba Svâmi). Il avait un besoin sexuel pratiquement jusqu'à la fin de sa vie.

Interloqué, je demandai :

– Mais quelle est l'origine des désirs sexuels ?

– Cela vient de l'individualisme.

– Mais un sage n'est-il pas quelqu'un qui est un avec tout ?

– Oui, certainement.

– Alors comment un sage peut-il avoir un besoin sexuel ?

– C'est qu'il est un avec.

– Très bien, répliquai-je, ne voulant pas lâcher prise. Ce besoin sexuel montre qu'il était en proie à l'individualisme, à la conscience d'être séparé, comment peut-on l'appeler un sage, alors ?

– Ce besoin était un héritage du passé. Et il y a tant de stades différents. Voyez un millionnaire. S'il possède un dollar de moins, est-il encore un millionnaire ?

– Certainement.

– C'est la même chose ici. Dans les *Upaniṣad* on distingue le connaisseur de *brahman* (*brahmavid*), le bon connaisseur de brahman (*brahmavara*), le meilleur connaisseur de *brahman* (*brahmavaryam*) et enfin l'excellent connaisseur de brahman (*brahmavariṣṭha*).

– Pourtant, insistai-je, dire *brahmavid* implique un connaisseur qui serait séparé de *brahman*. Si bien que la description donnée par les *Upaniṣad* s'applique à des stades relatifs mais non à la vraie connaissance.

– Oui, effectivement : "Connaître c'est être (*brahmavid, brahma-eva-asti*). Par conséquent seul l'excellent connaisseur de *brahman* (*brahmavariṣṭha*) est *brahman* [2]. »

Quelques jours plus tard, Svâmi Prajñânpad précise : « Nirâlamba Svâmi n'était pas un *brahmavariṣṭha*. Il avait trop d'inertie dans ses habitudes physiques. Le besoin sexuel apparaît et aussitôt il va le satisfaire sans aucune restriction [3]. » Un autre jour, il

1. E.13.4.70.
2. E.13.4.70.
3. E.9.5.70.

dit : « Nirâlamba n'observait aucune régularité. Il ne mangeait que lorsqu'il avait faim. Il disait : "Vous êtes comme Soham Svâmi, discipline et régularité." Une fois, alors qu'il séjournait avec Soham Svâmi, il s'enfuit : "Je ne peux pas supporter la discipline [1]". »

A un autre disciple français, Svâmiji raconte des détails supplémentaires sur la vie de Nirâlamba Svâmi : « C'était un fils unique. Très attiré par sa mère et pas du tout réconcilié avec son père, c'est pourquoi pas libre du tout de la sexualité... Il n'en était que partiellement libre, parce que l'inconscient était encore présent. Mais grâce à son extraordinaire puissance intellectuelle, il a pu atteindre (la réalisation). Mais l'inconscient fonctionnait. On ne peut pas dire que c'était une vie entière et complète. Mais il a réalisé sans aucun doute tout. Mais parfois dans la vie ordinaire, son comportement était ainsi, il avait des réactions... Et c'est ce qui se produit habituellement. Une vie entière et complète est très rare. Et d'une certaine façon il enviait Svâmiji. Il avait coutume de dire : "Oh ! Soham Svâmi était un homme qui avait tout expérimenté ! Il était complet ! Il a tout fait dans sa vie et a joui de tout !"

Soham Svâmi était un homme très courageux. Il fut le premier Indien qui ait formé une troupe de cirque et là il jouait avec des tigres vivants, à mains nues, sans aucune torche (à la main), sans rien du tout. Et comment faisait-il pour jouer ? Soham Svâmi racontait ensuite à tout le monde : "Voyez-vous, ces animaux adorent jouer. Ils ont la passion de jouer. Mais leur faim doit d'abord être satisfaite." Et quand le tigre était rassasié, il jouait avec lui. Puis il prenait un enfant de deux ou trois ans, le mettait dans la cage et le tigre jouait avec lui pendant quelque temps puis il le faisait ressortir. C'était un homme audacieux et complètement libre. Et aussi, tellement méthodique ! C'est pourquoi Nirâlamba Svâmi disait à Svâmiji : "Oh, vous êtes comme Soham Svâmi. Cette méthode... cette rigueur". C'était une chose qui lui était étrangère. Pas de méthode, rien de la sorte. Ce qui lui plaît, il le fait. Un point c'est tout. Aucune méthode [2]... »

On connaît peu d'autres choses sur ce Soham Svâmi. Svâmiji racontait également que Soham Svâmi écrivit de nombreux livres en vers bengalis et un livre en vers anglais. Nirâlamba Svâmi aurait

1. E.23.3.72.
2. E.9.2.66.

écrit une introduction en prose à ce dernier livre. Malgré nos recherches nous n'avons pu les retrouver.

Par contre, ce qui est remarquable dans les relations entre Nirâlamba Svâmi et Svâmiji c'est l'opposition, le contraste marqué de leurs deux caractères et le respect réciproque de leur différence respective qui ressort pratiquement chaque fois qu'ils se trouvent en présence l'un de l'autre :

« Un jour Nirâlamba Svâmi fut invité à assister à une rencontre dans un ashram de Vedânta et il emmena Svâmiji avec lui. La nourriture fut servie et Nirâlamba Svâmi plaça Svâmiji à ses côtés. Chaque fois que des œufs, de la viande, du poisson, étaient présentés, il faisait signe au serveur de ne pas en mettre dans le plat de Svâmiji. Alors un propriétaire terrien (*zamindar*) ayant remarqué la manœuvre dit d'un ton persifleur :

– Ce jeune homme n'est-il donc pas resté quelque temps avec vous [1] ?

– Oui.

– Alors pourquoi a-t-il encore de tels *saṃskâra* en ce qui concerne la viande ?

Nirâlamba Svâmi le remit à sa place :

– Ne parlez pas de ce que vous ne comprenez pas [2]. »

Cette histoire est à rapprocher d'un incident qui a dû se produire au cours de la même période et que Svâmiji raconte dans une de ses lettres : « Un jour, j'ai eu l'occasion de séjourner dans un ashram védantin. *So'ham* (litt. je suis Cela) était le sujet de la discussion. J'observais encore à l'époque la tradition brahmanique : je portais le cordon sacré, j'observais le rituel d'avaler une gorgée d'eau, je laissais dans mon plat un peu de nourriture car telle était la règle. Quelqu'un assis près de moi me demanda :

– Pourquoi avez-vous laissé la nourriture sans la manger ?

– C'est la règle : quelque chose doit être laissé aux insectes, fourmis, etc., pour qu'ils puissent se nourrir.

De nouveau il questionne :

– Que voulez-vous dire ? Vous êtes tous *So'ham*, à qui allez-vous laisser cela ? Y a-t-il un autre ? »

Et Svâmiji de dénoncer près de trente ans plus tard l'erreur de

1. Question qui laisse supposer que cet événement s'est produit tout au début de la rencontre avec Nirâlamba Svâmi en 1921.

2. E.13.4.70.

son interlocuteur qui cherche à transposer sur le plan de la réalité empirique une formule de sagesse qu'il a entendu prononcer sans en comprendre le sens véritable car il n'en a pas fait lui-même l'expérience directe : « Quel type de *So'ham* est-ce là ? Où est donc son erreur [1] ? »

Nirâlamba Svâmi était à la fois respecté et craint par les gens du voisinage. Physiquement il était très fort et il s'emportait facilement. En colère, il n'épargnait personne et pouvait se mettre à frapper les gens. Il ne se restreignait ni dans l'expression de ses désirs ni de ses impulsions. Il mangeait ce qu'il aimait, à l'heure qui lui convenait et avait des relations sexuelles quand bon lui semblait. Il était toutefois très strict en matière de discipline pour les autres, chaque fois qu'il n'était pas lui-même concerné ; on l'a déjà vu à propos de sa femme lorsque celle-ci avait souhaité garder des vaches à l'ashram.

La parole de Nirâlamba Svâmi avait force de loi et personne n'osait lui désobéir. Il était très respecté. Avec son passé révolutionnaire et sa force physique, il était craint même de l'administration locale, bien que jusqu'à la fin de sa vie il ait été placé sous la surveillance constante des services secrets qui suivaient tous ses déplacements ainsi que les allées et venues de tous ceux qui venaient lui rendre visite.

C'était, comme on le voit, tout le contraire de Svâmi Prajñânpad. Et lorsque celui-ci vint s'installer à Channa, il fallut un certain temps pour que les gens du voisinage s'habituent au comportement si différent de Svâmiji.

De nombreux disciples se sont demandés si Nirâlamba Svâmi pouvait être considéré comme le guru de Svâmiji. Il n'y a pas de doute que Svâmiji considérait Nirâlamba Svâmi comme son guru. C'est Nirâlamba Svâmi qui lui a conféré l'initiation dans le *saṃnyâsa* et qu'il venait consulter à chaque fois qu'il devait prendre une décision importante. Svâmiji a toujours traité Nirâlamba avec respect et révérence et d'une manière générale prenait soin de lui comme un disciple. Mais Nirâlamba le traitait d'égal à égal. Cependant, indépendamment des trois réponses rapportées plus haut aux questions posées par Yogeshvar tout au début de leur rencontre, Svâmiji n'a jamais fait état d'aucune autre connaissance qu'il aurait obtenue de lui. Svâmiji a tout trouvé et obtenu par lui-même sans qu'on puisse parler de continuité dans la transmission.

1. L.15.11.11.

Ce n'est donc pas pour assurer la continuité de l'ashram que Svâmiji a accepté la requête des disciples de s'y installer. Sa décision s'explique probablement par la situation nouvelle dans laquelle il se trouvait au Kashi Vidyapith : Govardhan, le disciple le plus dévoué, était mort ; Satyanarain, le plus jeune, était parti en Europe ; Kanhayalal était en prison ; Shukadeva s'était installé à Allahabad. Quant à Anasûya Devi c'est peut-être à cette époque qu'elle a commencé à se sentir malheureuse. Anasûya n'avait que vingt-trois ans en 1930 et on peut se demander si la vie de discipline qui lui était imposée lui était tolérable. C'était un sujet de discussion parmi les étudiants de Kashi Vidyapith. Anasûya fréquentait librement les jeunes gens qui fourmillaient dans le Kashi Vidyapith sans faire l'objet d'aucune surveillance. Yogeshvar se montrait très libéral d'après Sumangal Prakash qui se trouvait au Kashi Vidyapith à cette époque. Il semble bien que Yogeshvar ait envisagé la possibilité d'un remariage d'Anasûya Devi si un parti convenable pouvait être trouvé. Mais cette idée dut être abandonnée en raison de l'opposition farouche d'Anasûya à ce projet. Prendre en charge l'ashram Channa n'était-il pas le moyen de revêtir l'habit couleur safran (*geruâ*) et montrer de nouveau à Anasûya d'une manière aussi explicite que possible qu'elle n'avait rien à attendre de Svâmiji ?

Le Kashi Vidyapith également était en crise. Le développement de la lutte pour l'indépendance avait eu pour résultat la fermeture du Vidyapith car la plupart des étudiants et des professeurs avaient été mis en prison vers le milieu de l'année 1930.

Tous ces facteurs ont dû influencer la décision de Svâmiji de quitter le Vidyapith pour s'installer à Channa. C'était un endroit calme, retiré en plein champ, non loin du village de Channa et sur les bords d'une rivière. Quelques cases, au milieu d'un bosquet d'arbres, délimité par un fossé autour duquel étaient plantés quelques buissons et des arbres en guise d'enclos. Il y avait un jardin où des fleurs étaient cultivées par le serviteur de l'ashram, Renu, jeune homme appartenant à une caste considérée comme intouchable. Son travail consistait à servir Svâmiji, préparer les repas, s'occuper du jardin et des vaches.

Les revenus de l'ashram venaient non seulement du fermage des terres données par le propriétaire terrien du village Channa à Nirâlamba Svâmi, mais également des terres, achetées par Yogeshvar lorsqu'il avait voulu créer une école, qu'il avait mises à disposition de Nirâlamba Svâmi et qui étaient restées à son nom. Les fermages reçus par Nirâlamba Svâmi de l'ensemble des terres étaient suffisants pour nourrir Nirâlamba et sa femme.

Les besoins de Svâmi Prajñânpad étaient beaucoup plus simples que ceux de Nirâlamba qui appréciait des nourritures plus substantielles et n'hésitait pas à faire tuer une chèvre qui s'égarait sur les terres de l'ashram.

Il a fallu plus de six semaines à Svâmiji après la mort de Svâmi Nirâlamba pour s'installer à Channa. Il convient de noter que, dans sa lettre à Yogendra, Svâmiji écrit : « Il faudra que vous autres preniez la responsabilité de Mâ. » Vous autres, désignant non seulement Yogendra et sa famille, mais l'ensemble des disciples et plus précisément tous ceux qui avaient reçu quelque chose de Svâmiji. Il ne fait plus alors mention de son frère aîné qui jusque-là avait joué un rôle si important dans ses relations avec Mâ.

Nirâlamba Svâmi est mort à Baranagar, une banlieue de Calcutta, dans la maison de Bijoy Basak, le jeune frère de Sashi Basak, l'homme d'affaires de Calcutta qui avait prêté, une dizaine d'années auparavant, un millier de roupies à Svâmiji pour l'acquisition de terres. Ce frère aîné qui aimait beaucoup Svâmiji était mort quelques années plus tard et le frère cadet avait repris son affaire de produits pharmaceutiques. Très lié à Paresh, il avait confié à celui-ci la direction de l'affaire. Après le mariage de Yogeshvar, Paresh avait décidé de ne pas se marier mais s'était toujours senti responsable de la jeune femme que Yogeshvar avait dû à la fois épouser et négliger. Probablement sous l'influence de son frère aîné et de Paresh, Bijoy Basak avait commencé à s'intéresser également à Svâmiji et le consultait souvent pour lui demander des conseils. C'est pourquoi, à la mort de Nirâlamba Svâmi, il fut l'un des plus ardents partisans de l'installation de Svâmiji à Channa. Aussi la question qui préoccupait Svâmiji concernant l'avenir de Mâ fut-elle considérée par l'ensemble des disciples.

Le frère aîné de Svâmiji, Sejda, n'a certainement pas dû manquer de proposer à Svâmiji de prendre chez lui Mâ et Chinmayee mais cette proposition ne pouvait être agréée, ni par Svâmiji, ni par Anasûya. Svâmiji ne voulait pas imposer à son frère une charge supplémentaire d'autant plus qu'Anasûya ne s'était jamais sentie heureuse ou à l'aise avec sa belle-sœur.

C'est alors que Bijoy proposa de surélever les locaux qui servaient de siège social à sa société. Au rez-de-chaussée se trouvait l'unité de production, au premier étage les bureaux et l'appartement de Paresh, au troisième étage trois pièces et une terrasse seraient attribuées à Anasûya et à Chinmayee ; une quatrième pièce serait réservée à Svâmiji pour qu'il puisse y loger lors de ses visites. Svâmiji a certainement dû prendre ainsi toutes les dispositions nécessaires avant d'accepter de venir s'installer à Channa pour qu'Anasûya ne connaisse pas de difficultés financières et que l'enfant ne souffre pas de la rupture des liens familiaux. Dépendre financièrement de Paresh était tout à fait acceptable aussi bien pour Svâmiji que pour Anasûya en raison de leurs relations passées et aussi parce qu'Anasûya le considérait comme son propre frère. On sait que Svâmiji était très préoccupé que Chinmayee puisse mener la vie la plus normale possible.

« Un jour, raconte celle-ci, l'école où j'allais à Calcutta avait organisé un voyage en Inde du Sud. Pour y participer, chaque élève devait verser quarante roupies, somme qui me paraissait prohibitive. Mais mon désir d'y participer était si fort que j'écrivis à mon père. Et à ma grande joie, je reçus un virement postal de soixante roupies. »

Le deuxième incident eut lieu quelques années plus tard lorsqu'elle vivait dans une résidence d'étudiants. Les frais de séjour – pour une raison qu'elle ignorait – n'avaient pas été réglés depuis deux mois. Peu de temps après, pendant la période des congés, elle alla rendre visite à son père à l'ashram. Elle s'était sentie si humiliée du non-paiement de sa pension qu'elle refusa de retourner à la résidence des étudiants à la fin des vacances. Ayant trouvé la raison du retard, Svâmiji se chargea de régler directement les frais lui-même.

2. *De l'idéalisme au sahaja samâdhi.*

Nirâlamba Svâmi était tout à fait à l'opposé de Yogeshvar. Non seulement il avait de forts désirs sexuels et appréciait la bonne nourriture, mais depuis son enfance, d'après tout ce que l'on sait de lui, il avait toujours manifesté ce qu'il est convenu d'appeler une forte personnalité qui s'exprimait par une gaieté tonitruante et bruyante et qui devenait facilement agressive. Devenu *saṃnyâsin*, son tempérament ne semble pas avoir beaucoup changé. La différence entre Svâmi Nirâlamba et Svâmi Prajñânpad à l'époque où il s'installa à Channa, surtout pour ce qui est du comportement extérieur, devint évidente aux yeux de tous les disciples, les fidèles ou les personnes en relation avec l'ashram.

Autant Svâmiji avait des habitudes de vie régulières, autant Nirâlamba Svâmi était irrégulier. Les repas de Svâmiji étaient très simples, même s'il ne menait pas une vie ostensiblement austère, et on ne le voyait pas se mettre en colère comme Nirâlamba Svâmi.

La différence fondamentale, autant qu'on puisse en juger, tenait essentiellement aux tendances idéalistes de Svâmiji. Depuis son plus jeune âge, il avait montré un sens très élevé de la dignité humaine, une absence d'inclination à chercher du plaisir ou des satisfactions au détriment d'autrui, une absence totale d'avidité. Il ne voulait jamais rien pour lui et préférait se dévouer au service des autres plutôt que de se limiter au cercle d'une vie familiale. Il exprimait un amour naturel et spontané envers les autres sans la moindre discrimination.

L'idéalisme de Svâmiji s'exprimait essentiellement par les obligations qu'il s'imposait à lui-même et aux autres dans la recherche spirituelle. Ainsi lorsque Svâmiji parlait du garçon ou du jeune homme qu'il avait été et des erreurs que celui-ci avait pu commettre, il en attribuait la cause à « son idéalisme ». Qu'entendait-il par là ?

Selon les définitions qu'il a données à d'autres disciples, l'idéalisme c'est « le refus de la vie [1] » ou encore « le refus de ce qui est [2]. »

Sumangal Prakash raconte qu'en 1939, lors d'une visite de Svâmiji à Patna, celui-ci, au cours d'un entretien, lui dit qu'il était tout à fait naturel de se sentir identifié au nom donné par les parents et que si ce nom était trop idéaliste on risquait de ressentir un sentiment d'infériorité du fait de ne pas se trouver à la hauteur. En guise d'illustration, il donna l'exemple de Chinmayee [3] qui avait dû souffrir parce que son père, trop idéaliste à ce moment-là, lui avait donné un nom avec des implications spirituelles élevées.

Que Yogeshvar ait été encore sous l'emprise de son idéalisme à cette époque est indiqué par une lettre envoyée à Yogendra en avril 1927 : « Imiter n'est pas bon. Le chemin véritable consiste à garder un idéal devant soi et à aller de l'avant en fonction des circonstances pour atteindre cet idéal. » Mais quelques années plus tard, après son installation à Channa, le mot « idéal » ainsi que toutes les notions qui s'y trouvent associées ont pratiquement disparu de son vocabulaire. Cependant, dans une autre lettre, toujours adressée au même Yogendra en décembre 1934, Svâmiji écrit encore : « Si quelqu'un imite un idéal qui lui est étranger, qui est trop éloigné de la situation particulière dans laquelle il se trouve,

1. N.1967.
2. E.2.8.68.
3. Chinmayee signifie littéralement « remplie ou imprégnée de Conscience ».

cela ne peut que conduire au désastre. » Par contre, à peine quelques semaines plus tard, en janvier 1935, dans une lettre adressée à un autre disciple, il prend une position qui restera la sienne jusqu'à la fin et qu'il explicitera par la suite au cours de nombreux entretiens :

« L'état dans lequel se trouvent réellement votre corps et votre esprit et en dehors duquel vous ne pouvez trouver aucun repos, ne fût-ce qu'un instant, indépendamment du fait de savoir si cela est désirable ou non d'un point de vue social, c'est cela qu'on appelle votre caractéristique essentielle (*svabhâva*), votre nature (*prakṛti*) ou encore votre nature propre (*svadharma*)... Si après avoir déterminé le véritable état dans lequel se trouvent votre corps et votre esprit vous agissez en conséquence et qu'en même temps vous faites un effort pour vous élever progressivement à un état supérieur, cela peut être considéré comme une recherche de votre nature propre (*svadharma*) ... Cependant, si vous ignorez l'état véritable et authentique du corps et de l'esprit et que vous essayez de faire quelque chose au-delà de leur capacité cela devient la recherche de l'accomplissement d'un autre (*paradharma* : un *dharma* étranger) ... Ainsi est-ce un *paradharma* pour un boiteux que de se mettre à courir en voyant courir un homme physiquement normal. Son *svadharma* consiste à marcher à une vitesse conforme à sa condition physique. Cela seul est la vérité ; l'autre attitude est un mensonge[1]. »

En 1939, la distinction qu'il établit entre l'idéalisme juste et le faux idéalisme est tout à fait tranchée :

« L'idéalisme juste : quand vous ressentez une joie spontanée et que vous réalisez que vous êtes capable de faire, d'atteindre un idéal, même s'il vous faut lutter et combattre pour avancer. L'idéal doit être en accord avec votre propre nature : juste un cran au-dessus de l'endroit où vous vous trouvez maintenant.

L'idéalisme faux : exactement le contraire. Dans la poursuite de l'idéal vous restez sans joie, émasculé, ou vous éprouvez le sentiment que c'est "au-dessus de vos forces", ce qui provoque un complexe d'infériorité. C'est trop éloigné, trop loin de votre vraie nature[2]. »

Avec ses disciples occidentaux, Svâmiji ne parlera plus du tout d'idéalisme mais de brûler les étapes (*jumping*), ainsi qu'il ressort de ce dialogue de 1963 :

1. L.4.1.35.
2. L.5.39.

« – Ce dont j'ai le plus besoin maintenant c'est d'aller lentement. Je veux toujours brûler les étapes, dit un disciple.

– Vous voulez brûler les étapes seulement lorsque vous ne vous acceptez pas vous-même. Vous essayez de faire quelque chose qui est juste ou plutôt comme on dit en anglais : "Vous vous conduisez en usurpateur en essayant de vous approprier quelque chose qui ne vous appartient pas." Vous dites : "Je ne suis pas ceci, je suis cela." C'est ce qu'on appelle l'idéalisme. Vous ne voulez pas vous accepter vous-même et vous dites : "je suis autre chose" et vous essayez de vous conduire selon votre idée. Comme si vous vous trouviez ici et cherchiez à partir de là-bas. Faites-le. "Oh ! Je me trouve bien loin de l'endroit où je veux aller. Oh ! Je dois me mettre en route là-bas. D'ici à la ville voisine il y a quinze kilomètres. Oh ! C'est très loin. Je vois, je vais me mettre en route à cinq kilomètres de la ville." Faites-le ! C'est ridicule. Mais c'est ainsi que font beaucoup de gens [1]. »

Le mot *samâdhi* est d'un usage courant en Inde. On l'entend souvent prononcer par les disciples d'un maître pour indiquer que celui-ci se trouve à certains moments ou en permanence dans un état de conscience particulier différent de la conscience ordinaire, une sorte de sur-conscience qui se caractérise à la fois par une perte de conscience des choses perçues habituellement et par un état de béatitude. C'est pourquoi on traduit généralement *samâdhi* par extase ou encore par enstase puisqu'on rentre en soi-même et qu'on y trouve la béatitude, ou encore par transe.

Un grand nombre de personnes de l'entourage de Svâmiji ont pu observer cet état de *samâdhi* extatique chez Svâmiji. Sumangal Prakash raconte que même à l'ashram Channa jusqu'en 1945 Svâmiji entrait dans ce type de *samâdhi* :

« Il restait assis tout à fait immobile, les yeux grands ouverts, sans cligner des paupières, pendant une durée assez longue, inconscient de ce qui se trouvait devant lui. Svâmiji n'a jamais eu d'"appartement" privé où il pouvait se retirer et sa vie se déroulait au grand jour aux yeux de tous. Les visiteurs comme les disciples s'étaient donné le mot pour ne pas pénétrer dans sa case après le déjeuner si bien que personne ne savait précisément ce qu'il faisait pendant cette période qui durait environ deux heures.

Mais un jour, en 1940, alors que je venais d'arriver à l'ashram,

1. E.1963.

je décidai dans mon impatience de pénétrer dans sa case pour me prosterner devant lui. Je regrettai immédiatement ce mouvement intempestif et mon indiscrétion. Svâmiji était assis, immobile, le regard dans le vide. Ma soudaine apparition n'avait provoqué aucun changement dans sa posture ni dans son regard. Ce n'est que quelques minutes plus tard qu'un regard de reconnaissance apparut lentement dans ses yeux... »

Personne semble-t-il n'a jamais interrogé Svâmiji sur cet état semblable à une transe dans lequel ses disciples ont pu l'observer et que certains qualifiaient de *samâdhi*. Aussi faire des conjectures sur ce que Svâmiji éprouvait ou ressentait à ce moment-là ne peut être que du domaine de l'interprétation subjective. Etait-ce une pratique délibérée ? Une forme de méditation ? Un état qui lui venait spontanément ? Un état où il était inconscient du monde extérieur ou au contraire un état de présence à la situation présente ?

Pour répondre à ces questions, nous avons le témoignage de sa fille Chinmayee qui passait ses vacances auprès de son père à l'ashram. Celui-ci lui recommandait de consacrer un moment chaque jour en silence, non pas à faire le vide en elle, mais à passer en revue tous les actes de la journée puis de les noter sur un cahier afin de les lui montrer.

Par ailleurs on peut remarquer que chaque fois que Sumangal Prakash décrit l'état de *samâdhi* de Svâmiji, il ajoute : « totalement inconscient de ce qui l'entoure ». Ceci ne peut qu'être une interprétation personnelle. Svâmiji n'est pas « totalement inconscient » puisqu'au bout de quelques minutes « un regard de reconnaissance apparaît lentement dans ses yeux ». Une « pareille inconscience » semble contredire les fondements mêmes de l'enseignement de Svâmiji qui a toujours préconisé une conscience totale et lucide ouverte sur le monde extérieur et qu'il qualifie de *samâdhi* naturel (*sahaja*) par opposition au *samâdhi* inerte (*jâda*) où l'on est comme un corps inerte totalement coupé du monde extérieur.

Enfin, à aucun moment, Svâmiji n'a donné à qui que ce soit des instructions concernant la concentration ou la méditation qui sont censées, d'après les traditions les plus communément admises, conduire au *samâdhi*. Nulle part on ne trouve le conseil de se dés-identifier, de se séparer de l'expérience, de prendre du recul, mais plutôt l'inverse, d'adhérer, de faire corps, de vivre intimement, d'exprimer jusqu'au bout et de voir afin d'aboutir à l'élargissement de la conscience. C'est cet élargissement de la conscience que Svâmiji appelle *sahaja samâdhi* : position du psychisme naturelle, état d'Equilibre, d'Unité, de Sérénité dans la vie courante ordinaire. C'est ce qu'il explique dans une lettre de 1954 :

« Celui qui ne considère pas qu'une action est "acceptable" et qu'une autre doit être "rejetée" a dépassé l'action. Par exemple, un voyageur s'abrite dans une maison au crépuscule : il ne fait que demeurer dans cette maison, mais ne considère pas que c'est "la sienne". Puis il va dans une autre maison qui, pareillement, n'est pas la sienne. Il n'est attaché à aucune demeure : il est sans "chez lui". Il est éternellement sans "chez lui". Toute action qui se présente à lui à un moment donné, il l'accepte à ce moment-là ; quand elle est terminée, il la laisse derrière lui ; quand une autre action se présente, il l'accomplit également. Mais aucune action ne lui appartient : il demeure éternellement établi en lui-même. C'est cela l'accomplissement naturel (*sahaja samâdhi*).

Quand et où que vous soyez, vous êtes simplement à ce moment-là et à cet endroit-là. Il n'y a aucun lien qui rattache "l'avant" et "l'après" : aucune mémoire de "l'avant" n'assombrit "l'après". (Celui qui a atteint ce stade) est éternellement libre : rien d'extérieur ne lui appartient [1]. »

Ceci est corroboré par le témoignage d'une disciple française :

« Je me souviens d'un soir où Swâmiji [2] demeurait en France avec nous. Je le servais tout le long de la journée. Depuis l'entretien du matin une question me brûlait les lèvres. Je ne pouvais la poser, respectant le repos de Swâmiji, bien que très souvent à ses côtés.

Après le dîner du soir, Swâmiji restait assis dans l'obscurité un long moment et je ne venais que vers huit heures et demie pour préparer son lit. J'allumais donc la lumière et je pouvais voir son être entier baigné dans une sorte de repos à la fois détendu et concentré qui m'était inconnu. Son visage d'une tranquillité parfaite reflétait aussi cette détente totale qui n'appartenait ni au sommeil ni au silence d'une face mobile où passent les reflets de pensées agitées. Chaque fois j'étais frappée par son calme, l'expression lointaine du visage et le demi-sourire qui n'est pas notre sourire habituel mais la transparence d'un bonheur paisible que je ne connaissais pas. D'habitude, je respectais ce silence et n'osais le troubler. Ce soir-là, égoïste, trop préoccupée, je le rompis. Je posai

1. L.28.12.54.
2. Transcription orthographique utilisée habituellement par les disciples.

ma question. Ce n'était pas une petite question. Instantanément, le visage changea. D'un seul coup, cette paix équanime s'était effacée, non pas que Swâmiji fût agité mais en une seconde le Swâmiji qui m'était familier au cours d'entretiens était là de nouveau, toutes ses forces de concentration et d'écoute mobilisées pour m'entendre avec l'attention aiguë, l'intellect précis que je reconnaissais. Comme si, au moment même, un être nouveau réenvahissait la surface immobile du visage. Comme si, d'un repos total, sur un rapide déclic, était revenue une intense animation attentive. Comme si d'une mort partielle renaissait une vie neuve.

C'était frappant. J'en eus presque un coup au cœur. Cette inimaginable acuité éveillée soudainement en l'espace d'un battement de paupières, l'attention entièrement présente pour m'entendre ici et maintenant[1]. »

Une autre fois, au cours d'un entretien avec un disciple français, Svâmiji raconte une histoire ayant trait à la pratique de la méditation et au *samâdhi* :

« Un jour, un homme est venu ici :

– Svâmiji, voyez-vous, je pratique le yoga. En pratiquant la méditation et la concentration, j'atteins un état... un sentiment d'unité avec toute chose. Mais je ne peux le garder. Par quel moyen puis-je le conserver ?

– Très bien. Alors pendant combien de temps êtes-vous dans cet état ? Pendant quinze minutes ? Une demi-heure ? Très bien. Accordé. Et après cette demi-heure, il y a vingt-quatre heures. Prenez six ou sept heures pour dormir, alors combien de temps reste-t-il ? Pendant ces heures-là, qu'êtes-vous ? Vous éprouvez cette unité sans doute pendant une demi-heure. Vous atteignez cet état que vous décrivez... mais pendant les heures qui restent où êtes-vous ?

– Oh ! Je suis dans cette vie ordinaire... C'est pourquoi je veux l'avoir également dans la vie ordinaire.

– Vous ne le pouvez pas. Vous avez obtenu (cet état) sans aucun doute en accomplissant quelque action, quelque chose de mécanique... Très bien, vous avez atteint. Mais vous vous êtes laissé vous-même à l'écart... Vous vous êtes placé en dehors. Aussi, est-ce quelque chose de mécanique[2]. »

A un autre disciple qui l'interroge sur le *samâdhi*, il répond : « Ainsi d'après vous le *samâdhi* est un état de conscience où

1. Denise Desjardins. *Mère, sainte et courtisane*, Ed. de La Table Ronde, p. 237.
2. E.11.11.66.

on sent facilement et de manière spontanée les choses comme elles sont... La définition que vous avez donnée du *samâdhi* est une définition intellectuelle. Mais qu'est-ce qui se passe en ce qui concerne le ressenti ?

Après quelque recherche le disciple répond :

– Un sentiment d'accomplissement.

Svâmiji approuve sa réponse et dit :

– Un sentiment d'accomplissement et de satisfaction, profond, qui ne peut jamais être troublé. Vous sentez : "Ce que j'avais à faire, je l'ai fait, ce que j'avais à obtenir, je l'ai obtenu, ce que j'avais à donner, je l'ai donné. Il n'y a rien de plus à faire." Intellectuellement voilà l'idée. Et l'aspect émotionnel sera un calme parfait, une satisfaction complète qui jamais ne peut être troublée.

– Une telle personne reste-t-elle inactive ?

– Non, réplique Svâmiji. Qui dit qu'elle n'agit pas ? Est-elle une pierre ? Jetez au feu ce *samâdhi*. Il est libre dans ses actions. Il agit avec l'un, il agit avec l'autre, il agit avec cela... il devient cela et n'a aucun sentiment de différence...

Svâmiji cite alors la *Muṇḍaka Upaniṣad* : "Il sent du plaisir en lui-même... S'il veut de la dualité il l'a en lui-même... S'il cherche joie et satisfaction à l'extérieur, c'est en lui-même et il les trouve. Aussi est-il Seigneur et Maître de lui-même... et dans le monde entier, il se sent partout à l'aise (*easy flow*[1])." »

Quelques jours plus tard avec le même disciple le thème de la méditation est de nouveau abordé :

« Vous dites, par exemple, que vous méditez sur une rose... vous gardez votre esprit complètement occupé par la rose... vous êtes complètement identifié avec la rose. C'est ce qu'on appelle généralement méditation... Maintenant, il faut voir quelle est la valeur de la méditation. Aussi longtemps que quelque chose est à l'extérieur de vous, il y a une différence entre vous et cette chose. Ainsi il ne peut y avoir aucune méditation car il y a un sens du moi ici et de cela qui est autre là-bas.

– Ainsi le but est de réaliser un véritable état d'unité entre l'objet et moi-même ? demande le disciple.

– Vous y êtes. C'est cela la méditation... Pour accomplir cela, l'objet doit d'abord être devant vous tout à fait clair, tout à fait distinct, sans aucune place pour le moindre doute ou la moindre

1. E.25.1.63. « Atmaratiḥ âtmakridaḥ âtmamithunaḥ/Sa svarât bhavati tasya sarveṣu lokesu kâmacâro bhavati », *Muṇḍaka Up.*, 3.1.4.

hésitation. Votre esprit ne doit avoir aucun doute quant à la présence de l'objet. Il doit être fixé et acéré. Mais le mental n'est pas du tout ainsi. Il oscille, il doute. Aussi les délibérations viennent-elles d'abord. Vous voyez une chose. "Qu'est-ce ? C'est cela. Aucun doute là-dessus. C'est ainsi." Quand vous dites : "C'est ainsi", vous devenez immédiatement identifié à cela. Parce qu'il n'y a aucun doute nulle part. Cette identification doit être renforcée. Et le renforcement de cette identification c'est la méditation... Chaque chose est unique... Au fur et à mesure que vous continuez à délibérer vous voyez la différence avec vos yeux, avec vos sens. Soyez convaincu de cette différence et aussitôt l'unité va apparaître. C'est cela la méditation. D'abord délibération : "Oui, c'est ainsi, c'est ainsi, c'est ainsi". Et quand ce "c'est ainsi" s'est cristallisé, il n'y a plus rien pour vous troubler. C'est le résultat de la méditation. Quelque chose arrive: "Oui, oui". Très simple, calme, un "oui" délibéré, à l'aise [1]. »

Un an plus tard, le même sujet est repris:

« Quand vous vous concentrez avec détachement, dit Svâmiji, vous perdez conscience du reste, toutes les diversités, toutes les différences sont dissoutes dans l'unité.

Après quand vous refroidissez, vous devenez un morceau de sucre candi et tout devient un. Les diversités sont là et ne sont pas là. Comme dans le morceau de sucre. Il y a beaucoup de cristaux; chacun est relié aux autres: unité ainsi que différence.

Pareillement un temps vient, une condition vient, quand on voit l'unité et la différence en même temps. Vous commencez par voir la différence mais alors vous annihilez cette différence dans la solution de l'unité [2]. »

A partir de la concentration et de la méditation comprises comme délibération il semble que Svâmiji, par le processus décrit dans ces discussions, en soit venu à se sentir totalement à l'aise ou en *samâdhi* spontané (*sahaja*) et qu'il ait cessé de se mettre dans ces états de « transe » appelés *samâdhi* par ses disciples tant il paraissait coupé du monde, à leurs yeux.

1. E.5.2.63.
2. E.10.1.64.

Chapitre X

Vie quotidienne à l'ashram

L'ashram Channa était une petite enclave de terre, située au bord d'une rivière, au milieu d'un bosquet clairsemé d'arbres et d'arbustes. Comme il n'était protégé par aucune barrière, rien ne permettait de le distinguer dans la campagne environnante parmi les rizières qui s'étendaient à perte de vue. Il y avait trois cases en terre battue recouvertes d'un toit de chaume ; dans l'une d'elles habitait Svâmiji, une autre un peu plus éloignée était destinée aux visiteurs et une autre, la plus petite, servait de cuisine et de salle à manger.

La vie y était simple. Il n'y avait ni électricité ni eau courante ni aucun des conforts de la civilisation moderne. Pour s'éclairer on utilisait des lampes tempête dont la clarté vacillante attirait les insectes tropicaux. Malgré l'austérité et la rusticité du lieu, il régnait à Channa une ambiance idyllique qui rappelait les descriptions d'ashram telles qu'on peut les trouver dans les *Pûraṇa* ou les poèmes épiques comme le *Mahâbhârata* par exemple.

Khana Junction, la gare la plus proche, était à cinq kilomètres de l'ashram en prenant un raccourci à travers champs. Plus tard, lorsqu'un service de cars fut installé à partir de Burdwan, l'arrêt le plus proche se trouvait sur la route asphaltée, au village de Natumgrama, à deux kilomètres environ de l'ashram. Il fallait alors parcourir le restant de la route à pied en suivant le remblai des rizières qui serpentaient au milieu des buissons et des herbes sauvages et franchir la rivière à gué, quand celle-ci n'était pas en crue, avant de parvenir à destination.

Il n'y avait pas de poste à Channa et le courrier était distribué deux fois par semaine par le facteur qui venait de Khana Junction.

Quand il arrivait à l'ashram, la matinée était déjà avancée et Svâmiji avait déjà terminé son repas. Si une réponse urgente était requise, le facteur attendait. Cela lui permettait de se reposer tandis que Renu, le serviteur de l'ashram, lui apportait des rafraîchissements. Les autres jours, Renu ou un autre membre de l'ashram – parfois même un disciple qui se trouvait en visite – se rendait à Khana Junction pour poster une lettre ou aller chercher le courrier.

Renu avait été engagé tout jeune par Nirâlamba Svâmi pour assurer le service. Il restera au service de Svâmiji jusqu'à la fin de sa vie. La femme de Renu, Sarat, vint également plus tard pendant quelques heures aider à préparer et servir les repas du matin et le soir. Après la mort de Renu, son fils Robi prit sa place et resta au service de Svâmiji jusqu'à la mort de celui-ci.

Le caractère idyllique des lieux était cependant contrebalancé par un inconvénient majeur. Pendant la saison des pluies, l'ashram devenait inhabitable car la rivière en crue recouvrait les terres situées en contrebas. Il était pratiquement impossible d'y séjourner si bien que Svâmiji se trouva dans la nécessité de chercher chaque année un endroit où passer la saison des pluies.

Pendant les six premières années, de 1930 à 1936, il passe la saison des pluies dans la maison que Bijoy Bashak avait mise à la disposition d'Anasûya Devi à Baranagar, dans la banlieue de Calcutta.

De 1937 à 1945, il se rend dans différents endroits selon les invitations qu'il reçoit : à Bénarès en 1937, à Patna en 1938, à Mussoorie en 1939, à Ranchi de 1940 à 1943, à Hazaribagh en 1944.

A partir de 1945 jusqu'en 1970, il a la possibilité de séjourner dans le petit village de Namkun, dans une maison mise à sa disposition à proximité de Ranchi par Suvrata Basak.

En 1957, il effectue un séjour dans l'Himachal Pradesh à Chamba et voyage au Cachemire. En 1966, invité par ses disciples français, il séjourne à Bourg-la-Reine dans une maison louée par Denise et Arnaud Desjardins. En 1968, il est à Mussoorie dans une maison louée par Olivier et Anémone Cambéssédès.

A partir de 1970 et jusqu'en 1974, les disciples français mettent à sa disposition une maison à Hehal près de Ranchi. En 1973, il séjourne à Seez-Moulins en Normandie, dans la maison de Daniel et Colette Roumanoff.

La saison des pluies durait généralement quatre à cinq mois, d'avril à octobre mais, dans les toutes dernières années de sa vie, la durée de ces séjours loin de Channa augmenta progressivement, de sept à huit mois, essentiellement pour tenir compte du confort de ses disciples français, le temps à Channa à partir du mois de mars devenant insupportablement chaud et humide. Cependant, l'ashram Channa restera toujours, en quelque sorte, sa résidence principale. C'était l'endroit où Svâmiji se sentait certainement, sinon le plus confortable, du moins le plus à l'aise car il y était davantage chez lui que partout ailleurs où il était invité.

Par ailleurs, lorsqu'on lui demanda, alors que sa santé était défaillante, pourquoi il tenait tant à revenir à Channa, il répondit que s'il n'y revenait pas au moins une fois par an, il ne pourrait plus prétendre recevoir les revenus provenant des terres appartenant à l'ashram. Celles-ci étaient la seule source de revenus qui lui permettait d'avoir une certaine indépendance financière. Non seulement à Channa mais même lorsqu'il se trouvait à Ranchi, il examinait méticuleusement les comptes des recettes et des dépenses des terres données en fermage et toutes les affaires qui s'y touvaient liées.

Pour les affaires courantes, Svâmiji dépendait principalement de la famille de propriétaires terriens qui avaient fait don des terres à Nirâlamba Svâmi pour l'installation de l'ashram. Il s'agissait des frères Mrigen et Atulya Samant qui se rendaient de temps en temps à l'ashram pour discuter avec Svâmiji de l'état des terres et de la situation des récoltes.

Le revenu des propriétés de l'ashram était à peine suffisant pour subvenir aux besoins de Svâmiji et des visiteurs. Aussi pendant quelques années, de 1937 à 1944, Svâmiji connut une période particulièrement difficile du point de vue matériel. Il fut donc amené à trouver d'autres sources de revenus, notamment pour essayer de satisfaire les besoins occasionnels de sa fille Chinmayee qui allait encore à l'école. C'est ainsi qu'il accepta de traduire de l'hindi en bengali un livre écrit par Satyanarain, l'un de ses anciens étudiants et disciples pour gagner un peu d'argent pour sa fille.

Mais que ce soit à Ranchi ou à Channa, sa manière de vivre ne changea pratiquement jamais jusqu'à la fin de sa vie.

Svâmiji se levait régulièrement à quatre heures du matin. Après avoir fait sa toilette, il restait assis, en posture de méditation, le dos droit, les yeux ouverts ou fermés, pendant une heure environ. Puis il partait faire une promenade qui durait également près d'une heure. Ce n'est qu'à son retour, vers sept heures, qu'il prenait son petit déjeuner. Pendant plusieurs années, il prenait son bain quotidien avant le repas de midi, mais plus tard il se mit à le prendre avant le petit déjeuner.

Entre sept et onze heures, il répondait aux lettres ou lisait. S'il y avait des disciples, c'était l'heure des entretiens personnels qui duraient à peu près une heure avec chacun d'eux. S'il n'y en avait pas il pouvait recevoir des visiteurs occasionnels.

Après le déjeuner à onze heures précises, il marchait généralement un quart d'heure au grand air ou sous un endroit ombragé selon la saison et le temps qu'il faisait avant de s'asseoir dans sa chambre. Il lisait le journal du jour si celui-ci était arrivé ou bien un livre. Il parcourait rapidement le courrier si le facteur l'avait apporté et donnait immédiatement la réponse si celle-ci était urgente. Puis il se reposait en restant généralement assis. Plus tard, on le vit s'allonger et dormir pendant une heure environ, au fur et à mesure qu'il prenait de l'âge.

A trois heures de l'après-midi, il se levait, se lavait le visage et avait un entretien avec un disciple ou bien une session de *lying*.

A quatre heures, on lui servait une collation. C'était généralement un fruit ou un jus de fruit puis de nouveau il s'occupait d'un disciple ou bien lisait.

Entre cinq et six heures selon la saison, il sortait de nouveau et se promenait une heure environ dans les champs.

A sept heures, il prenait place sous l'auvent pour le dîner. Puis selon la saison, au moment du coucher du soleil, restait assis sur une chaise longue à l'extérieur, acceptant d'avoir auprès de lui un ou plusieurs des disciples présents à l'ashram. C'était le moment où chacun se sentait le plus à l'aise pour lui parler en toute liberté des sujet les plus divers.

A neuf heures précises, il allait se coucher, les fenêtres et les portes de sa chambre restant grandes ouvertes.

Bien entendu, ce programme pouvait être modifié en fonction des circonstances. Mais toujours, partout, ce qui ne changeait pas était son unité complète avec les situations changeantes et les différentes personnes qui se trouvaient avec lui. Il était un aussi bien avec le monde extérieur qu'avec son propre corps. Les exigences de son corps physique étaient aussi méticuleusement prises en considération que celles de n'importe quelle autre personne ou objet extérieur.

Ce mode de vie si régulier étonnait souvent les visiteurs. Mais c'était un choix délibéré de sa part ainsi qu'il l'explique dans une lettre de 1935 :

« Agir en connaissance de cause signifie faire une seule chose à la fois et non pas deux en même temps. Quand vous vous engagez dans un travail, il vous faut vous concentrer là-dessus, laissant tout le reste de côté. Quand vous mangez par exemple, savoir ce que vous mangez, ce que c'est, quelle est la sorte de riz... Maintenant vous en prenez une pincée, ensuite vous versez le curry de courgettes puis vous le mélangez en prenant un peu de ce mélange entre vos doigts et vous le mettez dans la bouche. Maintenant vous le mâchez pendant quelque temps, jusqu'à ce que vous le rendiez liquide ; puis vous l'avalez. Vous savez quel genre de préparation de légumes vous absorbez, en quelle quantité, quel en est le goût, etc. Adoptez cette attitude dans toutes vos activités, lorsque vous vous levez, lorsque vous vous asseyez, en marchant, en allant deci de-là, en respirant, en riant, etc. C'est ce qu'on appelle "agir de manière délibérée." Restez attentif à tout travail que vous accomplissez et soyez constamment conscient de tout ce que vous faites [1]. »

Cette manière de prendre de la nourriture si minutieusement décrite ici correspondait précisément à la manière de manger de Svâmiji. Cela lui prenait une demi-heure, bien que la quantité absorbée fût plutôt inférieure aux normes habituelles. Après avoir terminé ses repas et même les légères collations, il se curait les dents une à une, chacune séparément, de manière précise et complète. De même, il se rinçait les mains systématiquement avec un soin minutieux.

Ce caractère si méticuleux des actions accomplies par Svâmiji a troublé certains disciples qui se sont demandés si prendre un tel soin des fonctions corporelles était compatible avec la vie spirituelle. Mais pour Svâmiji, il n'y avait pas de différence entre les soins donnés au corps physique et la recherche spirituelle. « Toute action doit être accomplie dans les moindres détails », dit-il à un disciple en 1967... « Vous êtes là où vous êtes. C'est le seul fait à prendre en considération. Rien d'autre. "Pour le moment, je suis ici et nulle part ailleurs." ...Vous avez reçu une lettre. Que faire ?... Faut-il donner une réponse ?... Oui, bien sûr... Alors, donnez la réponse. C'est terminé. L'action est complète. Aucun de vos échanges sociaux ne doit être incomplet. Si vous laissez quoi que ce soit à moitié fini, alors vous vous divisez vous-même [2]. »

1. L.14.1.35.
2. Sumangal Prakash, *L'Expérience de l'Unité*, p. 497.

En ce qui me concerne, quelques jours après notre première rencontre en 1959, à la fin de l'entretien, alors que je le saluais pour prendre congé de lui, il me fit remarquer que je n'avais pas replié le petit tapis de toile sur lequel je m'asseyais et que je trouvais chaque fois bien rangé du côté droit de la porte. Il me dit alors : « Ne pas remettre un objet à sa place c'est comme si vous commettiez un meurtre. Pourquoi ? » Cela me fit une très grande impression sur le moment et attira mon attention sur la nécessité non seulement de ranger, de remettre à « sa » place tous les objets que l'on est amené à utiliser mais aussi de mettre également de l'ordre dans son esprit, dans ses sentiments, dans tous les domaines de sa vie.

Pour Svâmiji, toute action devait être adaptée à la situation. La nourriture ne devait pas être seulement absorbée pour satisfaire la faim mais en mangeant il fallait accomplir de manière délibérée et consciente toutes les phases du processus. C'est ainsi qu'on devient un avec le processus physiologique d'assimilation de la nourriture. Il suffisait d'observer Svâmiji agir avec les personnes avec lesquelles il se trouvait en contact, que ce soit un chercheur de vérité, un ami d'enfance, son épouse, l'enfant dont il était le père ou un visiteur occasionnel, pour voir qu'il agissait avec chacun d'eux selon les exigences de la situation, dans une unité complète avec ce qu'ils exprimaient sans qu'il y ait jamais le moindre décalage, la moindre séparation.

Les années 1930-1940 sont les moins connues de la vie de Svâmiji alors que, selon toute vraisemblance, c'est au cours de cette période qu'on peut estimer que Yogeshvar ou Svâmi Prajñânpad est devenu Svâmiji, l'homme réalisé, le seul que les disciples français ont rencontré et connu.

Chinmayee, âgée alors de dix ou onze ans (dans les années 1935/36), venait passer ses vacances avec Svâmiji à l'ashram. Voici comment elle raconte ses séjours :

« Il n'y avait personne avec qui je pouvais jouer. Aussi Chhele se proposa d'être mon compagnon de jeux et nous nous mîmes à jouer au jeu de *ludo* que j'avais apporté avec moi... Je prenais un immense plaisir à gagner en utilisant des ruses dont il ne me tenait pas rigueur... Et quand j'étais fatiguée de jouer au ludo, il me proposait de jouer aux cartes à condition que je lui apprenne comment jouer, ce que je faisais avec plaisir...

Je me levais tôt le matin et après avoir fait ma toilette,

j'accompagnais Chhele dans sa promenade matinale. Le soleil se levait lentement sur les champs et Chhele m'apprit à regarder comme il changeait d'apparence de moment en moment, comment, en peu de temps, la Nature entière s'éveillait avec le lever du soleil.

Après la promenade du matin, nous prenions ensemble le petit déjeuner préparé par Renuda. Il y avait des fruits secs et la tasse de lait habituelle. J'étais généralement assise en face de Chhele.

Après le petit déjeuner, je sortais mes livres et mes cahiers et j'allais voir Chhele pour prendre mes leçons quotidiennes. Cela durait jusqu'à dix heures, moment où Chhele allait prendre son bain. Moi, j'allais au bord la rivière et m'y baignais.

A onze heures, nous prenions notre repas préparé et servi par Renu. Au déjeuner et au dîner, j'étais assise aux côtés de Chhele.

Après le déjeuner, j'allais de nouveau auprès de Chhele. C'était le moment où j'étais libre de lui parler de tout ce que je voulais, des questions qui m'étaient venues à l'esprit en lisant le journal le jour précédent ou de tout autre sujet qui m'intéressait. Il discutait avec moi de ce que j'avais appris dans mes cours d'anglais et de bengali. Il écoutait mes doutes et il m'expliquait ce que je n'avais pu réussir à comprendre correctement. Il lisait également ce que j'avais écrit dans mon journal, en y mettant des annotations dans la marge.

Chhele se retirait alors pendant quelque temps et me suggérait de me reposer également. C'était le moment où j'étais libre d'agir à ma guise. J'aimais passer ce temps près du bûcher crématoire qui se trouvait en amont de l'ashram au bord de la rivière. L'endroit était désert et, à cette heure de la journée, en plein midi, il n'y avait personne dans les champs qui s'étendaient à perte de vue tout autour. Je restais là, pendant de longues périodes, assise, immobile. Bien que cela pût paraître étrange de la part d'une enfant de dix à douze ans, je jouissais du silence si complet et je restais là comme enchantée jusqu'à ce que je sois éveillée de mes rêveries par Renuda qui venait m'informer qu'il était déjà trois heures. Je venais à cet endroit si régulièrement que chacun savait où me trouver.

De nouveau, je me mettais à mes études pour quelques heures. Elles étaient interrompues par la collation de l'après-midi quand Renuda servait un jus de fruit dont je recevais une part avec mon verre de lait habituel.

Le soir, j'accompagnais Chhele dans sa promenade. Il attirait mon attention sur le soleil qui descendait lentement et le paysage qui changeait graduellement, la lumière qui faiblissait et le soir qui, peu à peu, descendait dans les champs puis sur la cime des arbres pour ensuite faire place à l'obscurité. Mon intérêt pour la Nature, les arbres, les plantes et les fleurs, date de cette époque. J'appris de Chhele comment reconnaître les différentes variétés et espèces de plantes et d'arbustes.

En revenant de sa promenade, Chhele s'arrêtait au village de Santhals qui se trouvait à proximité. Il parlait aux Santhals, leur demandait comment cela allait, leur donnait des conseils et allait de case en case. Moi-même je jouais avec les petits enfants et courais à la poursuite des chèvres et des poulets... Il faisait tout à fait sombre quand nous revenions à la maison et pendant une heure à peu près, tandis que Chhele restait calmement assis dans le crépuscule qui descendait, je faisais comme lui. Assise calme et immobile, je passais mentalement en revue, comme Chhele me l'avait enseigné, tout ce que j'avais fait pendant la journée, les nouvelles choses que j'avais apprises... Chhele disait qu'avant le lever et le coucher du soleil (*saṃdhyâ*), il fallait rester quelque temps calme et tranquille.

Après le repas du soir, pendant une heure environ, je bavardais avec Chhele de tout sujet à ma convenance et Chhele également me parlait beaucoup : il me racontait des histoires des *Purâna*, me faisait part des découvertes et inventions scientifiques, m'expliquait le fonctionnement des phénomènes naturels, etc.

A neuf heures précises, c'était le moment de se retirer pour la nuit. Renuda préparait nos lits. Mais je ne pouvais pas me coucher immédiatement. J'étais censée écrire dans le journal que je tenais tout ce que j'avais fait et les expériences que j'avais eues pendant la journée. C'est ce journal que je plaçais sur la table de Chhele le jour suivant et qu'il annotait dans la marge. »

« C'est en été 1938, raconte de son côté Sumangal Prakash, que je lui rendis visite pour la première fois alors que Chinmayee s'y trouvait. Elle avait treize ans et je fus invité à jouer au *ludo* avec eux. Je fus surpris de voir comment Chinmayee avait recours à toutes sortes de ruses et de manœuvres pour battre aussi bien son père que moi-même. Je ne protestai pas pour la simple raison que Svâmiji ne semblait pas lui en tenir rigueur. Dix ans plus tard, lorsque je rappelai à Svâmiji ce qui s'était passé et que j'exprimai le désir de savoir ce qui l'avait incité à agir ainsi avec sa fille, il me répondit que Chinmayee était incapable de supporter la moindre défaite. C'est pourquoi, au début, il lui laissait toute latitude de goûter à la victoire, même si celle-ci était obtenue par des moyens frauduleux. Ce n'est que plus tard qu'il la confronta progressivement à la défaite de façon à lui permettre de surmonter la crainte que celle-ci lui inspirait. »

Il convient de remarquer ici que les Santhals, aborigènes sans éducation, arriérés et méprisés par les Bengalis du village voisin Channa, vivant dans de petites huttes misérables près de l'ashram, étaient l'objet de plus d'attention de la part de Svâmiji que les habitants du village Channa.

Les terres de l'ashram, tout comme celles qui appartenaient aux propriétaires terriens (*zamindar*) de Channa étaint cultivées par les Santhals. Svâmiji les traitait avec une grande générosité et se comportait envers eux à la fois comme un conseiller et un arbitre des différends qu'ils venaient lui soumettre. Non seulement il leur attribuait une part généreuse de la récolte mais cherchait à trouver des emplois pour les Santhals nécessiteux. Les habitants du village venaient régulièrement lui demander conseil pour résoudre leurs problèmes. Svâmiji de son côté, au temps du festival annuel de la moisson, les recevait à l'ashram et leur offrait un repas chaque année. Il visitait chaque maison, à tour de rôle pendant ses promenades du soir et, chaque année, leur distribuait des couvertures. De même, il leur accordait un droit de pêche, une fois par an, ce qui était l'occasion pour eux d'une prise exceptionnelle qui se terminait par une grande fête.

Il n'y avait pas de temple, pas de cultes rendus à des divinités (*pûjâ*), ni de chants dévotionnels (*kîrtaṇa* ou *bhâjana*), ni aucun rituel qui aurait impliqué l'observance de règles particulières dans l'ashram.

Rien d'étonnant à cela car la voie enseignée était celle de l'Advaita Vedânta où la connaissance joue le rôle essentiel. Cependant tel n'était pas le cas dans la plupart des autres ashrams indiens, même ceux où la voie de la Connaissance était également suivie. L'explication en est relativement simple: toute congrégation génère spontanément un rituel ou des règles de comportement que chacun des membres adopte naturellement par une sorte de mimétisme.

L'ashram Channa n'échappait pas à cette règle. Peu à peu des règles non dites apparurent qui concernaient principalement les relations entre le maître et les disciples. L'expression du respect ou de la reconnaissance, non seulement au maître spirituel (*guru*) mais aux maîtres ordinaires, sont des rituels traditionnels en Inde depuis des temps immémoriaux.

Quelles que soient leur formation ou leurs croyances de départ – athée et marxiste comme Sumangal Prakash, Brahmosamaj comme Minati Prakash, simple villageois hindou comme Gopal – les disciples retrouvent spontanément les formes traditionnelles de dévotion, la manière d'exprimer leur révérence, leur appréciation, leur reconnaissance au maître.

Svâmiji, toujours soucieux de respecter les coutumes sociales et de ne pas heurter les sentiments des gens, a toujours observé lui-même ces coutumes vis-à-vis de ses maîtres comme vis-à-vis de son guru. Devenu guru à son tour, il a permis aux gens d'exprimer leur respect à son égard selon les formes que les gens adoptaient spontanément.

Il y a en Inde certaines traditions et conventions d'ashram qui ressemblent à des rituels mais qui ne sont pas observées de manière uniforme. La plus commune consiste à s'incliner devant un *saṃnyâsin* et à lui toucher les pieds.

A l'ashram Channa, la forme de cette prosternation variait d'une personne à l'autre. Quelques visiteurs ainsi que certains disciples se contentaient d'incliner la tête ou de toucher les pieds de Svâmiji de manière conventionnelle. D'autres se prosternaient devant lui avec tous les signes d'une dévotion et d'une soumission profonde. Le rituel le plus compliqué était observé par Gopal Chandra Khan. Il fut observé ensuite par sa femme puis par ses enfants lorsqu'ils étaient jeunes.

Gopal se prosternait d'abord en s'allongeant à plat ventre devant Svâmiji, puis se relevant lentement, plaçait un bassin rempli d'eau près des pieds de Svâmiji et lavait un des orteils de son pieds puis, les yeux brillants, avec une attitude exprimant révérence, dévotion et soumission complète, avalait l'eau ainsi consacrée. Certains disciples se sentaient mal à l'aise devant ce rituel d'adoration qui leur paraissait excessif et se demandaient pourquoi Svâmiji lui permettait de l'observer. On ne sait si quelqu'un a jamais posé la question à Svâmiji mais ce que l'on sait de manière sûre, c'est qu'on n'a jamais vu Svâmiji imposer des interdits ou des prohibitions aux désirs de qui que ce soit, surtout si cela pouvait satisfaire leurs besoins émotionnels. Sumangal Prakash fut ainsi le témoin d'une scène d'adoration qu'il rapporte de la manière suivante dans ses souvenirs:

« Je disais quelque chose à Svâmiji lorsque je vis une femme

(Shantadi) qui entrait précipitamment et je dus m'arrêter brusquement. Svâmiji leva les yeux vers elle et je vis le visage de Shantadi s'illuminer, empli d'une sorte d'extase dont l'effet était rehaussé par les rayons du soleil couchant tombant sur son visage par la porte sud de la chambre. Le moment suivant, elle était tombée aux pieds de Svâmiji, si soudainement et avec un abandon si complet que je fus interloqué. Je me demandai combien de temps elle pouvait rester allongée ainsi, sa tête reposant sur les pieds de Svâmiji, complètement inconsciente de son environnement. Le sourire empli de tendresse qui était apparu sur le visage calme et paisible de Svâmiji lorsqu'il la vit entrer se transforma peu à peu en un sourire serein et tranquille que je ne lui avais jamais vu auparavant. Les yeux fermés, totalement immobile, il avait pris une posture plus droite sur la chaise.

Combien de minutes passèrent ainsi, je ne le sais pas. Le temps semblait s'être arrêté. Puis, peu à peu, apparut un léger frémissement sur le corps complètement immobile de Svâmiji, ses yeux se mirent graduellement à s'ouvrir, révélant un trésor illimité de paix et de compassion derrière ses paupières entrouvertes. Et il y avait le même sourire de compassion sur son visage calme et serein.

Au même moment, Shantadi, d'un geste gracieux, souleva légèrement la tête et passant ses deux mains sur le pied de Svâmiji comme si elle caressait le visage d'un bébé, souleva ses deux mains et passa lentement les paumes ouvertes, avec une grande douceur, sur sa propre tête.

Minati, mon épouse, peu de temps après, se mit à se prosterner de la même manière devant les pieds de Svâmiji. Elle fut bientôt imitée par quelques autres femmes, Suvrata et Kamala notamment, chacune apportant quelques légères modifications personnelles dans les détails.

Je ne sais pas si parmi les hommes quelqu'un se prosternait de cette façon ou de manière approchante. Mais quelques années plus tard, ce fut à mon tour de me prosterner de cette façon. Cela me vint de manière soudaine et spontanée. J'avais eu une heure d'entretien particulièrement satisfaisante et je me sentais rempli d'un sentiment de gratitude si profonde pour ce que j'avais reçu ce jour-là que je me sentis irrésistiblement enclin à me jeter aux pieds de Svâmiji. Depuis ce jour, je me prosternais devant lui, non pas selon la coutume lors de la première rencontre de la journée, mais seulement à la fin d'un entretien particulièrement gratifiant en prenant soin que cela ne soit pas accompli de manière routinière.

L'élément le plus important de ces prosternations, ajoute Sumangal Prakash, était la réponse qu'elles suscitaient chez Svâmiji. Il y avait immédiatement un échange de cœur à cœur. La réponse de Svâmiji à ces prosternations s'adaptait à chaque fois à la nature des sentiments exprimés par les disciples. Elle pouvait être superficielle, un simple salut de politesse ou bien plus profonde. Alors Svâmiji, même lorsqu'il était engagé dans une autre activité, s'arrêtait... fermait les yeux... et son visage changeait d'expression. »

C'est ainsi qu'en 1973, alors que Svâmiji venait d'avoir une crise cardiaque, Colette Roumanoff qui s'était rendue à Ranchi pour inviter Svâmiji à venir se reposer en France, vit arriver à l'ashram Minati Prakash : « Cela fait trois mois que Svâmiji est alité, écrit-elle dans son journal. On lui sert à manger. Il est sur le point de porter la cuillère à sa bouche lorsque Minati entre dans la pièce. Elle se précipite sur ses pieds et commence un rituel élaboré d'adoration. Elle ne voit que les pieds. Ne regarde ni ce que Svâmiji est en train de faire ni la situation. Elle est entièrement prise par son émotion. Svâmiji repose la cuillère et attend. L'assistance semble pétrifiée. Au bout d'un temps qui paraît interminable, Minati a terminé et un sourire apaisé apparaît sur son visage. Le repas est froid. Quelqu'un propose de le réchauffer. Svâmiji refuse et se remet à manger. Son visage est resté le même : infinie douceur, infinie patience. Il a attendu que le besoin émotionnel se soit exprimé. Il est là pour ça. Permettre à chacun de s'exprimer. L'intérêt de l'autre avant le sien. »

Comme on le voit, Svâmiji laissait faire. Il n'encourage ni n'approuve telle ou telle forme particulière d'expression. Colette avait l'impression que Minati accomplissait un rituel d'adoration... qu'elle prenait les pieds de Svâmiji pour un enfant, un nourrisson... que ces pieds représentaient son propre et unique fils qui était mort en bas âge. Les pieds de Svâmiji étaient devenus pour elle l'enfant mort rendu à la vie. Et Svâmiji était conscient des besoins de Minati. L'émotion de Minati s'exprimait sous cette forme et il laissait faire. Pourquoi n'intervenait-il pas ? Si le moment lui semblait opportun, il pouvait aussi intervenir. Indépendamment de la satisfaction du besoin émotionnel ainsi exprimé par ses disciples ou ses visiteurs, il va de soi qu'il n'attachait pas une grande valeur à ces expressions d'adoration et de dévotion. Ainsi, un jour que je me trouvais à ses côtés, des Santhals du village voisin vinrent en procession lui rendre visite et s'inclinèrent devant lui à tour de rôle en lui touchant les pieds, Svâmiji me souffla alors dans le creux de l'oreille : « Voyez le prix que Svâmiji doit payer à l'ignorance. »

C'est aussi une ancienne tradition en Inde de ne pas manger dans la même assiette qu'une autre personne de crainte d'être « souillé ». Inversement les plus jeunes membres d'une famille sont censés manger les restes laissés par leur père, tandis que les épouses mangent tous les jours dans l'assiette utilisée par leur époux qui laisse des reliefs du repas spécialement pour elles.

Tel est également le cas pour les aliments mangés par un maître spirituel (*guru*). Il laisse spécialement de la nourriture dans son assiette pour les fidèles à partager entre eux. Ces restes sont appelés *prasâda*, littéralement : faveur ou grâce, et expriment symboliquement à la fois que tout ce que l'on reçoit vient de Dieu et en même temps qu'à travers cette nourriture consacrée ce sont les qualités spirituelles du maître qui sont ainsi transmises.

Cette pratique est couramment observée dans la plupart des ashrams. C'est la raison pour laquelle les fidèles prenaient toujours le repas après que Svâmiji avait terminé de manger de façon à ce que le *prasâda* puisse être distribué parmi tous ceux qui étaient présents. De même, les sucreries et les fruits apportés en offrande ne pouvaient être mangés avant lui.

Un autre rituel observé par les fidèles consistait à lui servir de la nourriture dans des plats ou des récipients exclusivement réservés à son usage.

Bien sûr, il y avait des exceptions à ces règles.

« Je ne pus quant à moi, raconte Sumangal Prakash, m'astreindre à cette pratique. Quand je me rendis pour la première fois à l'ashram en 1938, je prenais mes repas assis aux côtés de Svâmiji et de Chinmayee. Quand Svâmiji vint séjourner chez moi après mon mariage, nous prenions nos repas côte à côte avec Svâmiji et Chinmayee. Quand je lui rendis visite en 1939 à Mussoorie dans la maison de Satyanarain dont il était l'hôte, ses repas étaient servis à la mode européenne et nous étions tous assis autour de la même table.

Ce n'est qu'en 1944, quand ma femme et moi restâmes auprès de Svâmiji pendant plus d'un an et qu'il y avait d'autres disciples qui résidaient à l'ashram en même temps que nous, que nous commençâmes à prendre nos repas après que Svâmiji avait terminé le sien. C'est alors que je découvris cette pratique que je n'avais aucune intention d'observer moi-même. En fait, cette pratique dont j'avais beaucoup souffert dans la maison de mes parents m'était insupportable et je m'étais violemment révolté contre elle. Svâmiji de son côté n'intervenait jamais dans ces matières.

Un jour, je refusai le *prasâda* de Svâmiji qui m'était proposé par un disciple, ce qui eut pour effet de le blesser. A l'époque, je commençais à éprouver un sentiment de gratitude extrême envers Svâmiji et je mis à réfléchir sur cette question de *prasâda*. Je me rendis compte que ce qui m'apparaissait comme une attitude rationnelle de ma part était en fait tout à fait irrationnel. Le plus important pour moi était d'essayer de me rendre libre de mes fausses identifications et de l'importance que j'attribuais au sens de l'ego. Est-ce que je n'acceptais pas de manger dans n'importe quel restaurant de la nourriture préparée dans des conditions hygiéniques douteuses alors que ce n'était pas le cas du *prasâda* de Svâmiji ? »

Selon la tradition, on donnait aux *saṃnyâsî* un siège plus élevé que celui des fidèles. Bien entendu, cette règle ne pouvait être respectée quand les personnes s'asseyaient par terre. Dans ce cas, il y avait un semblant d'observance en établissant une sorte de distinction : Svâmiji s'asseyait habituellement sur un coussin, le dos soutenu par un autre alors que les visiteurs s'asseyaient sur une natte ou un tapis de toile de coton épais. Parfois, Svâmiji lui-même n'observait pas cette règle.

« Ainsi, raconte Sumangal, quand le frère aîné de Svâmiji vint lui rendre visite à Ranchi, une chaise fut placée pour lui à côté de celle de Svâmiji. Il en fut de même quand Badari Nath Verma, un de ses anciens collègues du Bihar Vidyapith, vint lui rendre visite à Patna.

C'est également la disposition qui fut prise quand un astrologue renommé de Patna vint rendre visite à Svâmiji lorsque celui-ci résidait dans la maison de Sumangal. C'était un adepte du culte de la Sakti et il observait d'une manière stricte des règles qui l'empêchaient de se mêler aux autres ou de toucher une personne selon des critères très complexes. C'était un brahmane particulièrement orthodoxe (*maithil*) du nord du Bhutan et personne ne lui avait dit le nom de Svâmiji avant qu'il ne devienne *saṃnyâsin*, ce qui lui aurait permis de reconnaître qu'il avait affaire à un brahmane. En effet, il ne sentait pas nécessaire de témoigner du respect à un *saṃnyâsin* non brahmane.

Cet astrologue m'avait impressionné auparavant par son interprétation correcte et significative de mon horoscope. C'est lui qui avait deviné la présence à ce stade de ma vie "d'un grand sage qui avait atteint le sommet de l'accomplissement spirituel et pouvait changer le cours de ma vie". » Quand il avait souhaité savoir si cela était correct et que j'avais répondu affirmativement, il m'avait demandé de l'informer de la prochaine visite de Svâmiji "afin de pouvoir être honoré de son *darśana*".

De son côté, Svâmiji qui s'était mis à s'intéresser à l'astrologie souhaitait aussi le rencontrer. Sur les instructions de Svâmiji, je plaçai un siège en face du lit sur lequel Svâmiji était assis et à la hauteur de celui-ci.

L'astrologue fut si impressionné par l'accomplissement spirituel de Svâmiji, en découvrant que sa lecture de mon horoscope était corroborée par sa propre lecture des lignes de la main de Svâmiji, qu'il souhaita voir la plante des pieds de Svâmiji car, dit-il, "les paumes des mains des personnes ayant un grand accomplissement spirituel avaient des signes distinctifs dont il avait lu la description dans de vieux livres mais qu'il n'avait jamais eu l'occasion d'observer chez personne de sa connaissance". Selon les traités les plus autorisés en la matière, il fallait trouver également ces marques sur les pieds. Svâmiji avait des chaussettes et alors que je m'apprêtais à les lui enlever, le grand astrologue était devenu si humble qu'il m'arrêta et se mit à les enlever lui-même. Et quand il trouva réellement la corroboration de ce qui était indiqué dans ses livres, il fut si bouleversé par sa découverte qu'il demanda du papier et une plume et composa un hymne sanskrit à la gloire de Svâmiji et le lui déclama d'un ton très dévotionnel. A mon grand étonnement les qualités et attributs qu'il attribuait à Svâmiji étaient en fait, mot pour mot, ce qui, d'après moi, lui correspondait. »

Selon la tradition, un *saṃnyâsin* n'est astreint à aucune obligation sociale et n'est pas censé travailler ni gagner sa vie. Son but est l'éveil ou la libération et il vit de « ce qui lui vient du ciel ». C'est le devoir (*dharma*) des maîtres de maison de le nourrir.

Bien qu'ayant une relative indépendance financière grâce aux revenus des terres, Svâmiji acceptait les offrandes des disciples et fidèles sous forme d'argent ou d'objets. Toutefois, il n'acceptait jamais rien de personne à moins que cette offrande ne fût l'expression d'un sentiment de profonde gratitude.

Sumangal Prakash raconte ainsi comment, en 1939, Svâmiji lui écrit d'un ton enjoué : « Svâmiji pourrait bien avoir besoin d'un peu d'argent. Serez-vous en mesure de vous en démunir ? Oui, un peu d'argent est en fait nécessaire. Mais je me souviens que vous devez aller à Tripura (où la session annuelle du Congrès national indien devait être tenue). Comment allez-vous faire ? Peut-être pourriez-vous approcher quelques personnes qui auraient la possibilité d'avancer cette somme sans être gênées ? Le montant nécessaire est d'environ cinquante à soixante roupies. Voyez ce qu'il vous est possible[1]... »

Sumangal Prakash envoya un virement de cent roupies en demandant dans une lettre s'il pouvait être mis au courant de la situation financière de l'ashram de façon à ne pas se trouver dans l'obligation de demander de l'argent à d'autres personnes et de pouvoir prendre à l'avance des dispositions adéquates pour faire face aux besoins inattendus qui pourraient apparaître de temps à autre.

Le virement fut reçu par Svâmiji un jour avant la lettre. Il répondit immédiatement : « L'argent a été reçu. L'argent est nécessaire pour deux buts. L'un est inévitable et il a déjà été employé dans ce sens. L'autre projet peut être remis à plus tard. Après avoir déterminé quel montant doit être dépensé pour le premier projet, une partie de l'argent envoyé vous sera renvoyée, ce que vous ne pouvez pas refuser. Vous en avez besoin pour le moment. Vous ne devez pas vous séparer d'un montant aussi important[2]. » Le jour suivant il ajouta : « J'étais sur le point d'expédier cette lettre quand votre lettre est arrivée. Je l'ai donc gardée. A notre époque, spécialement dans ce pays, les gens sont devenus tristement ladres en matière d'argent. En raison de cette mesquinerie, leurs infirmités augmentent de jour en jour. C'est pourquoi il faut faire très attention lorsqu'on établit des relations financières. Dans votre cas, vous semble être dépourvu de cette mesquinerie. C'est pourquoi, il n'y eut aucune hésitation à faire "appel" à vous. C'est la deuxième fois que de l'argent a été demandé.

Vous donner un tableau complet des revenus et des dépenses serait un processus long qui n'est pas nécessaire. En bref, vous savez déjà que la voie de la Connaissance (*prajñâna mârga*) est la voie pour être établi en soi-même et par conséquent être, du début à la fin, entièrement dépendant de soi-même, en ce qui concerne ses besoins. Ceci implique d'abord pour ce qui est de son gagne-pain d'être indépendant et de subvenir à ses besoins. C'est dans ce but que l'ashram a des terres. Quand la récolte est normale, il y a assez de riz pour vivre à l'ashram une "vie de village" ordinaire. Cette

1. L.16.2.39.
2. L.23.2.39.

année cependant, la production était en dessous de la normale, d'où la gêne pour ce qui est des autres besoins.

Quand je suis revenu ici cette année, j'ai trouvé que l'étable avait été détruite. Pendant les pluies les vaches ont été trempées jusqu'aux os. C'est comme si j'avais été trempé moi-même. C'était donc nécessaire de prendre des dispositions adéquates pour les mettre à l'abri : d'où le besoin d'argent.

Un autre but était de remettre en état l'auvent en terre battue devant la case. Des rafales de pluie l'ont totalement et durablement détrempé. Ma santé étant ce qu'elle est, l'humidité ne lui est guère favorable.

J'ai donc eu l'idée de rendre l'auvent et la partie du devant imperméables à l'humidité en les faisant recouvrir de ciment, ce qui donnerait en fait quelque protection. Mais ce projet est maintenant abandonné. Une décision à ce sujet sera prise ultérieurement. Où aller chaque année pendant la saison des pluies et où trouver refuge ? C'est pourquoi il m'est venu à l'esprit de rester ici de manière continue et si possible pendant toute une année et voir quels en seront les résultats.

L'estomac a cessé également de fonctionner correctement. J'essayerai de trouver la vraie cause en éliminant les unes après les autres (toutes les causes possibles). Pendant quelque temps, je n'ai fait que me nourrir de produits du village. Des fruits, etc. n'étaient pas disponibles car la source d'approvisionnement de Calcutta d'où ils étaient envoyés a cessé d'exister. »

Quelques semaines plus tard, il ajoute : « Si la santé physique peut être maintenue en n'utilisant que les produits disponibles de ce village désolé, très bien. Sinon vous en serez informé. Certains aspects pratiques de la situation ici nécessitent des dépenses pour maintenir l'ashram. Ainsi de nouveau, Nirmal souhaite séjourner ici : cela implique des dépenses supplémentaires...»

Même si Svâmiji souhaitait réduire les dépenses de fonctionnement de l'ashram pour ce qui le concernait au strict minimum, il y avait d'autres besoins qui étaient incompressibles.

« C'était d'abord, raconte Sumangal Prakash, ceux des disciples qui éprouvaient la nécessité pressante d'être suivis par lui et de rester pour des séjours d'une plus longue durée et qui, parfois, n'étaient pas en mesure de contribuer en quoi que ce soit à l'ashram pour couvrir leurs propres frais de séjour. Ce fut le cas non seulement de Nirmal en ce temps-là mais de ma femme Minati et de moi-même ; nous sommes restés auprès de Svâmiji plus d'une année d'affilée de 1944 à 1945 et nous étions tous deux dans un tel état mentalement et émotionnellement que nous avons été amenés à dépendre totalement de Svâmiji sur tous les plans au point qu'il devait même assurer notre propre subsistance. »

Freud explique quelque part, ainsi que le rapporte Svâmiji, qu'un analyste doit toujours attacher une grande importance à ses honoraires. S'il n'est pas strict à ce sujet, il court le risque de voir le patient le soupçonner, dans la conduite du traitement, d'agir vis-à-vis de lui pour toutes sortes d'autres motifs.

Demander des honoraires à ses disciples était hors de question, mais Svâmiji ne courait pas non plus le risque mentionné par Freud. Lorsque Frédérick Leboyer effectua son premier séjour à l'ashram, Svâmiji n'accepta aucune contribution financière de sa part pour le maintien de l'ashram. La raison invoquée par Svâmiji c'est que tant qu'il n'avait pas le sentiment d'avoir reçu de Svâmiji quelque chose de grande valeur, accepter une contribution serait injustifié. Svâmiji avait alors cité un exemple tiré de la *Bṛhadâraṇyaka Upaniṣad* (31 janvier 1963) : « Yâjñavalkya dit à son disciple : "Tant que je ne t'aurai pas conduit complètement à la vérité, accepter quoi que ce soit de ta part comme une offrande ou un signe de reconnaissance serait du vol." »

Svâmiji commente alors ces paroles en disant : « Si vous sentez intérieurement "oui, j'ai obtenu", alors du fait même de sentir que vous vous êtes enrichi, de la totalité de vous-même surgit un sentiment de reconnaissance envers celui-ci dont vous avez reçu. C'est cela la gratitude. »

La gratitude est en fait un thème récurrent dans les entretiens de Svâmiji puisque le fait de donner et de recevoir sont les bases mêmes de toute relation. Donner pour accomplir un devoir n'est pas un don d'après Svâmiji, car ce n'est pas un acte spontané et par conséquent le don n'enrichit pas la personnalité du donneur ; on ne peut donner spontanément que lorsqu'on se sent authentiquement (*genuinely*) reconnaissant pour ce que l'on a reçu.

« J'ai pensé, dit Frédérick Leboyer, le jour de son départ de l'ashram, laisser une certaine somme d'argent à Mère, non pour payer la nourriture et le reste, mais parce qu'elle a dépensé de l'argent pour acheter ce qui était nécessaire et l'argent ne tombe pas du ciel. Puisque je suis en position de faire cela, il n'y a aucune raison que je ne le fasse pas. Alors, viendra peut-être quelqu'un qui n'aura absolument aucun moyen de payer son séjour. Cela n'a rien à voir avec payer les frais d'hôtel. Je ne veux pas non plus agir ainsi pour exprimer la gratitude de ce que j'ai reçu ici parce que rien ne peut payer ce que j'ai reçu... Et malheureusement dans ce monde l'argent est nécessaire.

Puis j'ai pensé : "Mais c'est ainsi que nous autres Occidentaux ressentons les choses. Nous avons oublié ce que signifie l'hospitalité au point que lorsqu'elle nous est proposée nous hésitons même à l'accepter. Plutôt que d'être simples comme des enfants et de prendre et d'accepter le cœur ouvert ce qui nous est si gentiment et si simplement offert, nous sentons toujours que nous devons payer en retour comme un comptable qui est toujours en train de calculer : "Oh ! J'ai reçu tant et donné tant !" Ainsi en laissant de l'argent à Mère, je peux désirer satisfaire ce sentiment stupide, mesquin et petit d'avoir tant reçu. Mais ce qui est tout à fait clair pour moi maintenant à ce sujet, c'est que je n'essaierai pas de calculer ici de cette façon. Je vais grandir et l'accepter. Mais cependant j'aimerais laisser quelque argent à Mère et de manière à ne pas la blesser et qu'elle ne se mette pas à sentir : "Oh ! Il ne s'est pas considéré comme un fils, mais comme un étranger." Mais je ne le ferai pas sans votre autorisation.

– L'argent, sans aucun doute, répondit Svâmiji, est une des choses les plus vitales dans la vie sociale du monde. Et parce qu'il est essentiel, il faut y faire très attention. C'est le moyen, pour ainsi dire, des relations... Pour garder la relation à un niveau humain, il faut faire attention à tout ce qui concerne l'argent, car il peut tout dégrader... Par exemple, si la main droite transfère cette montre à la main gauche, la main gauche pense-t-elle qu'elle doit être reconnaissante à la main droite ? Non. Il n'y a aucune idée de donner ou de prendre entre elles[1]. »

Après avoir expliqué que donner et recevoir deviennent « humains, ou pleins de grâce, ou vrai, ou beau » quand il y a un sentiment d'unité, Svâmiji reconnaissait que c'est le travail des autres de voir comment Svâmiji vivait ou comment l'ashram pouvait être maintenu. Mais il déclarait de manière claire : « donner à Svâmiji ou à l'ashram » n'est possible que lorsque (dans l'esprit de celui qui donne) ne subsiste aucun sentiment « qu'il donne ». Dans le cas particulier de Frédérick, il lui demanda d'attendre et de permettre au sentiment véritable (*genuine*) de grandir en lui pendant quelque temps avant d'agir dans ce sens. « Pour le moment, lui dit-il, il vaut mieux ne pas traiter cette question en terme d'argent mais simplement en terme d'amour. » Pour conclure, Svâmiji lui

1. E.4.2.63.

fit remarquer que personne à l'ashram ne l'avait traité comme un étranger. A quoi le disciple français répondit : « Non, non. Je me sens tellement chez moi. »

Dans la tradition indienne, un disciple est censé accomplir des tâches pour le service du guru et de l'ashram et payer l'honoraire du guru (*gurudakṣinâ*) à la fin de ses études avant d'être reconnu apte à devenir maître de maison. Ce *gurudakṣinâ* variait d'un guru à l'autre et d'un disciple à l'autre et il y a de nombreux exemples dans les Ecritures où un disciple doit passer des tests difficiles et risqués.

« Je me souviens de ma peur, raconte Sumangal Prakash, quand, un jour, Svâmiji me demanda ce que je lui paierais pour les efforts qu'il faisait pour m'amener à la normalité. Je venais d'effectuer un séjour d'un an auprès de Svâmiji après la mort de mon fils. J'accompagnais Svâmiji dans sa promenade et venais de lui dire que c'était le jour de mon anniversaire. Je lui avais demandé sa bénédiction pour grandir et atteindre mon âge véritable lors de mon prochain anniversaire. "Qu'allez-vous me payer si je le fais ?" répliqua Svâmiji.

Je fus troublé par sa question et il s'en aperçut. Il ajouta immédiatement en souriant : "Ce que je veux en retour de mes efforts, c'est que les visages de vous deux s'illuminent comme la rose que Suvrata m'a montrée juste quelques instants auparavant. Aurait-elle eu, il y a seulement quelques semaines, le courage de cueillir la rose qui l'attirait tellement dans le jardin du voisin de son amie ?" »

En fait, Svâmiji ne demandait aucune *dakṣinâ* ou rémunération pour l'aide accordée à ses disciples. Voici un dialogue rapporté par Sumangal Prakash :

« L'enfant ne sait que prendre, obtenir, posséder, dit Svâmiji. Aussi longtemps qu'il n'apprend pas également à donner, il ne grandit pas et continue à être un enfant. L'enfant auquel les parents, quand le moment est venu, n'apprennent pas pratiquement et concrètement qu'ayant reçu il doit donner également, que pour avoir il faut donner, restera un enfant même s'il atteint un âge avancé.

– Mais comment apprendre à un enfant à donner ?

– De la même façon que vous apprenez ici. Pourquoi tirez-vous sur la ficelle pour faire mouvoir le ventilateur ? Pourquoi l'avez-vous construit pour Svâmiji ?

– Comme expression de gratitude, réplique Sumangal sans hésiter. Ce que j'ai reçu de vous... ce que je reçois est beaucoup plus précieux quantitativement et qualitativement que ce que je vous offre par ce petit service. »

Cette même question, je la posai à Svâmiji lors de mon premier séjour à l'ashram de Ranchi :

« Comment puis-je vous rembourser de ce que vous m'avez donné, Svâmiji ? Comment puis-je vous témoigner ma reconnaissance ?

– Supposez que vous êtes assailli au coin d'un bois par des brigands qui vous réclament "la bourse ou la vie". Un voyageur qui passe par là les met en fuite. Que lui devez-vous ? Non pas la bourse. C'est votre vie qu'il a sauvée. Le guru permet de mettre en fuite les émotions. Il n'y a pas de prix pour un service spirituel.

Je me sentis vaguement inquiet. Ses exigences n'allaient-elles pas être exorbitantes ? Il ajouta avec un sourire malicieux :

– Comme disent les Anglais, l'imitation est la meilleure des flatteries.

Comme je ne comprenais pas ce qu'il voulait dire, je répondis :

– Mais Svâmiji n'est pas sensible à la flatterie.

– Bien sûr que non. Cela veut dire que c'est en mettant en application ce que vous avez appris ici que vous payez votre dette.

– C'est une manière très agréable de payer, dis-je en m'inclinant pour prendre congé. »

Quelques années plus tard, mes relations avec lui se sont approfondies. Svâmiji m'est devenu si proche, si intime, que mon sentiment prédominant était devenu "tout ce qui est à moi est à lui". Grâce au travail émotionnel effectué sous la direction de Svâmiji, j'ai pu notamment me rendre libre de la majeure partie des obstacles qui me bloquaient pour fonctionner de manière normale en société : « La réussite professionnelle, l'aisance matérielle qui en découlent en sont les résultats... Tout ce que je possède aujourd'hui, je n'ai pu l'obtenir que grâce à Svâmiji. Tout ce que je possède est donc à lui. Est-il alors tolérable qu'il puisse connaître une gêne matérielle ou financière ? »

Tous ceux qui venaient à l'ashram étaient censés respecter un certain nombre de règles :

1. Le mari et la femme étaient ainsi logés dans des maisons séparées.

2. Les enfants en bas âge n'étaient pas acceptés...

Par contre, Svâmiji prenait grand soin de leur confort. Il donnait toutes les indications sur les horaires des autobus venant de la gare de Burdwan, le nom de la personne à contacter au village de Natumgrama qui pourrait aider à trouver un porteur pour les bagages. Si les disciples venaient de Khana Junction, il s'arrangeait pour qu'un char à bœufs du village santhal avoisinant puisse aller attendre le visiteur à la gare. Un repas était spécialement préparé pour lui s'il arrivait à une heure plus tardive. Pour les Occidentaux, une nourriture spéciale était préparée, par exemple des œufs ou une omelette le matin. Il informait également le disciple, lorsque le programme se trouvait brusquement changé. Par exemple, un jour Svâmiji envoya plusieurs télégrammes pour annoncer un changement de programme. « Votre frustration eût été encore plus grande, explique-t-il dans la lettre qu'il envoie le même jour, si vous ne m'aviez pas vu arriver dans le train. C'est pourquoi il a été senti que c'était nécessaire de vous télégraphier tant de fois. L'argent n'est pas fait pour être conservé seulement : tout l'argent qui vient à Svâmiji est destiné à être dépensé pour la cause de la vérité. Bien sûr, c'est naturel pour les autres de se sentir intrigués en voyant tant de télégrammes arrivant l'un après l'autre mais leur est-il possible d'apprécier le fait que sacrifier un montant raisonnable d'argent pour qu'un cœur humain ne soit pas blessé (si la blessure elle-même n'est pas déraisonnable) n'est d'aucune conséquence ? L'argent doit être utilisé pour l'usage de l'homme et non l'homme pour l'argent. »

Svâmiji n'attachait aucune importance aux rituels en ce qui le concernait lui-même mais les acceptait dans la mesure où ils correspondaient aux besoins affectifs des disciples. L'histoire que rapporte Sumangal à ce sujet est très caractéristique :

« Ayant acheté des sucreries dans la seule boutique de Suriya qui en fabriquait, Minati et moi-même venions juste de revenir à Anand Kutir quand je fus horrifié de constater que Minati avait déjà entamé un des morceaux.

– Quoi ! Tu as commencé à manger avant même de l'avoir offert à Svâmiji ?

J'étais hors de moi.

Ayant rapidement avalé le morceau qui était dans sa bouche, elle me regarda d'un air coupable :

– J'ai complètement oublié... Que faire maintenant ?

– Que faire maintenant ? dis-je d'un air furieux. Ils ne peuvent plus être offerts à Svâmiji. C'est tout. Mange-les tous toi-même sans partager avec personne.

Minati me regarda d'un air désespéré. Nous ne savions qu'en faire.

Quand je vis cependant au déjeuner ces mêmes sucreries sur le plat destiné à Svâmiji, je me serais certainement laissé emporter par la colère si Suvrata, qui servait Svâmiji, ne s'était trouvée présente dans la pièce. Mais plus tard, quand je demandai des explications à Minati , je ne compris pas ce qui la faisait rire sans aucune honte. Elle m'expliqua alors que quelques minutes avant le repas, Svâmiji se trouvant tout seul, elle lui avait raconté ce qui s'était passé. Remplie de honte et mortifiée, elle se tenait devant Svâmiji qui lui demanda de faire davantage attention à l'avenir et ajouta : "Mais vous n'êtes pas habituée à ces règles et traditions de l'ashram." Puis, après avoir vérifié que personne d'autre que moi-même n'était au courant, il lui demanda si elle pouvait porter les sucreries à Suvrata. "Mais faites attention, ajouta-t-il, que personne d'autre ne découvre que vous en avez goûtées avant de les avoir offerts à Svâmiji. Car cela non seulement les blesserait dans leur respect pour cette tradition mais vous abaisserait à leurs yeux." »

Chapitre XI

Relations avec son ex-famille

1. ***Relations avec Anasûya Devi.***

Nous avons vu qu'à son installation à Channa, Svâmiji demanda à Anasûya de ne pas venir s'installer à l'ashram, « les circonstances » n'y étant pas propices.

« La première occasion pour moi, raconte Mâ, de séjourner à l'ashram se présenta après avoir attrapé la fièvre typhoïde à Calcutta. Svâmiji était venu séjourner avec nous. Je fus soignée par Kamala, l'épouse de Bijoy Basanta Basak, l'ami d'enfance de Svâmiji. Elle vint tous les jours de sa maison de Baranagar pour me soigner. J'avais fait sa connaissance juste après mon mariage et je m'étais toujours sentie proche d'elle. Quand je fus suffisamment rétablie et en mesure de me rendre à l'ashram de Channa en compagnie de Svâmiji, Kamala insista pour m'accompagner et continuer à s'occuper de moi... Oui, elle laissa son époux et ses enfants seulement pour moi... ce qui montre à quel point elle m'aimait profondément.

Plus tard, mes visites à l'ashram devinrent plus fréquentes et mes séjours de plus longue durée, spécialement quand je me sentais déprimée, dépression qui, m'avait-on dit, était une conséquence possible de la typhoïde. Là encore, j'étais chaque fois accompagnée par Kamala dont la compagnie m'apaisait.

J'étais bien sûr déjà venue précédemment à l'ashram Channa du temps de Nirâlamba Svâmi. Avec un petit ballot de mes affaires personnelles sous le bras, j'avais suivi Svâmiji et couvert à pied toute la distance de la gare de Khana Junction à l'ashram. Mâ Chinmayee avait alors remarqué : “Ainsi, te voilà destinée à suivre le même chemin que moi, Mâ." Et se tournant alors affectueusement vers mon mari, elle l'admonesta : "As-tu perdu tout bon sens, mon garçon ?... Tu as fait marcher cette enfant toute cette distance en lui faisant porter ce baluchon sous le bras ! Tu n'as même pas pensé que tu aurais pu m'informer à l'avance de votre arrivée pour qu'un moyen de transport puisse être arrangé. Etes-vous tous les deux, le guru et le disciple, fabriqués dans le même moule ?"

Mâ Chinmayee avait une grande affection maternelle pour Svâmiji et je l'ai entendu dire que chaque fois qu'elle se sentait malheureuse, elle ne trouvait de consolation qu'en lui ouvrant son cœur. Quelques jours après, elle me demanda pourquoi je ne me peignais pas. Mais, ayant posé ses mains sur ma tête, elle ajouta aussitôt : "On ne te donne pas d'huile pour les cheveux, n'est-ce pas ?" »

Sa fille était le seul soutien émotionnel d'Anasûya et l'idée d'en être séparée après le mariage de celle-ci était pour elle une source permanente d'angoisse. Svâmiji en était conscient, aussi avant le mariage de sa fille en fit-il part à son gendre Satinath. Celui-ci répondit qu'après le mariage la mère de Chinmayee deviendrait automatiquement sa mère et qu'ainsi il ne devait plus y avoir aucun problème concernant les soins à lui apporter ou sur son lieu de séjour. Il assura Mâ que sa fille et son nouveau fils seraient là pour s'occuper d'elle.

Svâmiji écrivit à sa fille et à son gendre une longue lettre[1] dans laquelle il leur donnait à tous deux des indications précises sur la manière de s'occuper d'Anasûya et qu'il terminait par ces mots : « Aujourd'hui, comparativement, le cœur de Mâ a acquis maintenant une force beaucoup plus grande (*stamina*). Si vous réagissez tous deux favorablement à ses sentiments, son esprit deviendra beaucoup plus normal et stable et elle se sentira heureuse. »

Après le mariage de Chinmayee en 1941, c'est Paresh qui s'occupa d'Anasûya. De temps en temps, elle allait également séjourner chez les parents de son gendre qui avaient une maison à Ranchi. Cependant quand sa maison au 12 Jogendra Barak Road fut réquisitionnée par l'armée après l'entrée en guerre du Japon, elle fut reléguée par Bijoy Basak au premier étage du Press Building, non loin de sa propre maison. C'était un tout petit appartement comparé à celui où elle avait vécu les douze années précédentes. Elle accepta le changement sans grande difficulté.

Peu après, Satinath quitta son travail d'avocat à Ranchi et

1. Citée p. 105.

devint enseignant à Calcutta. Elle eut alors la joie de loger son gendre et sa fille chez elle et bientôt elle fut grand-mère en 1944.

Puis, vers 1949, la famille Basak eut besoin de la maison qui avait été mise à la disposition d'Anasûya. Elle put cependant y rester quelques années de plus. Mais quand elle se rendit compte qu'elle devrait la quitter un jour ou l'autre, elle se sentit angoissée à l'idée qu'elle n'avait pas de maison qui lui appartenait en propre et qu'elle était entièrement dépendante d'autrui. Cela raviva dans sa mémoire les souvenirs amers du passé et les ressentiments qu'elle éprouvait à l'encontre de son mari.

Elle dut quitter la maison en 1955 et son gendre loua une petite maison à Cornwallis Road. Elle se mit à venir beaucoup plus souvent à Channa à partir de 1955. Ce ne fut pas facile pour elle car, expliqua-t-elle plus tard, « bien que l'attitude de Svâmiji fût devenue tendre et affectueuse, la mémoire amère des expériences passées me revenait à l'esprit chaque fois que je le voyais si doux et gentil avec les autres ».

« Au début, poursuit-elle, je ne m'intéressais pas du tout à toutes ces discussions spirituelles que Svâmiji avait avec les gens qui venaient lui rendre visite. Puis je me mis à éprouver un sentiment d'infériorité devant mon incapacité à comprendre les sujets discutés avec lui. Un jour, j'attaquai de front Svâmiji et me plaignis :

– Toi seul es responsable de mon ignorance et de ce que mon intellect soit insuffisamment développé.

– Comment ? Comment puis-je être responsable de cela ? me demanda-t-il.

– Quelle autre raison pourrait-il y avoir ? Tant de gens viennent te voir et discutent avec toi de sujets tellement compliqués que je ne peux même pas suivre. Je reste comme je suis sans faire aucun progrès.

– Oui, c'est vrai, dut-il concéder.

Mais je continuai à me plaindre en avançant des arguments supplémentaires à l'appui de ma thèse :

– Ne dit-on pas que l'enfant qui n'est pas nourri au sein maternel n'a pas une croissance normale ? Il en est de même pour moi. Mes parents n'ont donné naissance qu'à mon corps physique. Ma vraie vie a commencé depuis que je suis venue vivre avec toi alors que j'étais si jeune et que je manquais tellement de maturité. C'était donc ta responsabilité de m'éduquer de façon à permettre mon développement mental et intellectuel. L'as-tu fait ? As-tu nourri la plante immature que j'étais ? Si tu lui avais donné amour et soins, serais-je restée à ce niveau ?

– Oui, c'est un fait. Mais que pouvais-je faire ? Tu es venue rejoindre cet homme détraqué (*crazy*) à une période de sa vie où on ne pouvait rien attendre d'autre de lui. Oui, cet homme détraqué a certainement ruiné (*spoiled*) toute ta vie. Il n'y a aucun doute à ce sujet. Bien sûr, c'est moi qu'il faut blâmer pour tout cela.

– Maintenant ne vois-tu pas la différence que cela aurait pu faire dans ma vie si tu t'étais un petit peu occupé de moi, si tu m'avais donné un peu d'amour et d'affection en ce temps-là ? J'étais très jeune alors et très influençable. Tu aurais pu me former à ta guise. Les temps étaient autres. Les filles à cette époque pouvaient beaucoup plus facilement être amenées à changer. Elles pouvaient s'adapter aux désirs de leur mari beaucoup plus facilement. Et sais-tu que, dans la mesure où tu as voulu que je change, j'ai cédé complètement à tes désirs en adoptant par exemple un mode de vie austère ? Mes habits étaient grossiers. Je n'avais aucun moyen et ne disposais de rien pour améliorer mon apparence. Tu m'as demandé de travailler au rouet et je l'ai fait. La nourriture était des plus simples : juste du riz et des pommes de terre bouillies. En quoi, en fait, ne t'ai-je pas satisfait ? Si tu avais accordé tant soit peu d'amour à cette pauvre fille, ne se serait-elle pas développée intellectuellement aussi ?

– Bien sûr, bien sûr. Je suis le seul à devoir être blâmé d'avoir gâché ta vie. Si j'avais eu à ce moment-là l'intelligence que j'ai maintenant, tu te serais développée certainement de manière différente.

– Parfois je me sens si abandonnée (*let down*), Svâmiji, spécialement quand je me compare à d'autres qui n'ont pas eu plus d'éducation que moi et qui pourtant ont avancé spirituellement, comme elles disent, après être entrées en contact avec toi. Etais-je moins développée mentalement qu'elles toutes ou que certaines d'entre elles ? Ne fais-tu pas pour elles ce que tu n'as jamais fait pour moi ?

– Ne sais-tu pas pourquoi je fais cela pour elles ? C'est seulement parce qu'elles n'ont pas reçu d'amour dans leur vie.

– Oh ! Ainsi il n'y a que moi qui ne reçois pas d'amour de toi ? Mais laisse-moi te dire que si tu n'avais pas eu pour femme une fille stupide et ordinaire comme moi, tu n'aurais jamais pu atteindre l'Eveil. Cela a été ta grande chance de m'avoir pour femme, car j'ai été celle qui a été instrumentale pour te faire voir et réaliser la nature véritable du monde. Tu devrais te sentir reconnaissant envers moi pour tout ce que tu as pu accomplir.

– Certainement, certainement ! J'en suis toujours conscient. Je t'en suis certainement reconnaissant[1]. »

Tous ceux qui ont séjourné à l'ashram après qu'Anasûya Devi a décidé de rester auprès de Svâmiji et de partager la vie de l'ashram ont pu aisément observer que Svâmiji faisait en sorte que tous ses désirs matériels soient satisfaits dans toute la mesure du possible et qu'elle soit la personne la plus respectée dans l'ashram après Svâmiji. Elle avait un rendez-vous avec lui à heure fixe tous les jours. Après les repas, elle venait s'asseoir près de lui et restait aussi longtemps qu'elle en avait envie, quitte à empiéter parfois sur le temps de repos de Svâmiji.

Les disciples présents à l'ashram pouvaient alors l'entendre déverser sa rage et son ressentiment contre Svâmiji en lui reprochant toutes ses actions passées de négligence et de cruauté à son égard. Cela se terminait le plus souvent par une crise de larmes. Pendant tout ce temps, Svâmiji l'écoutait patiemment et avec sympathie tout en reconnaissant la véracité des accusations qu'elle portait contre lui.

« Tout ce qui est accompli, commentait Svâmiji, par voie de compensation ou pour satisfaire les souhaits ou les désirs de quelqu'un qui a été complètement démuni pendant sa prime jeunesse, demeure non reconnu car cela ne peut remplir le vide créé à ce moment-là. » Et pourtant, au fur et à mesure que les années passaient, tous les efforts de Svâmiji firent beaucoup, en fait, pour remplir ce vide, du moins en partie.

Depuis le jour où Anasûya dut quitter la maison réquisitionnée par l'armée, Svâmiji chercha une solution pour apaiser son sentiment d'insécurité, car bien qu'elle se fût adaptée à la vie de l'ashram où ses besoins personnels étaient satisfaits parfois même au détriment de la discipline normale de l'ashram, ce sentiment persista. En dehors de Svâmiji, elle ne pouvait dépendre que de sa fille et de son gendre, dont le foyer ne pouvait pas être un substitut à celui qu'elle aurait souhaité posséder en propre. De plus, elle ne pouvait pas non plus ne pas penser que Svâmiji pouvait quitter ce monde avant elle, non seulement parce qu'il était beaucoup plus âgé – environ dix-sept ans de plus – mais aussi en raison de sa santé rapidement déclinante après l'apparition

1. Récit d'Anasûya recueilli en 1979 par Sumangal Prakash.

de ses premiers symptômes cardiaques aux alentours de 1950.

Aussi Svâmiji prit-il des dispositions, certes avec de grandes difficultés, pour acheter un petit bout de terrain à Synthee, dans la banlieue nord de Calcutta. Une maison de deux étages, financée par un emprunt, y fut construite. La maison fut achevée en 1965 et, à la fin de l'année, Satinath y emménagea avec Chinmayee. Mais avant cela, selon le souhait exprimé par Anasûya, on y accomplit le rituel du *gṛhapṛveśa* (l'équivalent de la pendaison de crémaillère) quand Svâmiji et quelques-uns des fidèles y passèrent la nuit. Un repas fut préparé et servi aux nombreux disciples qui s'étaient réunis pour participer à cette cérémonie. Deux plaques de marbre furent apposées de chaque côté de la porte d'entrée avec les inscriptions *ṛtam* en sanskrit et *rhythm* en anglais, écrites de la main même de Svâmiji.

C'est ainsi que Svâmiji put résoudre en majeure partie le problème posé par la sécurité future d'Anasûya, car non seulement cette maison permit d'économiser le loyer que Satinath payait, mais il avait été prévu qu'un des étages de la maison pourrait être loué, si la nécessité s'en faisait sentir, pour permettre de subvenir aux besoins d'Anasûya. Indépendamment de cela, la propriété des terres de Channa achetées au nom de Yogeshvar fut transférée à Anasûya et un compte de dépôt fut ouvert dans une banque à son nom.

« Lorsque la maison fut terminée, raconte Sumangal Prakash, il était dans les intentions de Svâmiji de créer une fondation. La propriété de la maison devait lui être transférée avec la stipulation qu'elle resterait la propriété d'Anasûya jusqu'à la génération suivante. Après la disparition d'Anasûya et de Chinmayee, la propriété devait revenir au Trust. Mais cela ne put se faire car Anasûya ne fut pas d'accord : "Si on prive ma petite-fille de la possibilité d'hériter de ma propriété, répondit-elle furieuse lorsqu'elle eut connaissance du projet, alors je n'en ai pas besoin pour moi-même non plus". Aussi Svâmiji fut-il amené à renoncer à ce projet car "il ne voulait pas, dit-il, blesser l'orgueil d'Anasûya, à ce stade-là dans sa vie déjà trop frustrée". »

« J'entrai en relation avec Mâ, raconte Sumangal Prakash, en 1948 lors d'un séjour à l'ashram Prasad de Ranchi. J'étais dans ma chambre au rez-de-chaussée lorsque quelqu'un vint me demander de monter immédiatement dans la chambre de Svâmiji au premier étage. Arrivé là, je trouvai Mâ assise en face de Svâmiji, lui parlant d'un ton offensé. Svâmiji me demanda de m'asseoir et me dit que j'avais été appelé en tant "qu'arbitre". Puis il demanda à Mâ de répéter les accusations qu'elle portait contre lui en ma présence.

Mâ se mit alors à énumérer, une par une, ses accusations contre Svâmiji, depuis le début de sa vie avec lui et en vint aux épreuves qu'il lui avait fait subir au Bihar Vidyapith. C'était la première fois que j'entendais le passé déchirant de Mâ. Mais avant de me demander mon verdict, Svâmiji se mit lui-même à plaider coupable à chacune de ses accusations : "Oui, véritablement... Je suis certainement à blâmer... Tu sais quelle sorte d'homme j'étais...", etc.

Mais les accusations furieuses de Mâ continuèrent pendant longtemps, jusqu'à ce qu'elles trouvent leur point culminant dans un accès de pleurs.

Une fois, au cours de cette même période, Svâmiji me demanda de suivre Mâ qui se dirigeait en direction du portail et de la surveiller, impliquant par là qu'elle n'était pas en possession de toutes ses facultés. "La pénalité que Svâmiji paie ainsi pour ce qu'il lui a fait subir il y a si longtemps, pensai-je, est vraiment une charge lourde à supporter pour lui, spécialement en raison de l'effort supplémentaire et du stress qu'il doit supporter du fait que tant de personnes viennent se décharger auprès de lui de leurs propres problèmes... Ne pourrais-je pas en conséquence essayer de prendre sur moi une part de ses responsabilités envers Mâ en essayant de compenser un peu pour ce qu'elle a souffert dans le passé ?"

Un jour, je m'aventurai à faire part à Svâmiji de mes sentiments à cet égard. Il m'écouta patiemment et m'expliqua qu'aucune compensation n'était possible pour ce que Mâ n'avait pas obtenu dans le passé, qu'il faisait lui-même tout ce qui était encore en son pouvoir pour procurer un peu de satisfaction à son cœur affamé en écoutant avec patience l'expression de ses débordements émotionnels quotidiens, en sympathisant avec elle et aussi en essayant de satisfaire du mieux qu'il pouvait ses désirs et souhaits matériels. Puis il ajouta : "Si vous avez réellement senti du fond de votre coeur qu'en partageant cette charge en ce domaine vous ne ferez qu'exprimer en action votre gratitude pour ce que vous avez reçu de moi... très bien, c'est un sentiment excellent et tout à fait digne de vous. Mais gardez bien à l'esprit, continua-t-il, que ce que vous faites ne doit pas être fait comme un devoir mais comme un signe de dévotion et de gratitude."

Le premier pas que j'accomplis dans cette direction consista à inviter Mâ à venir passer quelques jours chez nous à Patna. Ma femme étant bengalie avait reçu des marques d'affection de Mâ dès le début de notre mariage neuf ans plus tôt, mais c'était la première fois que Mâ se sentait suffisamment proche de nous pour accepter de vivre dans notre famille. A la fin de son séjour, j'écrivis une lettre à Svâmiji, pour lui raconter la manière dont cela s'était passé. Il me répondit par retour : "Voici quelques citations de votre lettre... : L'expérience de vivre avec Mâ a été pour moi une merveille d'accomplissement personnel... Sans me laisser piéger dans des généralisations, j'ai résolu tous les problèmes particuliers au fur et à mesure qu'ils se sont présentés de manière concrète. Mais l'aspect financier a été plus compliqué... Financièrement je ne suis pas suffisamment riche pour être capable de satisfaire chaque désir ou besoin particulier de Mâ... Tant qu'elle est là, elle a bien entendu le droit de s'attendre à ce que je me conduise vis-à-vis d'elle comme un fils, et je n'ai pas hésité un moment à dépenser pour elle ce qu'il fallait chaque fois qu'elle a exprimé un ardent désir d'obtenir quelque chose. Je devrais bien sûr trouver quelque moyen pratique au cas où Mâ resterait près de nous pour une période plus longue." Svâmiji ajouta alors : "Ce sujet sera discuté ultérieurement avec vous en détail".

Bien avant de commencer à vivre à l'ashram avec Svâmiji, poursuit Sumangal, Mâ avait été habituée à traiter tous les disciples, qu'ils soient plus âgés ou plus jeunes qu'elle, comme ses fils. Cela avait commencé lorsque Svâmiji revêtu de la robe couleur safran était revenu au Kashi Vidyapith. Aussi quand j'avais exprimé le désir de partager une partie de la responsabilité de Svâmiji en ce qui concernait Mâ, j'avais naturellement essayé de m'adapter à ce rôle, sans avoir réfléchi plus avant sur ce que cela impliquait. J'avais excité ainsi sans le savoir son désir de me traiter comme son fils et ma femme Minati comme sa belle-fille selon la coutume traditionnelle indienne.

Ceci, à son tour, fut la source de problèmes qui nous déconcertèrent au début Minati et moi mais que nous fûmes, peu à peu, en mesure de traiter au fur et à mesure que les situations se présentaient, ce qui me donnait le sentiment de progresser. Quand j'en discutai plus tard avec Svâmiji, il me donna certaines clefs pour me guider dans les relations avec Mâ :

– Ne jamais susciter d'attente en elle pour ce qu'il m'était difficile d'accomplir.

– Se souvenir qu'elle était juste comme une enfant : un souhait exprimé par elle dans un moment d'effusion devait être remis à plus tard, s'il était au-delà de mes moyens, mais non rejeté d'emblée.

– Ne jamais témoigner aucune faveur à Minati en sa présence car cela risquait de lui rappeler immédiatement les frustrations de son passé en tant qu'épouse négligée.

Chaque fois que je me trouvais en compagnie de Mâ à partir de ce moment-là, j'essayai d'appliquer ces directives. Mon premier test crucial eut lieu en 1959-1960, quand Mâ vint vivre chez nous à Delhi au début de l'hiver. Ma situation financière s'était améliorée et nous avions le désir Minati et moi-même de satisfaire ses désirs jusqu'à la plus extrême limite de nos possibilités. L'attitude de Mâ envers Minati était normalement remplie de tendresse et d'affection mais parfois, sous le moindre prétexte, elle se transformait brutalement en belle-mère stricte et exigeante. Svâmiji était parfaitement au courant de la situation ainsi que du besoin d'amour et d'affection de Minati, si bien qu'il fut décidé que le séjour de Mâ chez nous n'excéderait pas un mois.

Je fis examiner Mâ par notre médecin habituel pour son diabète. Elle fut outrée d'avoir à se faire examiner et refusa la prescription d'injection d'insuline. Svâmiji m'écrivit : “C'était une bonne chose d'avoir fait examiner Mâ. Elle n'a été examinée qu'une fois au Tropical (un hôpital de Calcutta) et n'a subi aucun traitement. Son indignation est par conséquent naturelle ... Elle ne dira plus non aux piqûres maintenant. Quand il y a un sentiment de manque, la tendance au suicide s'éveille également : Personne ne m'appartient. Il n'y a personne pour s'occuper de moi ; les médicaments ne sont pas pour moi. Chaque fois qu'elle résiste, soyez strict avec elle et faites-lui des remontrances. Au fond de son cœur, elle nourrit le désir que quelqu'un soit strict avec elle, quelqu'un qui fasse effectivement quelque chose pour elle. Ceci est naturel d'entretenir de pareils désirs pour quelqu'un dont la vie a été comme la sienne. Elle peut trouver une satisfaction dans la vie si on peut lui faire sentir qu'elle a reçu quelque chose, aussi peu que cela soit.”

A la fin du séjour de Mâ, Minati dut s'absenter pour participer au mariage de sa nièce, la fille d'une de ses sœurs qui habitait également Delhi. Mâ fut laissée à elle-même. Je dus à la fois m'occuper de Mâ tout en exprimant ma sympathie à Minati. J'éprouvais un sentiment d'intense gratitude envers Svâmiji qui m'avait permis d'aboutir à ce résultat. Dans ma lettre à Svâmiji je citai une strophe du poème de Tagore :

L'offrande que je t'ai faite
N'était rien d'autre que ce que j'ai reçu de toi
En fait, c'est moi qui t'en suis redevable
Dans la mesure où tu l'as acceptée.

Svâmiji me répondit : "Apparemment, il semble y avoir une contradiction lorsqu'on dit : Je vous ai donné seulement ce que j'ai reçu de vous. Ceci implique qu'en recevant quelque chose, on s'endette soi-même, qu'on rend redevable celui qui donne. Comment est-ce possible ?"

L'entité individuelle mesquine, étroite, séparée est liée à sa mesquinerie ; tout ramener à soi et pomper (*suck up*) l'autre est sa caractéristique. Non seulement elle ramène tout à soi et prend, mais elle est emportée par ce courant de prendre et d'obtenir. Prendre se produit dans ce cas de manière involontaire. Elle n'agit que passivement, elle est impuissante, simplement emportée. En fait, tous ses intérêts, ses attirances, etc., sont concentrés sur sa petitesse ; rien d'autre n'existe pour elle.

Quand cependant elle trouve quelqu'un d'autre, sans relation avec elle, qui vient vers elle pour lui donner et qui ne fait que donner sans demander quoi que ce soit en retour, quand elle découvre que l'acte de donner est si naturel à cette personne qu'elle est prête à sacrifier ses propres intérêts et qu'elle peut parfois même aller jusqu'à se causer des dommages à elle-même, alors celle qui reçoit se sent désarçonnée et bouleversée et tout se passe comme si elle transcendait la barrière de sa petite entité individuelle. Une telle personne sent alors qu'elle aussi doit donner quelque chose, qu'elle a en fait reçu, qu'elle est remplie et rassasiée. Aussi commence-t-elle à son tour à sentir son unité avec celle qui donne et cherche à trouver une satisfaction en donnant. C'est ainsi qu'elle donne après avoir reçu, et donne seulement ce qu'elle-même a reçu ; ce n'est qu'en donnant ainsi qu'elle se sent rachetée.

Le fait de donner trouve son accomplissement quand il y a quelqu'un pour recevoir. Si celui qui donne trouve que ce qu'il a donné d'un cœur ouvert a été reçu par l'autre avec un cœur tout aussi ouvert, donnant aussi l'honneur mérité et le respect à l'acte de donner, le donneur se trouve accompli lui-même et, en quelque sorte, rassasié. Il est rempli d'une joie illimitée d'être capable, pour ainsi dire, de se rendre libre du fardeau de cette satiété, d'être capable d'avoir l'occasion de donner. Plus l'autre continue à recevoir, plus la petitesse du donneur est dissoute. Son cœur s'étant enrichi, satisfait, rassasié ; alors de cette petitesse émerge un sentiment de plénitude : il reçoit, je lui suis redevable.

> Redevable en fait je suis
> Pour autant que tu as accepté mon offrande.

Dans le premier cas, “ce qui est mien” se trouve confiné au petit moi ; tandis que dans le deuxième cas, “ce qui est mien” signifie “être un avec les autres”[1]. »

Comme Sumangal, la plupart des disciples qui venaient rendre visite à Svâmiji se sont trouvés confrontés à la présence de Mâ, sans trop savoir comment s’y prendre avec elle.

Son statut est incertain et mal défini. En effet, elle ne semble pas être un disciple, ni être avancée sur la voie, ni même s’intéresser en quoi que ce soit aux questions spirituelles. Par contre, on la voit superviser des tâches matérielles, donner des ordres aux serviteurs, préparer les repas. Est-elle une sorte d’intendant préposé aux tâches matérielles ? Par ailleurs, elle accueille les nouveaux venus le plus souvent avec une gentillesse extrême, témoignant par ses sourires et le soin qu’elle prend à leur bien-être une affection naïve à laquelle bien peu sont restés insensibles. En même temps, elle manifeste sa présence, ses goûts, ses dégoûts, sa jalousie, particulièrement envers les femmes. Mâ appréciait les cadeaux et les services personnels et n’hésitait pas à les solliciter. Par exemple, elle adorait broder et on lui apportait de France des canevas et du fil à broder. Elle aimait également tricoter ; on pouvait ainsi voir Nandakishore, un disciple indien, rester des heures les mains écartées pour l’aider à démêler un ou plusieurs écheveaux de laine. Souvent une partie des sucreries apportées pour Svâmiji était distribuée à sa fille et à son gendre. Ce dernier, ravi de cet arrangement, disait naïvement : « Je rapporte les boîtes vides et je repars les boîtes pleines. » Faut-il la traiter en maîtresse de maison ? Pourtant Svâmiji est un *saṃnyâsin*, un maître qui accueille des disciples. Ceux-ci ne viennent pas à l’ashram pour y faire une visite amicale.

Les disciples indiens tout comme les disciples occidentaux ont dû se confronter à ce problème. Dans les autres ashrams, il arrive souvent qu’une disciple occupe auprès du maître une position privilégiée et devienne ainsi la Mère de l’ashram ; tel a été notamment

1. L.7.3.60.

le cas de Krishnabhai auprès de Ramdas ou encore de Mère auprès d'Aurobindo. Mais ici le statut de Mâ est particulier et inhabituel. En effet, Mâ est restée attachée à la vie mondaine, et plus particulièrement attachée à sa fille, à son gendre, à sa petite-fille, etc., ce qui n'allait pas sans mettre les disciples de Svâmiji dans des situations souvent ambiguës. De plus, elle ne manifestait pas dans sa conduite et son comportement l'attitude sobre et sereine qu'on aurait pu attendre traditionnellement de la part d'une Mère de l'ashram. Ainsi elle s'exprimait parfois d'une manière enfantine, ce qui paraissait charmant et agréable à certains disciples ou bien irritant à d'autres. Elle manifestait par ailleurs une préférence marquée pour ses « fils » occidentaux et une certaine froideur pour ses « filles ».

« Un jour, raconte Sumangal Prakash, quelques semaines après l'arrivée de Frédérick Leboyer à l'ashram, Svâmiji demanda à Anasûya, en présence de Sumangal, de raconter le traitement cruel que son mari lui avait fait subir au Bihar Vidyapith. C'est ainsi que tout le monde se trouva réuni le soir dans la chambre d'Anasûya. Celle-ci se mit à raconter, avec la tristesse et le pathos qui accompagnaient habituellement la narration de ses souvenirs, ses expériences traumatiques ; ce qui provoqua l'apparition de larmes... aussi bien chez Anasûya que chez Frédérick.

Quels que soient les motifs de l'initiative de Svâmiji, il en résulta une relation renforcée entre Anasûya et son nouveau "fils" occidental, dont le retour à Paris devint une source de tristesse croissante au fur et à mesure que le jour de son départ approchait. »

L'anglais d'Anasûya était très approximatif. Elle n'en connaissait que quelques mots. Aussi rapidement la conversation s'effectuait dans un sabir composé d'anglais et de bengali. Les disciples français apprirent ainsi rapidement quelques mots bengalis pour pouvoir communiquer avec elle.

Elle prenait un soin particulier du bien-être physique de ses « fils », préparant selon les goûts de chacun tantôt des œufs à la coque ou de délicieuses omelettes aux poivrons. Elle était particulièrement sensible aux témoignages d'appréciation et dans ce cas s'approchait de son « fils » en disant dans un grand éclat de rire : « Mamie = momlette ». Elle était souriante et exprimait son affection en leur pinçant les joues ou le ventre.

Un jour, elle me confia : « Mâ fait subir des tests à ses fils. Elle a dit à Olivier : "Donne-moi de l'argent pour aller au marché." Olivier lui tendit alors son portefeuille. Quand Frédérick fut sur le point de rentrer en France elle lui dit : "Et à votre Mamie qu'allez-vous donner ? – Je ne donnerai pas d'argent, répliqua Frédérick. L'argent, c'est pour les autres. A Mamie je donne mon cœur." "Mais pourquoi faut-il qu'il sépare son cœur de son argent ?" me demanda Mamie. Je suis frappé par cette réflexion et j'en fais part à Svâmiji qui me répond : "L'argent occupe une place si importante en Occident que vous autres Occidentaux avez du mal à comprendre la beauté de ce que dit Mâ : avoir un fils qui donne tout à sa mère. Mais le fait que Frédérick ait donné son cœur est déjà un grand progrès [1]. »

Un jour, à Ranchi, elle me fait remarquer que c'est l'anniversaire de Svagata, sa petite-fille et me fait comprendre qu'il lui serait agréable que j'aille en ville acheter un sari pour sa petite-fille et que je l'offre à celle-ci comme cadeau d'anniversaire. Je refuse tout net, non sans une certaine brusquerie. Par sa demande intempestive, elle vient de toucher en moi sans s'en rendre compte un point sensible. Autant je peux avoir plaisir à offrir spontanément quelque chose, autant toute demande de cadeau me met mal à l'aise. Vexée, Mâ se précipite chez Svâmiji pour se plaindre de mon comportement : « Daniel a dit que j'étais un tigre qui mangerait de la viande d'un buffalo mort. » Svâmiji me demande ce qui s'est passé et pourquoi j'ai employé cette expression. Je lui réponds que je n'ai jamais employé une expression « si imagée » puisque je ne la connaissais pas et que c'était une pure invention de Mâ. Je profite de l'occasion pour lui demander quelle doit être la relation des disciples avec Mâ et les membres de sa famille. Il me répond : « Mâ a pris soin de votre confort matériel et ceci est le seul point de relation que vous avez avec elle, une relation humaine. La question concernant "sa famille" ne se pose pas du tout. Si vous avez jamais le moindre doute à ce sujet, vous avez le privilège d'interroger Svâmiji [2]. ». Deux ans plus tard, il précisera : « Pour ce qui est de la "famille" de Svâmiji, tout dépend de vos sentiments. Il ne doit y avoir qu'une relation humaine [3]. »

Chinmayee, la fille de Svâmiji, se posait aussi les mêmes questions concernant le statut particulier de la « famille » auprès de Svâmiji : « Un jour, raconte-t-elle, j'eus une discussion avec Chhele sur ce sujet. Je lui parlai des critiques auxquelles nous étions soumises ma mère et moi sur le fait que nous allions le voir et que

1. N.11.5.69.
2. N.18.9.70.
3. N.15.2.72.

nous séjournions avec lui. Pourtant tout le monde était au courant que les femmes de saints comme Yâjñavalkya ou Ramakrishna restèrent auprès d'eux comme compagnes de leur vie. Je me référai particulièrement à Ramakrishna qui accorda à Srî Mâ (sa femme) le statut et l'honneur correspondant à sa position dans la vie. Je fis part à Chhele de la manière dont je répondais à ces critiques et lui demandai si j'avais raison. Je disais à ces gens que, pour Chhele, il n'y avait ni femme, ni fille ; pour lui nous étions comme tous les autres qui venaient le voir pour être guidés et consolés. Si Chhele avait souhaité que nous soyons l'objet d'une quelconque discrimination, il aurait certainement coupé toute relation avec nous. Le fait même qu'il ne l'ait pas fait et était disponible pour nous, comme pour les autres, chaque fois que nous avions besoin de lui, montrait bien que nous étions tous égaux à ses yeux. Ceci prouvait également que lorsque nous venions le voir, lui-même n'avait pas vis-à-vis de nous une relation différente de celle qu'il avait avec les autres et que, de notre côté, nous ne nous attendions pas non plus à être l'objet d'aucun traitement particulier ou différent de sa part, en notre faveur. Ce qui me confirmait que Chhele avait effectivement atteint l'Illumination complète, sinon comment une épouse ou une enfant unique comme moi ou n'importe quelle autre personne auraient-ils pu être pareils pour lui ? En fait, pour lui, toute femme avait le statut d'une mère. Moi-même ainsi que ma mère étions appelées "mère" par lui... Les portes de son cœur étaient ouvertes à tous ; tous y avaient un accès égal pour se baigner dans la lumière de son amour et de son affection, pour être guidés par la lumière bienveillante de sa sagesse. Quand j'eus terminé, Chhele me tapota l'épaule et remarqua : "Ainsi tu as déjà été capable de comprendre et de réaliser tout ceci", ce qui me rendit tout à fait sûre de mon interprétation [1]. »

Chacun des disciples a adopté vis-à-vis de Mâ une attitude qui lui était personnelle. La plupart, indépendamment de l'affection plus ou moins grande qu'ils pouvaient ressentir pour Mâ, cherchaient essentiellement à protéger et aider Svâmiji à compenser dans toute la mesure du possible la « frustration » de Mâ et à la dédommager en quelque sorte de ses souffrances passées en lui accordant une attention particulière et en essayant de satisfaire ses désirs.

En fait, Svâmiji n'avait pas besoin d'être protégé. Par ailleurs les frustrations dont Mâ se plaignait si amèrement et dont elle attri-

1. Récit de Chinmayee à Sumangal Prakash.

buait la responsabilité à Svâmiji étaient des frustrations qu'on pourrait qualifier de « normales », propres à toute vie humaine, chaque vie ayant ses particularités et modalités spécifiques. D'une certaine façon, la vie de Mamie a été plus heureuse que celle de beaucoup de femmes mariées. C'était d'abord la présence de Svâmiji qui lui permettait de s'exprimer à cœur ouvert, puis la joie d'avoir une famille, enfin la présence de nombreux « fils » et « filles » dont elle pouvait s'occuper et qui lui rendaient son affection. En fin de compte, au cours des dernières années vécues auprès de Svâmiji, les disciples ont pu remarquer que le ressentiment de Mâ semblait s'être tari, peut-être à force de l'exprimer et qu'ainsi, peu à peu, presque naturellement, elle était devenue elle-même une « disciple » en quelque sorte de Svâmiji.

2. ***Relations avec sa fille Chinmayee.***

Chinmayee n'avait que seize ans lorsqu'elle épousa Satinath en 1941. Étant *saṃnyâsin*, Svâmiji resta en retrait lors de la célébration du mariage. C'est lui, cependant, qui s'occupa de tout. Il veilla notamment à ce que de nombreux cadeaux soient offerts à Chinmayee de façon à ce qu'elle ne se sente pas socialement inférieure à ses amies.

Svâmiji avait témoigné tant d'affection envers Chinmayee et celle-ci l'avait tellement idéalisé qu'elle risquait de ne pas trouver auprès de ses beaux-parents ou de son mari l'amour auquel elle était habituée. Aussi Svâmiji prit-il des dispositions particulières et inhabituelles pour assurer la transition, ainsi que Chinmayee le raconte :

« Après mon mariage, Chhele me fit venir un jour et dit :

– Maintenant Mâ, tu sais très bien – et ton Chhele le sait également – que ce qu'il te demande de faire est comme un ordre irrévocable ; car Chhele ne peut jamais te demander quoi que ce soit qui pourrait te faire du mal et toi-même tu as la plus grande confiance en lui.

– Bien sûr.

– Alors écoute, Mâ. J'ai quelque chose à te dire aujourd'hui. Pendant quelque temps tu n'auras plus accès à Chhele. Il n'y aura pas de communication entre toi et Chhele pendant quelque temps. Bien sûr, pour Chhele tu resteras ce que tu as toujours été jusqu'à maintenant. Dans ton cœur, toi aussi tu dois t'en tenir fermement à la conviction que ton Chhele t'appartient comme par le passé ;

mais pour le moment, cette relation va être coupée... Quand le moment opportun sera venu, ton Chhele lui-même t'écrira et ensuite de nouveau tu pourras venir voir ton Chhele et communiquer avec lui comme par le passé. Jusqu'à ce moment-là, cependant, tu ne dois même pas lui écrire sauf, bien entendu, si un problème apparaît et que ton mari lui-même te demande d'écrire à Chhele...

Comme je restai interdite, il ajouta :

– Bien sûr, tu aimerais savoir pourquoi je te demande cela. Aussi laisse-moi t'en donner également la raison. Maintenant tu sais, tu es mariée et quand une fille se marie, son mari naturellement souhaite qu'elle lui appartienne complètement. Tu dois donc agir de façon à ce qu'il ne sente jamais que Chhele a plus d'influence sur toi que lui. Maintenant tu as une nouvelle maison et tous ces gens-là sont à toi. Tu vas maintenant aimer cette maison, tu vas maintenant aimer ton mari ainsi que ses parents. Ceci est la nouvelle réalité. Et c'est pour cette raison seulement qu'il t'est demandé de réfréner pendant quelque temps ton désir de rester en contact étroit avec ton Chhele.

Ce n'est que plus tard que j'ai pu réaliser la sagesse de ce que Chhele m'a demandé de faire ce jour-là. Pendant trois ou quatre ans, je fus presque complètement coupée de Chhele et quel effet merveilleux, en fait, cette décision a-t-elle eu dans notre vie ! Peut-être est-ce à cause de cela que mon mari a commencé à se sentir également peu à peu attiré vers lui et devint en fin de compte si proche de lui. Chhele savait trop bien que pour moi il ne pourrait y avoir quelqu'un qui lui soit supérieur et si mon mari ne pouvait pas être amené à partager avec moi cet aspect si important de ma vie, alors nous ne pourrions pas nous aimer l'un l'autre... »

« Près d'un an après son mariage, raconte Svâmiji, alors que Chinmayee habitait à Ranchi dans la maison de ses beaux-parents, elle vint rendre visite à Svâmiji qui se trouvait également à Ranchi et se mit à pleurer :

– Pourquoi qu'est-il arrivé ?

– Il ne m'aime pas du tout... il ne m'aime pas du tout.

Elle continue à pleurer.

– Pourquoi parles-tu ainsi ? Que se passe-t-il ? Pourquoi ce sentiment ?

– Regarde, il veut me quitter... il veut aller au tribunal plaider pour ses clients, n'est-ce pas la preuve qu'il ne m'aime plus du tout ?

Pendant une année entière, après leur mariage, ils avaient été ensemble, pratiquement tout le temps, sans aucune séparation et Satinath avait remis son travail à plus tard. Ses parents à lui aussi riaient de les voir tout le temps ensemble et de l'attirance qu'ils éprouvaient l'un pour l'autre. Mais quand, enfin, il proposa de commencer à travailler, Chinmayee fut complètement bouleversée. L'idée lui en était totalement inacceptable. Pour elle cela voulait dire qu'il avait cessé de l'aimer. Pourquoi ? Parce qu'elle avait l'habitude de l'avoir avec elle tout le temps, de l'avoir complètement à elle... Cela seul était devenu sa manière de mesurer l'amour qu'il avait pour elle. C'était son seul critère.

– Alors c'est donc cela ?

– Oui.

– Et rien d'autre ?

– Non.

– Très bien... alors, peux-tu dire pourquoi il va là-bas ? Pour quoi faire ?

– Il dit qu'il doit aussi gagner sa vie.

– Bien. Alors pour qui désire-t-il gagner sa vie ?

– Pour moi bien sûr.

– Alors où va-t-il ? Quel est son motif ? Ne va-t-il pas au tribunal pour gagner sa vie ? Dans l'intérêt de qui ? N'est-ce pas ton intérêt seul qui lui fait te quitter pour aller au tribunal ? N'y est-il pas forcé parce qu'il place ton intérêt par-dessus tout ? Pour qui va-t-il au tribunal alors ?

– Oui, c'est pour moi bien sûr.

– Alors ? N'est-ce pas seulement parce qu'il t'aime qu'il doit se séparer de toi pour quelque temps ?

– Oui.

– Alors, comment pourra-t-il te nourrir s'il ne commence pas à plaider ? Peut-il se permettre de rester à la maison sans travailler ?... Vous dépendez actuellement tous les deux de son père. Mais pourrez-vous dépendre de lui pour toujours ?... Aujourd'hui son père peut encore se permettre de vous nourrir, de vous habiller, de vous loger, etc., mais cet état de choses pourra-t-il durer toujours ? Ne doit-il pas, en conséquence, se séparer de toi, chaque jour, de façon à te foumir ce dont tu as besoin ? Se sépare-t-il de toi ou bien te quitte-t-il seulement pour toi et d'une certaine façon avec toi ?

– Oh ! c'est ainsi ?

– Oui, bien sûr. Pourquoi sort-il dehors ? Vois par toi-même. Ne sort-il pas simplement pour la simple raison qu'il t'aime ?

– Oui, bien sûr.

– Alors il sort en gardant simplement son amour pour toi dans son coeur... Il ne t'abandonne pas quand il s'en va.

– Ah ! maintenant j'ai compris... Oui, il m'aime en vérité.

Parce que, jusqu'à ce moment-là, ils avaient toujours été ensemble et c'était la seule modalité d'amour qu'elle connaissait. Elle ne pouvait en concevoir aucune autre différente de celle-ci. Etre toujours ensemble, c'était pour elle le seul signe de l'amour. Si ce signe n'était pas là, l'amour lui-même n'était pas là [1]. »

Svâmiji agit vis-à-vis de sa famille à la fois comme un père tendre et affectionné, un ami proche, un guide, un conseiller et un maître. Il remplit tous ces rôles en même temps. Chinmayee raconte ainsi l'histoire suivante :

« A la suite d'un certain incident, je me sentis très malheureuse et troublée pendant quelques jours. Mon mari et moi étions très bouleversés et malheureux et bien que nous souhaitions tous deux aller voir Chhele, la situation était telle que nous ne le pouvions pas.

« J'étais dans la cuisine en train de préparer le repas. Tout à coup la sonnette de la porte d'entrée se mit à tinter. C'était midi passé et je me demandai qui cela pouvait-il être à une heure si inhabituelle. Je me précipitai vers la porte et dès que je l'ouvris, je trouvai Chhele debout devant la porte.

– Toi, Chhele, m'exclamai-je.

– Oui, Mâ. Ne m'as-tu pas appelé ?

– As-tu reçu mon appel, Chhele, répliquai-je d'une voie étouffée d'émotion.

J'éclatai alors en sanglots devant lui.

– Oui, Mâ, dit-il de sa voix calme et réconfortante, en fait tu m'as appelé de manière si désespérée ! Ton appel était si intense et si urgent !... Comment aurais-je pu ne pas l'entendre ? Tu me disais que tu souffrais intensément ; tu disais : "Je suis très malheureuse, Chhele ; s'il te plaît, viens..." C'est pourquoi je suis ici.

Ce fut une expérience exceptionnelle et j'éprouvais une joie illimitée. Je sentis ce jour-là, à mon grand soulagement, qu'après tout je n'étais pas si impuissante et que si je le souhaitais de manière suffisamment intense, je pouvais faire venir Chhele. Peut-être est-ce ce que l'on appelle télépathie car j'eus encore ce type d'expérience. Par deux fois, j'appelai désespérément Chhele, une fois quand nous étions à Calcutta et la fois suivante dans la maison

1. Sumangal Prakash, *L'Expérience de l'Unité*, p. 206.

de Synthee et à ces deux occasions Chhele répondit à mon appel. »

Chinmayee tomba gravement malade peu après la naissance de son enfant en 1944. Svâmiji était à l'ashram Channa, Chinmayee et sa mère dans la maison de Baranagar. Svâmiji fut informé et vint séjourner auprès d'elle pour prendre personnellement soin d'elle. A un moment particulièrement critique, Chinmayee raconte qu'il recourut, ainsi qu'on l'a supposé par la suite, à une forme d'hypnose pour lui insuffler l'envie de vivre : « Regarde droit et directement dans mes yeux, Mâ », lui demanda-t-il d'un ton autoritaire et il lui fit fixer son regard dans ses propres yeux qui avaient cessé de cligner.

C'est la seule fois où Svâmiji s'est occupé personnellement de soigner un disciple lorsque celui-ci était malade. C'est qu'il traitait à la fois Chinmayee comme un disciple et en même temps comme une fille, de façon à ce qu'elle ne puisse sentir à aucun moment qu'elle n'avait pas de père. Certes le père de Chinmayee n'était pas comme les autres. Mais elle n'a certainement rien perdu au change.

3. ***Relations avec Satinath et Chhanda.***

Satinath avait fait des études de droit et était avocat. Au bout d'un certain temps cette activité lui déplut. Défendre des gens malhonnêtes lui répugnait. Il se mit en quête d'un autre travail. On lui proposa alors un travail de speaker à la radio, qu'il accepta avec joie. Au bout de quelque temps, nouvelle déception : corruption, passe-droit... Il décida alors de devenir enseignant. Mais la rémunération n'était que de cinq cents roupies par mois au lieu des deux ou trois mille roupies qu'il recevait dans son travail précédent. Il alla consulter Svâmiji :

« Qu'en dit Chinmayee ?

– Elle dit qu'elle se débrouillera toujours avec la somme d'argent que je lui donnerai.

– Dans ce cas, si elle est d'accord, faites ce qui vous paraît être pour le mieux. »

« Quand Chhanda (la fille de Satinath et Chinmayee) eut douze ans, raconte Svâmiji, Satinath dit :

– Je ne comprends pas.

– De quoi s'agit-il ?

– C'est mon seul enfant et j'essaie de la satisfaire, de l'éduquer de toutes les façons, jusqu'à la plus extrême limite de mes capacités. Et je lui donne toutes sortes d'habits, toutes sortes de choses, tout livre qui peut l'intéresser, etc. Je travaille du matin au soir, rien que pour elle. Je fais tout. Mais elle n'est toujours pas satisfaite de moi. Pourquoi ? Elle est indifférente à mon égard. Elle est fâchée contre moi.

– En est-il ainsi ? Très bien. Essayez de comprendre.

Svâmiji prit l'enfant en tête à tête.

– Qu'y a-t-il ? Es-tu mécontente de ton père ?

– Pourquoi ne pourrais-je pas être mécontente ?

– Ainsi tu l'aimes ?

– Oui, je l'aime.

– Mais ?...

– Mon père ne m'aime pas.

– Ton père ne t'aime pas ?

– Non.

– Mais il fait tout pour toi, il te donne...

– Oh ! Il apporte tout... des livres, des habits et toutes sortes de choses. Tout ce qu'il trouve, il me l'apporte. Mais il ne m'aime pas.

– Mais comment peux-tu dire qu'il ne t'aime pas ?

– Tu vois, dès le matin quand je me lève mon père est souvent déjà parti. Et parfois il arrive... et même souvent que lorsque je vais me coucher, il n'est pas encore rentré. Ainsi pendant la journée je ne le vois pratiquement jamais. Parfois seulement je vois qu'il sourit, une ou deux minutes. C'est tout. Terminé. Ce n'est que le dimanche que je peux le rencontrer et être en sa compagnie. Mais tous les dimanches, il va voir sa mère. Il ne me parle jamais, il ne m'emmène jamais nulle part. Il ne m'aime pas.

– Oh ! Oui, oui, oui. Il ne devrait pas agir ainsi... Mais c'est ainsi qu'il fait. Très bien.

Svâmiji reprend alors la discussion avec le père :

– Elle dit que vous ne l'aimez pas.

– Je ne l'aime pas ?

– Non. Elle dit que vous ne l'aimez pas.

– Comment est-ce possible ? Je lutte pour elle. Je fais tout pour elle. Elle est tout pour moi. C'est la prunelle de mes yeux.

– Très bien. Toutes ces expressions sont très bien. Mais elle pense que vous ne l'aimez pas.

– Comment est-ce possible ?

– Vous faites tout pour elle, n'est-ce pas ? Vous a-t-elle demandé de faire toutes ces choses que vous faites ?

– Non, non. Qu'est-ce qu'elle y connaît ? Ce n'est qu'une enfant. Je dois décider et agir...

– Oh ! Ainsi vous faites tout ce qui vous plaît, et c'est cela qui doit lui plaire, n'est-ce pas ? Oh ! Pour qui est-ce que vous travaillez ? Vous faites toutes les choses selon l'idée que vous vous faites de votre fille. Vous pensez "ce livre-là est utile pour ma fille". Vous ne voyez pas si elle aime ce livre ou non.

– Mais comment peut-elle comprendre ? Ce n'est qu'une enfant.

– Oh ! Oui. Très bien. Elle doit être encouragée, elle doit être éduquée. Il faut tout lui apprendre. Mais vous ne pouvez pas parler dans le vide. Vous devez la voir, la comprendre. Sinon, voyez-vous, c'est à vous-même que vous donnez. Vous luttez pour vous-même. Selon la nature et la conception que vous vous faites du père, vous agissez ainsi. Mais vous ne voyez pas votre fille.

– Je n'y peux rien. Je travaille tous les jours de la semaine. Et il n'y a que quatre dimanches par mois. Et je dois rendre visite à ma vieille mère. C'est là que je vais. Qu'y puis-je ?

– Ainsi votre mère passe en premier et votre fille après. Elle sent que vous aimez votre mère plus que votre fille.

– Mais l'amour d'une mère...

– Oh ! Oui, la mère ! En tant que fils vous aimez votre mère sans doute. Mais vous êtes un père maintenant. Et le fils de la mère, voyez-vous, passe au second plan. Etre père d'une fille passe en premier et vous la négligez. Vous négligez la réalité de la vérité. Vous allez vers le passé.

– Que puis-je faire ? Tous les jours ma mère attend ma visite.

– Très bien. Elle attend sans doute. Vous pouvez lui dire : "Mère, vois-tu, je n'ai pas d'autre moment. Ainsi un dimanche, je le passerai avec ma fille, un autre..." Vous pouvez lui dire cela.

– Oh, elle sera très malheureuse.

– Oh ! Sa souffrance, vous la tolérez si peu que vous ne voyez pas la souffrance de votre fille ! Cela ne peut pas marcher comme cela. Quoi que vous essayiez de lui donner, votre fille ne pourra pas être satisfaite, parce que vous ne lui avez rien donné de ce qu'elle voulait.

– Oui. Je vais essayer.

– Soyez un fils pour votre mère ! Et maintenant soyez un père pour votre fille. Essayez de voir ce qu'elle veut, ce qu'elle aime.

– Oui, je vais essayer.

Six mois plus tard, Svâmiji le revoit.

– Oh ! Ma fille est si contente.

– Pourquoi ?

– Oh ! Ce dimanche elle m'a emmené au...

« Il n'agissait pas comme un père pour cette fille mais il croyait que cette fille était "sa" fille [1]. »

Ce dialogue est représentatif de la manière de procéder de Svâmiji et il aurait pu l'avoir tout aussi bien avec un autre disciple qui n'aurait été ni son gendre ni sa petite-fille.

Voici un autre exemple, raconté par Svâmiji, et concernant également Chhanda. Cette fois-ci, c'est Chinmayee qui a des difficultés avec sa fille âgée de quatorze ans :

« Je n'en peux plus, dit Chinmayee, ma fille....

– Qu'y a-t-il ?

– Elle ne prend soin de rien , elle n'obéit pas... Elle dit : "Je ferai ce que j'ai envie de faire."

– Qu'est-ce que cela veut dire ? Dit-elle vraiment cela ?

– Oh ! Oui.

Svâmiji demanda alors à la fille.

– Voici ce que dit ta mère...

– Oui. Ma mère est toujours après moi. Elle me dit : "Fais comme ci, habille-toi comme ça, marche comme ça et ainsi de suite." Mais nous sommes maintenant indépendants. Notre pays est indépendant. Nous ne sommes plus dépendants, n'est-ce pas ?

– Oui, oui.

– Ainsi nous sommes les enfants d'un pays indépendant.

– Oh ! Oui.

– Ainsi nous sommes indépendants.

– Oh ! Oui. Aucun doute là-dessus. Oui, tu es indépendante.

Voyez comment Svâmiji parle.

– Ainsi je peux faire ce que je veux.

– Oh ! Oui. Mais qu'est-ce que l'indépendance ? Tu es indépendante, aucun doute là-dessus. Tu es l'enfant d'un pays indépendant. Ainsi tu es indépendante. Personne ne peut te dominer et te donner un ordre. Personne ne peut te dicter quoi que ce soit. Très bien.

– Aussi je peux tout faire.

1. E.30.7.66.

– C’est là qu’est le problème. Qu’est-ce que l’indépendance ?

– L’indépendance ?

– Oui.

– Tout ce qui me plaît, je peux le faire. C’est cela l’indépendance.

– Oh ! Tout ce qui te plaît, tu peux le faire. C’est cela, l’indépendance n’est-ce pas ?

– Oh ! Oui.

– Très bien. Prenons un exemple, tu marches sur une route. Maintenant, imagine que tu te déplaces ainsi : là où tu jettes les yeux, tu jettes aussi les mains et tu bouges ainsi. Tu le fais parce que ça te plaît.

– Oh ! Oui. Je suis indépendante d’agir ainsi.

– Très bien. Tu es indépendante d’agir ainsi. Prenons un exemple. Un autre passant arrive à tes côtés. Et quand cela te plaît, tu le heurtes...

– Oh ! Oui.

– Et il te demande : “Pourquoi me frappes-tu ?” Tu dis : “Oh ! C’est mon bon vouloir de faire ce qui me plaît.” Le passant dit : “Oh ! Tel est ton bon vouloir ? Aussi est-ce également mon bon vouloir d’agir ainsi.” Et il te frappe.

– Oh ! Oui.

– Ainsi ton indépendance t’amène à recevoir des coups.

– Oui.

– Alors cette indépendance est-elle une bonne chose ? L’indépendance fait mal.

– Non, cela n’est pas possible. L’indépendance ne peut pas faire mal. L’indépendance doit nous amener la joie... et cette action ne procure aucune joie.

– Ceci est-il donc l’indépendance ?

– Non. Ce n’est pas l’indépendance.

– Alors ? Qu’est-ce que c’est ? Regarde. Tu agis ainsi, n’est-ce pas ? Tu dis : “Ce qui me plaît, je le fais.” C’est cela, ton indépendance. Tu fais mal à un autre et lui en retour te fait mal. Pourquoi ? Parce que tu n’as pas vu que quelqu’un d’autre peut passer sur cette route. A qui est la route ? A toi ? Non. Elle est à tous. Et toi tu pensais que la route était à toi. Et tu agis ainsi. N’est-ce pas ? La route est à tout le monde, n’est-ce pas ?

– Oh ! Oui. La route est à tout le monde.

– Aussi si tu sais que la route est à tout le monde, tu ne peux que te conduire de manière à ce que personne ne soit heurté, n’est-ce pas ?

– Oui, oui. Quand je marche je dois voir si quelqu'un d'autre arrive de façon à ce que je ne puisse heurter personne.

– Et pourquoi agis-tu ainsi ? Qui t'a dit de faire cela ?

– Personne ne me l'a dit.

– Est-ce ta mère qui vient te dire d'agir ainsi ?

– Non.

– Qui te dit d'agir ainsi ?

– Qui ? Personne. Je vois qu'il doit en être ainsi de façon...

– Ainsi tu te dis à toi-même, n'est-ce pas : "Voilà ce qu'il faut faire."

– Oh ! Oui, oui.

– Ainsi tu vois, quand tu marches tu dépends d'un autre, n'est-ce pas ? Tu as conscience que tu ne dois pas heurter une autre personne. Ainsi tu as l'identité d'une autre personne avec toi. Tu dépends d'un autre dans ton action, n'est-ce pas ?

– Oh ! Oui.

– Qui te dit d'agir ainsi ?

– Oh ! Je ne peux pas marcher tant que je ne sais pas s'il est possible qu'un autre survienne. Aussi je dois agir de manière indépendante jusqu'au point où je risque de heurter un autre.

– Tu n'agis pas comme cela te plaît, n'est-ce pas ?

– Oui.

– Ainsi es-tu indépendante ou bien dépendante de ce qui te plaît ? Quand tu dépends de ce qui te plaît, tu n'es pas indépendante. Ainsi tu es frappée. Et tu ne deviens jamais indépendante ou plutôt dépendante de toi-même.

– Oui... Oui... Oui.

– Pourquoi ta mère devrait-elle venir et te dire de faire ceci ou cela ! Laisse-la tomber. Qu'elle aille au diable !

– Dois-je la quitter ?

– Pourquoi pas ? Laisse-la. Mais alors n'attends rien d'elle en retour. Tu t'attends à recevoir à manger, à recevoir des habits, à être logée, à recevoir tout... Tu t'attends à recevoir tant de choses mais à quel prix ? Va au marché, va dans n'importe quelle boutique. Et tu y trouveras tant de belles choses.... un beau sari. Choisis-en un et prends-le. Le peux-tu ?

– Non, je dois payer le prix.

– Et sans payer le prix, tu ne peux rien obtenir n'est-ce pas ?

– Oui.

– Qui te dit cela ?

– Oh ! Je le vois.

– Aussi est-ce une action indépendante ?
– Oui.
– Ainsi une action indépendante signifie que tu dépends des autres. Aussi plus tu deviens indépendante, plus tu dépends des autres de manière consciente, en le sentant, en voyant que cela est à toi. »

Et Svâmiji commentait cette histoire en disant : « Voyez cette fille. Quand elle marche sur la route elle n'est ni une fille, ni un garçon, ni rien de la sorte. Elle n'est qu'une passante et elle doit voir les autres passants. Voyez, cela résout toutes les difficultés. Ne pas penser : "Je devrais le faire" mais : "Je ne peux agir autrement." Ce n'est pas une règle morale, c'est votre droit intrinsèque. C'est si simple. La vérité est si simple[1]. »

4. *Relations avec son frère aîné Sejda et la famille de celui-ci.*

En ce qui concerne Sejda, les deux frères se rendaient visite régulièrement lorsqu'ils séjournaient dans la même ville. « Je les ai vus personnellement une ou deux fois ensemble, raconte Sumangal, et la rencontre semblait plutôt formelle ou du moins dépourvue de tout signe extérieur d'affection. C'était certainement une situation étrange, du moins pour le frère aîné. Il ne pouvait certes pas s'attendre ou même souhaiter que son jeune frère se prosterne à ses pieds selon la coutume traditionnelle alors que celui-ci était *saṃnyâsin*. Mais comment pouvait-il lui-même se prosterner, ainsi que l'exigeait la nouvelle situation de son frère ? Aussi n'échangeaient-ils aucune salutation de manière traditionnelle et se contentaient-ils de se demander des nouvelles l'un de l'autre. »

Pourtant Svâmiji faisait tout ce qui était nécessaire pour satisfaire les attentes dont il était l'objet. Il acceptait les invitations de ses neveux et nièces et a même séjourné quelquefois chez eux pendant deux ou trois jours. A la mort de son frère, qui eut lieu en 1973 alors que Svâmiji se trouvait en France, il s'est occupé d'envoyer de l'argent à sa sœur cadette restée veuve, qui continuait à vivre à Chinsurah et à laquelle le frère aîné avait sa vie durant versé une pension.

D'après Mâ, Svâmiji a toujours témoigné du respect envers son frère aîné même après être devenu *saṃnyâsin*. Chaque fois qu'ils

1. E.15.1.64.

se rencontraient, Svâmiji s'asseyait sur un siège situé plus bas. Le frère aîné de son côté a toujours témoigné une profonde affection et du respect pour tous ceux qui étaient proches de son jeune frère.

5. ***Relations avec Paresh.***

Svâmiji est resté proche de Paresh qui avait été son plus cher ami et qu'il avait toujours traité en frère cadet. Mais leurs relations ne s'accompagnaient d'aucune manifestation extérieure d'affection. Paresh a toujours suivi scrupuleusement toutes les instructions données par Svâmiji pour toutes les tâches et responsabilités qui lui étaient confiées, mais n'a jamais attendu ni demandé quoi que ce soit en retour, pas même des instructions spirituelles.

Tous les disciples se sont étonnés que Paresh ne devienne pas disciple de Svâmiji. Mais Paresh n'a jamais cherché à le devenir ni même à avoir d'entretien particulier avec Svâmiji. Souvent en mauvaise santé, Paresh avait besoin de « changer d'air » et Svâmiji lui accordait l'hospitalité selon les différents endroits où il se trouvait jusqu'à ce que Paresh recouvre la santé. Svâmiji s'arrangeait aussi pour envoyer de temps en temps de l'argent à Paresh ou demandait, spécialement après la mort de son ami intime Bijoy Basak, à quelqu'un de veiller sur lui.

Chapitre XII

Les disciples de Svâmiji

1. *Les anciens étudiants de Svâmiji, leurs amis et leur famille.*

A son installation à Channa, Svâmiji n'a que quelques disciples. La plupart sont d'anciens étudiants du Kashi Vidyapith et parmi ceux-ci un grand nombre disparaissent : ils sont soit fauchés par la maladie soit mis en prison ou exilés à l'étranger pour leurs activités politiques

Kanhayalal est mort après une brève maladie en janvier 1932, un peu plus d'un an après l'installation de Svâmiji à Channa.

Shukadeva, qui s'était mis à vivre avec Paresh et Anasûya Devi à Baranagar, meurt de tuberculose en 1937 dans un sanatorium près de Bénarès.

Venkateshvar revient en Inde du Sud et milite dans les rangs du parti du Congrès. Il est arrêté et mis en prison. Il meurt en 1942.

Satyanarain est parti en Europe. Il voyage en Italie, où il rencontre Gorki, en Allemagne et en Autriche où il rencontre Einstein et Freud, enfin en U.R.S.S. où il subit un entraînement spécial dans l'armée rouge. Il reste en contact épistolaire avec Svâmiji et l'invitera en 1939 pendant la saison des pluies à Mussoorie dans une maison qu'il a louée.

Parmi les anciens disciples, seul Yogendra reste en relation avec Svâmiji. Avec sa femme Shaila, il continue à l'inviter chez lui de temps en temps. Ultérieurement, les filles de Yogendra : Shanta (née en 1926), Suddha (née en 1929), Usha (née en 1934) et enfin Kalyani deviendront disciples de Svâmiji ainsi que leurs époux · c'est notamment le cas d'Avadh Kishore Narain qui épouse d'abord

Sudha, puis à la mort de celle-ci sa jeune sœur Usha en 1961, ainsi que de Narendra Kumar Narain qui épousera Kalyani.

Sumangal Prakash, qui avait été l'élève de Yogeshvar au Kashi Vidyapith, milite dans les rangs du parti du Congrès, devient un proche collaborateur de Gandhi et ne reprend contact avec Svâmiji qu'en 1937 à la suite d'une grave crise personnelle. Il épouse Minati en 1939 et sa femme devient également disciple de Svâmiji. Ils effectuent tous deux des séjours continus auprès de Svâmiji, particulièrement après la mort de leur unique enfant.

Nandakishore Arora, originaire de Lahore, est un ami intime de Sumangal Prakash. Celui-ci l'introduit auprès de Svâmiji en 1938. Nandakishore devient alors un des disciples les plus assidus. Associé à ses frères dans l'exploitation d'une entreprise familiale, il se sépare d'eux et devient agent d'assurances. Sa fille Indu alors qu'elle n'est âgée que de treize ans devient également disciple de Svâmiji en 1954.

Srinivasan, né en 1905 en pays tamoul, rencontre en prison Venkateshvar. Celui-ci lui parle de Svâmiji : « Je fus si impressionné, écrit-il, que je décidai d'aller voir Svâmiji à ma sortie de prison. J'écrivis à Svâmiji et, sans avoir reçu sa permission, je me précipitai pour le voir à l'ashram Channa. »

Srinivasan deviendra un visiteur assidu de l'ashram à partir des années 40. Il restera en relation avec Svâmiji jusqu'à la mort de celui-ci. Il en fut de même pour sa fille Kanaka. Après la mort de Svâmiji, Srinivasan écrivit en anglais le premier livre qui lui fut consacré[1]. Srinivasan, étant tamoul, parlait mal l'hindi et ne connaissait pas le bengali si bien que ses entretiens et *lyings* avaient lieu en anglais. Voici le récit d'un de ses *lyings* tel qu'il a été rapporté par Svâmiji :

« Un homme ... c'était un enseignant. Et il était troublé par une de ses caractéristiques. De quoi s'agissait-il ? Chaque fois qu'un chien aboyait, même si celui-ci était très loin, il se mettait aussitôt à trembler de peur. Ses étudiants s'en aperçurent. Un jour, alors qu'il assistait à un match de football, quelques étudiants amenèrent

1. Première édition en anglais: *Bharatiya Vidya Bhavan*, 1977, Bombay, publié en français sous le titre *Entretiens avec Svâmi Prajñânpad* aux Editions L'Originel en 1984. Le lecteur intéressé pourra se reporter à la biographie de Srinivasan en fin de volume de l'édition en anglais.

un chien juste derrière lui et commencèrent à le frapper. Le chien, bien entendu, se mit à aboyer... et les étudiants de s'exclamer ironiquement : "Oh ! Qu'est-ce qui ne va pas, monsieur ?"

Il se sentit épuisé, exaspéré et essaya de se raisonner tant et plus : "Que m'arrive-t-il ? Il y a partout des chiens qui aboient. Pourquoi cela me fait-il souffrir ainsi ? Pourquoi est-ce que je me mets à trembler de cette façon ? Pourquoi ai-je si peur ? Les chiens ne peuvent rien me faire. Alors pourquoi ? Pourquoi en est-il ainsi ? Cela n'a aucun sens !"

Mais plus il raisonne, plus il a peur. Il n'y peut rien. Et il devient de plus en plus malheureux. Et à ce moment, dans le village des Santhals à l'extérieur de l'ashram, au moment où il parlait, un chien se mit à aboyer. Et aussitôt...

– Qu'avez-vous ? Ah ! Qu'est-ce que c'est ?

– Vous voyez, un chien a aboyé.

– Oh ! Un chien a aboyé et vous vous êtes ici.

– Oh ! Oui. Je ne peux m'en empêcher. J'ai beau me raisonner... Je n'y peux rien. Je veux être libre, Svâmiji... libre d'abord de ceci.

Svâmiji se mit aussi à argumenter, mais Srinivasan dit :

– J'ai raisonné pendant des années. Ma raison me dit bien que je n'ai aucune raison d'avoir peur, d'être angoissé et pourtant...

– Très bien... Fermez les yeux... détendez-vous... et essayez... essayez de voir cette image... le chien aboie. Oui, le chien... Dès que Svâmiji prononce le mot *dog* (chien), quelle que soit votre réaction intérieure, exprimez-la. Ne pensez à rien d'autre.

– Oui... Oui.

Svâmiji dit alors :

– *Dog* (chien)... *Dog*... *Dog*...

– *God* (Dieu).

Il entend le mot *dog*, *dog*, *dog*, et aussitôt voilà que *God* apparaît. Il dit :

– *God... God... dog... God... dog... God...*

– Très bien. *God* aboie... aboie... aboie.

– Il commande... Dieu (*God*) commande... Dieu commande. Voyez-vous, de l'aboiement du chien (*dog*), il passe à "Dieu (*God*) commande".

– Oh ! Dieu commande. Oui, Dieu. Écoutez la voix de Svâmiji. Détendez-vous... ne pensez à rien... tout ce qui vient. *God... God... God...*

– Mon père !

– Oui, oui, le père. Dieu commande... Dieu commande...

– Mon père me gronde ! Mon père me réprimande.

C'était arrivé comme ça. A partir du père qui gronde, voilà Dieu qui commande. Dieu le Père, immédiatement. Et *dog-God... dog-God...* Le chien (*dog*) est apparu à partir du père qui gronde. Quand il entend le chien qui aboie, il sent que son père le gronde. Comment cela ? A partir de "Dieu commande". Maintenant tout ceci est un produit du mental. Ainsi son père a dû le gronder à un moment et cela a dû beaucoup l'effrayer. Et cela fut refoulé. Et chaque fois qu'un chien aboie, il sent que son père le gronde. Et quand cela s'est produit est une autre histoire. Si vous désirez le savoir, Svâmiji vous en donnera les détails. Cela s'est produit quand il était âgé d'un an et demi. Et le garçon trembla. Cette peur était en lui, refoulée, complètement inconsciente. Et quand cette peur apparut, tout ressortit. Après quand un chien aboyait, il n'avait plus de réaction. Il était libre[1]. »

2. *Les disciples de Channa et des environs.*

Gopal, ou Gopal Chandra Khan, était joaillier à Calcutta. Il venait d'un village pas très éloigné de l'ashram Channa. Sa femme et ses enfants étaient également attirés par Svâmiji et parfois toute la famille arrivait pour passer la journée à l'ashram dans leur char à bœufs, chargé de toutes sortes de provisions : légumes verts, fruits, fruits secs, farine de blé, légumineux, riz, graisse végétale, épices... Alors son épouse Pañkajini s'occupait de faire la cuisine pour la journée.

C'était la fête pour les enfants. Tous les fidèles qui se trouvaient à l'ashram à ce moment-là étaient traités comme leurs hôtes. Si des problèmes personnels ou domestiques troublaient l'esprit de Gopal ou de Pañkajini, ils étaient discutés avec Svâmiji et ils retournaient tous à leur village au crépuscule dans leur char à bœufs.

C'est Gopal qui s'occupait de l'approvisionnement régulier de l'ashram à partir de Calcutta. Deux ou trois fois par semaine, leur servante venait à l'ashram avec un grand panier sur la tête rempli des provisions nécessaires. On lui offrait bien entendu un repas avant qu'elle ne revienne à son village dans l'après-midi.

A partir des années 1937-1938, les affaires de Gopal à Calcutta commencèrent à péricliter. Il dut déposer son bilan et ne fut plus

1. E.3.8.66.

en mesure d'assurer l'approvisionnement en produits alimentaires de l'ashram. Si bien que jusqu'en 1943-1944, ce fut une période difficile pour l'ashram. Le troisième fils de Gopal, Kalu ou Madhusudan, après la mort de son père, développa une relation intense avec Svâmiji dont on trouvera le récit plus loin.

Après la mort de Gopal, l'approvisionnement de l'ashram fut assuré dans les années 60 par Khetu. C'est ainsi qu'on appelait Kshetra Mohan Chowdhuri, un entrepreneur en bâtiment assez fortuné, qui habitait Burdwan. Il s'était mis à fréquenter l'ashram de manière régulière.

C'est lui qui prit pratiquement en charge toutes les dépenses pendant la durée des séjours de Svâmiji à Channa. Deux ou trois fois par semaine, on le voyait arriver avec de grosses quantités de légumes, de fruits, portées par un de ses employés lorsqu'il ne venait pas en jeep. Quand il arrivait, généralement entre neuf et dix heures du matin, Svâmiji s'arrangeait toujours pour lui accorder un entretien d'environ une heure.

Voici l'un de ces entretiens raconté par Svâmiji lui-même. Ce récit avait pour but d'illustrer la manière de s'y prendre pour avoir des relations satisfaisantes avec autrui et plus particulièrement avec ses enfants :

« Khetu a perdu deux de ses enfants. Il en est devenu presque fou :

– Ils disent que c'est moi qui ai tué Khoka. Ils disent que c'est moi qui suis reponsable de son suicide. C'est ce que disent les gens. Ils disent qu'il s'est suicidé à cause de moi. Est-ce vrai ? Je n'avais rien d'autre à l'esprit que son bien. J'ai gagné tant d'argent, j'ai travaillé tellement. Pour qui ? Je n'ai pas tellement de besoins. Je mène une vie très simple. J'ai gagné des dizaines de milliers de roupies. Pour qui est-ce que j'ai gagné tout cela ? Seulement pour eux. Pas pour moi. Moi-même j'ai des habitudes très simples. Tout ce que je faisais était pour leur bien. Je n'avais jamais rien d'autre en tête que leur bien. Et ils disent que je l'ai tué.

– Ce que vous dites est vrai... Vous n'aviez rien d'autre que leur bien en tête. Il n'y a pas de doute à ce sujet.

– Alors vous êtes d'accord ?

– Bien sûr, c'est tellement évident. Chaque partie de votre être le crie si fort, on ne peut pas en douter.

– Oui, mais les gens disent que je l'ai tué.

– Les gens ont tort. Il n'y a pas le moindre doute que quoi que ce soit que vous ayez fait, c'était pour leur bien. Mais il y a un autre point à considérer. Bien sûr, vous aviez seulement leur bien en tête. Mais lui, qu'en pensait-il ? Il ne l'a pas pris de cette façon. Il pensait que son père était contre lui, n'est-ce pas ?

– Oui, c'est toujours ce qu'il pensait.

– Alors... comment se fait-il... ? Vous avez fait tout ce que vous avez fait pour son bien, mais il ne l'a pas compris de cette manière.

– Oui, il se plaignait sans cesse que j'étais contre lui.

– Alors ?

– Mais il se trompait.

– Bien sûr, il se trompait. Bien sûr, il n'appréciait pas ce que vous faisiez pour lui. Mais le fait reste qu'il l'a compris d'une autre manière.

– Oui, il prenait tout d'une autre manière. Mais avais-je tort ? Par exemple quand je lui ai construit cette nouvelle maison, il voulait que je dépense un argent fou pour cette maison. Il voulait avoir un sol en mosaïque. J'ai discuté avec lui : "Quelle est la nécessité d'avoir un sol pareil ? Un ciment ordinaire est tout à fait suffisant. Pourquoi dépenser de telles sommes sans nécessité ?" Tout cet argent, je l'ai économisé pour eux. Mais le garçon était contrarié. N'avait-il pas tort ?

– Oui, bien sûr il avait tort.

– De même quand la salle de bain était en construction, il insista pour avoir une porte en bois massif. C'était aussi très coûteux et pas du tout nécessaire. J'ai essayé de discuter avec lui, mais il insistait : "C'est le nouveau style, il le faut absolument." Je n'étais pas d'accord. Ai-je eu tort ?

– Non, vous aviez raison... mais le fond du problème est : Avez-vous réussi à le convaincre ? Tant qu'il n'était pas convaincu de l'exactitude de votre point de vue, comment pouviez-vous vous attendre à ce qu'il soit d'accord avec vous, à ce qu'il apprécie votre point de vue ? Vous avez mené une vie simple et frugale pour le bien de vos enfants. Vous vouliez économiser de l'argent pour qu'ils puissent en profiter. Tout cela est vrai, bien sûr. Mais quel en a été le résultat ? Bien sûr, vous n'aviez que leur bien en tête. Mais avez-vous essayé de découvrir si lui-même considérait que c'était bon pour lui ?

– Non, comment un si jeune garçon aurait-il pu décider ce qui était bien pour lui ?

– C'est juste. Mais alors, vous n'avez pas réellement fait tout cela pour lui. Vous avez fait ce que vous, vous considériez être bon pour lui. Vous faisiez tout ce que vous croyiez qui était bon pour Khoka... pour le bien de Khoka... pour le bien de Khoka... Cela montre que vous voyiez en Khoka votre propre image et que vous faisiez ce que vous croyiez être bon pour l'image de lui que vous aviez créée. Mais Khoka n'a jamais cru que c'était pour son bien. Alors pour le bien de qui faisiez-vous tout ça ?

– Oh ! C'est vrai, c'était en fonction de ce que je pensais.

– Alors c'était simplement en accord avec votre idée. L'idée était vôtre. C'était vous seulement qui considériez que c'était bon pour lui. Vous n'avez pas essayé de voir si lui aussi considérait que c'était bon pour lui.

– Mais où est le mal ? N'était-ce pas pour son propre bien ?

– Bien sûr, c'était pour son bien. C'est vrai. Mais le fait demeure qu'il n'en était pas convaincu. Pour qui faisiez-vous tout cela ? N'était-ce pas pour lui seul ? Mais est-ce que lui-même était convaincu par vos raisons ?...

Cela a pris très longtemps pour lui faire saisir ce point. A la fin, un jour il dit :

– Oui, maintenant je crois que j'ai fait tout cela seulement pour moi-même.

– Oui, vous ne le voyiez pas du tout. Vous l'avez fait seulement pour vous-même. Vous ne le voyiez pas. Vous le preniez toujours pour un jeune garçon, un enfant, alors qu'il avait vingt-deux ans. Il était tout à fait adulte. Il était même marié, mais vous le considériez juste comme un enfant. Il était un homme responsable, mais vous ne l'acceptiez pas. Alors vous ne voyiez pas ce qu'il était, qu'il avait grandi. Pour vous, il était toujours un petit enfant.

– Oui, je le prenais toujours pour...

– Oui, c'est ainsi que vous vous êtes comporté tout le temps [1]. »

Fakir Samant était un habitant assez pauvre du village Channa. Féru d'homéopathie et très dévoué à Svâmiji, il avait quelques terres qui lui assuraient un revenu à peine suffisant pour vivre. Aussi Svâmiji lui venait-il en aide en le chargeant de surveiller les terres et les récoltes de l'ashram.

Voici l'histoire dont il est un des protagonistes et que Svâmiji racontait pour illustrer la manière dont on isole le désagréable de l'agréable et comment on refuse d'en voir la complémentarité :

« Fakir Samant vient me voir un jour et dit :

– Baba, on raconte que l'on doit strictement observer la verité

1. Sumangal Prakash, *L'Expérience de l'Unité*, p. 217.

dans son comportement. Vous aussi, vous me l'avez enseigné et vous m'avez expliqué ce que cela signifie... C'est pourquoi je suis le chemin de la vérité... j'essaye de m'y maintenir... Mais je ne sais pas ce qui me force à en dévier et ce qui m'empêche de faire ce que je veux faire ?

– Que vous est-il donc arrivé ?

– L'année précédente, un Santhal m'a emprunté huit mesures de riz. Et cette année, il est venu me les rapporter en ajoutant deux en plus à titre d'intérêt. "Non, non, lui dis-je, tu m'en as emprunté dix et non pas huit." Le Santhal répliqua qu'il se souvenait très bien en avoir seulement emprunté huit. "Tu tiens tes comptes seulement dans ta tête, lui répondis-je, tandis que moi, je les écris dans mes livres..." Que pouvait faire le Santhal ? Il fut obligé d'accéder à ma demande et de promettre de me rapporter ces deux mesures de riz plus tard. Toutefois, quand il fut parti, je me demandai comment j'avais pu, sur l'impulsion du moment, agir de cette façon-là ? Le fait est qu'il ne m'avait emprunté que huit et non pas dix mesures qu'il m'avait rendu tout ce qu'il me devait avec en plus deux mesures de plus à titre d'intérêt. Pourquoi donc ai-je augmenté sa dette de deux mesures ? Qui m'a forcé à faire cela ?

– C'est une bonne question. Qui donc vous a forcé ?

– Moi, bien, sûr, je ne voulais pas mentir, pas du tout. J'avais seulement ces huit mesures en tête, mais les mots sont sortis tout seuls de ma bouche, sans que je m'en rende compte. Qui m'a forcé à mentir ainsi ? N'ai-je pas été forcé par quelque pouvoir occulte ?

– Ce que vous dites est vrai. Mais les mots ne sont-ils pas sortis de votre bouche ?

– Oui, de ma bouche.

– C'est donc vous qui les avez prononcés ?

– Oui, mais en réalité, ce n'est pas moi qui les ai dits. J'étais tout à fait résolu dans mon esprit à ne pas mentir.

– Et cependant c'est bien vous-même qui avez dit ces mots, n'est-ce pas ?

– Oui.

– Bien entendu, vous n'avez pas parlé intentionnellement, n'est-ce pas ?

– Non, je n'ai pas parlé intentionnellement. Mais pourquoi ai-je prononcé ces mots ? Pourquoi ?

– Acceptez-vous d'abord le fait que c'est vous qui avez prononcé ces mots ?

– Oui.

– Les mots sont bien sortis de votre bouche ?

– Oui. Les mots sont sortis de ma bouche.

– Alors, c'est bien vous seulement qui réellement avez parlé ?

– Est-ce réellement moi qui les ai prononcés ?

– Bien sûr, vous ne savez pas pourquoi vous avez parlé ainsi, mais c'est bien vous qui avez prononcé ces mots ?

– Oui. C'est bien moi qui les ai prononcés.

– Alors ? C'est vous qui avez prononcé ces mots. Personne d'autre ne vous a forcé à le faire.

– Mais en fait je n'avais pas l'intention de prononcer ces mots...

– Vous n'aviez pas l'intention de les prononcer ? Pourquoi l'avez-vous fait ? Vous en aviez bien l'intention pourtant, mais vous ne le saviez pas. N'est-ce pas ?

– Je ne sais pas.

Il était troublé.

– Essayez maintenant de visualiser : le Santhal est là, il s'avance vers vous. Regardez, maintenant il est venu vers vous... il a posé le sac de riz par terre, n'est-ce pas ?

– Oui, il a posé le sac par terre.

– Alors maintenant, vous donnez vos chiffres : les huit mesures... plus deux... ce qui fait dix. Essayez de vous rappeler le moment où vous avez prononcé ces mots. Que s'est-il passé dans votre tête ?

– Oui. Ce qui m'est venu à l'esprit, c'est que si j'augmentais simplement le nombre jusqu'à dix, alors je pourrais en avoir deux de plus ! Ce misérable Santhal... totalement illettré... il ne sera pas en mesure de contester.

– De qui était-ce la voix ?

– Oui, c'est venu de l'intérieur de moi, mais je ne le voulais pas du tout.

– Alors, si vous ne le vouliez pas du tout, comment est-ce venu ? Pourquoi ? Dites-moi ce que vous vouliez réellement à ce moment ?

– Oui... cela m'est venu à l'esprit de rajouter deux mesures que je pourrais m'approprier simplement en prononçant quelques mots.

– Alors ? N'était-ce pas le désir d'avoir deux mesures de plus que vous aviez à l'esprit ? C'est pourquoi vous avez agi ainsi. D'où vient ce mensonge ? D'où est-il sorti ? Du simple calcul qu'en ajoutant deux mesures, vous y trouveriez un avantage. Accepter le fait que vous n'aviez prêté que huit était à votre désavantage...

– Oui. C'est bien ça.

– Alors ? Pourquoi disiez-vous que quelqu'un d'autre vous avait forcé à mentir ? C'est vous qui l'avez dit.

– Oui.

– Alors ? C'est bien vous qui avez agi de cette manière.

– Mais c'est horrible...

– C'est horrible, bien sûr. Mais c'est bien vous qui avez agi de cette manière. C'est simplement pour préserver votre honneur que vous vouliez croire que ce n'était pas vous, mais quelqu'un d'autre qui vous avait fait agir. Non. Vous devez voir et accepter que c'est vous-même qui avez agi ainsi.

– Ainsi, personne d'autre ne m'a forcé à agir contre ma volonté ?

– Non, personne d'autre ne vous a forcé, vous seul l'avez fait.

– Oui, maintenant je vois... je dois simplement accepter le fait que c'est moi qui ai fait cela.

– Oui, c'est vous-même qui l'avez fait, vous seul. Une partie de vous-même accepte que vous ayez fait cela, mais comme c'est désagréable pour vous de l'accepter, vous voulez croire que ce n'est pas vous qui l'avez fait[1]. »

3. *Les disciples de Calcutta et des environs.*

La famille Basak était originaire de Chinsura. C'est par l'intermédiaire de Shashi Bhushan Basak que Svâmiji rencontra Nirâlamba Svâmi et c'est à lui que Svâmiji emprunta les mille roupies dont il avait besoin pour l'acquisition de terres dans le but d'établir une école près de Channa en 1921.

Son frère, Bijoy Basak, avait épousé Kamala (née en 1902) en 1914. Kamala, ayant rencontré Svâmiji dès 1915, devint une disciple assidue dans les années 1938-1940. Après la mort de son mari, elle s'est trouvée dans un état pathétique, ayant pratiquement « perdu l'esprit ». Elle resta quelque temps auprès de Svâmiji en « psychanalyse » et son état fut considérablement amélioré.

Son amélioration impressionna tellement sa belle-sœur Menaka, la veuve de Shashi Bhushan Basak, qu'elle se mit elle aussi à venir voir régulièrement Svâmiji à partir de 1943. Menaka n'avait qu'une fille unique qu'elle adorait, Lotika, mais lorsque celle-ci se maria elle se sentit horriblement malheureuse. A partir de ce moment,

1. Sumangal Prakash, *L'Expérience de l'Unité*, p. 467, et E.8.1.64.

elle se dévoua complètement au service de Svâmiji et les conditions de vie à l'ashram s'améliorèrent considérablement.

C'est sur son insistance que les cases primitives et délabrées furent restaurées. Le sol des cases fut surélevé de façon à ce qu'il soit protégé des inondations occasionnelles de la rivière en crue pendant la saison des pluies. Le plafond fut également surélevé, le nombre des fenêtres de la case de Svâmiji fut augmenté ainsi que leur hauteur de façon à améliorer la ventilation. La cuisine fut rénovée, agrandie et une chambre supplémentaire construite qui servait à la fois de réserve et de logement.

Elle prit soin également d'améliorer la qualité de la nourriture de Svâmiji et de lui procurer les vêtements nécessaires, particulièrement des lainages pour l'hiver.

Finalement, elle fit l'acquisition en 1946 d'une maison spacieuse à Ranchi avec un grand jardin, spécialement pour permettre à Svâmiji d'y rester pendant la saison des pluies.

Sur les instances de Svâmiji, elle changea de nom. Menaka, dans la mythologie indienne, est une séductrice divine qui réussit à charmer le sage Vishvamitra. Or Svâmiji considérait que le nom n'était pas sans influencer le destin d'une personne. Il lui suggéra le nom de Suvrata (litt. celle qui prend de bonnes résolutions) par lequel elle se fit appeler à partir de ce moment-là.

A la fin de l'année 1930, apparut Madhavji Bhai. C'était un homme d'affaires de Calcutta, originaire du Kutch, dans le Gujerat. Il vint effectuer plusieurs séjours à l'ashram. Ses enfants faisaient des études en Angleterre et il avait obtenu l'accord de Svâmiji pour que celui-ci se rende avec lui en bateau en Angleterre et y séjourne plusieurs mois, de façon à conseiller les parents sur la manière de donner aux enfants la meilleure éducation possible. Quelques mois avant la fin des derniers préparatifs pour le voyage de Svâmiji, la Seconde Guerre mondiale éclata et les enfants revinrent en Inde.

Disciple très proche de Gandhi, Madhavji avait été si impressionné par la transformation de sa vie par Svâmiji qu'il avait souhaité faire bénéficier Gandhi, son ancien guide et maître, de l'enseignement de Svâmiji. Son idée était d'aider Gandhi à se rendre libre de certaines aspérités de caractère qu'il considérait comme des « névroses » et dont il avait peu à peu pris conscience.

Quand il apprit que Gandhi s'apprêtait à observer un jeûne de vingt et un jours, il eut l'impression que son ancien maître, à l'âge qu'il avait et avec sa santé chancelante, ne survivrait pas à l'épreuve. Aussi Madhavji écrivit-il à Svâmiji à Channa pour lui demander s'il serait d'accord pour intervenir auprès de Gandhi. Il savait qu'il aurait été inconcevable d'amener le célèbre Gandhi à l'ashram Channa auprès d'un maître peu connu. Aussi demanda-t-il à Svâmiji s'il lui serait possible de se rendre auprès de Gandhi pour lui sauver la vie.

Svâmiji répondit qu'il était quasiment impossible de faire entendre raison à Gandhi, celui-ci étant tellement sous l'emprise de l'illusion. Mais cela ne suffit pas à convaincre Madhavji. Il insista et répondit à Svâmiji qu'il était convaincu que si Gandhi pouvait être amené d'une façon ou d'une autre à voir que son projet était déraisonnable, il l'abandonnerait sur-le-champ. Aussi demanda-t-il à Svâmiji de lui permettre d'aller voir Gandhi et d'obtenir son consentement pour rencontrer Svâmiji.

Svâmiji posa alors deux conditions à Madhavji. Gandhi devait préalablement donner son accord qu'en parlant avec Svâmiji il garderait l'esprit parfaitement ouvert. Ensuite il devait prendre l'engagement de renoncer à toutes ses activités pendant au moins un mois et se rendre disponible pour avoir des entretiens quotidiens avec Svâmiji.

Madhavji demanda alors l'autorisation à Svâmiji d'envoyer à Gandhi avec sa propre lettre toutes les lettres échangées entre lui et Svâmiji à ce sujet. Svâmiji essaya d'abord de l'en dissuader sous le prétexte qu'il n'en sortirait rien de bien, mais céda devant l'insistance de Madhavji.

Dès qu'il reçut la lettre de Madhavji, Gandhi lui télégraphia de venir immédiatement à son ashram de Sevagram. « Gandhi, raconta plus tard Madhavji, fut ravi de me voir et s'écria : "Cela a été le second choc le plus sérieux de ma vie, Madhavji Bhai, de trouver que votre Svâmiji croie que je me trouve sous l'emprise de l'illusion... C'est de cette façon que *Dawn* (*L'Aube*, le journal de la Ligue musulmane de Jinnah) parle de moi ; mais là c'est différent puisque cela vient du camp ennemi. Alors qu'ici, cela vient de votre Svâmiji, Madhavji Bhai, et c'est absolument insupportable"... » Madhavji expliqua alors à Gandhi : « Bapu a certainement mal compris Svâmiji. Ce mot a été employé par Svâmiji dans une lettre qui m'était adressée à moi et non pas directement à Bapu ; le langage employé par Svâmiji avec ses disciples est un langage différent. Le mot illusion (*delusion*) qu'il utilise ne signifie pas que Bapu se trompe en connaissance de cause. Dans la langue de Svâmiji, ainsi qu'il nous l'explique, le mental est composé de deux parties : le conscient et l'inconscient. La manière dont le mental fonctionne dans l'inconscient reste complètement inconnue du mental conscient. Svâmiji n'impliquait pas du tout que vous vous gardiez vous-même dans l'illusion en connaissance de cause. »

Gandhi se sentit soulagé : « Un grand poids a été levé de mon cœur, Madhavji. Bien sûr, je ne peux être responsable de ce que j'ai pu faire sans le savoir. »

« En ce qui concerne les conditions posées par Svâmiji, ajouta Gandhi après un moment, il n'est pas question de ne pas garder mon esprit complètement ouvert. Mais la seconde condition est vraiment difficile à observer. Même si je donne mon accord pour abandonner mes autres activités pendant quelque temps, comment puis-je donner l'assurance que les autres me le permettront ?... Mais bien... je vais devoir me résoudre à accepter cela aussi, semble-t-il. »

Pendant quelque temps, il resta absorbé dans ses pensées puis ajouta : « Pour vous dire la vérité, Madhavji, je suis extrêmement malheureux ces jours-ci. J'ai réellement besoin d'être éclairé, quelle qu'en soit la source, car je me sens extrêmement troublé. Vous pouvez facilement vous imaginer combien je suis sollicité de toutes parts d'abandonner mon intention de jeûner. Tous les jours c'est une véritable avalanche, venant de toutes parts, de lettres et de télégrammes . Une de ces lettres m'a fait particulièrement de la peine. Elle vient d'un ami d'enfance très cher. Il écrit : "Ce que tu dis, Mohan, c'est que tu as entendu la voix de Dieu et que Dieu seul te guide pour prendre cette décision. Est-ce que tu ne t'illusionnes pas ? Combien de fois n'as-tu pas déjà confessé qu'une décision précédente que tu croyais inspirée par Dieu s'est révélée ultérieurement erronée ? Ton Dieu n'est-il pas une simple fantaisie de ton esprit ?" Voici ce qu'il m'écrit, Madhavji, et j'en ai été très peiné... J'ai déchiré la lettre en morceaux et l'ai jetée à la corbeille. »

Et Madhavji de conclure dans sa lettre à Svâmiji : « C'est alors seulement, Svâmiji, que j'ai perdu mes illusions concernant Bapu. L'homme qui le moment précédent me déclarait avoir l'esprit complètement ouvert pouvait dire en même temps qu'il avait déchiré en morceaux la lettre de son ami. »

Indépendamment des trois sœurs Basak et de Madhavji Bhai, un jeune homme de Madhupur, Nirmal Brahmacâri, venait séjourner de temps à autre auprès de Svâmiji. Voici comment Svâmiji racontait leur première rencontre :

« Un jeune homme vint me rendre visite. Il avait vingt ans environ et me dit :

– Puis-je rester un jour ou deux ?

– Pourquoi voulez-vous rester ?

– Je me sens très heureux ici et j'aimerais rester. Est-ce possible ?

– Certainement. Mais, dites-moi d'abord, qui êtes-vous et d'où venez-vous ?

– Mon nom est Nirmal Chaitanya Brahmacârin. Lorsque j'étais étudiant, un Svâmi venait donner des conférences. J'allais l'écouter et j'étais fasciné par lui. Il me dit : "Si vous venez avec moi, je vous ferai découvrir, etc." Je le suivis, mais ce fut une expérience très malheureuse et j'ai dû m'enfuir.

Il resta trois jours. Le troisième jour, il demanda s'il pouvait rester encore.

– Bien sûr... mais pourquoi voulez-vous rester ? Votre nom est Nirmal Brahmacârin. Et vous dites : "Ceci, un *brahmacârin*[1] ne doit pas le faire... cela un *brahmacârin* ne doit pas le manger." C'est ainsi que vous parlez.

– Oui, oui... C'est le devoir d'un *brahmacârin*...

– Ah ! Et quel est donc le sens du mot *brahmacârin* ? Pouvez-vous l'expliquer ?

– *Brahmacârin*... euh... je ne sais pas exactement ce que cela signifie.

– Mais vous dites que vous avez été initié. Rappelez-vous, celui qui vit en *brahman* (*brahmaniṣṭha*) est un *brahmacârin*.

– Ah ! Ah !

– Alors vivez-vous en *brahman* ? Vous dites : "Il ne faut pas faire cela... un *brahmacârin* ne doit pas parler comme cela... il ne doit pas jeter les yeux sur une femme, il ne doit pas passer devant une confiserie, etc. Pourquoi ? Parce que vous êtes attiré en permanence par toutes ces choses, n'est-ce pas ? Vous vivez dans ces choses-là et non dans *brahman*. Vous êtes donc un *alpacârin*. *Alpa* veut dire petit. Vous n'êtes pas un *brahmacârin* car vous dites : "Un *brahmacârin* ne doit pas sentir cela, ne doit pas faire ceci...". Mais de tels sentiments ne sont pas ceux d'un *brahmacârin*.

– Ah ! Ah !

– Vous avez demandé à rester. Avez-vous un désir particulier de nourriture ? Avez-vous une préférence, quelque chose que vous aimez beaucoup ?

1. Moine novice, homme pratiquant la continence.

– Oui, j'aime, j'aime...

– Quoi donc ?

– Les *rasgula* (confiserie à base de lait et de sucre).

– Prenez-en... si vous en avez envie.

– Oh ! J'y pense tout le temps !

– Et vous dites quand même que vous êtes un *brahmacârin* ! Pourquoi n'en prenez-vous pas ?

– J'en ai pris... si...

– Vous en avez pris et vous dites que vous y pensez, que vos pensées tournent autour de ces *rasgula*.

– Oh ! Oui !

– Alors vous n'en avez pas pris... vous n'en avez pas mangé.

– Si ! Oh ! Si ! Deux et même trois fois ! Un jour, parce que j'y pensais tellement, j'en ai même pris, je crois, une livre. Je l'ai mangée en un seul jour... Et après, encore et encore, je n'arrête pas d'y penser.

– Alors, non, vous ne les avez pas goûtés.

– Mais, je vous dis la vérité ! Trois fois, j'en ai goûtés !

– Non, vous ne les avez pas goûtés. Allez à la ville voisine et prenez une demi-livre ou une livre, comme vous voudrez. Prenez, mangez, goûtez autant que vous pouvez.

A son retour il dit :

– J'ai fait ce que vous m'avez dit. J'y ai goûté.

– Comment vous sentez-vous ?

– J'y pense toujours.

– Alors vous ne les avez pas vraiment goûtés.

– Comment ?

– Quand vous êtes parti pour la ville acheter ces *rasgula*, quels étaient vos sentiments ?

– Oh ! Je me sentais malheureux.

– Comment cela ?

– Je m'en allais et je pensais : “Ah ! Etre *brahmacârin* et courir après des confiseries ! C'est vraiment très triste ! Je ne devrais pas y aller.”

– Vous voyez, vous n'étiez pas en train d'aller chercher des *rasgula*. Comprenez-vous ? Vous dites que vous y allez et en même temps vous pensez : “Je ne devrais pas y aller. Cette action n'est pas digne d'un *brahmacârin*...” Bon, maintenant quand vous y étiez, vous vous êtes arrêté devant une boutique...

– Oh oui !

– Comment vous sentiez-vous ?

– Oh ! Je pensais : “Je n’aurais pas dû venir. Et si les gens me voient ! Moi, un *brahmacârin*, qu’est-ce qu’ils vont penser ? Oh ! Ils vont penser que c’est mal.... que ce n’est pas bien.”

– Alors vous ne regardiez pas les *rasgula* ! Vous avez dit que vous en avez mangé. A quoi pensiez-vous quand vous les avez mangés ?

– Je pensais : “Un *brahmacârin* ne doit pas en manger. Si quelqu’un voit que j’en prends autant, qu’est-ce qu’il pensera ?”

– Regardez bien... Vous avez été dans la boutique du marchand, vous avez pris les *rasgula*, vous les avez mis dans votre bouche, mais vous ne les avez pas goûtés...pas du tout.

– Oh !

– Faites une chose. Retournez-y et rappelez-vous que si quelque chose tourne mal dans cette affaire, Svâmiji prend tout sur lui. Vous êtes libre. Acceptez seulement de faire ce que Svâmiji vous a demandé. S’il y a un péché ou un blâme quelconque, Svâmiji les prend sur lui.

– Ah ! Il me faut donc y aller !

– Oui et s’il y a un péché, il retombera sur Svâmiji et non sur vous. Allez-y.

Il retourna à la ville et ramena les *rasgula*.

– Prenez-en un seul et regardez... regardez-le bien... touchez-le entre vos doigts... que ressentez-vous ?

– Oh ! C’est très juteux, très doux et juteux, c’est beau, c’est bon...

– Oui. Touchez-le... sentez-le... Et maintenant mettez-le dans votre bouche. Oui, mâchez-le... doucement. Aspirez le jus et mâchez encore... ne vous dépêchez pas...encore et encore... Quel goût cela a-t-il ? Quel est son goût ?

– Oh ! C’est très bon !

– Est-ce que c’est très sucré, vraiment très sucré ?

– C’est bon...très bon... très, très bon !

Il mit quinze minutes à manger le premier.

– Prenez-en un autre. Regardez-le... sentez-le d’abord... encore et encore... regardez. Regardez-le bien avec vos yeux... goûtez-le bien avec vos yeux... Goûtez-le... Touchez-le avec vos doigts...

Il le prit, le goûta et en mangea six ainsi. Alors il dit :

– Non... je ne peux plus en prendre. Je n’en veux plus.

– Pourquoi ? Vous dites en avoir mangé une livre et maintenant vous ne pouvez pas en prendre plus de six. Pourquoi ?

– J’en ai assez... je suis content... je suis plein. Je ne savais pas que c’était si sucré... si bon !

– Comme vous voulez. Gardez le reste et quand vous en aurez envie, vous pourrez en prendre.

Le lendemain matin :

– Comment vous sentez-vous ?

– Je suis content, très satisfait.

– Avez-vous pris le reste ?

– Non, je n'en ai pas pris d'autres.

– Ah bon ! Aujourd'hui alors...

– Non. Je ne veux pas en prendre.

– Pourquoi ?

– Je me sens bien, très bien.

– Venez quand même et apportez-les, prenez-en un ! Ah ! Regardez, c'est bien... Que sentez-vous ?

– Bien. Oui, les *rasgula* sont comme ça, tout à fait comme ça, c'est ce que je sens.

– Est-ce que vous y pensez toujours ?

– Non, pas du tout.

Les gens ont l'air d'agir, de faire des choses, mais en fait, ils ne les font pas. Si vous avez l'audace ou le courage de faire une chose, alors, immédiatement, vous en connaîtrez sa beauté, sa vérité et sa nature. Et vous deviendrez libre[1]. »

4. *Les disciples de Ranchi.*

Quelque temps après l'installation de Svâmiji à Ranchi en 1946, le docteur Saket Pal entra en relation suivie avec lui. Sa femme Pratibha avait traversé une crise émotionnelle intense. Si bien que lui-même et son épouse devinrent des fidèles.

Le docteur Pal était radiologue et était amené par ses fonctions à connaître tous les personnages importants de Ranchi. Il devint à la fois l'intermédiaire obligé pour résoudre les problèmes administratifs de l'ashram ainsi que le médecin honoraire de l'ashram.

Chaque fois que Svâmiji se rendait à Ranchi, il en informait à l'avance le Dr Pal et celui-ci venait l'accueillir à la gare dans sa voiture et le conduisait à l'ashram Prasad. Pendant toute la durée des séjours de Svâmiji à Ranchi de 1946 à 1974, le Dr Pal parfois seul et le plus souvent en compagnie de sa femme Pratibha, avait un rendez-vous pratiquement fixe avec Svâmiji tous les dimanches après-midi.

1. E.1.74.

C'est par l'intermédiaire du Dr Pal qui lui avait été présenté par le receveur principal des impôts de Ranchi, rencontré à l'ashram d'Ananda Mayee Mâ à Bénarès, que Daniel Roumanoff fut introduit auprès de Svâmiji.

Il y avait deux autres visiteurs à Ranchi : Mani Babu et Mathura Babu, qui venaient régulièrement rendre visite à Svâmiji. Mani Babu était très respecté et avait lui-même un grand nombre de disciples. Voici le récit d'un de ses entretiens :

« Un vieil homme à Ranchi avait la réputation d'être un homme réalisé, très avancé.... Un jour, cet homme vint et dit :

– Je suis Manilal Ghosh...

– Oh !

– Je suis venu vous voir.

– Très bien. Vous êtes venu pour quoi ? Que cherchez-vous ?

– Oh ! Je n'ai pas la paix de l'esprit (*aśanti*). Comment trouver la paix ?

– Oh ! Vous n'avez pas la paix de l'esprit ?

– Oui, oui, les gens disent que je suis cela... je le sais et j'ai moi-même pensé que je suis un homme réalisé parce que plus d'une personne qui se considère comme réalisée et d'autres encore me disent : "Si vous n'êtes pas réalisé, alors qui d'autre pourrait-il l'être ?"

– Très bien, alors pourquoi maintenant dites-vous... ?

– C'est que je ne trouve aucune paix... J'ai soixante et onze ans maintenant.

– Aussi est-ce très difficile maintenant.

– Pourquoi... pourquoi très difficile ?

– Parce que, voyez-vous, à soixante et onze ans... vous êtes fossilisé d'une certaine façon. Une structure fixe (*set pattern*) est là. Premier point. Ensuite, vous avez cet ego qui vous fait croire que vous êtes un grand homme et il y a tout ce monde qui pense cela de vous. Aussi vous faudra-t-il abandonner toutes ces idées si c'est possible. Peut-être arrivera-t-on au fait que tout ce que vous savez est faux. Cela vous sera-t-il supportable ? Pourrez-vous le supporter ? Pourrez-vous supporter que tout ce que vous saviez jusqu'à présent, tout cela soit faux et illusoire ? Car pour voir la vérité on ne peut poser aucune condition ; il vous faudra faire face à tout ce qui se présente. Aussi, vous voyez, vous avez des opinions bien arrêtées... Serez-vous capable de les abandonner... de vous présenter comme un tableau tout à fait vierge ?

Le vieil homme partit. Le lendemain il revint :

– Oui, je suis prêt. Je ferai tout mon possible. Je vous en prie, aidez-moi.

– Très bien, si vous pouvez et si vous trouvez le courage de faire cela, très bien. Mais souvenez-vous que tout ce que vous avez pu connaître jusqu'à présent peut être illusoire, peut être faux. Vous devrez y faire face et accepter alors ce qui se présente.

– Oui, je ferai cela.

Et alors les choses continuèrent. Et on en arriva à un point... Un jour il vint et dit... Il avait l'habitude de dire : "Voilà ce que j'ai accompli... voilà la révélation que j'ai eue... j'ai réalisé une blancheur si parfaite, etc." Il racontait toutes ses expériences. Et chacune était examinée et il lui fut montré :

– Voyez, ceci n'est rien d'autre que la voix de la réaction... C'est une réaction.

– Oh ! Oui, pourquoi est-ce une réaction ?

– Quel était votre sentiment à ce moment-là ? Le test est votre sentiment. Comment vous sentez-vous maintenant ? Comment vous sentiez-vous après ? Voyez ce que c'est. Ce n'est rien d'autre qu'une réaction... une réaction à votre sentiment de n'être rien. Voyez ce qu'il y a en vous : "Je ne suis rien, je suis incapable de quoi que ce soit." Et vous avez réagi de cette façon...

C'était un homme très bien. A soixante et onze ans, il accomplit des merveilles pour ainsi dire. Et véritablement il essaya de tout abandonner (*forgo*). Et un jour vint où il dit :

– Oui, aujourd'hui voilà mon sentiment... cette joie, oui je l'ai trouvée, je l'ai vue... je l'ai sentie... Mais c'est faux.

– Pourquoi faux ?

– Parce que c'est la voix de l'ego.

– Oh ! Qui vous a dit cela ?

– C'est l'ego... l'orgueil... je ne devrais pas sentir cela.

– Oh ! Si on ne doit pas sentir cela, on ne doit rien sentir, alors ?

– Mais n'est-ce pas le jeu de l'ego (*ahaṃkâra*) ?

– Non. Ce n'est pas le jeu de l'ego, c'est le jeu de l'expression de soi, de la satisfaction de soi-même. Comparez avec votre expérience précédente et voyez ce que vous ressentez.

– Oh ! Je sens... je sens... comme une expansion.

– Et alors ? Vous voyez ? Votre ego est en expansion, votre ego est comblé. L'ego s'exprime... il en arrive au point où l'ego va disparaître.

– Oh ! En sera-t-il bien ainsi ?

– Oh ! Oui. Permettez à votre ego d'être comblé. Laissez-le

sentir : "Oui, oui, oui, j'ai accompli, j'ai obtenu..." Laissez-le sentir : "J'ai obtenu."

L'homme fut soulagé.

– Ce n'est pas mal, alors ?

– Non, ce n'est pas mal, c'est juste. Qui dit que c'est mal ?

– Oh ! J'ai toujours pensé que ressentir son "moi" était très mauvais.

– Non. L'expression du moi doit être là et le "moi" doit être comblé [1]. »

5. ***Les disciples français.***

Que la notoriété de Svâmiji ait pu dépasser le cercle étroit de quelques disciples indiens est l'effet d'un concours de circonstances que chacun est libre d'interpréter à sa manière. Certains y voient l'effet d'un heureux « hasard », d'autres y voient l'action de la Providence. On sait cependant que pour Svâmiji il n'y a ni hasard ni Providence ; tout événement est la résultante d'une succession de causes et d'effets. Si l'on accepte cette présentation des choses, on peut dire alors qu'une des causes de l'attirance qu'il a exercée sur les disciples français qui ont eu le privilège de le rencontrer c'est le sentiment qu'ils ont éprouvé non pas seulement de se trouver en présence d'un maître, mais surtout de se retrouver face à eux-mêmes. Disparaissait alors le sentiment d'être en présence d'un étranger, d'une autre culture. En fin de compte, le disciple faisait la découverte d'une non-altérité d'autant plus bouleversante qu'il n'avait jamais eu la possibilité de faire l'expérience d'une telle intimité avec personne d'autre.

Il y a eu neuf disciples français en tout. Six hommes : Daniel Roumanoff, Pierre, Frédérick Leboyer, Roland de Quatrebarbes, Arnaud Desjardins, Olivier et trois femmes : Denise Desjardins, Anémone Cambéssédès, Colette Roumanoff. Le nombre de disciples était volontairement limité, compte tenu du fait que Svâmiji recevait chaque personne individuellement et ne pouvait, surtout à partir de 1968, recevoir plus d'une personne par jour pour les *lyings*. Voici le récit de leur première rencontre avec Svâmiji :

1. E.11.2.66.

DANIEL ROUMANOFF.

« Lorsque je suis arrivé en Inde en auto-stop fin août 1959, j'avais vingt-trois ans et je ne connaissais pas grand-chose à ce pays ni à ce qu'il est convenu d'appeler "la recherche spirituelle". Cela a probablement été une grande chance car j'ai pu approcher directement différents maîtres sans avoir d'idées a priori. Certes, j'avais commencé à pratiquer le *hatha yoga* à Paris en janvier 1959 et ces exercices très simples avaient provoqué une ouverture du cœur que je ne m'expliquais pas très bien à l'époque. Celle-ci s'était accompagnée de l'effondrement d'un grand nombre de mes barrières mentales : préjugés rationalistes et athées et par l'abandon de mon arrogance intellectuelle qui me faisait regarder de haut tout ce qui était teinté de spiritualité. J'ai voulu alors en savoir davantage sur le yoga : aller à la source de la connaissance des yogis, trouver la clef de leur savoir en m'initiant aux secrets immémoriaux dont je les croyais détenteur et qui devraient me permettre "d'obtenir la maîtrise" du monde extérieur aussi bien qu'intérieur.

La passe de Khyber franchie, après la traversée des déserts d'Afghanistan, je me suis trouvé, dans la plaine indo-gangétique, plongé dans une sorte d'état de grâce. Tout me semblait facile et familier. Les choses semblaient arriver d'elles-mêmes, sans aucun effort de ma part. J'avais l'impression d'être conduit et guidé. Quelques semaines après mon arrivée, je rencontrai ainsi, à quelques jours d'intervalle, les deux personnes qui eurent sur moi l'influence la plus déterminante : Ananda Mayee Mâ et Svâmi Prajñânpad.

Avec Ananda Mayee Mâ, rencontrée à Bénarès, ce fut l'éblouissement immédiat [1]. J'ai eu l'impression de me retrouver chez moi, de retrouver enfin ce que j'avais toujours cherché sans le savoir. Cependant, lorsque je lui fis part de mon désir d'étudier le *yoga* et le *praṇâyama*, elle me répondit : "C'est un bon désir, le résultat de vies antérieures. Mais le problème est de trouver un maître compétent, faute de quoi au bout d'un temps plus ou moins long, vous risquez de vous trouver bloqué." Je commençai ainsi à prendre conscience de la difficulté de l'entreprise et de l'existence d'autres approches.

Je ne suis resté qu'une dizaine de jours auprès d'Ananda Mayee Mâ. En effet, je venais de lire dans une biographie de Ramakrishna

1. Voir le récit de la rencontre avec elle et des relations qui s'en sont ensuivies dans *Candide au pays des gourous*, Dervy Livres.

une parabole qui m'avait beaucoup impressionné : "Ne restez pas auprès d'un maître. Soyez comme l'abeille qui butine et transforme le pollen en nectar et non comme la grenouille qui s'installe sous la fleur de lotus et continue de coasser." Je quittai donc Mâ d'abord pour ne pas être comme l'abeille, ensuite pour m'assurer qu'il n'y avait nulle part ailleurs quelqu'un qui lui fût supérieur. De Bénarès, je partis pour Ranchi dans le but de rencontrer Svâmi Pûrnânanda, un yogi qualifié de "remarquable", dont on m'avait dit qu'il était un des meilleurs spécialistes du *praṇâyama*. Il avait développé des pouvoirs de guérisseur et acceptait de transmettre ses connaissances.

C'est à Ranchi, par le plus grand des "hasards" comme on dit habituellement, que je fus introduit auprès de Svâmi Prajñânpad, encore que le "hasard" de cette rencontre avec Svâmiji ait été, d'une certaine façon, inextricablement lié à ma rencontre avec Ananda Mayee Mâ.

« C'est, en effet, à l'ashram de Mâ, que je fis la connaissance d'un certain Mukherji, receveur principal des impôts de Ranchi, venu accompagner sa femme, fidèle disciple d'Ananda Mayee Mâ. "Quand pensez-vous aller à Ranchi ?" me demande-t-il. – "Mardi prochain." – "Comme c'est dommage, nous partons lundi avec mon épouse. Ne pouvez-vous pas avancer votre voyage d'un jour ? Nous pourrions ainsi voyager ensemble et partager avec vous notre compartiment de première classe ?" Je refuse cependant de modifier mes plans. Le même soir cependant, il m'aborde à nouveau, l'air ravi : "Je viens d'avoir un entretien avec Mâ. Elle m'a dit qu'il était inauspicieux de partir vers l'est un lundi. Alors nous allons partir également mardi. Vous pourrez ainsi voyager avec nous." En cours de route, je lui pose la question devenue rituelle depuis mon arrivée en Inde : "Connaissez-vous des saints ou sages à Ranchi ?" Mukherji promet de se renseigner. Et c'est ainsi qu'il me présente au Dr Saket Pal, qui lui parle déjà depuis longtemps d'un certain Svâmi Prajñânpad.

J'ai pu me rendre compte par la suite que cette intervention apparemment si bizarre de Mâ était monnaie courante de sa part. Un conseil ou une recommandation anodine prenait tout son sens pour celui auquel elle était destinée, même si l'entourage et le destinataire n'étaient pas à même de comprendre ce que cela signifiait. Ainsi, quelques années plus tard, j'ai encore pu m'assurer que Mâ parlait le plus souvent comme si elle voyait à travers l'espace et le temps. Alors que je lui exprimais ouvertement mon insatisfaction des réponses qu'elle donnait à mes questions, Mâ me demanda alors en souriant : "Connaissez quelqu'un qui puisse répondre à vos questions de manière satisfaisante ?" Pensant à Svâmi Prajñânpad, je répondis par l'affirmative. "Est-il *samnyâsin* ?" – "Oui, Mâ". – "Est-il bengali ?" – "Oui, Mâ." – "Alors, c'est auprès de lui que vous devez aller."

Lorsque je me présentai à l'ashram Prasâd, Svâmiji me dit : "Oui. Que voulez-vous ?" – "Je voudrais apprendre le *yoga* et le *pranâyama.*" – "Svâmiji n'y connaît rien." Je me sentis déçu. "Qu'enseignez-vous alors ?" – "Advaita Vedânta", fut sa réponse laconique.

Je ne savais pas très bien ce que c'était mais, puisque j'avais déjà fait tout ce chemin, je trouvais dommage de revenir bredouille, d'autant plus que la rencontre avec Svâmi Pûrṇânanda s'était révélée, en fin de compte, décevante. Certes celui-ci m'avait accepté comme élève et avait commencé à m'enseigner le *praṇâyama* mais je m'étais aperçu bien vite qu'il tirait gloire d'avoir un disciple européen, ce qui rehaussait son prestige auprès de ses disciples indiens fortunés. J'en avais conclu que les pouvoirs parapsychiques (*siddhi*) incontestables qu'il manifestait faisaient partie du domaine de l'occultisme et n'avaient que peu de rapports avec la délivrance de l'ego qui seule m'apparut alors comme l'expression d'une véritable recherche spirituelle. Or la pratique du *praṇâyama* loin de conduire à la délivrance m'apparaissant surtout comme un chemin pour acquérir des pouvoirs occultes. Cet Advaita Vedânta ne serait-il pas le chemin que je cherchais ?

Une autre question me préoccupait. J'avais trouvé quelques jours auparavant dans une bibliothèque un livre sur le Yogavâsiṣṭha qui m'avait passionné. La délivrance y était présentée non comme venant du renoncement mais au contraire comme l'accomplissement des désirs. Cela m'avait frappé car j'avais remarqué que, chaque fois que j'essayais de renoncer à quelque chose, ce renoncement donnait encore plus de force au désir, alors que l'accomplissement du désir avait pour effet de produire naturellement une perte d'attrait. Aussi ma deuxième question fut-elle : "Les désirs ne doivent-ils pas être satisfaits ?" – "Oui, répondit Svâmiji à ma grande surprise, de façon que les racines du désir soient détruites... Il ne doit y avoir aucun refus, aucun refoulement... Quelle est la nature du désir ? Il est orienté vers les objets extérieurs, il est illimité, il est réactionnel. Quelle est l'origine de cette réaction ? Elle vient de ce qu'intérieurement vous vous sentez petit et limité. Si intérieurement vous vous sentiez infini, englobant tout, vous n'auriez plus de désir dirigé vers l'extérieur. Il s'agit de parvenir à l'harmonie entre l'intellect, le sentiment et l'action... Les émotions du bébé sont à la racine de tout déséquilibre. C'est pourquoi le travail doit être accompli sur ces trois plans : compréhension, sentiment et action. Il s'agit de découvrir qui vous êtes..."

Chaque jour, à la même heure, je revenais le voir et l'entretien durait près d'une heure. Ses réponses m'enchantaient. J'avais enfin trouvé quelqu'un qui répondait de manière juste et percutante à mes interrogations. Tout me paraissait d'une grande clarté, mais cela ne me transformait pas. J'étais encore imprégné de l'éblouissement de ma rencontre avec Ananda Mayee Mâ. Svâmiji parlait à mon intellect. De plus, je ne voyais pas de manifestation du moindre "pouvoir surnaturel" en lui, ce qui était, à l'époque, signe de réalisation à mes yeux. J'étais convaincu de la vérité des réponses et des explications données par Svâmiji, mais je me sentais incapable de les mettre en pratique. J'avais à peine conscience que j'étais rempli d'émotions et que c'était là que se trouvait l'obstacle. Je n'arrêtais pas de penser à Ananda Mayee Mâ et à ce que j'avais trouvé auprès d'elle : une réponse affective immédiate qui me comblait. Cela me paraissait essentiel.

Impossible de suivre deux chemins en même temps. J'optai tout d'abord pour la voie enseignée par Ananda Mayee Mâ. En 1963, je partis vivre auprès d'elle comme moine novice (*brahmacârin*) ; en 1964, après être tombé malade, ce fut le retour en Europe. Cela me prit plusieurs années d'un conflit intérieur douloureux pour arriver à concilier l'attirance que j'éprouvais envers Ananda Mayee Mâ et l'enseignement de Svâmi Prajñânpad.

C'est à partir de ce moment que je pus suivre complètement la voie enseignée par Svâmiji. Les *lyings* entrepris en 1967 en furent un élément déterminant dans la mesure où ils permirent d'effectuer le travail nécessaire sur les émotions et fournirent la dimension affective manquante. Voici la manière dont Svâmiji racontait en 1966 mon histoire à un autre disciple : "Un jeune homme d'environ vingt-cinq ans a quitté sa maison... tout :

– Je veux devenir *saṃnyâsin* ; je veux vivre une vie de vérité, etc., dit-il. Svâmiji essaya de son mieux de lui montrer que ce n'était pas le bon moyen.

– Vous êtes jeune et vous n'avez pas encore expérimenté la vie. Comment pouvez-vous aspirer à entrer dans une vie qui est plus avancée que cette vie-là ? Vous n'avez pas fait...

– Oh ! Svâmiji, j'ai fait l'expérience de la vie et de toutes les choses. Il n'y a rien dans le monde, rien...

– Avez-vous joui de la vie ?

– Oui, Svâmiji.

– La sexualité ?

– Oui, Svâmiji, en France, j'ai eu suffisamment d'expériences sexuelles.

– Très bien mais vous n'avez pas encore joui de la vie telle qu'elle est. Comment pouvez-vous aller au-delà de la vie ?"

Ou encore l'année suivante : "Quelque temps après, Daniel a tout quitté, est venu en Inde, est devenu *brahmacârin*, etc., etc., avec Ananda Mayee. Il est là pour la perfection en toute chose. Il recherche l'Illumination, le Supranormal... Quand Svâmiji le vit, Svâmiji lui dit, lui montra... Tout d'abord, il tourna Svâmiji en ridicule d'une certaine façon :

– Svâmiji raconte des balivernes. On peut être dans la vie spirituelle, atteindre la supranormalité...

– Très bien, faites-le mais ce n'est pas la voie.

Deux ans après, il envoya une lettre (entre-temps, pendant un ou deux ans, il n'y eut pratiquement aucune relation) : "Svâmiji, je suis marié et j'ai un enfant. Maintenant je sens que Svâmiji m'a sauvé et mis dans la bonne direction. Je sens que je ne suis pas ce que je croyais être. Svâmiji m'a indiqué la bonne direction. Et j'essaie à présent de mettre son enseignement en application dans la vie. Je sens que je dois faire corps avec toute action que j'accomplis maintenant et que le stade suivant viendra de lui-même[1]."

C'est lors de mon premier voyage en 1959 que je rencontrai Arnaud Desjardins, trois fois de suite "par hasard" : d'abord à Brindavan à l'entrée d'un temple interdit aux non-hindous, puis, quelques jours plus tard, à l'ashram de Sivânanda à Rishikesh, enfin quinze jours après à Bénarès, où il tournait son premier film sur Ananda Mayee Mâ. Arnaud rentre en France alors que je poursuis mon voyage. Quelques mois plus tard, nous nous retrouvons à Paris. Arnaud me demande si j'ai rencontré d'autres sages aussi impressionnants qu'Ananda Mayee Mâ. Je lui parle alors de Svâmi Prajñânpad et de Svâmi Ramdas. Arnaud, interrogé alors par un de ses amis, Pierre, qui s'apprête à partir en Inde, lui suggère de prendre contact avec moi. Au cours de cette rencontre

1. E.4.5.68 et E.10.8.66.

avec Pierre, je lui parle d'Ananda Mayee Mâ et de Svâmi Prajñânpad. »

PIERRE.

Pierre, né en 1922, fut le premier Français à se rendre à l'ashram Channa.

« Avant de rencontrer Svâmiji, raconte-t-il, j'avais déjà été en présence de maîtres spirituels. A Paris, j'ai ainsi connu Gurdjieff, en Extrême-Orient, j'avais été dans des monastères zen, j'avais pratiqué la méditation en Birmanie et en Thaïlande, de même j'avais rendu visite à plusieurs autres maîtres en Inde.

Quand j'ai rencontré Gurdjieff, en février 1943, j'avais vingt ans et je lus extrêmement bien accueilli. D'une certaine facon, Gurdjieff m'a sauvé de la tuberculose car j'ai été à proprement parler "nourri" par lui, en esprit comme au cours de dîners extraordinaires, en pleine guerre à un moment où on manquait de tout. Que puis-je en dire ? Je l'ai ressenti comme une puissance formidable mais dangereuse alors que Svâmiji m'a toujours paru être "bon sans aucun côté d'ombre". Je me sens très reconnaissant envers Gurdjieff car il m'a réveillé et il a été le premier à me faire voir que des états de conscience supérieurs pouvaient exister. Il m'en a donné le goût et cela m'a mis en appétit en quelque sorte. Mais bien qu'il n'y ait pas eu de fossé culturel comme souvent en Orient, j'ai senti au bout de quelques années que ce chemin n'était pas pour moi.

Au Japon, j'ai rencontré So-en Roshi du monastère Ryutakuji ainsi que le Roshi du Nanzen-ji. Bien que très impressionné par ces deux maîtres, dont l'un parlait tout à fait bien l'anglais, j'ai compris que, pour avancer, il fallait que je reste au moins plusieurs années au Japon et cela m'a fait reculer. Lorsque j'ai présenté à Svâmiji un livre du Roshi du Nanzen-ji *A flower does not talk*, il m'a dit après l'avoir lu : "Oui, cet homme a trouvé la vérité."

En Birmanie, dans un temple situé dans les faubourgs de Rangoon, j'ai pratiqué le Satipathana et j'ai visité des monastères bouddhistes dans le nord de la Thaïlande.

En Inde, j'ai une série d'adresses en poche lorsque j'y viens pour la première fois à la fin de 1960. Svâmi Prajñânpad figure en dernière position (je m'en étais fait l'image d'un "théologien" du Vedânta). Arrivé à Calcutta, je vais d'abord rendre visite à Puri à un yogi âgé de cent vingt-cinq ans, disait-on. C'est un homme-tronc aux jambes atrophiées à force d'être resté en position de lotus. Montre en main, je mesure que son cycle respiratoire est de deux minutes. "Commencez par discipliner votre nourriture", me dit-il, mais je n'étais pas alors en mesure d'apprécier la pertinence de ce conseil et je repartis le jour même. Je rencontre alors un maître sikh, puis Rajneesh à Bombay, enfin Anânda Mayee Mâ. Chaque fois la décision émerge facilement : ce n'est pas mon chemin et je repars.

Je rencontre alors à Kanpur un maître soufi, Bhai Sahib, auprès duquel je reste trois semaines en lui rendant visite tous les matins et tous les après-midi. La communication avec le maître, en silence, est exceptionnelle et me fait connaître des états de conscience extraordinaires. Je ne devais cependant pas rester plus longtemps auprès de lui car, avant de quitter la France, je m'étais fixé quelques règles impératives que je m'étais promis de respecter :

1. M'éloigner pour quelques jours, par précaution, quoi qu'il advienne, au bout de trois semaines de séjour, ceci afin d'éviter de me faire "hypnotiser".

2. Me méfier de tout ce qui pourrait s'apparenter à une demande d'argent.

3. Observer attentivement l'entourage et voir ce qui se passait parmi les disciples.

Bhai Sahib exigeait une obéissance farouche de ses disciples. Aussi les trois semaines étant écoulées, lorsque j'annonce au maître que je vais partir pour quelques jours, celui-ci est furieux. Il éclate en violentes imprécations et m'injurie. Je le quitte cependant, mais avec l'impression qu'il m'a jeté un mauvais sort.

C'est grâce à cela que j'ai rencontré Svâmiji car, alors que je rentrai de Kanpur à Calcutta par le train, dans le but de retourner en Thaïlande, je me suis aperçu que mon train s'arrêtait à Khana Junction, la gare la plus proche de l'ashram de Svâmiji. Il était cinq heures du matin lorsque j'y suis arrivé. J'ai laissé tous mes bagages à la gare, tant j'étais sûr de repartir rapidement, et j'ai marché deux heures et demie à travers les rizières avant d'arriver à l'ashram. Svâmi Prajñânpad y était seul, ce qui était exceptionnel. L'ashram était une enclave miraculeuse. J'y suis resté trois semaines puis deux autres semaines. J'avais un *sitting* le matin et un *sitting* l'après-midi. Cela a été l'expérience la plus forte que j'ai jamais eue. Pour la première fois de ma vie, je me sentais comblé.

Que dire de Svâmiji qui n'ait déjà été dit ? Ce que je voudrais faire ressortir plus particulièrement c'est le côté personnel et opérationnel des conseils de Svâmiji. C'est là qu'il était vraiment unique parmi les maîtres que j'ai connus. Lui-même y attachait certainement une grande importance en s'astreignant à ne s'adresser jamais qu'à un disciple, pas même à un petit groupe de disciples. Je vais prendre un exemple. Je pourrais raconter comment Svâmiji s'y est pris pour me faire comprendre et réaliser *acceptance* (accepter), mais c'est trop lié pour moi à des évènements personnels et j'ai peu le goût d'étaler ma vie intime. C'est pourquoi je vais choisir "voir" qui, pour moi, est associé à quelque chose d'objectif, que je peux beaucoup plus facilement décrire.

Il n'est pas commun de voir ce qui est. Naturellement nous regardons avec notre mental, avec des interprétations, des inférences, des préconceptions, des comparaisons, des attentes et au travers de toute notre expérience passée... Voir est une fonction de la conscience pure. C'est un émerveillement devant ce qui est, par-delà les "j'aime" ou "je n'aime pas", précisement parce que c'est ainsi (*thatness*, disait Svâmiji) et ceci avec une saveur d'évidence existentielle : lorsque je vois, je suis et je suis avec ce que je vois... En sanskrit, le sage, le *rishi*, est un voyant (*a seer*), celui qui voit tout autour (*paripaśyati*). La grandeur de l'lnde c'est d'avoir exalté le fait de voir et non pas croire, non pas imaginer, non pas spéculer mais voir directement ce qui est (*things as they are*).

C'est une chose de dire : "Il faut voir, simplement voir les choses telles qu'elles sont, et non pas s'abandonner au jeu du mental, mais c'est une tout autre chose que de pouvoir transmettre cette sagesse en termes personnels et opérationnels et, à mon sens, c'était là la vraie grandeur de Svâmiji."

Une métaphore fera peut-être mieux comprendre ce que je veux dire : c'est comme s'il s'était agi de fendre à la hache une vieille souche dure, noueuse et toujours singulière dans ses difficultés. Svâmiji était sans pareil pour découvrir le bon angle d'attaque, présenter la hache adéquate et inspirer la volonté de s'en servir, car en l'occurrence le disciple était à la fois la souche et celui qui doit manier la hache. C'est ainsi qu'en treize ans j'ai dû avoir une bonne cinquantaine de *sitting* denses et intenses, personnels et opérationnels, uniquement *"to see things as they are"* (pour voir les choses comme elles sont), sur la discipline et l'art de voir. Ils ont transformé ma vie, et d'abord ma vie professionnelle. Voici comment cela s'est passé.

Ranchi (1967).

Channa (1969)

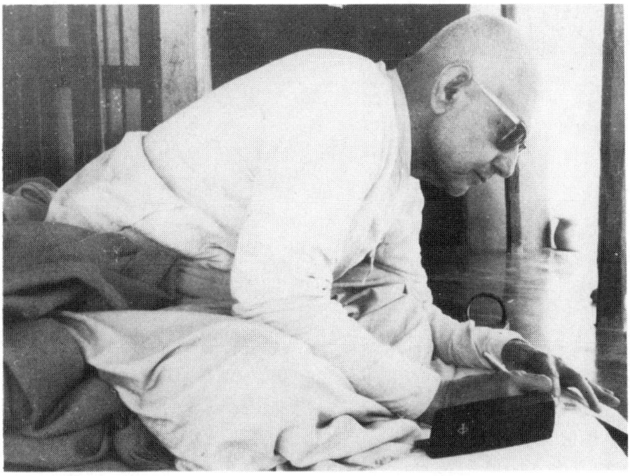

Channa (1969).

Channa (1969).

Minati Prakash (1981).

Sumangal Prakash (1981).

Indu Arora (1981).

Chimnayee, fille de Svâmiji (1982).

Anémone Cambéssédès.

A Mussoorie, avec Roland de Quatrebarbes.

Svâmiji et Pierre, de dos.

Denise Desjardins.

Frédérick Leboyer.

A droite Colette Roumanoff, à ses côtés Mâ Arasûya Devi.

Svâmiji à Seez-Moulins, Daniel Roumanoff tenant sa fille dans les bras (juin 1973).

Olivier debout, Calcutta (1978), Anasûya Devi et Kalu Chandra Khan assis.

Svâmiji (à droite) avec un disciple indien (Nandakishore) et un disciple français (Arnaud Desjardins).

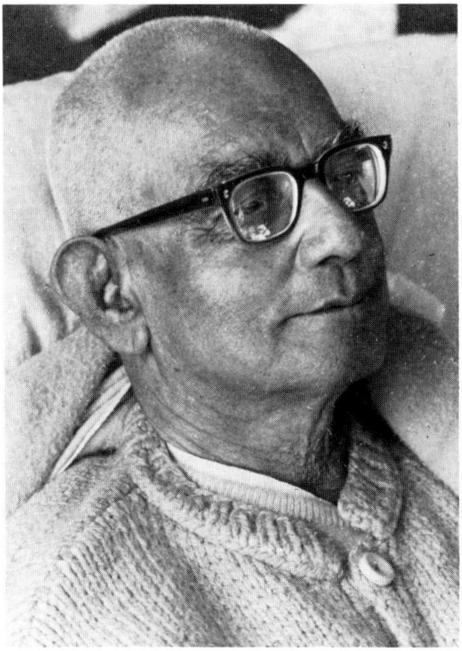

Svâmiji alité après sa dernière crise cardiaque (février 1973).

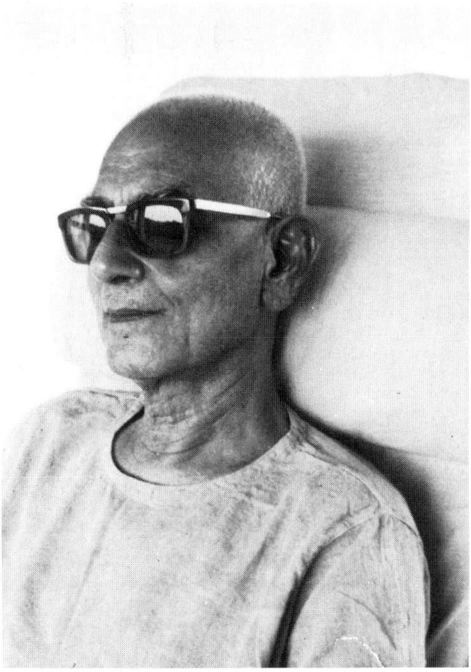

Seez-Moulins (juin 1973).

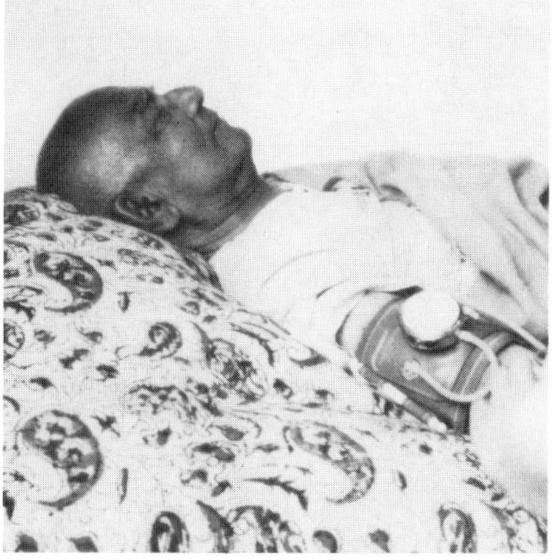

Prise de tension Seez-Moulins (juin 1973).

Lorsque j'ai rejoint mon poste dans une grande compagnie internationale où je m'occupais d'études économiques, on m'a demandé de faire des prévisions de marché. J'en ai parlé à Svâmiji lorsque je suis revenu le voir au cours de l'hiver suivant. Après m'avoir demandé en quoi consistait exactement mon travail, il m'a dit : "C'est votre yoga. Ce sera le test qui vous permettra de vérifier si vous voyez les choses telles qu'elles sont."

Effectivement, tout ce que j'ai accompli a consisté essentiellement à m'engager dans le combat incessant pour voir les choses comme elles sont (*seeing*) contre les idées que l'on se fait des choses (*thinking*). Par nature, je n'étais pas tellement prédisposé à voir. J'aurais été beaucoup plus enclin à m'adonner aux interprétations, aux constructions du mental, mais je me suis lancé dans cette activité avec une ardeur que je n'aurais certainement pas mise si je n'avais pas été littéralement embrasé par le goût, la saveur que j'avais ressentis à "voir".

A l'époque, la prévision était essentiellement une activité économétrique qui consistait à rechercher dans l'évolution passée d'un phénomène des "lois de développement" ensuite appliquées à l'avenir. Il était ainsi possible de faire une prévision dans son bureau sur des éléments avec lesquels on pouvait n'avoir aucun contact. Cette manière de faire était presque la règle. Svâmiji m'a obligé *"to see things"*, ce qui fut une révolution. Au lieu de calculs économétriques à partir de statistiques globales, "voir" demande d'abord d'identifier les acteurs et de mettre à nu la (ou les) chaînes de causes à effets qui sont derrière l'évolution d'un marché, puis des informations à une échelle beaucoup plus fine que des statistiques globales, une échelle où les différences significatives apparaissent.

"Voir" était une discipline beaucoup plus exigeante et astreignante que les prévisions ordinaires et les dirigeants qui devaient se servir des prévisions virent bientôt la différence, si bien que mon champ d'activités, toujours dans les prévisions, s'élargit d'abord à l'ensemble de la France puis, pour l'ensemble du groupe, sur le plan international.

Cela a été pour moi un grand privilège, car l'essentiel de mon travail consistait à essayer de "voir clair" dans une situation où il y avait de plus en plus de paramètres différents. J'étais payé pour faire ce qui m'intéressait le plus au monde. De plus, cela était, en même temps, utile pour permettre à la direction de prendre des décisions appropriées.

Chaque fois que j'éprouvais des difficultés et que j'avais des doutes sur la manière de m'y prendre pour "voir", j'allais consulter Svâmiji. Je me sentais alors comme un morceau de bois flottant sur une rivière et coincé dans les roseaux. Svâmiji trouvait toujours le moyen de me décoincer.

Svâmiji m'avait bien fait comprendre qu'il ne s'agissait pas seulement de voir mais aussi et surtout de "faire voir", faute de quoi des prévisions qui allaient tellement à l'encontre des attentes qui prévalaient alors n'auraient été que "*water on a stone*", de l'eau sur une pierre, qui a tôt fait de s'évaporer sans laisser de traces.

Il est clair que Svâmiji ne connaissait pas grand-chose au fonctionnement d'un grand groupe international. Et pourtant, parce que son enseignement porte sur le bon fonctionnement de la totalité d'une personne dans les conditions où elle se trouve, grâce à son pouvoir d'être présent et de ne faire qu'un avec celui qui lui fait face, il était très à l'aise pour donner des conseils opérationnels jusque dans la vie professionnelle. Ce n'est certes pas une spiritualité désincarnée. Et elle va bien au-delà de l'aspect partiel décrit ici. »

ROLAND DE QUATREBARBES.

Lorsque Pierre revint à Paris à la fin de son premier séjour, il parle de Svâmiji à un de ses collègues de bureau, Roland de Quatrebarbes qui est très impressionné par ce que Pierre lui rapporte : « Pose-lui toutes les questions que tu veux, tu n'auras jamais les dents assez longues », lui dit Pierre.

Aussi Roland va-t-il partir en Inde à son tour en 1962. Il fait part à Svâmiji à quel point il a été imprégné par l'éducation qu'il a reçue et par sa formation religieuse. Il s'y sent emprisonné comme dans un carcan. Svâmiji lui répond : « Dites-vous bien : "Je suis moi-même. Personne d'autre que moi ne peut respirer par mes narines." » S'ensuivront une longue série d'entretiens, portant essentiellement sur la « loi de la différence » et la « loi du changement », dont un grand nombre en 1966 et 1968 seront enregistrés.

Roland a été particulièrement sensible aux histoires que Svâmiji racontait pour faire comprendre son enseignement ainsi qu'aux images qu'il employait pour rendre cet enseignement immédiatement accessible. « Par exemple, dit Roland, Svâmiji m'a raconté l'histoire de ce serviteur santhal qui apportait toujours à point nommé une *chapatti* (galette de blé servant de pain) parfaitement gonflée. Les visiteurs s'étonnaient. "Comment fais-tu donc ?" lui demandèrent-ils un jour. Le serviteur sourit : "Je surveille de loin le bruit de la fourchette sur l'assiette quand elle est vide", répondit-il. "Ça, c'est de l'attention", commenta Svâmiji. »

Roland a été, par ailleurs, très frappé par la chaleur de l'accueil et les marques d'attention délicieuses dont il a été l'objet pendant son séjour. Ainsi lorsqu'il est arrivé à l'ashram, la fille du Dr Pal a demandé l'autorisation de lui servir un repas. Elle avait préparé du poisson, considéré comme une délicatesse, et surveillait Roland pendant qu'il le mangeait. Elle était particulièrement attentive à enlever les arêtes de son assiette chaque fois qu'il risquait de les avaler. De même Roland se souvient encore comment Svâmiji, bien que très malade à Mussoorie, s'est levé de son lit et s'est penché par la fenêtre pour lui dire au revoir alors qu'il retournait en France. Roland en a été si bouleversé qu'il est resté silencieux pendant toute la durée de son retour à New Delhi : « Les périodes de silence partagées avec Svâmiji étaient des expériences de communication privilégiées », ajoute-t-il.

FRÉDÉRICK LEBOYER.

Frédérick Leboyer rencontre Svâmiji en janvier 1962, après avoir parcouru toute la route de Paris en Inde en voiture, en compagnie d'Arnaud Desjardins. L'adresse lui a été donnée par Arnaud. Celui-ci n'a pas encore rencontré Svâmiji mais il est impressionné par ce que je lui en ai dit ainsi que par l'enthousiasme de Pierre.

Lorsqu'il arrive à deux cents mètres environ de l'ashram, sa voiture s'embourbe. Frédérick gagne alors à pied le village santhal voisin, d'où on le conduit à l'ashram. Il y est accueilli par Sumangal Prakash. Svâmiji informé charge Sumangal d'aller avec deux ou trois Santhals, armés de bêches, accompagner Frédérick ou « Freddy », comme celui-ci se présentait. Freddy restera à l'ashram pendant trois mois. Il y reviendra en 1964, 1965, 1966 et chaque fois enregistrera ses entretiens.

Les Indiens et plus particulièrement Sumangal Prakash s'inquiétaient de l'absence de confort de l'ashram pour les

Européens : il n'y a ni eau courante, ni toilettes, ni électricité, ni chaises ni tables, aussi Sumangal achète-t-il une table et deux chaises.

Quelques années auparavant, une hutte composée de deux chambres a été érigée pour accueillir des visiteurs supplémentaires. Pierre et Frédérick auront été les premiers Occidentaux à y être logés.

Bien entendu, le niveau de vie des visiteurs occidentaux est sans commune mesure avec celui des disciples indiens, aussi Svâmiji met-il en garde les autres personnes de l'ashram de ne pas rechercher de cadeaux ni de rien solliciter des Occidentaux. Il leur recommande de ne pas succomber aux « tentations de l'avidité » car, ainsi qu'il l'explique, « les Occidentaux sont en droit de s'attendre à une autre attitude de la part de ceux qui vivent près de Svâmiji ».

« Quelques jours après l'anniversaire de Freddy, raconte Sumangal, celui-ci me demanda s'il pouvait enregistrer ses entretiens avec Svâmiji sur son magnétophone. La question ne s'était jamais posée et je lui suggérai de demander directement l'autorisation à Svâmiji. Le jour suivant, je le vis porter son magnétophone pour son entretien avec Svâmiji.

Un jour, il me demanda pourquoi je n'enregistrais pas moi-même mes entretiens avec Svâmiji. Je lui répondis simplement que je n'avais pas de magnétophone. Je ne sais pas si ma réponse lui laissa l'impression que j'avais le désir d'en avoir un ou si je m'étais montré "avide" de recevoir un magnétophone en cadeau, toujours est-il que Svâmiji m'interrogea à ce sujet quand, l'année suivante, Freddy m'offrit un magnétophone. Je plaçai le magnétophone devant Svâmiji et lui racontai le dialogue qui avait eu lieu l'année précédente. Je suppose que Svâmiji fut satisfait de ma réponse. A partir ce jour, il me permit de l'utiliser également pour l'enregistrement de mes entretiens si je le souhaitais. C'est ainsi que j'ai pu transcrire un trentaine d'entretiens en 1967 qui furent publiés ultérieurement sous le titre *L'Expérience de l'Unité.* »

Après 1966, tout en continuant à effectuer des séjours réguliers auprès de Svâmiji, l'intérêt de Frédérick semble décroître... Malgré la simplicité et la clarté de l'enseignement de Svâmiji, l'illumination n'est ni simple, ni immédiate. Frédérick reste partagé dans la voie à suivre entre une vie ascétique et une vie de jouissance. Il passe alternativement de l'une à l'autre sans pouvoir se décider, alors que la voie de Svâmiji est la voie du milieu : aucun refus, aucun renoncement à quoi que ce soit mais une expérience délibérée et consciente des choses.

Il continue cependant ses entretiens avec Svâmiji et l'interroge sur la manière juste de pratiquer des accouchements, ce qui à la fois l'éclaire et le confirme dans le bien-fondé de ses propres idées. Il écrira peu après *Naissance sans violence* qui fut un succès mondial.

Lorsque je fis part à Svâmiji des succès littéraires de Frédérick en 1974, peu de temps avant sa mort, Svâmiji répondit d'un air radieux : "C'est très, très bien. C'est un artiste-né. Il a un grand talent d'expression." »

ARNAUD DESJARDINS.

« Quand j'ai rencontré Swâmiji [1], raconte Arnaud Desjardins, il avait entendu parler de moi par Frédérick Leboyer, mais je suis arrivé à l'ashram sans avoir annoncé ma visite, trouvant difficilement mon chemin en voiture. Il était environ une heure de l'après-midi. Mongra (le serviteur de l'ahsram) m'a installé dans une chambre et vers trois heures et demie, il est arrivé en disant "*Swâmiji calling*" (Swâmiji vous appelle). Il m'a emmené voir Swâmiji sur sa petite terrasse et Swâmiji ne savait donc pas du tout qui était cet Européen.

Les premiers mots de Swâmiji ont été : "*What do you want* ?" (Que voulez-vous ?) Il aurait peut-être fallu les considérer comme une question tout à fait simple à laquelle n'importe quelle réponse aurait convenu. Moi j'ai répondu "*âtmadarshan* [2]", avec une grande sincérité d'ailleurs. Swâmiji a dit : "*Yes, very nice, quite allright*" (Oui, très bien, parfait). Puis il a commencé à me raconter une histoire à laquelle je n'ai rien compris :

– Il y a quelques jours, un Indien est venu ici et a déclaré à Swâmiji : "Swâmiji, je suis follement amoureux d'une jeune femme et je ne peux pas vivre sans elle." Swâmiji lui a demandé : "C'est une Bengalie ou une femme d'une autre province ?" – "Je ne sais pas Swâmiji, je ne sais pas." – "Mais est-ce qu'elle a fait des études..." – "Je ne sais pas, Svâmiji, je ne sais pas." – "C'est une

1. Dans le témoignage des disciples français nous avons respecté à leur demande l'orthographe des termes sanskrits cités.

2. Litt. vision du Soi, formule courante en Inde pour désigner la réalisation spirituelle.

Indienne ou une Européenne ? – Je ne sais pas, Swâmiji, je ne sais pas, mais je l'aime, je n'aime qu'elle, je ne peux pas vivre sans elle." Et pour finir Swâmiji lui a dit : "Mais elle existe cette femme ?" – "Je ne sais pas, Swâmiji, je ne sais pas, mais je ne peux pas vivre sans elle. Je l'aime. C'est le grand amour de ma vie."

Je suis resté éberlué. Swâmiji a poursuivi :

– Avez-vous la moindre preuve que l'*âtman* existe ?

– Mais on ne parle que de ça dans les *Upaniṣad* !

– Qu'est-ce qui vous prouve que les *Upaniṣad* disent la vérité ?

Alors bêtement je dis :

– Ben... Il y a tous les commentaires de Sankâra.

– *Let Sankarâcarya go to hell* (Que Sankâra aille au diable !).

C'était assez violent comme expression. Puis il m'a fait asseoir, les jambes pendantes, sur le rebord de la plate-forme surélevée sur laquelle lui-même était assis. Je ne touchais pas le sol. Il m'a dit :

– Levez-vous, levez-vous, pressez-vous ! C'est la dignité de l'homme d'être debout... Comment voulez-vous vous lever si vos pieds ne reposent pas sur le sol ? Vous ne pouvez vous lever qu'en prenant appui sur le sol.

Tout cela me frappait beaucoup, parce que je trouvais ça tout à fait original. Après... seulement après, il m'a demandé : "Qui êtes-vous ?" Et après que je lui ai donné quelques éléments d'information :

– Ah ! oui, Svâmiji a entendu parler de vous par Freddy. (C'était le nom qu'on donnait à Leboyer à l'époque.)

Je lui ai précisé :

– J'ai été dans les groupes Gurdjieff et puis ce qui a beaucoup compté toutes ces dernières années ce sont mes séjours dans les ashrams de Mâ Ananda Mayee.

Et c'est alors qu'il m'a affirmé :

– Vous n'avez jamais vu Mâ Ananda Mayee.

Bon, voilà ça commence mal, déjà un malentendu... :

– Si, Svâmiji, j'ai passé un mois auprès d'elle en 1959, six mois en 1963, un mois...

– Vous n'avez jamais vu Mâ Ananda Mayee, jamais, jamais. Vous n'avez vu que "votre" Mâ Ananda Mayee.

Bien entendu, j'ai été incapable de voir la portée de ce qu'il me disait dans ce premier entretien.

J'avais rencontré Frédérick Leboyer en 1963. Il était venu à l'ashram de Ramdas, critiquant sévèrement l'ashram et la voie de la *bhakti* et ne jurait que par Swâmi Prajñânpad dont je lui avais d'ailleurs moi-même donné l'adresse. Il disait que je perdais mon temps auprès de Mâ Ananda Mayee ou de Ramdas au lieu d'aller chez lui. Cela ne m'avait pas du tout convaincu. Et puis quand en 1964, j'ai découvert les Tibétains, j'ai compris que je ne retournerais plus dans les groupes Gurdjieff. En février 1965, alors que je me trouvais à Rajghir à l'ashram de Mâ Ananda Mayee, Frédérick est arrivé complètement différent : ouvert, tolérant, plus du tout critique, m'aidant même à accepter les aspects de l'ashram de Mâ qui m'étaient pénibles, enfin un Frédérick très détendu, rendant tout facile. Cela m'avait beaucoup impressionné. Or, je considérais Frédérick comme un disciple de Swâmi Prajñânpad venu en visite à l'ashram de Mâ Ananda Mayee et je me demandais si j'allais à mon tour m'engager auprès de ce Swâmi puisque je savais que je ne reviendrais plus dans les groupes Gurdjieff et je savais aussi que je n'allais pas apprendre le tibétain et devenir le disciple d'un *rimpoché*. J'étais convaincu que je ne progresserais pas vraiment en faisant des séjours dans les ashrams de Mâ après ce que j'avais vu de la véritable ascèse dans le monde tibétain.

Et pendant tout le *darshan* de Mâ, je prie, je demande à Mâ de m'éclairer, de savoir si oui ou non je dois aller voir ce Swâmi Prajñânpad dont me parlait Leboyer. Le darshan s'arrête. C'était sur une terrasse et on me dit : "Vous pouvez partir... vous pouvez partir... Mâ rentre." Frédérick me dit : "Non, non, il ne faut pas partir, il faut rester." Je rétorque : "On ne peut pas rester seuls sur cette terrasse. Il fait chaud. On nous a dit de partir... – Non, non, je sais qu'il faut rester." Au bout d'un quart d'heure Mâ Ananda Mayee ressort, couvre Frédérick Leboyer de cadeaux, beaucoup plus qu'elle ne le fait d'habitude et me regarde droit dans les yeux et rentre dans sa chambre. A tort ou à raison, j'ai vu là un signe : "Si Mâ Ananda Mayee, alors que j'avais fait cette prière le matin, honore ainsi Frédérick sous mes yeux et qu'elle m'a ensuite regardé comme elle m'a regardé, cela veut dire : "Votre ami ne vous trompe pas. Mâ donne sa bénédiction à votre ami, qui se présente comme le disciple du Swâmi en question." Voilà. Cela a été très important pour moi. J'ai donc raconté à Swâmiji que la transformation de Frédérick dans le sens de la tolérance et de la compréhension avait été déterminante. »

« Me rendant auprès de Swâmiji, j'avais une position très ambivalente, dans la mesure où j'étais extrêmement attachée à Mâ Ananda Mayee et me sentais plus ou moins coupable de trahison. J'en avais pourtant parlé à Mâ qui m'avait donné sa bénédiction pour aller voir ce Swâmi, mais je ne pouvais me défaire d'un certain malaise. Pour moi, mon maître ne pouvait être autre que Mâ, elle qui m'avait transmis l'amour de l'Inde, le goût de l'authentique liberté intérieure... J'y allais donc "pour voir", bien décidée, par exemple, à ne pas faire le *pranam* (salutation) à Swâmi Prâjnânpâd. Nous avons roulé en pleine chaleur et sommes arrivés aux alentours de sept heures et demie, presque à la tombée de la nuit. Un serviteur nous a reçus, et je ne m'attendais pas à rencontrer Swâmiji ce soir-là lorsque je l'ai soudain vu arriver. Il s'avançait vers nous d'une démarche royale, si grand, si imposant... Swâmiji avait vraiment l'air d'un seigneur, et je me suis sans réfléchir retrouvée le front au sol, en train de faire le *pranam*. Mes résistances ont fondu. Comme je restais peu de temps, Swâmiji m'a accordé deux entretiens par jour. Un ou deux ans plus tard, lorsque je l'ai mieux connu, je lui ai demandé ce qui était le plus fatigant pour lui, *lying* ou *sitting* (entretien). Il m'a répondu que, *lying* ou *sitting*, son énergie était mobilisée pour lui permettre d'entendre ce qu'on lui disait, comprendre ce qu'on voulait lui dire, deviner ce qu'on ne parvenait pas à lui dire, percevoir ce qu'on lui cachait et entrer en contact avec ce que nous-mêmes ignorions... Sa perspicacité était telle qu'il nous écoutait par-delà les mots. Sa compréhension semblait vraiment illimitée [1]. »

... Ouverture à l'autre, compréhension totale (quoique mâtinée d'exigence), voilà qui me paraissait incroyable. Après une bonne douzaine d'années dans les groupes Gurdjieff où l'énoncé quasi-interdit de ses problèmes personnels aurait frisé l'indécence, après des mois passés à suivre Mâ de qui je reçus tant, mais où les rares *private* accordés s'avéraient le plus souvent décevants, compte tenu des difficultés rencontrées par des traducteurs emplis, certes, de bonne volonté, mais rarement d'efficience ("ce que dit Mâ est si beau, mais d'un si haut niveau que je ne peux le traduire" – par exemple), c'était presque miraculeux de pouvoir parler en tête

1. Denise Desjardins, *Entretiens avec Gilles Farcet*, Dervy Livres, p. 61.

à tête, à cœur ouvert – et, de plus, face à quelqu'un dont l'écoute dépassait l'imagination – de ce qui m'était essentiel, m'interrogeait, me troublait : les questions existentielles, le sens d'une vie humaine, aussi bien que mes difficultés personnelles, les limitations dont je voulais me libérer, bref ce qui m'empêchait d'être à l'aise dans ma vie privée ou non.

Voilà pour l'écoute. Passons à un autre mode d'échange, non moins remarquable : la force surprenante que prenaient certaines brèves paroles. Lancées comme une sonde percutante, perçant rumeurs et résistances, elles venaient solliciter, bouleverser et s'ancrer dans mes plus profonds replis inconnus, mais étonnamment capables de recevoir et garder d'aussi imprévisibles injonctions.

Me voici, entre autres flèches, touchée en plein dans le mille par une interrogation somme toute anodine, voire simplissime : "*What do you want ?*" Mais le ton ne favorisait guère le badinage. Plutôt le froid dans le dos. Ces quatre mots prajñânpadiens savaient prendre soudain la redoutable efficacité d'un aiguillon exigeant la vérité, déclenchant immédiatement une série de désirs, créant alors une tension dramatique qui se jouait entre désir de libération et le réseau entier des autres pulsions.

Bien sûr, je brûlais de répondre : la libération. Mais l'honnêteté la plus élémentaire m'obligeait à voir d'autres aspirations se lever, aussi fortes, sinon plus : écrire, être reconnue, appréciée, aimée, autant de demandes qui faisaient pencher la balance. Une pluralité qui, justement, freinait toute possibilité de libération.

L'effet Swâmiji se révéla encore plus puissant, le jour où, avec la même force corrosive, il m'assena : "Vous avez à vous libérer de tout ce qui n'est pas vous." Voilà qui fit mouche plus encore sans doute que l'interrogation précédente. Ce qui n'est pas moi... Que pouvais-je bien affirmer qui fût moi ? Ni les idées, concepts, croyances – inoculés par amis, parents, professeurs ou guides – ni les goûts et dégoûts : imitations ou contre-imitations de ceux qu'on aime, admire ; ni les impressions-reflets du dehors ; ni les attachements fruits de pulsions inconscientes venues d'un passé récent ou lointain, général ou particulier ; ni même mes actions, elles aussi résultat du passé ou de contraintes sociales ou encore du désir de me faire accepter : toutes choses dépendantes donc, exécutées en vue des autres. Plus rien ne me semblait mien. Je me trouvais face au néant.

Etait-ce la formidable conviction de Svâmiji ou la démonstration de pouvoirs dont il ne faisait jamais état, toujours est-il que, revenue effondrée le lendemain, je confessais lugubrement : "Il ne reste rien, Swâmiji, rien." Ma voix sonnait le glas. "Rien", reprit Swâmiji, d'une voix triomphale. Ce rien qui me paraissait vide effroyable devenait dans la bouche du Sage, splendeur absolue, plénitude accomplie. Instant décisif qui me marqua et continue à me marquer aussi crucialement. Mes garde-fou d'habitudes mentales en avaient pris un coup.

Attirée à vingt-quatre ans par "l'homme est une machine" de Gurdjieff, je m'étais retrouvée face à Swâmi Prajñânpad, dévorée du besoin d'échapper à cette mécanicité et d'un lancinant désir de perfection. Obsession qu'il avait fermement combattue – me convainquant qu'il n'y avait rien à chercher, rien à transformer, et tout à ôter. Sous les encombrements et les masques, se trouve déjà cette perfection – ou vérité. *"Truth is so simple"* (la vérité est si simple), disait-il. Ce que je découvrais se révélait être qu'il n'y avait pas à chercher, mais à dé-couvrir. Rien à obtenir, beaucoup, sinon tout, à perdre.

De l'homme-machine à l'absence d'individualité ou de *moi*, la boucle se fermait. »

Denise fut la première à faire des *lyings* avec Svâmiji. Cela s'est passé en 1966 à Bourg-la-Reine. Voici comment Svâmiji en racontait les circonstances :

« Svâmiji peut vous donner un exemple de la manière dont cela s'est passé avec une de vos amies, Denise. Svâmiji lui a demandé : "Essayez tout d'abord de voir quel est le besoin émotionnel qui est en vous. Essayez de voir, essayez de vous détendre et de vous laisser aller." Aussi tous les jours, à cinq heures du matin, elle prit l'habitude de sortir dehors et de rester assise sous un arbre. Et elle essaya pendant un mois et demi de se détendre autant qu'elle pouvait pour permettre à ses émotions de sortir. Et elle avait déjà réussi dans une large mesure quand Svâmiji la vit. Elle lui dit : "Svâmiji, quelque chose est train de sortir et cela se bloque toujours. Je ne peux aller plus loin..."

Svâmiji l'avait aussi entendu pleurer de l'étage au-dessus. Alors, après cela, il lui dit : "C'est bien, allons-y maintenant." Et cela devint plus facile. Voici comment cela s'est passé : Svâmiji devait la voir dans le jardin à six heures, parce qu'il y avait des voisins et que tout le monde dormait. Sinon comment faire avec tous ces pleurs et ces cris ? Un jour Arnaud dormait et les pleurs de Denise étaient si violents qu'il se réveilla. Il fut terrifié : "Que se passe-t-il ?" Denise pleurait de manière si déchirante qu'il ne pouvait même pas le supporter..." Pourquoi pleure-t-elle si fort ? Pourquoi ? Comme si son cœur éclatait... »

Ainsi pendant plus d'un mois et demi Denise avait essayé très dur... très, très dur... et elle a pu arriver un peu plus profondément... les émotions venaient... Elle arrivait à la cause véritable de son agitation. Alors c'est devenu plus facile [1]. »

OLIVIER.

« Sans doute est-il important, raconte Olivier, pour mieux comprendre cette première rencontre, de situer l'état intérieur dans lequel j'étais avant de rencontrer Svâmiji. Je ne m'appartenais absolument pas : grande souffrance psychique et complet abandon de tout contrôle de moi-même malgré mes quarante ans. Pour prendre un exemple, je me saoulais à partir de dix heures du matin et ce jusqu'au soir. J'avais une société d'études de marché que j'avais fermée puisque je n'étais plus capable de répondre à l'existence. J'étais en psychanalyse mais avec des résultats peu satisfaisants. J'étais quelqu'un de très malheureux. La raison en était que j'étais fou amoureux d'une jeune fille, dont je ne recevais rien en retour et cela ruinait ma vie.

Un jour, j'ai rencontré par hasard Arnaud Desjardins, un ami d'enfance. Il m'a demandé "comment vas-tu ?" et je lui ai expliqué ma situation. Il m'a alors très chaleureusement donné rendez-vous pour le soir même. Je dois dire que j'avais fait entrer Arnaud dans les groupes Gurdjieff et qu'on avait donc sur le plan de la difficulté à vivre une relation intime. Lors de notre dîner, il m'a parlé de Svâmiji. Il me l'a présenté comme un "guru psychanalyste". Je lui ai dit que cela m'intéressait étant donné l'état lamentable dans lequel je me trouvais.

Peu de temps après, j'ai reçu une lettre d'Arnaud me racontant le travail qu'il faisait avec Svâmiji. Ma réponse fut un télégramme rédigé en anglais : "*May I join your research in India ?*" (Puis-je rejoindre ton travail en Inde ?) Il m'a répondu par un autre télégramme me disant que Svâmiji voulait bien me recevoir et que je pouvais venir. J'ai alors envoyé un second télégramme disant "*I come flight Pan Am number...*" et je suis parti pour Delhi où Arnaud était venu gentiment m'accueillir à l'aéroport.

1. E.3.8.68.

D'abord, je crois utile de dire que j'ai rencontré au préalable Mâ Ananda Mayee à Bénarès où Arnaud m'avait conduit. La différence entre l'ashram de Mâ et celui de Svâmiji explique bien des choses. J'ai trouvé l'ashram de Mâ très pacifique, très beau mais il ne me concernait pas. Il y avait une grande religiosité dans cette foule de centaines de visiteurs qui me touchait, mais qui ne me soignait pas.

Je me souviens, je faisais une longue queue pour aller voir Mâ Ananda Mayee en privé puisque les réunions publiques étaient insuffisantes pour moi. Lorsque la "*devotee*" qui servait d'interprète Atmânanda, est sortie de la chambre de Mâ. Elle a dit : "Il y a un Européen qui vient voir exprès Mataji... c'est un homme qui a un grand besoin de la voir... il ne va pas bien." Alors j'ai levé la main et elle a dit : "Oui c'est vous." Je n'ai donc pas fait la queue et je suis rentré. Comment Mâ a-t-elle compris mon désarroi ? Je n'en sais rien. Avec Ananda Mayee, il y avait toujours quelque mystère. Cela m'a-t-il paru miraculeux ? Non, pas du tout, pour moi qui étais si seul, si triste et si isolé dans cette foule de gens beaucoup plus heureux que moi, ce ne fut qu'un choc agréable. Je suis entré dans la pièce où se trouvait Ananda Mayee, je me suis incliné et assis face à elle. Elle m'a alors demandé en bengali "Pourquoi venez-vous voir Mataji ?" – "Parce que je suis malheureux" ai-je répondu. Elle m'a dit alors : "Est-ce que vous savez que Dieu est amour ?" avec un sourire angélique et elle m'a donné une mandarine. Je suis resté deux minutes et me suis incliné de nouveau avant de partir. Je suis resté une semaine dans l'ashram merveilleux de Mâ, mais, pour moi, cette "rencontre" n'a pas été concluante, et je dis cela avec un profond respect pour Mâ.

Je suis donc allé chez Svâmiji dans cet état de profond délabrement. En plus je dois dire qu'il faisait très chaud et que cette chaleur produisait à l'époque chez moi un eczéma suppurant me donnant de la fièvre. J'étais donc dans une très mauvaise condition tant psychique que physique. Je suis arrivé l'après-midi à l'ashram de Svâmiji, c'était un endroit retiré pour ermites. Nous n'étions que deux visiteurs.

Lors du premier *sitting* avec Svâmiji, je lui ai parlé principalement du fait que je n'étais pas adulte et qu'il fallait que je le devienne. Il m'a dit : "Oui, vous n'êtes pas adulte". Lors du deuxième *sitting*, je lui ai dit : "Je ne suis pas adulte parce que je suis malheureux, j'ai très mal parce que cela ne marche pas avec une amie." Il m'a dit à ce moment-là (j'ai les larmes aux yeux qui me reviennent lorsque j'en reparle maintenant) : "*She does not love you any more. It is a fact.*" (Elle ne vous aime plus. C'est un fait.)

Jamais je n'avais connu quelqu'un d'aussi présent à moi que Svâmiji l'était. Jamais je ne me suis senti aussi en confiance avec une tierce personne, c'était la première fois. Je ne sentais plus le nœud dans l'abdomen qui rongeait mes journées depuis deux ans. J'ai eu envie de finir mes jours dans cet endroit merveilleux, moi qui à Paris passais mon temps à boire pour ne pas me suicider, je sentais qu'auprès de Svâmiji, je pouvais comme le dit la cantate "aller sans crainte, tranquille à mon dernier repos". J'ai osé lui dire le fond de mon malheur, je lui ai dit ce qui était alors ma "vérité assassine" et c'est, je crois encore, ce qui m'a sauvé car j'ai lâché prise d'avec ce rempart qui, soi-disant me protégeait mais en fait faisait l'inverse. Je lui ai dit : "*She never loved me*" (elle ne m'a jamais aimé). J'ai fermé les yeux en le disant pour mettre fin à mes jours dans la sérénité.

Svâmiji était si unifié avec moi que je pouvais tout lui dire et, en même temps, je n'avais plus peur de rien puisqu'il était avec moi. Pour la première fois, je ne me défendais plus pour mourir mais au contraire je le désirais. Cela fut la forme d'une descente debout, les pieds les premiers dans une piscine. J'avais la sensation de descendre dans l'eau sans aucune résistance, sans aucun mouvement sans aucune récrimination. J'étais calme dans ce sentiment de mourir. Je suis descendu, descendu, quand un moment j'ai touché le fond... de quoi je ne savais pas... et je me suis senti remonter. Je n'ai pas compris.... je suis remonté. Cela m'a étonné. Cela a duré un certain temps et j'ai ouvert les yeux.

J'ai vu quelque chose d'extraordinaire : Svâmiji était encadré par sa fenêtre (il y avait une fenêtre derrière son dos) et je dirais, bien que je n'aime pas beaucoup ces phrases magiques, qu'il était entouré d'une auréole comme les saints le sont dans les tableaux des Primitifs. Il me souriait et me disait lentement : "*Yes, yes yes...*"

J'étais sans voix, le *sitting* était terminé. J'ai souri, je suis sorti, j'étais calme et j'ai entendu que le léger vent faisait du bruit dans les branches du fait des feuilles. Je n'avais jamais entendu cela auparavant. Puis j'ai vu qu'il y avait des feuilles aux branches, qu'elles étaient toutes différentes et j'ai eu l'impression alors de naître ou, comme on dit dans les Evangiles de naître à nouveau. Ce n'était plus le pauvre Olivier qui était là, non, plus du tout. C'était un Olivier d'une nouvelle naissance. Aucun moment avec Svâmiji n'a été plus important que celui-là pendant la dizaine d'années où je fus son disciple. J'étais devenu heureux.

Souvent j'ai parlé à Svâmiji de ce qui s'est passé pour moi à ce moment-là. Je lui ai dit : "Je n'ai jamais été aussi intense." Il m'a dit : "Oui, Olivier n'a jamais été aussi intense que lors de son premier séjour."

Donc ce deuxième entretien avec Svâmiji qui a duré moins d'une demi-heure a changé ma vie. Je me suis souvent dit par la suite que j'avais été un peu comme une crêpe cuite d'un côté seulement. Svâmiji avait fait sauter la poêle : j'ai volé en l'air et je suis retombé de l'autre côté de la crêpe. J'étais le même mais de l'autre côté. Ma vie a d'ailleurs été changée. Concrètement, il y avait une personne que j'aimais et qui avait un enfant de moi. Je ne pouvais pas l'épouser car mon cœur n'était pas libre. Mon enfant me touchait beaucoup, j'en rêvais la nuit, il habitait mes rêves éveillés. J'avais l'âge d'être père puisque j'avais quarante ans. En rentrant à Paris, naturellement, j'ai cherché à revoir et à épouser cette jeune mère, j'ai cherché à être le père de cette petite fille. Cela a réussi très vite, magiquement même, mais la magie est secondaire ici, et j'ai pu créer une famille. J'étais libre à nouveau de faire la vie que je voulais faire et non celle que mon malheur m'imposait. »

ANÉMONE CAMBÉSSÉDÈS.

« La première fois que j'ai vu Svâmiji, raconte Anémone, c'était à Paris à l'aéroport d'Orly. Il arrivait de Calcutta accompagné par Olivier, pour un premier séjour en France.

Il y avait beaucoup de monde et une grande agitation. Soudain, il y eut une petite bousculade et je vis Olivier à côté d'un moine tout habillé de rose[1]. Je le voyais, plus grand que son entourage, s'avancer tranquillement. Son visage ressemblait aux sculptures d'un Bouddha traditionnel, son allure était celle d'un moine tibétain, et son expression était souriante, ni étonnée, ni effrayée. Il semblait être à l'aise, comme si simplement "tout allait bien". Il était présent sans être pris ni par l'environnement ni par l'ambiance générale.

Plus tard, je fis sa connaissance et le vis de près. Les traits de son visage étaient curieux, pas vraiment indiens : de grandes oreilles décollées, un gros nez long sur lequel reposaient des lunettes très épaisses, une grande bouche, faisaient qu'en réalité son visage était plutôt

1. Svâmiji portait, bien entendu, ses vêtements habituels couleur safran, mais, ce jour-là, je les ai vus roses !

ingrat. Cependant l'expression de sérénité qui m'avait tant frappée était toujours là.

Avec les années, cette première vision reste toujours vivante dans mon esprit et, en y réfléchissant, je pense que ce sourire si gracieux était celui d'un être libre qui se laissait imbiber de toutes les émotions sans être pris par aucune. C'était un état d'être complètement nouveau et inconnu pour moi.

Quand je l'ai rencontré la question qui me préoccupait était : "Comment devenir adulte ?" Voici l'extrait d'un entretien enregistré au cours de son séjour à Bourg-la-Reine, portant sur la manière dont apparaissent les émotions :

– Pour vous-même, pour tous les autres, pour le bien de tous, il faut savoir que si vous êtes remplie d'inquiétude ou si vous êtes émotionnellement troublée, cela n'est pas dû à un autre. Cela est dû à vous-même. C'est le premier point. Généralement vous considérez que ce sont les autres qui sont responsables de tout trouble émotionnel que vous ressentez en vous. Cela parce que vous sentez alors : "Si je suis en colère, c'est parce qu'il a agi ou s'est comporté de telle ou telle manière." Non, pas du tout. Pourquoi êtes-vous en colère ? Vous êtes en colère parce que vous avez une tendance en vous à vous mettre en colère. Vous aimez quelque chose... [L'extérieur] n'en est pas la cause... Les manifestations extérieures ou les incidents extérieurs ou le comportement extérieur ne font qu'exciter ce qui est en vous...

Par exemple, pendant la saison chaude, en été, il n'y a pas d'herbe. Maintenant la pluie tombe, l'herbe pousse. Est-ce la pluie qui produit l'herbe ? Que fait la pluie ?

– Elle apporte de l'eau aux semences.

– Les semences sont à l'intérieur [du sol] et elles poussent. La poussée de l'herbe, la cause de l'herbe n'est pas...

– C'est la pluie qui a aidé les semences à sortir...

– C'est tout...

– L'action extérieure aide ce qui est à l'intérieur...

– ... Oui, à agir. Pareillement, si vous êtes excitée, des émotions viennent... elles viennent de l'intérieur. S'il n'y avait eu aucune semence pour l'émotion, alors ce qui est à l'extérieur... aucune action n'aurait pu les provoquer. Ainsi, quelle que soit l'émotion que vous ressentez, il vous appartient de voir en vous-même : "Pourquoi cette émotion ? Pourquoi cette émotion est-elle apparue en moi ? Telle ou telle chose produit une excitation en moi, je suis excitée. Très bien. C'est donc une amie pour me montrer que... Ce n'est pas une ennemie, elle m'a aidé à voir qu'il y a en moi une tendance à être..., oui elle m'aide à voir que la semence est en moi."

En fin de compte, c'est ce qu'il vous appartient de découvrir, de façon à ce qu'il n'y ait aucun conflit avec qui que ce soit à l'extérieur. Il n'y a donc aucune raison de vous quereller avec un autre. Regardez en vous-même. C'est ce que vous devez faire pour comprendre autrui. Il vous appartient de savoir : "Elle est irritée. Pourquoi ? Pourquoi en est-il ainsi ? Je dois voir. Si c'est moi qui en suis responsable, je vais voir." La responsabilité est toujours en vous et non à l'extérieur. Oui, gardez toujours ceci présent à l'esprit.

Ainsi, si quelque chose se produit à l'intérieur ? "Oh ! C'est que la cause excitante est à l'extérieur. Très bien, voyons pourquoi. Pourquoi suis-je fâchée ? Ce qui s'est produit n'était pas conforme à mes goûts. J'aurais aimé avoir une chose, j'ai obtenu autre chose. Mais comment est-il possible de recevoir d'autrui selon ses propres goûts ? Impossible ! Les autres aussi souhaitent recevoir ce qui leur plaît."

Où en est-on venu maintenant ? Quelle conclusion en tirer ? Le premier point, pour vous-même : chaque fois que vous êtes émotionnellement troublée ce n'est pas l'autre qu'il faut blâmer : "C'est parce que la semence était en moi, que cette semence a été excitée par lui. Aussi c'est en moi-même que je dois regarder."

Le deuxième point, c'est que, pour comprendre un autre, je dois voir : "Qu'est-ce qui se passe ? Pourquoi a-t-il parlé ainsi ? Pourquoi s'est-elle conduite ainsi ? Je vais essayer de comprendre." Il y a donc deux aspects qui sont là.

1. Mes propres semences et celles de l'autre.

2. "L'autre n'est pas responsable de mon trouble. C'est moi. Mais je vais essayer de voir pourquoi j'ai été troublé." Maintenant que vous avez vu cela, vous êtes quelque peu calmée : "Oui, je vois cela. Très bien. Mais qu'est-ce qu'il y avait là ? Pourquoi a-t-elle ou a-t-il agi ainsi ? Essayons de comprendre." Pour comprendre quelqu'un d'autre, il vous appartient de voir. Il vous faut comprendre : "Pourquoi a-t-il ou a-t-elle agi ainsi ?" Et de là viennent la sympathie, la coopération. Par contre, si vous êtes toujours asservie (*bound*) et cela uniquement par vos goûts ou vos dégoûts, vous ne serez pas capable de coopérer, vous ne serez pas capable d'aimer quelqu'un d'autre, vous ne pourrez que haïr toujours... irritation... haine... toujours... toujours. Pour être sauvée, pour vous

rendre libre de la haine, de la colère, de l'irritation, de la jalousie et de toutes ces choses il vous appartient de voir : "Pourquoi ? Pourquoi en est-il ainsi ? Qu'est-ce que je voulais ? Qu'est-ce que j'aimais que je n'ai pas obtenu ? C'est un fait que je ne l'ai pas obtenu. Pourquoi ne l'ai-je pas obtenu ? J'attendais de l'autre qu'il me donne ce qui me plaisait. Comment l'aurait-il pu ? Il est différent. Ainsi, voilà où était l'erreur ! Maintenant, il m'appartient de comprendre pourquoi il ou elle s'est conduit ainsi, de façon à ce que je puisse trouver la manière de me conduire avec lui ou avec elle." Sans comprendre vous ne pouvez pas (trouver la manière appropriée de) vous conduire. Vous ne ferez qu'agir selon ce qui vous plaît.

Ainsi, par exemple, vous préparez de la nourriture selon votre goût, la meilleure nourriture pour vous, celle que vous préférez, vous la préparez pour le déjeuner...

– Je sais que la meilleure nourriture, celle que je préfère, les autres, bien sûr, ne l'aiment pas...

– Ainsi, si vous devez préparer un repas pour les autres, alors...

– ... Je dois savoir ce qu'ils aiment, ce qu'ils veulent. Il est possible qu'ils ne veuillent rien...

– Oui, quand vous préparez pour vous-même, préparez ce que vous aimez le plus. Si c'est pour les autres, alors... ? Ne jugez pas selon ce que vous aimez, mais selon ce qu'ils aiment eux. C'est ainsi qu'il faut vous conduire...

– Pour ce qui est de la cuisine, c'est facile...

– Parce que c'est physique. Et dans votre conduite avec autrui c'est mental... Et la clé à trouver, ce sont les émotions. Si vous ressentez un trouble émotionnel, si quelque émotion est présente aussitôt vous pouvez vous dire : "Oh ! J'ai tort. Quelque chose s'est opposé à ce que j'aimais ou ce que je souhaitais." A partir de là, immédiatement vous pouvez faire attention.

– L'émotion est produite par quelque chose qui s'est opposée à ce que j'aimais ?

– Oui, oui.

– Je ne le savais pas.

– Votre émotion est produite par quelque action qui s'oppose à ce que vous aimez. Des émotions comme la colère, la jalousie, la haine, l'irritation, toutes ces choses...

– Et les autres émotions... ?

– Quelles autres émotions ? La joie ?

– Non, la souffrance.

– La souffrance ? Oui, également. Oh ! On les appelle des

émotions négatives. Et les émotions négatives sont produites par des actions qui s'opposent à ce qui vous plaît. Oui, il en est toujours ainsi. Aussi longtemps qu'il y aura des choses particulières qui vous plaisent, tout s'opposera à ce goût particulier. Qui peut donc savoir que ce sont ces choses particulières qui vous plaisent ? Chacun a des choses particulières qui lui plaisent et chacun agit ainsi, si bien que personne ne peut agir selon ce qui vous plaît. C'est ainsi que vous serez toujours blessée, parce que rien ne se fera selon ce qui vous plaît. Tout se produira contrairement à ce qui vous plaît, si bien que des émotions viendront. C'est ainsi que, de cette manière, des émotions viennent et les gens blâment les autres. Mais la semence est à l'intérieur. »

COLETTE ROUMANOFF.

Colette est allée pour la première fois en Inde en 1967, avec moi et notre fille Anne. Elle ne se sentit pas très à l'aise auprès d'Ananda Mayee Mâ. Par contre à Ranchi, dès ses premiers entretiens, elle éclate en sanglots. Svâmiji la fait alors allonger par terre. Et c'est son premier *lying*.

« Lorsque je me suis trouvée assise en face de Svâmiji, dit Colette, je lui racontai une histoire qui m'était arrivée toute petite et qui me tourmentait.

Chaque jour une orpheline passait devant le grillage de mon jardin. J'avais tout le temps de l'observer. J'étais déjà rentrée de l'école depuis un moment, quand je la voyais. Elle rentrait de l'étude en traînant de grandes jambes maigres.

J'avais sept ans et elle pouvait bien en avoir dix ou douze. L'air maladif, des cheveux blond filasse, des yeux bleus délavés. Elle portait en hiver comme en été la même robe de coton à petites fleurs. Son père possédait un vélo d'avant la guerre de 1914, et portait toujours une casquette et une veste qui devaient avoir le même âge que sa bicyclette. Il ressemblait à une carte postale jaunie.

Ce jour-là, il fait gris, il a plu. Je joue dans le jardin avec une amie de mon âge, quand nous voyons arriver l'orpheline. Sans dire un mot, nous nous postons près de la porte et nous attendons. La rue est déserte. Quand elle arrive à notre portée, nous lui saisissons les poignets, son cartable tombe. Nous l'entraînons de force dans le jardin. Nous l'attachons à un gros figuier avec une corde qui se trouvait là. En sautant, en grimaçant, en poussant des cris, comme des Indiens autour du poteau de torture, nous la frappons avec un bâton. Elle pleure.

Un bruit de pas dans la rue. Vite, nous la détachons. L'orpheline se sauve hors du jardin. J'ai juste le temps de prendre son cartable, de l'ouvrir et d'en renverser le contenu dans le caniveau.

Ayant terminé mon histoire, je demande à Svâmiji : "Pourquoi ai-je fait cela ?" Il m'écoute attentivement. Rien de ce que je dis ne semble l'étonner. J'attends sa réponse. C'est une question qui vient et qui me surprend : "Pouvez-vous voir les yeux de cette orpheline, son visage ? Si je peux, je ne sais pas, c'est tellement vieux. J'avais sept ans, j'en ai vingt-six aujourd'hui, je vais essayer." Je ferme les yeux, je les rouvre : "Elle avait des yeux bleu-gris, un visage triste, très triste." La question revient presque identique : "Essayez de voir ses yeux, son visage à ce moment-là. Comment était-elle exactement ?" Je mets les mains sur mes yeux pour faire le noir. Je me concentre. Je fouille ma mémoire à la recherche de ce visage, de ce regard. Brusquement, je vois. Je vois son visage et ses yeux comme dans un miroir. Je vois. Horreur ! Dans ce miroir, ce sont mes yeux, c'est mon visage. Pourtant j'ai les cheveux châtains et les yeux noirs, mais c'est moi. Je ne peux pas ne pas me reconnaître. C'est moi qui suis l'orpheline.

Je n'ai pas de papa, je n'ai pas de maman. Mon papa est une carte postale. Il est toujours parti en manœuvre et quand il est là, c'est pareil.

Je n'ai pas de maman. Il y a quelqu'un à la maison que j'appelle maman et personne, personne au monde ne sait que je suis orpheline. Mais je sais que je n'ai pas de maman, que je n'ai jamais eu de maman.

Je vois les yeux de l'orpheline. Tout le monde dans lequel je vivais jusqu'à présent se retourne et bascule. Tout est renversé. L'orpheline a disparu... ses yeux bleus délavés, son visage triste, ses cheveux blond filasse sont emportés par le torrent de mes larmes.

Je vois. Je sanglote si fort que je ne peux pas parler. Je voudrais pouvoir répondre au sage qui est là et qui me regarde avec la même attention tranquille. Je sanglote : "Oui... ses yeux... j'ai vu ses yeux... C'est moi l'orpheline. En hiver et en été, je porte la même robe. Mon père est une carte postale. Je n'ai pas de maman." Svâmiji répète : "Pas de maman"... Je crie : "Non, pas de maman, je n'ai pas de maman."

Là, dans mon cœur, il y a un trou noir à la place où il aurait dû y avoir une maman. J'ai peur de ce trou noir. L'orpheline, chaque jour en passant devant chez moi, me disait à sa façon : "Tu es une orpheline comme moi. On pourrait croire que tu as un papa et une maman, mais tu es comme moi."

J'ai peur du trou noir, du torrent de larmes qui me secoue furieusement. J'ai peur de me noyer dedans. Heureusement Svâmiji est là devant moi. Il sourit. Ce torrent ne l'effraie pas. Il sait le début et la fin de l'histoire, il sait le pourquoi et le comment. Je sens qu'il accueille ce torrent de tristesse à l'intérieur de lui. Pourtant il ne devient pas triste. Je ferme les yeux. Je me laisse glisser. Si je me noie, il me rattrapera. Je pleure, je pleure. Il me semble qu'il y a à l'intérieur de lui un lac, un lac immense et infini. Le torrent de mes larmes en le traversant ne fait pas une ride.

La violence de ma réaction ne l'a pas surpris. Il me semble maintenant qu'il attendait tranquillement que la réponse surgisse d'elle-même de l'intérieur. J'ai vu pourquoi j'avais frappé l'orpheline et maintenant je le sais d'une manière sûre et ne peux plus avoir aucun doute. J'ai vu que l'agresseur que j'ai été, qui frappe gratuitement et "sans raison" une victime innocente, en l'occurrence l'orpheline est lui-même en proie à un épouvantable tourment. Je ne sais pas aujourd'hui s'il convient d'extrapoler cette expérience à toute agression, mais c'est la première idée qui m'est venue à l'époque.

N'avais-je pas moi-même autant besoin d'être aimée et comprise que l'orpheline ? C'est de cette réalité dont parle Svâmiji quand il dit : "La victime et l'assassin sont les deux faces de la même expérience"[1]. »

6. *Premier séjour de Svâmiji en France.*

Si les disciples indiens et Svâmiji lui-même faisaient tout leur possible pour rendre le séjour des Occidentaux aussi confortable que possible, les disciples français n'étaient pas moins désireux de rendre les conditions de vie de Svâmiji aussi confortables que possible de façon à ce que sa santé ne soit pas affectée par un manque de nourriture appropriée ou faute de soins médicaux. Frédérick fut le premier à proposer de faire venir Svâmiji en France. Il l'invita dès 1963 pour le faire examiner et obtenir un avis médical compétent concernant ses troubles cardiaques. Mais Svâmiji remit la décision à plus tard.

1. Récit extrait de : *Les Yeux de l'orpheline*, Ed. Critérion, 1992.

Puis d'autres disciples soulevèrent la question : Olivier et Pierre en 1965. A l'époque, les disciples sentaient que venir en Inde, y séjourner dans le cadre enchanteur de l'ashram, avait pour effet de dissoudre sur place une grande partie de leurs problèmes. Par contre ceux-ci revenaient avec la même intensité lorsqu'ils se retrouvaient en Occident plongés dans la vie active. L'enseignement de Svâmiji donné sur place, à chaud, aurait permis de voir comment les réponses pouvaient être adaptées à la situation. Le voyage proposé remplissait donc trois objectifs : d'abord un objectif médical pour établir un diagnostic de santé, ensuite un objectif de repos : séjour dans un climat tempéré pendant la saison chaude dans de bonnes conditions de confort, enfin un objectif propre aux disciples : mettre en application l'enseignement de Svâmiji dans la vie professionnelle quotidienne.

Svâmiji est réticent d'abord. Il écrit à Olivier le 6 octobre 1965 :

« Vous désirez faire venir Svâmiji à Paris, oui, une idée bienvenue sans aucun doute. Mais le temps pour cela est-il venu ? Tout dépend de vous tous : de vous, oui, de vous ! Ne sentez-vous que c'est une charge ? Vos épaules sont-elles assez fortes ? Oui, une charge ! Interne et externe.

Charge interne : hésitation, doute, méfiance, peur, se sentir étranger envers Svâmiji... ! Etes-vous sûrs de ce que vous voulez et du fait que vous l'obtiendrez de Svâmiji ? Etes-vous tout à fait convaincu que vous vous sentez un avec Svâmiji sans aucun sentiment de séparation ou d'être un étranger ? Un tel sentiment ne peut que produire de la dévotion : un amour où le don de soi produit un rapport qui rend toutes choses faciles, franches, ouvertes, sincères simplement parce qu'il y a un courant souterrain de possession, d'unité... Ici seulement il ne peut y avoir aucun sentiment que c'est une charge.

Charge externe ? Pratiquement, physiquement, économiquement, etc. Quand on se débarrasse de la charge interne, une manipulation judicieuse des circonstances extérieures peut rendre la charge légère, supportable et en fin de compte non existante, une charge heureuse. Ainsi, voyez-vous, tout dépend de vous tous : soyez clairs, voyez les choses comme elles sont et décidez. Ne soyez pas la proie d'une exubérance temporaire. Qu'il n'y ait pas de réaction. Soyez positifs et tout est bienvenu [1]. »

De même, il écrit à Arnaud : « Et vous pouvez essayer de prendre Svâmiji chez vous, si vous ne pouvez pas vous arranger pour

1. L. 6.10.65.

venir auprès de Svâmiji. Et alors seulement "Nous avions tous deux un profond désir d'organiser ensemble ce voyage en France". Et si votre désir est fort, profondément senti dans votre cœur et que vous éprouvez un sentiment d'unité, alors vous ne pouvez que réussir : soyez réfléchi (*cool*), délibéré dans votre sérieux [1]. »

Ces lettres furent, semble-t-il une motivation supplémentaire et après s'être consultés les disciples proposèrent à Svâmiji le projet suivant :

1. Une maison allait être louée dans un endroit tranquille près de Paris et Denise Desjardins prendrait soin de la maison.
2. Le séjour de Svâmiji serait d'environ six mois, pendant l'été, période qui correspondait à la saison des pluies en Inde.
3. Les dépenses seraient à la charge des disciples.
4. Svâmiji voyagerait en avion en première classe et serait accompagné d'un disciple français.

Il y eut de nombreuses discussions entre Svâmiji, Pierre et Frédérick concernant cette invitation. Svâmiji était encore réticent et voulait savoir quel serait le but de sa visite. De nombreux arguments furent avancés, mais celui qui emporta son adhésion fut que, lors des séjours à l'ashram, il n'y avait pas de difficultés propres à la vie active à résoudre alors que si Svâmiji restait quelques mois à Paris, tous pourraient avoir accès à lui dans le cadre de leur vie quotidienne, ce qui serait d'un grand secours pour tous.

« Lorsque le principe du voyage de Svâmiji fut acquis, raconte Svâmiji, la question se posa de savoir qui parmi les Indiens accompagnerait Svâmiji pour prendre soin de ses besoins quotidiens ?

– Personne, répondit Svâmiji.

– Mais nous ne connaissons pas les besoins et les habitudes de Svâmiji, protestèrent-ils.

– Svâmiji n'a pas d'habitudes et ses besoins et nécessités sont très simples.

Pierre et Frédérick souhaitaient tous deux qu'un Indien accompagne Svâmiji. Mais celui-ci ne fut pas ébranlé [2]. »

Finalement Denise vint séjourner à l'ashram et apprit toutes les tâches accomplies pour Svâmiji à l'ashram ; elle apprit à préparer des *chapatti*, tâche considérée comme la plus ardue pour les Occidentaux. Et Pierre s'initia également.

Olivier accompagna Svâmiji de Calcutta à Paris. C'était le

1. L.10.65.
2. E.5.8.66.

premier voyage en avion de Svâmiji, bien qu'il ait déjà eu l'occasion de monter dans un biplace à Ranchi en 1959, grâce à un pilote connu de Satyanarain et qu'il ait ainsi pu faire un tour d'un quart d'heure autour de la ville.

Pour apaiser l'inquiétude d'Anasûya, de Chinmayee et des Indiens, Svâmiji, deux jours après son installation à Paris, leur écrivit une lettre en leur demandant d'en communiquer le contenu aux autres disciples indiens : « C'est une maison à trois étages avec un jardin côté nord. Bien que la maison soit entourée de tous côtés par des bâtiments, l'endroit est absolument calme. Au troisième étage il y a trois chambres avec salle de bains et toilettes. L'une est une chambre à coucher, l'autre un salon. Svâmiji est installé comme ici : coussin, oreiller. Dans la salle de bains, eau chaude et froide disponible jour et nuit. La maison est chauffée partout. Au deuxième étage habitent Denise et sa famille. Au rez-de-chaussée la cuisine, la salle à manger et le salon. Dans le jardin, ils ont fait construire par un menuisier une sorte de terrasse en bois qui repose sur quatre pieds et qui est recouverte de toile. Les balustrades sur trois côtés ont été érigées par Freddy et Arnaud, qui ont eux-mêmes manié marteau, scie et clous. La table de la salle à manger et le sommier du lit ont été fabriqués par Arnaud et Quatrebarbes de leurs propres mains. Après avoir loué la maison, ils ont fait repeindre à leurs frais les murs, les portes... La maison est sans aucun doute propre et nette.

Le service : tout est accompli par Denise. Il y a une femme de ménage pour l'aider. Le sol en bois est nettoyé par Denise elle-même, c'est elle qui nettoie et lave la salle de bains, fait tout ce qui est nécessaire pour mes bains, laver mes habits, tout ce qui est requis pour mon service est accompli par elle. C'est elle en fait qui sert mes repas et me met au lit.

La nourriture : aucun problème. Ces gens préparent une sorte de plat gonflé à partir d'une variété de blé noir. C'est très léger et bien. Les préparations de légumes, de *channa* (fromage blanc), les yaourts, les fruits, tous sont excellents. Aucun inconfort. La santé est excellente. » Cette lettre est datée du 17 mai 1966. Quelques mois plus tard, le 5 septembre, il écrit à Minati : « Denise est presque votre double... Vous autres pensiez que si personne d'ici ne m'accompagnait, je serais inconfortable ; ce n'est pas du tout le cas. Si le cœur est éveillé, peut-il subsister une barrière pour lui sous la forme d'un pays ou d'une race étrangère ? »

Tous les disciples français rendirent visite à Svâmiji pendant son séjour à Bourg-la-Reine indépendamment de Denise et d'Arnaud :

Pierre, Frédérick, Olivier, Anémone qui y rencontra Svâmiji pour la première fois, Roland et moi-même ainsi que mon épouse Colette. La santé de Svâmiji s'améliora. Et au bout des six mois, Svâmiji revint en Inde le 16 novembre 1966, cette fois-ci accompagné de Frédérick.

C'est au cours de ce voyage qu'en compagnie de Colette j'emmenai Svâmiji à Fontainebleau rendre visite à mère Marguerite-Marie, supérieure et fondatrice d'un ordre religieux : les Petites Sœurs de la Sainte Vierge.

« – Est-il vrai qu'il faut prier sans cesse ? lui demanda-t-elle.

– Certainement, expliqua Svâmiji. Mais que veut dire prier ? C'est être conscient de tout ce qui se passe. »

Sur le chemin du retour, la voiture, une 2 CV, fut bloquée dans un embouteillage et mit près de deux heures et demie pour revenir de Fontainebleau à Bourg-la-Reine par l'autoroute. Svâmiji, plié en deux, les jambes recroquevillées, regardait le spectacle d'un air très intéressé.

Chapitre XIII

Svâmiji guru

1. *Etre qualifié avant d'enseigner.*

« Dès son plus jeune âge, Yogeshvar a toujours voulu être enseignant », dit Svâmi Prajñânpad à un de ses disciples [1]. Et c'est en tant que professeur qu'il commença sa carrière. Deux événements importants portèrent cependant un coup d'arrêt à ses aspirations. Ce fut d'abord la rencontre du « fou de Dacca » qui se lamentait : « Je parle comme un pandit et j'agis comme un démon. » A partir de ce jour Yogeshvar se fit le serment de ne pas ouvrir la bouche sauf à pouvoir lui-même mettre ses actions en conformité avec ses paroles [2]. Ceci le conduisit à abandonner son poste de professeur et à vouloir ouvrir une école élémentaire pour jeunes enfants près de Channa. C'est là qu'il découvrit qu'il avait en fait le désir secret de voir sa valeur reconnue par des disciples. Découverte complétée par la réalisation qu'il ne serait pas compétent pour enseigner tant qu'il n'aurait pas lui-même « découvert » la vérité [3].

Ce n'est que lorsqu'il estima avoir acquis les qualifications nécessaires, après de longues et dures années de formation, qu'il se présenta comme un maître à part entière, ainsi qu'il ressort d'une lettre écrite en 1940, alors qu'il était *saṃnyâsin* et déjà installé à Channa depuis une dizaine d'années :

« Vous devez spécialement garder à l'esprit que, puisque vous vous êtes mis à dépendre de moi et à placer votre confiance en

1. E.3.2.65.
2. Sumangal Prakash, *L'Expérience de l'Unité*, ch. 2.
3. Sumangal Prakash, *L'Expérience de l'Unité*, ch. 2.

moi, tout ce qui est en votre intérêt sera fait, même sans que vous le sachiez, même au-delà de votre souhait [1]. »

2. ***Absence de méthode.***

Dans la thèse de Venkateshvar rédigée en 1928, on trouve au chapitre huit la description d'un ashram de type traditionnel comme une institution où se trouve mise en application « la méthode idéale pour donner l'éducation appropriée aux enfants ». Le maître « idéal » y est présenté comme une personne qui enseigne davantage par son exemple et l'ambiance qu'il est capable de créer autour de lui que par ses paroles. Le maître « ne fait aucun effort spécial pour conduire l'élève à la sublimation... la sublimation est inhérente à l'ambiance ». La présence du maître est elle-même un enseignement.

A cette époque, Svâmiji se référait encore à un « idéal » et avait en tête l'image d'un guru traditionnel. Dans la réalité, il s'en distingue car il ne donne pas d'initiation (*dîkṣâ*) selon le mode traditionnel. Son approche est différente pour chaque personne qui vient à lui, ainsi qu'il ressort du dialogue qu'il eut avec Atmânanda, une disciple autrichienne d'Ananda Mayee Mâ qui était venue le voir en 1964, impressionnée par ce que lui en avaient raconté des disciples occidentaux proches d'Ananda Mayee :

« Elle me demanda quelle était ma méthode. Je lui répondis :

– Qu'est-ce que vous entendez par méthode ?

– La méthode par laquelle vous enseignez et vous guidez les gens.

– Il n'y a pas de méthode.

– Comment pas de méthode ?

– Non pas de méthode.

– Comment cela est-il possible ? Comment alors pouvez-vous guider et enseigner les gens ?...

– Les gens ne sont-ils pas différents ?

– Oui.

– Alors la méthode aussi doit être différente. Elle dépend de la personne qui se présente.

– Mais comment cela se fait-il, Svâmiji ? Je ne comprends pas.

– Alors essayez de comprendre ceci d'abord, et ensuite vous pourrez parler.

1. Sumangal Prakash, *My guru*, ch. 6, 1940.

– Alors quelle est la méthode pour moi ?

– Très bien, très juste, vous voyez, vous dites : "Quelle est la méthode pour moi ?" Montrez à Svâmiji qui vous êtes, qui êtes-vous ?

– Moi, moi, moi, moi ?

– Alors vous ne vous connaissez pas vous-même ?

– Mâ Ananda Mayee m'a donné le nom d'Atmânanda.

– Très bien, vous êtes Atmânanda ?

– Oui.

– Qu'est-ce que c'est qu'*âtmâ* ? Qu'est-ce que c'est qu'*ânanda* ?

– *Atmâ*, c'est l'absolu.

– Qu'est-ce que l'absolu ?

– Je ne sais pas.

– Qu'est-ce qu'*ânanda* (félicité) ?

– Je ne sais pas.

– Alors vous voyez, vous dites que vous êtes Atmânanda, mais vous ne savez pas ce qu'est *âtmâ*, ni ce qu'est *ânanda*. Alors vous ne vous connaissez pas vous-même. Comment vous parler alors ?

Elle était bouleversée.

– Vous voyez, vous n'êtes rien d'autre que le mental.

– Oui, Svâmiji, la pensée, la pensée... Un homme est ce qu'il pense.

– Oui, c'est juste. Alors vous êtes la pensée elle-même. Alors vous n'êtes rien... seulement la pensée.

– Oui, Svâmiji, oui seulement la pensée. Je ne peux me libérer de la pensée. La pensée est toujours là.

– Oui, la pensée est là... Vous êtes dans la pensée. Vous êtes la pensée. Vous êtes avec la pensée. Alors vous n'êtes rien.

– Comment est-ce possible, Svâmiji ? C'est pourtant bien ce que vous dites ?

– Oui, oui, être libre de la pensée, être libre de cette pensée... c'est cela être vous-même... c'est cela vous connaître vous-même.

– Comment est-ce possible ? C'est impossible, Svâmiji.

– Connaître la vérité alors est impossible. Vous ne pouvez pas voir.

– Je vois, Svâmiji, je vois tout.

– Non. Vous ne voyez pas.

– Je ne vois pas ?

– Non, vous pensez seulement.

– Je ne peux pas voir ?

– Non, qu'est-ce qui est là devant vous ?

– C'est un beau jardin.

– Voyez, vous ne voyez pas...

– Si, Svâmiji, je vois. C'est un beau jardin. Je vois.

– Vous pensez que vous voyez, mais vous ne voyez pas. Quand Svâmiji demande : "Qu'est-ce que c'est ?" Vous dites : "C'est un beau jardin". Quelle est la signification de ceci ? Essayez d'en voir le sens. Dès que vos yeux se tournent de ce côté-là, vous voyez un beau jardin. Ce qui signifie qu'immédiatement vous allez vers une image qui vous apparaît belle. Vous avez l'image de quelque chose de beau. Et vous juxtaposez cette image avec cela. Aussi, quand vous dites que vous le voyez, vous ne le voyez pas. Vos yeux sont tournés vers le jardin. Vous voyez, ou plutôt vous croyez voir, une belle image. Vous ne voyez pas le jardin.

Après quelque temps, elle dit :

– Alors, si je vois, que puis-je dire ?

– Regardez et dites ce que vous voyez.

– Oui, Svâmiji, oui... C'est un jardin avec des fleurs.

– Ah ! Oui. Vous voyez maintenant. Vous voyez que c'est un jardin avec des fleurs.

– Oui, Svâmiji, oui.

– Voyez, il n'y a pas de comparaison. Quand on voit, il n'y a pas de comparaison. Vous ne comparez pas avec quelque chose d'autre. Mais quand vous pensez, il y a toujours un élément de comparaison avec quelque chose d'autre. Aussi, la pensée est partout présente et toutes vos actions en sont imprégnées, n'est-ce pas ?

– Oui, Svâmiji, oui.

– Alors, vous pensez, vous ne voyez jamais.

Elle était tout à fait bouleversée.

– Alors le mental, Svâmiji ?

– Le mental ? Oui, vous devez être libre du mental.

– Mais comment est-ce possible, Svâmiji, comment est-il possible d'être libre du mental ?

– Comment peut-on voir la vérité ? Sans être libre du mental on ne peut pas voir, non. Ainsi que cela vient de se passer : Vous avez vu le jardin, mais vous avez dit : "C'est un beau jardin." Avez-vous vu le jardin ? L'avez-vous vu ?

– Non, non, je n'ai vu que l'image.

– Alors vous ne l'avez pas vu. Quand vous voyez, dites : "Je vois ceci seulement... c'est un jardin avec des fleurs." C'est tout, pas de comparaison, pas de jugement de valeur, pas de bien, pas de mal, rien... Voilà la vérité.

– Oh ! Svâmiji... Être libre du mental... Oh ! En fait, je ne connais pas grand-chose.

– Non, vous ne connaissez pas grand-chose. Vous ne voyez pas que le mental que vous connaissez n'est que votre mental à vous.

– Oh ! C'est si difficile, Svâmiji ! Alors je devrais aussi m'occuper de l'inconscient ?

– Oui, oui, oui, oui !

– C'est trop difficile, Svâmiji.

– Alors, dans ce cas ce n'est pas la peine de continuer. Vous pouvez partir[1]. »

Svâmiji reviendra souvent sur le thème : « Svâmiji n'a pas de méthode. La méthode apparaît seulement en fonction de chaque personne. Svâmiji vous parle à vous d'une façon, à Arnaud d'une autre, à Olivier de manière différente et à Pierre encore d'une autre façon. » De même au cours d'un entretien, il dit à son interlocuteur :

« Svâmiji va vous donner un autre exemple. Des malades vont voir un docteur. Quelle est la méthode du docteur ?

– Voir quelle est la maladie du patient et lui donner le traitement correspondant.

– Le docteur n'a donc pas de méthode particulière. N'est-ce pas ? Que veut dire absence de méthode ?

– Aucune méthode particulière, parce que les autres ont une identité particulière, une manière particulière de penser.

– Vous dites cependant "Svâmiji enseigne". Svâmiji n'enseigne jamais. Est-ce que Svâmiji enseigne ?

– Il me donne plutôt la possibilité de trouver la réponse à ma question. Mais c'est quelque chose de plus que moi qui trouve la réponse.

– Aussi Svâmiji fait-il quelque chose qu'il force à entrer en vous ?

– Il rend clair, oui.

– Il rend clair. Oui. Aussi est-ce vous, à travers vous que c'est rendu clair. Svâmiji n'a pas de position définie, de méthode définie. Et Svâmiji ne vous donne pas...

– N'impose pas mais aide à trouver.

– Vous y êtes. Aussi Svâmiji apparemment enseigne. Mais qu'est-ce que l'enseignement habituellement ? Une imposition. Aussi cet enseignement-ci et cet enseignement-là sont-ils pareils ?

1. Sumangal Prakash, *L'Expérience de l'Unité*, p. 123.

Non. Vous pouvez dire : "C'est un enseignement, l'enseignement de Svâmiji." Mais il n'y a pas d'enseignement. L'enseignement s'effectue en fonction de l'autre. De même quand la perfection est atteinte l'action a lieu en fonction de l'autre. Cet homme n'agit pas. Svâmiji n'agit pas. Svâmiji est là. Vous venez et posez la question. Terminé. Svâmiji ne va nulle part, ne fait pas de conférences [1]. »

Souvent les disciples se sont sentis transformés, particulièrement après les *lyings* et ont souhaité partager leurs expériences avec des amis chers en leur faisant rencontrer Svâmiji. Celui-ci les mettait souvent en garde contre cette tentation : « Ne prenez pas Svâmiji pour un psychanalyste, ce qu'il n'est pas. Svâmiji est pour la vérité et dans la recherche de la vérité, une méthode adéquate est adoptée chaque fois que cela est nécessaire. Et dans ce processus, aller plus profondément à la racine du mental est parfois nécessaire [2]. »

Une des caractéristiques de l'approche de Svâmiji qui le distingue des autres maîtres spirituels c'est que son enseignement est strictement personnel. Chaque individu est unique. Son passé est différent. Ses expériences sont différentes, son stade de développement est différent, ses blocages sont différents. Pour Svâmiji, l'approche ne peut être qu'individuelle. C'est la raison pour laquelle cela ne l'a jamais intéressé de parler en public ni de s'adresser à des congrégations. « On ne peut parler alors qu'en termes généraux, disait-il, or les problèmes sont toujours particuliers. » C'est ce qu'il explique dans une lettre adressée à un disciple : « La différence avec Bouddha et d'autres grands maîtres ainsi qu'avec des maîtres ordinaires, c'est que bien que beaucoup d'entre eux soient illuminés, cela ne leur est pas possible ou facile parfois de guider les autres en tenant compte de leurs situations particulières. Par exemple, beaucoup sont très savants et pourtant mauvais professeurs. Ce qu'ils disent est conforme à l'état dans lequel ils se trouvent ; seuls ceux qui sont proches de leur état peuvent les comprendre. Ceux qui sont dans un état inférieur ne peuvent comprendre ce qu'ils disent. C'est pourquoi un enseignement doit dépendre de l'état de l'individu auquel il est destiné. On peut supposer que les gens qui ont reçu des instructions de Bouddha – selon

1. E.6.8.66.
2. L.30.10.68.

la manière dont elles leur ont été données – devaient, pour la plupart d'entre eux, avoir satisfait leurs désirs mondains. Ils n'avaient pas d'émotions refoulées, leurs émotions et leurs impulsions avaient été rendues normales ; leurs défauts (*akuśala*) étaient de faible intensité et leurs qualités (*kuśala*) d'une intensité plus grande... A notre époque, c'est beaucoup plus rare. Chez presque tout le monde, on constate la présence d'émotions refoulées [1]. »

Quelques années plus tard, il expliquera qu'il ne peut y avoir d'enseignement général : « Donner dépend de qui reçoit. Il faut donc voir celui qui reçoit. Jusqu'où peut-il comprendre ? "Qu'est-ce que je vais lui donner ? Je suis prêt à tout lui donner. Mais jusqu'où peut-il comprendre ? Je dois d'abord le connaître."

Il ne faut pas vous projeter parce qu'il n'est pas vous. Quand vous écrivez un livre, il y a toujours projection. Si vous ne vous projetez pas, vous dites la vérité. Un livre est impersonnel... vous donnez et celui qui prend prend. Celui qui ne prend pas... ne prend pas [2]. »

Il revient sur ce thème peu de temps avant sa mort en réponse à la question posée par un disciple :

« Pourquoi l'enseignement de Svâmiji est-il toujours individuel ? Svâmiji doit avoir de bonnes raisons pour donner toujours un enseignement individuel.

– Oh ! Oh ! Pourquoi ?

– N'y a-t-il pas une base commune ?

– Une base commune... mais l'individu n'est pas commun. Bien qu'il soit commun pourtant il est particulier. Par exemple, si Svâmiji parle comme cela : "Vous êtes en mesure maintenant de ne plus penser mais de voir"... il obtient en réponse : "Oui, oui, c'est là la difficulté, je vois." Si Svâmiji parle ainsi à n'importe qui et à tous, qu'adviendra-t-il ? Une idée vague... une idée vague seulement. Il s'en va avec cette idée vague. Il n'aura rien de tangible. Parce que cela ne sera pas sûr... On ne peut trouver la vérité de cette façon.

Faire des conférences ?... A qui fait-on des conférences ? C'est général. Cela signifie que vous ne parlez à personne en particulier, vous ne parlez qu'à vous-même. Les idées que vous avez, vous les exprimez. C'est l'enseignement général, l'enseignement de masse. Parfois les gens disent : "Mais parmi tous ceux qui écoutent, peut-

1. L.5.7.43.
2. E.1966.

être quelques-uns vont en tirer un bénéfice". Peut-être... Peut-être[1]. »

Ce refus d'enseignement sous une forme générale face à un public, une assemblée ou une congrégation, ne veut pas dire que Svâmiji se désintéressait ou désapprouvait le fait d'écrire. Lui-même a écrit des articles dans la revue trimestrielle publiée par le Kashi Vidyapith et s'est beaucoup intéressé non seulement à la rédaction de la thèse de Venkateshvar qu'il a supervisée et dont il a écrit lui-même certains chapitres, mais également à sa publication en hindi. De plus il a encouragé des disciples à voir dans quelle mesure ce texte pouvait être traduit en anglais. Il a par ailleurs encouragé plusieurs de ses disciples à écrire et plus particulièrement Sumangal Prakash et Frédérick Leboyer. Il restait toutefois très sceptique quant à l'influence que les écrits peuvent exercer pour permettre à une personne de voir car tout dépend de la réceptivité de la personne qui reçoit : « Vous savez aussi que Svâmiji ne veut parler ni à Jack ou à Harry mais à vous, à celui qui dit qu'il est un disciple ou aspire à en devenir un[2]. »

« Quand Svâmiji parle, les paroles ne sont jamais en l'air, comme vous le savez. Svâmiji parle à quelqu'un. Quand Svâmiji vous parle à vous, c'est à vous et non à quelqu'un d'autre. Par exemple, il peut vous dire de ne pas divorcer, mais il pourra dire à votre femme d'accepter le divorce. Est-ce un mensonge ? Ou bien est-ce la vérité ? Et si oui, pourquoi ? Aussi vous voyez quand Svâmiji parle c'est à vous, avec vous et pour vous. Personne d'autre ne peut venir se placer entre vous et Svâmiji[3]. »

« Svâmiji a tant de choses à donner. Mais si votre main est présentée la paume tournée vers le bas que se passe-t-il ? Vous pouvez donner tant de choses, mais quel en est le résultat ? Par contre si votre main est tournée la paume vers le haut, vous pouvez recevoir la moindre parcelle. Aussi Svâmiji dit que c'est celui qui reçoit qui est l'aspect le plus important dans le jeu de donner et recevoir[4]. »

« Svâmiji envoie ses "bénédictions aimantes" (*loving blessings*) seulement aux disciples occidentaux. C'est calculé. Pourquoi ? Parce qu'ils ne pouvaient être satisfaits avec une sèche présentation intel-

1. E.1974.
2. L.19.4.70.
3. L.6.12.70.
4. E.12.12.69.

lectuelle. Ils étaient assoiffés d'amour. Aussi cela leur fut-il donné. Maintenant Svâmiji a cessé d'écrire "aimantes"[1]. »

Un jour un disciple lui demande :

« Svâmiji parle toujours relativement à la personne à laquelle il s'adresse, dans la situation particulière et les circonstances dans lesquelles elle se trouve. Le moment suivant cela peut ne plus être vrai ?

– Ou plutôt les conditions ont pu changer.

– Je comprends alors que je ne dois plus considérer ce que dit Svâmiji comme des vérités absolues mais comme s'appliquant à une personne particulière, dans des circonstances particulières ?

– Oui, exactement. Regardez pour ce qui est de la sexualité. Svâmiji vous dit : "Ayez des relations sexuelles une fois par semaine". Pourquoi ? Parce que vous souhaitez en avoir tous les jours. Celui qui a des relations sexuelles une fois par mois ne trouverait pas approprié d'en avoir une fois par semaine. C'est relatif à vous[2]. »

Svâmiji ne cherche pas à enseigner quelque chose. Il n'agit pas, n'intervient pas mais la réponse vient automatiquement aux questions qui lui sont posées :

« – Dans l'Advaita, vous agissez cependant ? demande un disciple.

– Il n'y a pas d'action dans l'Advaita.

– Mais que fait Svâmiji maintenant ?

– Oh ! Très bien. Svâmiji n'accomplit aucune action et pourtant l'action a lieu en Svâmiji. Il y a une différence. La sentez-vous ? Svâmiji ne fait aucune action mais l'action a lieu en Svâmiji. Qu'est-ce que cela veut dire ? Quand quelqu'un agit-il ? Tenez par exemple... (il prend la main du disciple et heurte le sol), vous obtenez alors...

– Oui, je le sens.

– Vous le sentez ? La terre vous heurte. Est-ce bien la terre qui vous heurte ? Autrement comment pouvez-vous vous sentir heurté ? Est-ce la terre qui vous heurte ?

– Non.

– Mais c'est ce que vous sentez. Comment le sentez-vous ? Vous le sentez. Pourquoi le sentez-vous ?

1. E.9.5.70.
2. E.19.4.70.

– Parce que c'est moi qui heurte le sol.

– Parce que vous le heurtez. Le résultat de votre coup est la réponse obtenue ici, n'est-ce pas ? Svâmiji ne parle pas. Svâmiji n'a rien à dire. Votre question vient. Vous frappez et la réaction se produit. Svâmiji ne vient pas vous voir pour vous dire : "Venez, venez, je vais vous enseigner." Cela serait... ?

– Cela serait une action.

– Cela serait une action ! C'est si simple. Ce n'est qu'une réponse ou plutôt une réaction. S'il y a action, il y a réaction. La terre est là. Vous en obtenez une fleur. D'autres en obtiennent du blé... La terre vous donne-t-elle la fleur ou le blé ? Non. Mais apparemment, la terre donne. Les gens disent : "Oh ! La terre m'a donné tant de choses". Vous dites cela dans votre langage. Mais la terre vous donne-t-elle quelque chose ? Apparemment oui, mais elle ne vous donne rien. C'est vous qui prenez. Vous prenez de Svâmiji. Svâmiji n'agit pas. Jamais. Ce n'est qu'une réaction. S'il y a action, il y a réaction. S'il n'y a pas d'action, il n'y aura pas de réaction. C'est tout. Car pour toute activité, il doit y avoir un but, une idée, un désir [1]. »

Avec un autre disciple, il reprendra le même exemple quelques années plus tard :

« Aussi apparemment Svâmiji agit, sans aucun doute. Agit-il ? A-t-il une initiative quelconque ?

– Non, cela dépend de la question qui est posée.

– C'est tout. Il ne fait que répondre. Ce n'est qu'une réaction, pouvez-vous dire. Selon la question, voilà la réponse. Si vous frappez Svâmiji, Svâmiji vous frappe. Très bien. Ainsi vous êtes frappé. Frappez ici... (Svâmiji frappe le sol avec sa main.) Qu'obtenez-vous ?

– Une absence de réponse.

– Frappez violemment ! Vous avez un choc. "Oh ! Oh ! Je suis heurté." Le sol vous heurte-t-il ? Mais vous êtes heurté ? S'il ne vous heurte pas, comment pouvez-vous être heurté ? Quand vous donnez un coup, vous êtes heurté.

– Mais ce n'est pas le sol qui le fait, c'est moi-même.

– Le sol vous heurte-t-il ? Non. Mais vous êtes heurté. Pourquoi ? L'action est là. Le fait d'être heurté est dû à une action. Laquelle ?

– Si je frappe le sol, il ne s'ouvrira pas, aussi suis-je heurté.

1. E.14.1.64.

– C'est-à-dire que le fait d'être heurté vient du fait que vous heurtez vous-même. Si vous êtes heurté cela vient du fait que vous heurtez le sol. Le sol ne vous heurte pas mais apparemment vous êtes heurté. Aussi vous pouvez dire "le sol m'a heurté", mais le sol ne peut pas vous heurter.

– Mais quelqu'un d'autre peut vous heurter.

– "Quelqu'un d'autre peut vous heurter." Le même heurt vous le recevez du sol. Mais le sol vous heurte-t-il ? Non. Le sol n'est pas instrumental ou responsable pour le fait d'avoir été heurté. Vous avez été heurté parce que c'est la réponse ou la réaction du fait que vous ayez heurté le sol. Aussi apparemment le sol vous a heurté mais le sol ne vous heurte pas.

Il en est de même pour l'action. Dans l'action ordinaire vous sentez "Je suis celui qui agit, je suis responsable de mes actes". Et c'est pour obtenir ce résultat que j'agis. Et si je n'obtiens pas le résultat, je deviens triste. Si je réussis, je deviens très joyeux. Mais il y a une action où l'action prend place, mais il n'y a pas de trouble intérieur d'aucune façon. Alors ? Cette action est-elle comme l'action ordinaire ? Quelqu'un qui n'est pas réalisé agit comment ? Selon ce qu'il pense. Aussi vous obtenez une réponse. Mais celui qui a atteint la vérité n'agit pas, mais l'action a lieu en lui. De même que l'action prend place dans le sol, ce n'est qu'une action réflexe. Aussi quand vous posez la question à Svâmiji, la réponse à la question vient. Autrement Svâmiji n'est rien... il est comme le sol.

– Ce n'est qu'une analogie !

– Prenez un autre exemple qui sera plus clair. Il y a un robinet dont l'eau s'écoule. Est-ce le tuyau qui vous donne de l'eau ? Le tuyau est plein d'eau...

– Il ne vous donne pas d'eau, si vous ne tournez pas le robinet.

– Ah ! Vous y êtes. Ainsi vous obtenez de l'eau comme si le tuyau vous donnait de l'eau. Mais le tuyau ne vous donne pas d'eau. Vous tournez le robinet et l'eau vient[1]... De même la terre vous donne-t-elle quelque chose ? Non, c'est vous qui faites en sorte que la terre vous donne. Telle est la nature d'un sage, d'un homme libéré. Vous le faites agir. Sinon, non. Ce n'est qu'une réponse[2]. »

Si Svâmiji ne fait que répondre aux questions qui lui sont posées, on comprend que c'est au disciple de faire tout l'effort pour obtenir

1. E.6.8.66.
2. E.5.8.68.

la réponse qu'il cherche. Le maître est particulièrement heureux lorsqu'il rencontre un disciple qui le questionne et l'interroge sans cesse tant qu'il n'a pas trouvé une réponse qui le satisfasse. Un tel disciple n'accepte pas la réponse du maître simplement parce qu'il a foi en lui :

« Quand vous éprouvez un doute, dit Svâmiji, et le doute est naturel, vous avez le privilège de demander et d'être convaincu et non d'interpréter et de juger [1]. »

« Svâmiji ne vous empêche jamais de poser des questions. Svâmiji ne fait que répondre selon votre point de vue comme un miroir. Vous pouvez considérer Svâmiji comme votre Moi illuminé. Svâmiji est là pour vous montrer comment vous êtes [2]. »

« Voyez la terre, donne-t-elle ? Non. Vous plantez une graine, elle grandit. Sous des conditions particulières, elle réagit. Il en est de même pour Svâmiji. Vous posez une question, la réponse vient. Avez-vous remarqué que Svâmiji ne pense pas quand il vous répond [3] ? »

« Vous posez seulement des questions et alors Svâmiji vous dira. Parce que, vous savez, Svâmiji ne peut pas parler de lui-même [4]. »

Il apparaît clairement au travers de toutes ces réponses données par Svâmiji que Svâmiji se tient dans une position tout à fait neutre. Il aide le disciple à voir le problème ou la difficulté que celui-ci lui présente mais il n'agit jamais à la place du disciple. C'est au disciple de faire tout le travail, de prendre l'initiative de poser des questions, d'assurer en quelque sorte la responsabilité du travail qu'il entreprend. C'est ce que Svâmiji a expliqué à de multiples reprises :

« Vous voyez ce que fait Svâmiji ? Il vous fait voir seulement. Parce qu'un aspect a été oublié. Aussi y met-il de la lumière [5]. »

« Svâmiji ne crée rien. Pas de dogme, rien de la sorte. Pas d'idée fixe. Il vous fait voir ce qui est [6]. »

« Svâmiji n'aide pas. Une aide est donnée à ceux qui sont venus à lui [7]. »

« Oh ! Posez à Svâmiji autant de questions que vous voulez.

1. L.6.12.70.
2. N.8.5.70.
3. N.29.3.72.
4. E.16.1.74.
5. E.2.11.66.
6. E.8.8.66.
7. N.20.72.

Svâmiji est prêt. Mais pour voir, vous fonctionnez seul. Svâmiji ne peut le faire pour vous [1]. »

« L'aide de Svâmiji consiste seulement à vous montrer comment trouver [2]. »

« Tout ce que Svâmiji vous dit, essayez seulement de trouver, de vérifier si c'est vrai ou non. Ne le prenez pas pour argent comptant (*granted*) [3]. »

3. *La manière de procéder de Svâmiji.*

Comme il le dit lui-même, Svâmiji ne parle pas de choses générales mais répond aux questions concrètes qui lui sont posées à partir des problèmes les plus simples de la vie quotidienne. C'est pourquoi, d'une certaine façon, il peut parler à tout le monde : enfants ou adultes, incultes ou cultivés, croyants ou incroyants. Son point de départ est toujours très terre à terre, banal même. A une lecture superficielle de certaines lettres ou entretiens, on pourrait n'y voir que de simples conseils de bon sens. Et il est vrai qu'il en donne beaucoup. Mais il ne s'y arrête pas. Ce n'est qu'un point de départ.

Le problème concret qui concerne la personne particulière est un problème qui lui tient à cœur, dans lequel elle est impliquée entièrement. D'où une disponibilité, une capacité d'écoute plus grande. On parle de ce qui la concerne, ici et maintenant. Puis selon ses capacités, ses possibilités, sa demande, Svâmiji va élargir la question. Il va passer du particulier au général, du limité au plus vaste et en fin de compte du plus banal au plus élevé ou, comme il le dit lui-même, de « la physique à la métaphysique ».

Comment s'y prend-il ? Il cherche d'abord à éclairer la situation intellectuellement, en essayant de faire voir l'élément qui échappe, souvent à l'aide d'histoires ou de métaphores qu'il racontait merveilleusement, en y mettant l'intensité dramatique nécessaire. Si cela n'était pas suffisant et la résistance trop forte il pouvait avoir recours à la dramatisation.

Sumangal Prakash raconte comment un jour, ayant introduit auprès de Svâmiji un de ses amis qui se trouvait dans la confusion

1. E.11.1.74.
2. E.13.1.74.
3. E.8.1.74.

la plus extrême concernant un problème à la fois personnel et professionnel et qui n'arrivait pas à prendre une décision parmi les options qui se présentaient à lui, il eut l'occasion d'assister à l'entretien qui suivit. Après une longue discussion, qui laissa son ami dans ses doutes et son indécision, Svâmiji cessa soudainement de parler et lui demanda brusquement de se mettre debout. Surpris, il se leva. Svâmiji lui demanda alors de se rasseoir. Et de nouveau debout, et encore assis. Peu à peu, la rapidité des ordres « debout »...« assis » augmenta et il lui fut impossible d'agir selon les instructions de plus en plus rapides de Svâmiji.

« Vous voyez, lui dit alors Svâmiji d'une voix douce, il est impossible de rester assis et debout en même temps, n'est-ce pas ? On ne peut pas prendre deux positions opposées simultanément. Il faut choisir. Et ce n'est que vous qui pouvez prendre la décision finale. Vous ne pouvez pas garder les deux en même temps : rester à la fois propriétaire de votre affaire et la céder à votre neveu. »

« Et peut-être, ajoute Sumangal, est-ce cette action de la part de Svâmiji, plutôt que la force de ses arguments, qui permirent finalement à son ami de prendre la décision. »

Mais la dramatisation pouvait encore se révéler insuffisante. La résistance restait toujours plus forte. Les arguments intellectuels restaient sans prise car ils se trouvaient bloqués par des conflits internes qui rendaient la personne émotionnellement instable. L'intellect se trouvait comme paralysé ou mis hors jeu. Il fallait accomplir un travail sur l'inconscient que les disciples ont appelé successivement « ramonage de la cheminée », « travail dans la chambre obscure », « psychanalyse », ou encore *lying* selon l'expression forgée par les disciples occidentaux. Ce travail impliquait une liberté totale d'expression devant Svâmiji.

Le disciple peut parfois trouver difficile de se mettre complètement à nu devant Svâmiji, mais il découvre rapidement que tout ce qu'il est amené à lui dire de plus personnel et de plus secret ne sera jamais utilisé à son détriment. Il découvre qu'il peut même exprimer, sans risque et sans peur, des idées ou des émotions, même à l'encontre de Svâmiji lui-même. En fait une telle hostilité, qui est le transfert bien connu des analystes, pouvait se développer au cours du processus analytique ou des *lyings*. L'expression de cette hostilité envers Svâmiji était d'autant plus bénéfique au disciple, que Svâmiji comprenait parfaitement ce qui était en train de se passer et n'en était pas le moins du monde perturbé. En clair, il n'y avait pas de contre-transfert de sa part.

Ceci permettait aux disciples de considérer Svâmiji comme un ami extrêmement affectueux et les conduisait à avoir une grande confiance en lui. Si, extérieurement, ils exprimaient des marques de profond respect, intérieurement ils le considéraient comme un ami intime, dépassant en bienveillance, sagesse et compréhension toute autre personne.

En fait l'enseignement, s'il s'effectuait avec le support des mots, avait une dimension cachée, dans le sens où les mots ne pouvaient parvenir que s'il y avait un contact de cœur à cœur. C'est ainsi que Svâmiji écrit :

« Ne vous agitez pas et ne vous pressez pas. Vous viendrez à Svâmiji quand le moment pour cela sera venu. Le rencontrer face à face n'est pas si important, n'est-ce pas ? Si tel était le cas, cela impliquerait que vous attachez une plus grande importance au corps physique ! Mais ce n'est pas cela qui compte en réalité : c'est le cœur qui est le plus important. Si vous gardez (Svâmiji) dans votre cœur, vous pourrez toujours sentir sa présence[1]. »

Il précisera quelques années plus tard : « Tout d'abord une remarque ! Les lettres sont écrites avec des mots et ces mots sont porteurs de sens. Mais, quand le lecteur voit les mots, il leur donne le sens qu'il porte déjà en lui. Et il passe ainsi à côté du sens ou des idées exprimés au travers de ces mots par celui qui les a écrits. Il est évident, vous le comprenez, que tant que le lecteur ne donne pas le même sens ou n'a pas les mêmes idées que celui qui écrit, il passe à côté de ce qu'on lui écrit et donne aux mots le sens et les idées qui sont les siens. Vous connaissez bien les différentes interprétations de toute œuvre d'art, de toute œuvre religieuse ou philosophique et ces différences sont inévitables ! Par exemple, personne ne lit la *Gîtâ*, chacun lit sa *Gîtâ*. C'est le jeu de l'illusion (*mâyâ*). Vous voyez bien qu'il doit y avoir d'abord une relation intime ou un rapport entre le lecteur, celui qui cherche, celui qui pose les questions et celui qui écrit, qui donne, qui répond. Ce rapport vient d'un contact personnel intime. C'est seulement lorsque ce contact est établi que lire et écrire peuvent être d'une quelconque utilité. Tout d'abord une relation intime. Comme vous le savez le courant électrique ne peut passer que lorsque les fils sont correctement branchés[2]. »

1. L.2.10.52.
2. L.19.1.64.

4. ***Conditions requises du disciple.***

Certaines personnes venues auprès de Svâmiji n'avaient aucune attirance pour la recherche spirituelle, que Svâmiji appelait « recherche de la vérité ». Elles ne cherchaient qu'à se rendre libres de leur souffrance. Tel était en particulier le cas de Sumangal Prakash qui est devenu disciple peu à peu, conservant à la fois son dégoût de tout ce qui était religieux et spirituel, ainsi que ses préjugés athées et marxistes. Svâmiji dira plus tard qu'il l'a accepté par « faiblesse ». Par la suite, il posera des conditions et se montrera plus exigeant : rechercher un soulagement à une souffrance particulière ne sera pas suffisant. Il faudra être déterminé à suivre un chemin spirituel ou, comme le disait Svâmiji, « vouloir la vérité ou avoir un besoin impératif de vérité ». Ces conditions en fait ont toujours existé mais avec des nuances qui ont fluctué au cours du temps. Nous laissons ici la parole à Svâmiji :

« L'ashram est toujours ouvert à toute personne qui se sent malheureuse après avoir découvert l'absence de valeur du monde des apparences (*saṃsâra*) et dont le cœur aspire à être libre de ce malheur. Le seul but de celui qui est véritablement affamé est de satisfaire sa faim et rien d'autre. Il ne se pose pas la question de savoir qui lui procure la nourriture pour satisfaire sa faim ou d'où vient la nourriture, de quelle direction, du nord, du sud, de l'est ou de l'ouest, ou par quel chemin. De la même façon, celui dont le cœur est véritablement affamé, qui ne trouve aucune satisfaction dans les jouissances matérielles que le monde propose, dont le cœur est rempli de désespoir (*agony*), dont l'ardeur et l'aspiration à trouver le véritable bonheur et à se libérer du malheur et de la souffrance sont véritablement intenses (*keen*), une telle personne n'est pas attirée par des termes aussi conventionnels que le chemin de la connaissance (*jñâna mârga*) et le chemin de la dévotion (*bhakti mârga*) [1]. »

« Svâmiji n'invite ni ne rejette personne ; il n'appelle personne à lui ni ne demande à personne de partir ; il ne donne ou ne refuse la permission à quelqu'un de venir ou de rester avec lui seulement lorsqu'il trouve en lui un besoin (*urge*) venant du fond du cœur et une nécessité (*need*). Svâmiji ne garde pas d'emprise sur qui que ce soit car cela ne fait aucune différence pour lui. La personne qui vient et reste le fait dans son propre intérêt [2]. »

1. L.3.11.33.
2. L 2.10.45.

« Par conséquent Svâmiji vous emmènera voir ce qui est dans "l'apparence", ce-qui-est ! Par conséquent, c'est contraire à la vérité de demander à Svâmiji quoi que ce soit, d'avoir aucune attente à son sujet. Ce qui est contraire à la vérité ou ce qui n'est qu'une demande émotionnelle rend la visualisation de la vérité impossible et conduit à l'erreur. Celui qui voit ces erreurs, les reconnaît et veut s'en rendre libre, vient voir Svâmiji pour connaître le moyen par lequel ces erreurs peuvent être écartées.

Il n'y a pas place ici pour aucun autre désir ou demande. Il faut par conséquent que vous soyez motivé pour reconnaître ce que Svâmiji donne, ce qu'il dit, la manière dont il vous indique de vous conduire. L'intérêt et l'inclination sont nécessaires sans aucun doute, sans préjugé, sans question ! Poursuivez votre tâche, continuez d'avancer et si vous avez le moindre doute, essayez de manière positive de l'écarter le moment venu. En d'autres termes, vous devez d'abord dire "oui" et ressentir, en premier lieu, dans votre cœur, une acceptation joyeuse...

Négativement : pour Svâmiji il n'y a personne qui ne soit pas sien.

Positivement : chacun appartient à Svâmiji, en chacun il y a Svâmiji. Aimer Svâmiji c'est aimer chacun. Ce n'est qu'en aimant chacun et en prenant possession de chacun qu'il est possible de venir à Svâmiji[1]. »

Un disciple français à la fin d'un séjour à l'ashram déclare :

« La dernière fois que j'ai quitté l'ashram, j'ai éprouvé un tel bonheur, un tel sentiment de satisfaction que je me suis dit : "Vraiment, que les gens sont stupides ! Ils ne peuvent comprendre, ils comprennent toujours tout de travers. Ils croient par exemple que vivre ce genre de vie qui est vécue à l'ashram est une sorte de punition ou quelque chose de difficile, qu'ils doivent se punir eux-mêmes. C'est tout le contraire, parce qu'en même temps, c'est si simple et si facile et si satisfaisant. Je n'ai jamais été si heureux. Cela peut sembler difficile vu de l'extérieur mais lorsqu'on en fait l'expérience on se dit : "Oh ! Je souhaiterais être comme cela chaque jour, toute ma vie, toujours."

– Oui, répond Svâmiji, alors que vous faut-il faire à l'ashram avec Svâmiji ? Apprendre à vivre comme Svâmiji vit. C'est tout. Etre comme Svâmiji, qu'est-ce que cela veut dire ? La dernière fois vous avez dit : "Pourquoi devrais-je être comme Svâmiji ? Je dois

1. Lettre non datée.

être moi-même". Très bien. Mais qu'est-ce que Svâmiji ? Svâmiji n'est rien d'autre que le fait de vivre complètement, parfaitement. C'est tout. Si vous vivez parfaitement maintenant comme vous êtes, vous êtes Svâmiji, vous êtes parfait, vous êtes Bouddha, vous êtes tout le monde (*anybody*). Rien de plus que cela. C'est cela seulement que vous devez faire. Vous dites "Svâmiji". Qu'est Svâmiji ? Svâmiji est-il cette chair et ces os ? Ainsi être Svâmiji, qu'est-ce que cela signifie ? Être à l'ashram, être avec Svâmiji, cela signifie apprendre à vivre, c'est tout [1]. »

Une autre fois, Svâmiji commente dans une lettre l'attitude des amis d'un disciple qui ont annulé à la dernière minute un séjour qu'ils s'étaient proposés d'effectuer à l'ashram : « Ils avaient prévu de faire un voyage d'agrément. S'ils avaient été authentiquement désireux de venir auprès de Svâmiji, comment ce désir aurait-il pu être empêché par quelque chose d'aussi peu important ? Une rivière descend le long de la montagne. Va-t-elle remonter en arrière si son cours est obstrué par un petit barrage ? Ils n'ont pu saisir l'importance de venir auprès de Svâmiji. Ce n'est pas comme un voyage de vacances à Kalighat ou à Dakshineshwar ou un spectacle de cinéma ou encore le *darśana* (se mettre en présence) de saints et de sages : venir auprès de Svâmiji ne peut être pour un tel *darśana* seulement. On ne vient pas ici pour faire un voyage d'agrément [2] ! »

Un séjour à l'ashram doit se préparer. Il ne suffit pas d'éprouver la nostalgie de la présence du maître ni le désir de recevoir une parcelle de son amour : « Rester auprès de Svâmiji ne doit pas être envisagé tant que vous n'êtes pas libre de vos explosions émotionnelles. Venir auprès de Svâmiji ou rester avec lui sans vous rendre libre de ces explosions émotionnelles n'a, en fait, aucun sens. Svâmiji n'a-t-il pas déjà passé un temps considérable avec vous à essayer de vous délivrer de votre agitation émotionnelle ? Agir davantage ainsi n'est pas justifié. Cela serait en fait approprié si vous veniez ici seulement après vous être rendu libre dans une large mesure à l'aide de ce que vous avez déjà obtenu. Cela serait plus approprié pour vous autres de venir auprès de Svâmiji, en cas de nécessité, seulement lorsque vous considérez Svâmiji comme Svâmiji et

1. E.27.12.65.
2. L.2.8.55.

non pour utiliser Svâmiji dans le drame mis en place par vos parents ! C'est pourquoi il est préférable que vous ne veniez pas ici pour le moment. Restez là où vous êtes en compagnie de votre époux et essayez d'avancer en vous aidant l'un l'autre[1]. »

Dans la même veine, il poursuivra : « Il y a une différence, n'est-ce pas, entre le fait de rendre visite à Svâmiji et de rester auprès de lui. Cette différence a été effacée par Svâmiji lui-même en raison de sa faiblesse (!) envers vous autres. Le moment n'est-il pas venu, en raison de sa santé physique, de prendre cette différence en considération ? Une visite à Svâmiji ne doit-elle pas être planifiée seulement lorsqu'on est libre jusqu'à un certain degré des entraves de son individualité ? Et même dans ce cas, seulement lorsqu'on séjourne à l'extérieur de l'ashram et qu'on visite Svâmiji seulement pour une heure ou deux ? Pour séjourner auprès de Svâmiji, cependant, les entraves de votre individualité doivent être défaites à un degré suffisamment important de sorte que la base de vos activités devient l'autre personne et non votre propre "plaisir". Comment Svâmiji a pris Minati sous sa protection pendant son séjour ici, comme une mère oiseau recouvre ses petits sous ses ailes !

... Il fit en sorte que son cœur tendre et sensible ne soit pas blessé de manière inconsidérée parfois cherchant à développer son intérêt pour le travail ménager mais toujours en la protégeant et en lui prodiguant de l'affection de façon à ce qu'elle développe de l'intérêt pour le travail qu'elle faisait. Si elle pouvait se souvenir de tout cela, sa tête et son cœur resteraient en liberté ! Ce n'est qu'à partir de là qu'elle pourra se sentir à l'aise avec elle-même et sera capable de faire quelque chose pour les autres. N'est-ce pas cela la condition requise pour pouvoir rester ici ? Le moment est venu pour tous deux d'être capables de vous tenir debout sur vos deux jambes[2]. »

« Svâmiji ne devient accessible que si vous vous associez à tous les autres, si vous prenez possession de tous les autres, si vous coopérez avec tous les autres[3]. »

Quand certains disciples occidentaux lui ont demandé l'auto-

1. L.7.6.60.
2. L.23.6.60.
3. L.29.12.61.

risation de faire venir des amis proches qui souffraient, Svâmiji leur a répondu : « Pour ce qui est de vos amis, s'ils sont prêts à se rendre libres des mailles de filet (*meshes*) illusoires et infinies des pensées et de l'ivresse (*revelry*) des intoxications émotionnelles et sont prêts à voir, à connaître, alors ils peuvent toujours trouver Svâmiji[1]. »

A un disciple français qui, trouvant Svâmiji trop éloigné, souhaitait pouvoir s'adresser à une autre personne en France qui pourrait servir de relais en quelque sorte entre Svâmiji et ce disciple, celui-ci répond : « Si vous trouvez un homme pratiquement normal, il est le bienvenu. Pour que Svâmiji puisse parler à quelqu'un... il doit y avoir quelqu'un à qui Svâmiji puisse parler. Et s'il y a anormalité, à qui Svâmiji peut-il parler ? Vous êtes recouvert de votre anormalité. C'est pourquoi Svâmiji a dit à ces gens : "Soyez libres de cette anormalité d'abord, et alors..." Aussi, il faut être libre de l'anormalité. Il faut être normal d'abord, ensuite parler d'autre chose. Pas avant[2]. »

Position qui s'est encore renforcée par la suite de manière plus précise lorsque sa santé s'est détériorée : « Il ne convient pas d'utiliser le temps et l'énergie de Svâmiji de manière compulsive. Ceux qui veulent être libres d'avoir une vie heureuse, d'être dans la vie de la vérité ou d'être dans la vie de la réalisation de soi ou de l'établissement en soi-même, ou plutôt ceux qui y prennent un intérêt permanent sont qualifiés pour utiliser le temps et l'énergie de Svâmiji et non pour un problème temporaire passager aussi urgent et pathétique soit-il[3]. »

1. L.21.6.65.
2. E.4.8.68.
3. L.27.3.69.

Chapitre XIV

Relations avec autrui

Si le séjour résidentiel à l'ashram avait pour but essentiel la destruction du mental (*manonâśa*) dans le sens où le disciple pouvait passer de l'anormalité à la normalité, le travail n'en était pas terminé pour autant et Svâmiji passait immédiatement à la phase suivante : la relation à autrui dans le but de permettre au disciple de parvenir à un sentiment d'unité avec tous.

1. *Du « je » au « nous ».*

Svâmiji insistait beaucoup sur cet aspect de son enseignement. On se purge de ses émotions pour pouvoir entrer en relation avec l'autre, pour passer de l'individu à la personne ou encore du « je » au « nous », ainsi que l'exprime le Gayatrî mantra : « Que notre intellect (*dhî*), notre faculté discriminatrice, augmente et progresse[1]. »

La même injonction se trouve également dans les *Upaniṣad*, disait Svâmiji : « Puissions-nous être protégés. Puissions-nous être réunis ensemble. Puissions-nous travailler ensemble avec vigueur. Puissent nos études être vigoureuses et efficaces. Puissions-nous ne pas nous haïr. O Paix ! Paix ! Paix ![2] »

« Vous voyez, commentait Svâmiji, partout il y a "nous" et non pas "je". Le "je" est une entité séparée, compartimentée... Pour

1. *Rg. Veda 3.62.1* : « Om bhûr bhuvaḥ svaḥ tat savitur vareṇyam / Bhargo devasya dhîmahi dhiyo yo naḥ pracodayât. » Voir commentaire dans *Svâmi Prajñânpad*, t. 3, p. 144 et 145.

2. *Katha Up.* Intr : « Om saha nâvavatu, saha nau bhunaktu / Saha vîryaṃ karavâvahai, tejasvi nâvadhîtam astu mâ vidvisâvahai / Om śântiḥ śântiḥ śântiḥ. »

atteindre l'unité, disait Svâmiji, il vous faut sortir de la coquille de l'individualité et devenir une personne. »

2. ***De l'individu à la personne.***

« Il y a une différence, disait Svâmiji, entre la personnalité et l'individualité. Il appartient à l'homme de grandir hors de l'individu pour devenir une personne ... de passer d'une existence étroite à une existence plus large. Cette existence large s'appelle la personnalité. Une personne est quelqu'un qui est en relation avec les autres. Qu'est-ce que l'individualité ? L'individualité est une entité séparée et sans relation, la personnalité n'est rien d'autre qu'une individualité en relation. Plus il y a de relations, plus la personnalité est développée. Et quand cette identification à cette unité est élargie de manière à tout englober, alors on atteint la supra-personnalité. Alors on a surmonté son individualité [1]. »

Pour montrer comment s'effectuait la croissance de l'individu à la personne, Svâmiji donnait de nombreuses illustrations :

« Un homme occupe un poste important dans l'administration. Il est receveur principal des impôts. Un jour, il dit :

– Les gens disent que vous devez regarder les autres, voir les autres comme vous-même, accomplir des actes méritoires, etc. Quelle en est la nécessité ?

– Que voulez-vous dire par là ?

– Vous voyez, si chacun peut s'occuper de sa propre famille pleinement et complètement, cela ne sera-t-il pas suffisant ?

– Que voulez-vous dire ?

– Vous voyez, j'ai un fils. Je sens que pour en faire un homme il doit être correctement éduqué. Ce fils est très intelligent. Je pense aussi que les enfants du voisinage sont très méchants, très mauvais et qu'il ne faut pas s'associer avec eux. Si je permets à mon fils d'entrer en association avec eux, il sera gâté.

Aussi si je peux prendre toutes les dispositions... j'ai les moyens. Pour son éducation je lui donne un précepteur adéquat et tout ce qui est nécessaire... Je lui donne un tuteur pour le garder, un tuteur à temps complet, etc. Je prends toutes les dispositions, est-ce que je ne fais pas mon devoir ? Est-ce que je n'accomplis pas mon *dharma* ?

1. E.29.12.64.

– Non. Pas du tout.

– Pourquoi ?

– Vous lui donnez toutes les facilités, aucun doute là-dessus. Il étudie, etc. Mais avec qui va-t-il jouer ? Avec qui pourra-t-il s'associer ? Avec qui pourra-t-il se sentir un ? Vous lui donnez l'éducation intellectuelle, l'éducation mécanique. Le cœur émotionnel reste affamé et assoiffé toujours. N'aura-t-il pas l'esprit étroit ?

– Oui, oui, oui. Alors ? Que faire ?

– Que faire ? Vous venez de dire "Voilà comment est mon fils et cet enfant désire rencontrer d'autres enfants également et si je ne permets pas à mon fils de fréquenter d'autres enfants, la croissance de mon enfant sera empêchée (*stunt*). D'autres enfants doivent également être présents. Il vous faudra arranger les choses de manière à les rendre bons. Alors ce que vous faites, pourquoi le faites-vous, pour votre enfant ? Oui, vous pouvez employer des précepteurs, etc., faites tout cela et permettez aux autres enfants également de partager et laissez votre enfant partager avec eux toutes ces choses. Alors c'est une éducation complète. C'est la première chose. Et la seconde c'est voir la différence.

– Oh oui ! Alors pour me sauver moi-même, je dois sauver les autres d'abord ?

– Oui, l'une était la voie de l'individualité, celle-là est la voie de la personnalité, de la croissance... Voici la tragédie et le mystère de la vie ! Vous ne pouvez vous enfermer. Elargissez encore et encore, rejetez tous les murs [1]... »

Autre exemple : « En Occident vous divorcez. Qui divorce ? Vous êtes marié et vous avez trois enfants... Vous prenez une autre femme et elle un autre homme. Qui agit ainsi ? Ce n'est pas le père. C'est l'individu. Voilà la différence entre l'individu et la personne. L'individu ne tient compte que de son avantage, de son propre plaisir ; cela seul compte pour lui. »

« Apportez un certificat de bonne conduite de votre femme (ou de votre mari) », avait-il coutume de dire à celui des deux conjoints qui croyait avoir accompli des progrès importants.

A un autre disciple, il présente les choses un peu différemment :

« Minati est ma femme, un point c'est tout. Elle n'est qu'un objet que je possède. Elle n'a pas d'entité séparée... Je peux faire

1. E.29.12.64.

avec elle ce que je veux... En d'autres mots, elle est à moi. Ah !... Voyez. Et quelle est la nature de la relation qui est comprise dans l'expression : "Je suis son mari" ? Il n'y a pas de "je" du tout. "Son" mari... "son" mari... "elle"... "elle"... "elle". L'expression "son mari" implique la responsabilité du mari vis-à-vis d'"elle", de s'occuper de "ses" intérêts, de s'occuper d'"elle". Ah ! Voilà une relation. Et quelle est la nature de l'autre relation ? Il n'y a en fait même pas un semblant de relation dans l'autre cas. Il y a seulement des aliénations. Dans toutes les autres relations, il n'y a rien d'autre que le désir d'entraîner l'autre vers soi, de l'absorber en soi-même, en fait d'empiéter sur son espace. Il n'y a rien d'autre. En fait, c'est la négation de toute relation. L'existence de l'autre n'est pas acceptée. L'autre est simplement utilisé comme un instrument. L'existence même de l'autre est niée.

Mais le fait est qu'on ne peut jamais rien attendre d'un autre. Pourquoi ? Parce que l'autre est différent. Je ne peux rien attendre. L'attente est impossible. Aussi longtemps que vous n'aurez pas réalisé cela, vous ne pourrez pas avancer, vous ne pourrez pas devenir libre...

Mais d'un autre côté, je ne peux rien faire sans l'autre. Je ne peux pas vivre sans quelqu'un d'autre : "Seul on n'est pas heureux" (*ekâkî na ramate*)[1]. J'ai aussi besoin de quelqu'un d'autre. Qui a donc besoin de quelqu'un d'autre ? Moi, bien sûr. C'est moi qui ai besoin de quelqu'un d'autre. Alors ? Alors je dois comprendre l'autre. Et dès que je découvre quelle est ma relation avec l'autre, le sens du "mien" disparaît. L'approche individuelle et étroite commence à disparaître[2]. »

« Qu'est-ce que je veux de lui ? Je veux qu'il m'aime. Mais pourquoi devrait-il m'aimer ? Cela l'intéresse-t-il ? Peut-être lui-même veut-il que je l'aime. Lui aussi est un individu. Il a aussi ses propres attentes... Comment puis-je alors m'attendre à ce qu'il me donne quelque chose ? C'est tout simplement impossible. Moi, bien sûr, je veux qu'il me donne ce que je désire, mais peut-être, lui aussi, attend-il quelque chose de moi ? Qui alors doit donner à qui ? Je sais, par expérience, que quand j'obtiens de quelqu'un ce que je veux, je suis très satisfait... Ce principe doit pouvoir s'appliquer dans son cas. Il doit ressentir aussi la même chose quand il obtient ce qu'il veut. Quel sera le résultat si je lui donne ce qu'il veut ?

1. *Bṛhadâraṇyaka Up.*, 1.4.3.
2. Sumangal Prakash, *L'Expérience de l'Unité*, ch. 5.

Quand il découvrira qu'il a obtenu de moi ce qu'il voulait, il sera favorablement disposé à mon égard. Si je continue à lui donner de plus en plus, il sera de plus en plus favorablement disposé vis-à-vis de moi.

Alors si je veux obtenir, il faut d'abord que je gagne ce droit en donnant moi-même.

Voyez, c'est la loi : donner et ensuite recevoir. Ne rien attendre sans avoir donné[1]. »

3. ***Conflits entre personnes.***

Chaque fois qu'apparaissait un conflit, une incompréhension ou des sentiments antagonistes entre les résidents de l'ashram, ceux-ci avaient pris l'habitude de rapporter individuellement à Svâmiji ce qui était arrivé. Alors Svâmiji, selon le stade de développement des parties en présence, tantôt arbitrait de façon à permettre à chacun de découvrir son erreur de jugement, tantôt, du moins si l'un des plaignants était déjà suffisamment avancé, leur demandait de régler directement le conflit entre eux : « Comment pouvez-vous résoudre de tels conflits dans la vie ordinaire si même à l'ashram vous dépendez de Svâmiji pour cela ? »

D'une manière générale, que ce soit des disciples, des amis, un mari, une femme, des parents ou des enfants, Svâmiji donnait toujours tort à chacun des protagonistes en lui montrant les éléments de la situation qui lui avaient échappé. Il écoutait patiemment ce que l'autre racontait en le prenant au mot et peu à peu élargissait son point de vue de manière à ce qu'aucun ressentiment ne subsiste dans son cœur[2].

Quand un père se plaignait de son fils, en lui reprochant soit de lui manquer de respect, soit son ingratitude, soit son indifférence vis-à-vis de parents âgés, etc., Svâmiji lui répondait qu'il avait donné naissance à l'enfant non pas pour le bien de l'enfant mais pour satisfaire ses propres désirs, que l'enfant ne lui avait pas demandé de venir au monde, que les difficultés rencontrées par les parents venaient de leur attachement aveugle, qu'ils étaient aussi aveugles que des animaux, que ceux-ci laissaient d'ailleurs leur progéniture complètement libre alors que l'homme cherche toujours à tirer un profit de tout ce qu'il fait.

1. Sumangal Prakash, *L'Expérience de l'Unité*, p. 341.
2. Voir l'entretien avec Khetu, ch. 12, p. 241.

Quand un fils éprouvait du ressentiment contre ses parents, il adoptait le point de vue opposé en faisant valoir que les parents n'avaient pas le choix, qu'ils étaient totalement impuissants dans la situation présente, qu'ils étaient aveugles et ne voyaient qu'un élément de la situation.

Ces conflits étaient, la plupart du temps, toujours ramenés à une compréhension imparfaite de la différence :

« Chacun veut toujours généraliser. Personne ne veut voir la différence de relation et le comportement différent que cela implique. Par exemple, il y avait une femme. Son mari lui expliquait qu'étant en contact avec des industriels, son travail l'obligeait à fréquenter des clubs pour entretenir ses relations. Sa femme n'avait aucune raison de s'y opposer.

– Mais il faut boire dans ces endroits-là, dit le mari.

– Comment ?... Ah ! Non. C'est intolérable... Jamais. Je sacrifierai même ma vie pour l'empêcher d'aller dans des clubs... Mon mari ne doit pas boire...

Où est la fausseté ici ? Le mari argumente qu'étant dans cette société, il doit agir comme les autres, que cela ne lui est pas possible de l'éviter... Mais la femme s'en tient à son point de vue et n'est pas prête à le tolérer...

Comme c'est absurde. Elle oublie que, dans cette situation, il a cessé d'être son mari. La fausseté vient du fait qu'elle croit que, même quand il est dans un club, il continue à être son mari. Elle oublie que, quand il est là, il est un membre de cette société... de ce club. Il n'est pas son mari pendant qu'il est dans le club. Il est son mari seulement quand il est à la maison.

– Il n'est pas mon mari là-bas ?

– Non. Comment pourrait-il être votre mari quand il est là-bas ?... Est-ce que vous iriez au lit avec lui, là-bas... dans cet endroit même ?... Répondez-moi.

– Bien sûr que non.

– Alors ?... Il est différent quand il est là-bas. Il est différent à ce moment-là. Il est différent... il est dans une capacité différente. Son action se passe à un autre niveau. Il n'y a aucune raison que vous en soyez perturbée. Vous ne pouvez avoir un problème avec lui que si, pour cette raison-là, une difficulté surgit dans votre relation avec lui. Alors, vous pourriez vous plaindre qu'il a agi contre vos intérêts. Mais a-t-il fait une pareille chose ?

– Non, il n'a pas agi du tout de cette façon-là, bien entendu.

– Alors ? Laissez-le faire. Il est lui-même. Pendant qu'il est là, il est quelqu'un d'autre. Il n'est pas votre mari pendant qu'il est là-bas[1]. »

4. ***La clé de relations harmonieuses.***

Svâmiji donnait à titre d'exemple de comportement juste celui de Gandhi face au roi d'Angleterre.

« Quand Gandhi se rendit à Londres pour participer à une table ronde concernant les discussions relatives à l'indépendance de l'Inde, une réception fut organisée par le roi pour recevoir les participants. Le roi s'adressa à lui en lui posant une question directe :

– Ah ! Monsieur Gandhi, vous me rendez perplexe...

– Oui, Votre Majesté.

– Voyez-vous, pendant la guerre des Boers... (Quand Gandhi était en Afrique du Sud et qu'il luttait contre les Sud-Africains, il avait levé un corps de volontaires pour les Britanniques et les avait aidés de toutes sortes de manières.) Pendant la guerre des Boers, vous étiez pour l'Empire britannique, n'est-ce pas ?

– Oui, Votre Majesté.

– Et maintenant vous êtes désireux de détruire l'Empire britannique. Qu'est-il arrivé entre-temps ?

S'il répond directement, il va à l'encontre du plaisir du roi. Aussi dit-il :

– M'est-il permis de discuter avec Votre Majesté ?

Terminé. Qu'est-ce que cela veut dire ? "Je ne peux me permettre de discuter avec vous. Si nous discutons maintenant, je devrai m'opposer. Et dans une discussion, on oppose des arguments. Aussi "Puis-je discuter avec Votre Majesté" signifie : "Je ne veux pas m'opposer à vous. Je ne veux pas entrer maintenant dans une discussion. C'est une tâche désagréable, un sujet déplaisant..." Et le roi fut ravi. "Il prend une position inférieure. Il ne se sent pas à la hauteur pour discuter avec moi, etc." C'est pourquoi il fut ravi et n'eut rien contre le Mahâtma Gandhi[2]. »

1. Sumangal Prakash, *L'Expérience de l'Unité*, p. 481.
2. E.30.7.66.

5. ***Comment résoudre des conflits cornéliens ?***

« Ma femme Minati, raconte Sumangal Prakash, avait un grand besoin personnel d'être avec Svâmiji, alors que nous étions à Patna en 1952. Après avoir obtenu l'accord de Svâmiji pour séjourner à Channa, elle communiqua à Svâmiji le jour et l'heure de son départ de Patna et de son arrivée à Channa.

Son voyage dut cependant être retardé d'une journée car la fille d'un ami très cher, que j'aimais comme ma propre fille depuis qu'elle était âgée d'un an, était venue inopinément habiter chez nous après son mariage. Elle s'était mariée quelques mois auparavant et ma femme et moi n'avions pu, à notre grand regret, assister à son mariage pour des raisons tout à fait indépendantes de notre volonté. Bien entendu, je fus comblé de joie de la voir arriver avec son mari et je m'attendais à ce que Minati retarde son voyage à l'ashram d'au moins une semaine. Mais le besoin de Minati d'être avec Svâmiji se révéla trop fort et ce n'est que sur mon insistance, qu'avec réticence, elle accepta de le reporter d'une seule journée. On télégraphia à Svâmiji le changement de programme et la fille de mon ami ainsi que son époux acceptèrent de rester chez nous quelques jours après le départ de Minati.

Quelques semaines plus tard, je me rendis moi-même à l'ashram. Alors que je m'apprêtais à exprimer mes doléances à Svâmiji contre Minati pour son absence complète de considération envers mes sentiments lorsqu'elle avait refusé de retarder sa visite à l'ashram ne fût-ce que d'une semaine, ce fut moi, au contraire, qui fus pris à partie par Svâmiji. "Comment avais-je osé vouloir retenir Minati ne fût-ce qu'un seul jour ? Savez-vous, me dit-il d'un ton plutôt sévère, que même après avoir obtenu d'elle tous les détails de ce qui s'était passé, je lui ai demandé pourquoi elle vous avait cédé et consenti à retarder son départ d'une seule journée ?"

Sans me laisser le temps de reprendre mes esprits, Svâmiji poursuivit : "Toutes les dispositions que Svâmiji a dû prendre, les tracas et les soucis que cela lui a causés pour envoyer le char à bœufs à la gare le premier jour, puis de nouveau le lendemain, ce n'est pas à Svâmiji de vous en faire le récit lui-même. C'est à vous qu'il appartient de le considérer. Mais le plus important, c'est que vous compreniez et gardiez dorénavant à l'esprit qu'il ne peut y avoir de place pour une tierce personne pour intervenir entre Svâmiji et la personne dont il s'occupe. Si tel avait été votre désir, vous auriez pu, bien entendu, empêcher Minati parce que vous êtes son époux de venir voir Svâmiji au début. Mais l'ayant amenée à Svâmiji une fois, cela ne vous regarde pas de juger quand et pour quelle durée elle doit venir séjourner à l'ashram."

Je fus bouleversé par ce retournement de situation. Et Svâmiji continua d'un ton plus doux : "Seul un besoin profondément senti amène des gens comme vous vers Svâmiji et Svâmiji est prêt également à prendre sur lui tout le fardeau que vous autres mettez sur lui. Comment une tierce personne pourrait-elle se placer entre les deux ? Comment une tierce personne peut-elle comprendre et sentir le degré et la profondeur du besoin d'un autre, à un moment particulier, de venir auprès de Svâmiji [1] ?" »

Sumangal Prakash poursuit :

« La mère de Minati mourut en 1960 quand nous étions à Delhi. Elle vivait avec son fils unique et j'étais alors en mauvaise santé. Minati se sentit partagée entre l'affection qu'elle éprouvait pour son frère et pour moi. Dès qu'il fut mis au courant de la situation, Svâmiji écrivit : "Dans cette circonstance, de nouveau il est possible que vous soyez tiraillée dans deux directions opposées. Il est nécessaire que vous regardiez profondément et précisément en vous-même et que vous vous libériez de cet état d'oscillation de façon à décider de quel côté pencher et quel est le meilleur pour vous. Celle qui a disparu n'est plus là et il n'y a rien que vous puissiez faire pour elle ; ce qui doit être fait à ce sujet peut être envisagé comme nécessaire soit d'un point de vue social soit pour apaiser un éventuel sentiment de culpabilité en vous. Alors seul ce qui est là maintenant est réellement là maintenant. D'un côté, il y a Sumangal qui est malade et de l'autre il y a Khoka (le jeune frère). De qui dépendez-vous pour faire pour Khoka ce que vous souhaitez faire ? De Sumangal bien entendu. Aussi rien ne justifie que vous le quittiez pour aller à Calcutta. Vous rappelez-vous ? On n'est pas libre d'exercer sa liberté simplement sous le prétexte qu'on en dispose : ce serait une insulte à soi-même ; se laisser emporter loin de soi-même ne serait que licence... cela reviendrait seulement à jouir au détriment des autres.

L'essentiel est : que feriez-vous, même si Sumangal vous donnait la liberté et vous permettait de le quitter ? Peut-il être question d'aller ailleurs et de le laisser sans soin [2] ? »

Svâmiji emploie le mot « de nouveau » au début de la lettre, commente Sumangal, en se référant à une situation précédente dans

1. Récit de Sumangal Prakash.
2. L.10.3.60.

laquelle Minati, qui recevait Mâ chez elle, était partie pour assister au mariage de sa nièce laissant Sumangal s'occuper seul de Mâ. Svâmiji avait alors écrit :

« Tiraillée des deux côtés : assister au mariage de la fille de votre sœur : vous êtes une sœur et une tante. Première attirance.

L'autre attirance : votre mari est en mauvaise santé ; dans votre maison, remise à vos soins, une personne impuissante (Anasûya). Vous êtes une épouse, *sahadharminî* (co-associée dans le *dharma*) ainsi que la maîtresse de maison en compagnie de quelqu'un à qui vous avez donné abri ; et derrière tout ceci, Svâmiji dont vous dites que vous êtes la *sevikâ* (servante dévouée).

Ayant abandonné la seconde, vous avez opté pour la première : cela signifie que vous avez tué votre seconde identité. En faveur de qui ? En faveur de la première. Il vous faut voir : dans quelle mesure la première est vraie et réelle pour vous, dans quelle mesure vous l'avez trouvée réelle et quels ont été les sentiments et l'attitude de ceux pour qui vous avez fait tout cela : ont-ils réalisé la valeur de tout ce que vous avez fait, ont-ils apprécié sa signification complète ? Vous avez agi comme une sœur : mais qu'êtes-vous maintenant principalement ? Une sœur ou bien une épouse (*sahadharminî*) ? Laquelle est votre véritable identité à présent ? Vous avez choisi d'être une sœur, vous vous êtes permis de tuer l'épouse (*sahadharminî*)... Qu'avez-vous gagné de si important pour que votre seconde identité perde toute signification ? Cela veut dire que vous sentez dans votre cœur que ce que vous avez obtenu là avait une plus grande signification que ce que vous avez obtenu en adoptant votre seconde identité. Ce qui de nouveau signifie qu'en comparaison vous n'avez pratiquement rien reçu de votre mari ni de Svâmiji ; votre cœur dit : "Pourquoi en faire autant pour mon mari et pour Svâmiji ? Tu n'as rien reçu."

Je n'ai pu garder la promesse que je vous ai faite, écrivez-vous. Pourquoi auriez-vous dû la garder ? Pourquoi auriez-vous dû porter le fardeau de quelqu'un d'autre sur vos épaules, cela était insignifiant à vos yeux, sinon comment autrement auriez-vous pu vous en débarrasser ? Mais vous avez forcé également ce vieil homme (Svâmiji) à qui vous aviez pris ce fardeau, à se précipiter là en toute hâte. Vous n'avez même pas pu attendre deux jours pour lui rendre le fardeau. (Svâmiji n'a reçu de vous cette lettre ou indication ou ordre que vous pourriez vous rendre là-bas le 28 seulement, comme si le vieil homme pouvait arriver le même jour à Delhi. Il a dû déployer des efforts considérables et faire toutes sortes de démarches pour obtenir des réservations de train et se précipiter à Delhi dans les temps voulus pour que vous n'ayez aucun inconfort.)

« Vous étiez si impatiente que même ce court délai vous a été désagréable et que, sans même attendre son arrivée, vous étiez déjà partie après avoir remis la charge de quelqu'un d'aussi impuissant qu'Anasûya à une tierce personne chez qui elle ne désirait pas aller. Et alors, après que ce vieil homme est arrivé là, vous n'avez même pas pris soin de venir le voir le jour suivant. Pourquoi, en fait, seriez-vous venue ? Vous n'avez rien reçu de ce vieil homme ; il n'a fait que prendre. Il n'a fait que placer ce fardeau sur vos épaules. Quel lourd fardeau en vérité ! Combien de temps pouviez-vous le porter ? Vous n'avez rien reçu de votre mari ni de Svâmiji ; vous avez reçu de votre sœur et c'est pourquoi vous y êtes allée. Vous avez séjourné là-bas et tout fait pour elle. Pourquoi devriez-vous vous sentir déprimée alors ? Pourquoi ce sens de la "défaite", pourquoi ce "stigmate" ? N'êtes-vous simplement une sœur et non une épouse : *sahadharminî* ou *sevikâ* [1] ? »

Cette lettre est très explicite concernant les critères à retenir lorsqu'il y a conflits d'intérêts, questions qui ont été le plus fréquemment posées à Svâmiji. Celui-ci suggérait d'essayer de voir d'abord l'enjeu : quelle est la priorité ? Est-ce le mari ou la sœur ? Est-ce l'épouse ou la mère ? Est-ce le fils ou le mari ? Pour pouvoir répondre à ces questions, il s'agit de déterminer de quel côté se trouve son intérêt personnel au sens le plus large et pour cela voir ce que l'on donne et ce que l'on reçoit.

Les histoires qui suivent illustrent différentes situations conflictuelles et les solutions qui y ont été apportées :

« Il y a un très bel exemple, raconte Svâmiji, dans l'histoire, Rajput... au Rajasthan. Un jour le roi était assis et un brahmane vint en courant... les larmes aux yeux et dit :

– Mahârâja, j'ai une plainte à déposer...

– De quoi s'agit-il ?

– Quelqu'un est entré dans ma maison la nuit et a essayé de violer ma femme.

– En est-il ainsi ? Violer la femme d'un brahmane est un crime abominable. Cet homme doit être puni.

– Comment ?

1. L.30.5.60.

– Il doit être mis à mort.

Le garde vint en courant et dit :

– C'est une décision désastreuse. Nous l'avons attrapé. Et c'est le prince, votre propre fils.

– En est-il bien ainsi ?

– Oui.

– Très bien, je maintiens ma décision.

Bien qu'il éprouve des sentiments envers son fils, mais en tant que roi : "Non, je ne peux rien. Il a agi ainsi et il doit en subir les conséquences. Si le brahmane lui pardonne, alors le cas peut être revu. Sinon c'est en dehors de ma compétence." Et le garde se précipite en courant et dit :

– Voilà ce qu'il en est.

Le brahmane dit :

– En est-il ainsi ? Est-ce le prince ? Alors je dois aller voir le roi.

Il courut.

– Sire, pardonnez-lui cette fois-ci.

– Est-ce que vous lui pardonnez ?

– Oui.

– Alors très bien...

Vous voyez le père en lui sentait pour son fils mais le roi... aux yeux de la loi, tous sont égaux... En tant qu'être humain vous pouvez éprouver des sentiments, mais en tant qu'employeur, en tant que chef d'entreprise, c'est autre chose [1]. »

« Qu'est-ce que l'expérience ? Rien d'autre que la familiarité ou la connaissance d'expressions de plus en plus larges. Il y a un très bel exemple dans le *Mahâbhârata*. Arjuna et Krishna sont de très grands amis. Et Arjuna appartenait à la caste des guerriers (*kṣatriya*). Il y a une tradition ici, le guerrier a certaines caractéristiques. L'une d'elles est qu'il doit avoir de la force d'âme. Une autre caractéristique est qu'il doit garder sa parole et accomplir ses vœux.

L'arc d'Arjuna, comme vous le savez, était nommé Gândiva. Arjuna était un héros à cause de cet arc. Aussi avait-il fait le vœu suivant : "Celui qui dira du mal, qui rabaissera mon arc, je le tuerai, je lui prendrai la vie."

Un jour, Yudhiṣṭhira partit en guerre contre Karṇa et il fut vaincu. Yudhiṣṭhira était l'aîné des cinq frères. Il dit : "Alors Bhîma (deuxième frère), ton gourdin (*Gaḍa*), qu'a-t-il fait ? Il n'a pu m'aider !

1. E.16.2.72.

Et Arjuna, ton Gândiva, qu'a-t-il accompli ? Il n'a pu m'aider."

Son arc étant insulté, Arjuna saisit l'arc en présence de Krishna et dit :

– Je vais le tuer.

– Ami, que fais-tu ?

– Tu connais le vœu que j'ai fait ?

– Oui, je le connais.

– Gândiva a été insulté par mon frère, aussi vais-je lui prendre la vie.

– Oui, tu vas prendre sa vie...

– Oui, je vais...

– Non, non...

– Que veux-tu dire ?

– Tu dis : "Celui qui insultera ou rabaissera mon arc, je lui prendrai la vie. Et maintenant que mon frère a fait cela, je lui prends la vie", mais tu n'as jamais servi, tu n'as jamais vécu en compagnie de gens âgés, de gens expérimentés (*na vṛddhâḥsevitâ tvayâ*), aussi tu ne sais pas ce qu'est le *dharma*.

– Mais qu'est-ce que le *dharma* dans le cas présent ? N'est-ce pas mon *dharma* que celui qui insulte mon arc soit tué ?

– Oui, c'est ton *dharma*.

– Alors, c'est ce que je vais faire.

– Non, ce n'est pas ton *dharma*.

– Alors quoi ?

– Il suffit que tu prononces des mots qui insultent Yudhiṣṭhira, alors ton vœu sera accompli.

C'est tout ce qu'il dit et il n'en expliqua pas davantage. Arjuna dit : "Frère, tu ne comprends rien. Voilà ce que tu as fait, tu as critiqué mon arc, mon Gândiva." Il n'en dit pas davantage. Et Krishna dit : "Très bien, ton vœu est ainsi respecté."

Qu'est-ce que cela veut dire ? Un jeu de mots ? Une jonglerie avec des mots ? Krishna a-t-il trompé Arjuna ? L'a-t-il induit en erreurs ou quoi ?

Ce qu'il dit a rabaissé son frère. Le sens est le suivant : un frère aîné a droit à une place de respect... Quand le plus jeune le prend ainsi et lui obéit, le frère aîné est placé dans une position supérieure par le plus jeune. Si le cadet ne le respecte plus, il n'est plus l'aîné. L'aîné doit se conduire de telle façon qu'il suscite le respect. Il ne peut rien faire qui l'écarte de sa position de supériorité ou de seniorité. Un supérieur n'est supérieur que si l'inférieur l'accepte.

Aujourd'hui si la question était posée à Svâmiji, il dirait :

– Oui, Arjuna. Tu agis ainsi. Mais si un enfant marche sur ton arc, que feras-tu ?

– Oh ! Je sourirais.

– Pourquoi ?

– Il a marché sur mon arc... Ah ! Ah ! C'est un enfant, qu'y connaît-il ?

– Ainsi quiconque parle ainsi ne doit pas être tué de cette façon. Supposons qu'un homme mentalement dérangé dise : « Oh ! Je peux prendre l'arc d'Arjuna et faire n'importe quoi avec... » le tueras-tu ?

– Non.

– Pourquoi ?

– Parce qu'il est hors de lui.

– Ainsi tu vois, il y a une différence. Tu dois voir à qui tu as affaire. Voilà l'élargissement...

Arjuna n'avait pas une connaissance élargie. Aussi a-t-il pris son vœu de manière littérale et particulière. Et Krishna lui a dit : "Tu n'as jamais vécu en compagnie de gens âgés et expérimentés c'est pourquoi tu parles ainsi[1]." »

« Mon père, raconte Srinivasan, élevait des vaches dans notre maison. Il gardait toujours suffisamment de lait pour nourrir les veaux pour qu'ils deviennent forts et robustes. Quand le moment était venu de s'en défaire, il ne les vendait pas à un boucher mais préférait toujours les céder à un fermier, bien que cela lui rapportât moins. Une fois, il vendit un veau à un fermier à condition que ce dernier ne le revende pas à un boucher, mais l'utilise pour travailler aux champs. Le marché fut conclu selon ces termes. Mais quelques jours après, le fermier ne respecta pas sa promesse et revendit le veau à un boucher pour une somme rondelette. Mon père se mit en colère et voulut aller dire son fait au fermier qui n'avait pas tenu sa promesse. Je calmai mon père et lui proposai de demander l'avis de Svâmiji. Le problème lui fut exposé et voici ce qu'il répondit :

– Une fois que votre père a vendu le veau sous cette condition, il a fait son devoir. C'est au fermier de tenir ou non sa promesse. Au moment de l'achat, il a pu sincèrement s'engager à tenir cette promesse. Mais les circonstances ont pu changer et il n'était plus capable de tenir sa promesse. Il pouvait avoir besoin de

1. E. non daté.

vendre le veau le plus cher possible. Apparemment, il n'a plus considéré sa promesse de la même manière qu'au moment de l'achat. De toute manière, c'était son affaire de tenir ou non la promesse. Votre père n'a pas précisé qu'il devait rendre le veau s'il n'était pas capable de remplir cette condition. Donc, il doit considérer ce veau comme n'importe quel autre veau. Il n'a aucune raison de se quereller avec le fermier[1]. »

6. ***Moralité.***

Pour Svâmiji, la moralité telle qu'elle est entendue généralement est relative et dépendante. « Il n'y a rien d'immoral en soi, dit Svâmiji. La moralité ne vient qu'avec la relation. Tant que vous n'êtes pas en relation, vous êtes au-delà de la moralité... La moralité est donc un code de comportement et la question de la moralité ou de l'immoralité n'apparaît que lorsque vous agissez. Elle ne s'applique donc pas à ce qui se passe en vous[2]. » Par ailleurs la moralité « est un jugement de valeur : or les jugements de valeur n'ont pas d'existence car ils viennent de l'extérieur[3] ». Que serait alors la vraie moralité ? Ce serait une moralité relative, différente pour chaque stade particulier.

« Qu'est-ce qui est immoral ? Quand vous transgressez, pour ainsi dire, les lois de la Nature ou de la Vérité. » Dans ce cas Svâmiji opposait la moralité, toujours immorale, à la morale authentique. Celle-ci se caractérise par une absence de contrainte, d'obligation et de dépendance. Elle permet l'équilibre, l'harmonie dans le comportement extérieur. Elle permet d'atteindre le but qu'on se propose. D'où ses prises de position souvent paradoxales et qui prennent le contrepied des valeurs communément admises.

Sexualité :

Le péché n'est qu'un concept purement social... particulièrement la transgression des tabous sexuels. Pour Svâmiji la sexualité est naturelle et légitime :

« Le jugement de valeur n'a pas d'existence. Il est seulement social. Et, donc dépendant... Bien sûr, votre comportement social

1. Srinivasan, *Entretiens*, Ed. L'Originel.
2. E.12.1.63.
3. Sumangal Prakash, *L'Expérience de l'Unité*, ch. 1.

doit s'y conformer. Mais dans votre cœur ? Il ne doit y avoir aucun jugement de valeur sociale dans votre cœur. Aucun. Car un fait est un fait. Et c'est ce qu'il vous faut d'abord assimiler complètement. Mieux vous le comprendrez, plus son application sera facile au cas particulier. Par exemple, l'inceste apparaît comme étant très horrible et choquant. Pourquoi cela apparaît-il comme si horrible ? Pourquoi ? Est-ce horrible comme un fait ? Ou comme une coutume... une convention ?

Quelle que soit la société dont vous faites partie, il est correct d'agir selon les normes de cette société. Agir différemment est incorrect parce que cela s'oppose à la stabilité sociale. Mais que ressentez-vous dans votre cœur ? Non pas que seules les conventions sociales sont justes, mais que ce qui en diffère est juste car cela correspond à la vérité, n'est-ce pas ? Toute moralité est conditionnée par le temps, le lieu et les circonstances[1]. »

Dire la vérité :

Gandhi a fait un absolu de la vérité au point que s'en écarter devenait un péché. Le parti du Congrès a dû accepter de tenir la vérité et la non-violence comme une croyance inviolable dans les années 20. Puis le débat s'est porté sur la fin et les moyens.

A l'époque, la grande question était de savoir s'il fallait mentir au boucher lorsque celui-ci demandait où était passée la vache qui s'était échappée. Se taire c'était mentir, parler c'était conduire la vache à l'abattoir. Svâmiji répondait qu'il fallait mentir si on considérait comme indispensable de protéger la vache. Dire ou non la vérité dépendait donc de la personne et des circonstances.

« Une personne était venue voir Svâmiji pour un meurtre commis par son jeune frère. Le frère aîné avait été témoin de la scène et était appelé comme témoin à charge. S'il disait la vérité, son frère serait exécuté, mais d'un autre côté comment pouvait-il dire un mensonge après avoir prêté serment au nom de Dieu ?

– Le serment au nom de Dieu est-il plus précieux pour vous que la vie de votre frère ? Qu'est-ce qui vous donnera plus la paix de l'esprit ? Etre la cause de la condamnation de votre frère ou de son acquittement ?

1. Sumangal Prakash, *L'Expérience de l'Unité*, p. 476.

Le frère aîné trouvait difficile de prendre une décision.

– Si en laissant pendre votre frère vous trouvez possible de garder l'esprit en paix, si après vous ne vous sentez pas tout le temps coupable, si vous n'avez pas le moindre doute sur la justesse de votre ligne de conduite pour ce que vous considérez comme la vérité, la question ne se pose pas.

Si cependant vous sentez que votre frère est plus précieux pour vous, que vous ne trouverez aucune paix sans le sauver, alors ?

– Dans ce cas, est-ce mon *dharma* de le sauver même par un faux témoignage ? demande le frère aîné étonné.

– Aussi longtemps que les liens fraternels sont plus forts pour vous, cela seul est votre vérité... aussi longtemps que votre frère vous est plus proche et plus cher que le reste de l'humanité, c'est votre *dharma* de sauver votre frère. C'est votre vérité pour le moment présent. Vous devez l'accepter car vous êtes lié à la vérité sous la forme de votre frère [1]. »

« Un jour un jeune homme de Dacca vint voir Svâmiji à Bénarès. Il dit :

– Svâmiji, je me suis enfui de Dacca parce que j'ai été convoqué devant le tribunal et il m'a été demandé de faire un faux témoignage. Je n'ai pas voulu. C'est pourquoi je suis venu voir Svâmiji.

– Que s'est-il passé ?

Le jeune homme expliqua. A Dacca vivaient des musulmans et des hindous. Les hindous chantaient des *kirtaṇa* (chants dévotionnels) en procession et de temps en temps passaient dans une rue devant une mosquée. Ils le faisaient depuis un temps immémorial. Alors les autorités de la mosquée portèrent plainte. Un magistrat fit faire une enquête et permit à la procession de continuer à suivre le même chemin. Alors trois musulmans les attaquèrent avec des *lathis* (bâtons courts) et celui qui conduisait la procession fut frappé à la tête, tomba par terre et mourut. Le cas fut porté devant le tribunal et le jeune homme fut convoqué comme témoin. Le chef de la communauté hindoue vint le voir et lui demanda de témoigner devant le tribunal qu'il y avait quatre hommes parce qu'il voulait impliquer un quatrième homme qui était l'instigateur de l'attaque. Ce quatrième homme venait de sortir de prison mais le jeune homme était réticent à dire qu'il y avait quatre hommes car il n'en avait vu que trois.

1. Récit de Sumangal Prakash.

– Très bien. Vous dites que ces jeunes musulmans qui ont attaqué étaient connus de vous, qu'ils étaient vos amis et que s'ils n'avaient pas été incités par le quatrième homme ils n'auraient pas tué votre leader, n'est-ce pas ?

– Mais le quatrième homme n'était pas là.

– Très bien. Vous dites que ces trois jeunes gens étaient vos amis. Pourtant ils vous ont attaqué. Pourquoi ? Parce que vous êtes hindou et qu'ils sont musulmans. Vous considérez-vous comme un hindou ?

– Oui.

– Alors vous vous identifiez aux hindous et vous devez faire ce que le chef de la communauté hindoue vous dit. Vous ne pouvez pas agir comme un individu mais en tant que membre de la communauté hindoue. Si votre maison est pillée et votre femme outragée, que sentirez-vous ? Vous serez en colère, n'est-ce pas ? Vous voudrez faire quelque chose. Pareillement dans ce cas, vous devez dire qu'il y avait quatre personnes. C'est la vérité pour vous.

Le jeune homme fut convaincu de porter un "faux" témoignage. »

Lorsque Svâmiji me raconta cette histoire, je fus scandalisé :

« – Cette histoire montre-t-elle que dans le domaine de l'action il faut agir en fonction de ce que l'on sent être vrai selon ses identifications ?

– Exactement.

– Mais Svâmiji est là pour clarifier quelles sont les identifications de la personne qui vient le voir et la conseiller d'agir en conséquence. Il y a des vérités différentes de comportement pour chacun.

– Oui.

– Pourquoi Svâmiji n'a-t-il pas montré au jeune homme la fausseté de l'identification à la cause hindoue ?

– Il n'en avait pas le temps. Le jeune homme avait été convoqué devant le tribunal et ceci correspondait à sa vérité.

– Ainsi la vérité du comportement correspond aux identifications qui sont les nôtres à ce moment-là ?

– Oui. Il y eut un temps où Svâmiji s'est donné complètement à la cause du pays. Il s'y était consacré complètement. Il n'accordait aucune attention à sa famille, sa femme, son confort... Alors il vit que les autres gens utilisaient cette cause seulement pour leur intérêt personnel et il abandonna. Mais il grandit au cours de ce processus [1]. »

1. N.5.1.70.

« Cette histoire me troubla considérablement. Je n'arrivais pas à être d'accord. Il me semblait qu'il fallait donner les faits tels qu'ils s'étaient passés au tribunal et que c'était à celui-ci de prendre une décision en fonction des éléments qui lui étaient fournis. L'idée de donner un faux témoignage me révoltait.

– Faux pourquoi ? me demanda Svâmiji. C'était vrai relativement. On est dans un monde relatif.

– Svâmiji dit qu'en s'identifiant avec une cause, l'individu peut grandir. Mais c'est le point de départ du fascisme et du communisme avec leur emphase sur le Parti.

– Svâmiji a corrigé hier. Non pas en s'identifiant mais en étant un avec. L'identification est la voie de l'enfant parce qu'il ne sait pas être un avec...

– Quelle est la différence entre l'identification et être un avec ?

– Il y a identification quand un intérêt personnel est en jeu.

– Cela veut-il dire que lorsqu'on s'identifie à une cause on doit agir en fonction de ses identifications jusqu'à ce qu'on voie que c'est faux et qu'on abandonne l'identification ? Un communiste auquel son parti enjoint de tuer doit tuer s'il est identifié au parti et alors peut se révolter et quitter le parti. Ou bien ne pas tuer et se révolter et quitter le parti.

– Oui, s'il veut rester membre, il doit tuer et a raison de tuer. Vous devez vous souvenir d'une chose. Vous êtes complètement dépendant des autres[1]... »

« Duplicité » dans le comportement de Svâmiji :

Svâmiji s'est souvent trouvé dans des situations contradictoires : comment venir en aide à une personne sans qu'une tierce personne le sache ? Comment rencontrer Indu de manière à ce que la jalousie de son épouse ne soit pas éveillée ? Svâmiji procédait alors à des manipulations où il prenait de grandes libertés avec la vérité des faits. Ce qui illustre également la position souvent affirmée de Svâmiji selon laquelle la vérité n'est pas absolue mais relative. Svâmiji lui-même a adopté souvent une position contraire à ce qu'il est convenu d'appeler le code de bonne conduite en ce qui concerne la vérité[2].

1. N.6.5.70.
2. Voir *Svâmi Prajñânpad*, tome 3, p. 226 et 227.

Chapitre XV

Tuer ou être tué

1. *La santé de Svâmiji.*

Comme nous l'avons vu, Yogeshvar a souffert de malnutrition dans son enfance, après la mort de ses parents, ce qui ne fut pas sans conséquences sur sa résistance physique. On sait aussi qu'il dût abandonner ses études d'ingénieur à la suite d'une grave crise de dysenterie amibienne qui dura très longtemps et le laissa très affaibli. Ainsi que l'expliquait Svâmiji lorsque les médecins lui demandaient quelles avaient été les maladies qu'il avait eues : « Il a souffert de dysenterie depuis son plus jeune âge. Maintenant, on n'en trouve pratiquement plus trace. C'est pourquoi Svâmiji fait particulièrement attention à son alimentation et on peut dire que c'est pratiquement guéri [1]. »

Mais ce qui a le plus contribué à détériorer la santé de Svâmiji ce sont certainement les austérités qu'il s'imposa après avoir rejoint les rangs du mouvement de non-coopération de Gandhi en 1921. Ainsi qu'il le dit plus tard : « Son corps était faible depuis son enfance et n'avait aucune réserve... De plus, il pratiqua des austérités dans sa période de folie... il sentait alors de manière erronée que le corps n'était que de la matière et n'avait aucune importance [2]. » Quelques années après, il précisera :

« Pendant sa période de *sâdhanâ* ou de recherche... ce que Svâmiji vous dit dans un langage si simple, il a dû en payer le prix avec son propre sang... tout son corps fut détérioré de manière

1. E.4.2.63.
2. E.25.3.72.

irréversible d'une certaine façon. Au stade initial, il maigrit énormément en raison des austérités physiques auxquelles il s'astreignait : il ne mangeait quasiment rien, ne portait pratiquement pas d'habits en hiver, refusait le moindre confort.

Alors vint la réaction : son corps devint tout noir, il n'avait plus d'appétit... il était tout gonflé et son cœur s'est effondré, etc. Cela a été très difficile tout d'abord... tant de remèdes divers furent essayés. Tout cela en vain. C'est alors qu'un médecin de Calcutta put établir le diagnostic correct de myxœdème (hypothyroïdie [1]). Il lui dit : "A partir de maintenant il vous faudra suivre un traitement pour la thyroïde jusqu'à la fin de votre vie." »

Même après avoir cessé de pratiquer toute forme d'austérité, Yogeshvar continua de subir bien des années après les conséquences des privations auxquelles il avait soumis son corps.

En plus de sa dose quotidienne d'extraits thyroïdiens, il lui fut conseillé d'éviter les climats humides. Cette maladie le contraignait à certaines restrictions dans sa vie quotidienne : il prenait son bain, même en été, avec de l'eau chaude et l'eau qu'il buvait devait également être tiède. Son corps réagissait brutalement à un vent frais et il ne pouvait même pas tolérer l'humidité produite par un climatiseur en été.

« Après le myxœdème, ajoute alors Svâmiji, il eut de la sciatique [2]. Un autre médecin fut consulté. Il prescrivit un complexe de vitamine B en disant : "Il vous faudra en prendre toute votre vie [3]." »

Lorsque Svâmiji a commencé à s'intéresser à la chirologie de Cheiro dans les années 40, il a cherché à voir s'il était possible de trouver une corrélation entre les dates des événements de sa propre vie et plus particulièrement de ses maladies avec l'étude numérologique de Cheiro. On a ainsi retrouvé, après la mort de Svâmiji, dans un des livres de Cheiro lui ayant appartenu, une feuille de notes écrites de sa main sur laquelle figurent les dates de quelques-uns des événements qui se sont produits au cours de sa vie ainsi qu'un tableau couvrant les années 1900 à 1953 avec les valeurs numériques de chaque année que nous reproduisons ci-après :

1. Le diagnostic de myxœdème n'a été établi qu'en 1937.

2. Première crise dans la deuxième semaine de janvier 1942, deuxième crise le 22 février 1944.

3. E.4.2.63.

1900	1909	1918	1927	1936	1945	= 1	
1901	1910	1919	1928	1937	1946	= 2	Changement (+) (Profession)
1902	1911	1920	1929	1938	1947	= 3	
1903	1912	1921	1930	1939	1948	= 4	Changement (–)
1904	1913	1922	1931	1940	1949	= 5	Non installé, voyages
1905	1914	1923	1932	1941	1950	= 6	Installation (+)
1906	1915	1924	1933	1942	1951	= 7	
1907	1916	1925	1934	1943	1952	= 8	Tension émotionnelle troubles (*upheaval*)
1908	1917	1926	1935	1944	1953	= 9	

– Crise de sciatique : dernière semaine de janvier 1942.
– Arrivée à Baranagar : 8 février 1942.
– Deuxième crise de sciatique : 22 février 1944.
– Arrivée à Baranagar : 20 mars 1944.
– Vol à l'ashram : 10-11 mars 1946. (Deuxième vol : 10 novembre 1951 ; troisième vol : 1963 ; quatrième vol : juin 1964.)
– Ranchi Prasad : mai 1946.
– Mort de Nantu : 6 décembre 1946.
– Crise de malaria maligne : 17 novembre 1948.
– Arrivée à Baranagar : 23 novembre 1948.
– Arrivée à Ranchi : 5-6 avril 1948.
– Corps particulièrement épuisé : 20 juin 1952.
– Avion (Gupta) : samedi 24 octobre 1959.
– Daniel Roumanoff : mercredi 14 octobre 1959.

Ce tableau nous permet de connaître à la fois les maladies dont Svâmiji a souffert et les dates où elles se sont manifestées. Ainsi, on peut lire sur la même feuille : « 8 mars 1944 : crise cardiaque et congestion cérébrale après la quatrième injection de Benerva. » Le Benerva était un remède qui lui avait été prescrit pour le soulager de sa sciatique. Témoin de la scène, Sumangal raconte : « L'infirmier qui lui avait fait une injection venait de le quitter et j'avais mon *sitting* habituel, lorsque brusquement je le vis sur le point de s'évanouir. Lentement, avec un effort semi-conscient, Svâmiji s'allongea sur son coussin, ferma les yeux et resta complètement immobile. Quelques minutes plus tard, le corps de Svâmiji bougea lentement et, avec un gros effort, il ouvrit les yeux, me regarda et d'une voix faible me demanda de prendre sa montre et de compter son pouls. Bien que faible, celui-ci n'était pas irrégulier et quand je lui fis part du nombre de pulsations par minute, il me dit de me calmer, qu'il serait bien dans quelques minutes car ce n'était qu'une réaction à la piqûre. »

Deux nouveaux symptômes, qui ne cessèrent plus de se manifester jusqu'à la fin de sa vie, apparurent à partir de 1944 : la sensation de manquer d'air et une sensation de chaleur dans la tête ou sur le crâne. Ces symptômes apparurent pendant la période au cours de laquelle Svâmiji se mit à faire des *lyings* dans sa petite chambre sombre et fermée d'Ananda Kuti[1].

« En 1945, à la fin de la saison des pluies, raconte Sumangal Prakash, pendant la Dûrgâ Pûjâ, le nombre de personnes se trouvant à Ananda Kuti atteignit son point culminant. Il y avait Suvrata et Kamala Basak, Nandakishore, Gopalchandra Khan, Yogendra et Karuna ainsi que Minati et moi-même. Puis un jour arrivèrent Chinmayee, son mari et sa fille Svagata. Tous, certes, n'étaient pas en analyse. Yogendra, Gopal et Karuna se contentaient d'accompagner Svâmiji dans sa promenade du soir ou restaient en sa compagnie entre la promenade du soir et le dîner. Chinmayee et Satinath se contentaient d'être présents pendant les repas de Svâmiji ou bien échangeaient quelques mots avec lui chaque fois que cela était possible. Mais Suvrata, Kamala, Minoti, Nandakishore et Sumangal étaient en "analyse", ce qui prenait une heure à une heure et demie pour chacun d'entre eux : Svâmiji pénétrait dans sa chambre à sept heures et demie et en ressortait pour le déjeuner de onze heures. L'après-midi, les sessions reprenaient de trois heures jusqu'à cinq heures ou cinq heures et demie avec une interruption de quelques minutes pour la collation de l'après-midi. Et cela pendant sept jours par semaine, sans aucune journée de repos. Svâmiji n'avait aucun répit et passait la plus grande partie de la journée dans la petite chambre obscure et suffocante de la hutte de boue séchée. Même les jours les plus froids de l'hiver quand il sortait de la pièce, son visage et sa tête étaient ruisselants de sueur. »

La pression sur son organisme était certainement excessive et, malgré l'hygiène de vie qu'il observait, la santé de Svâmiji commença

1. Nom de la maison d'Hazaribagh (Bihar) où Svâmiji séjournait pendant la saison des pluies avant que Prasad, la maison de Suvrata Basak, ne soit mise à sa disposition à Namkun, à la périphérie de Ranchi (Bihar).

à se détériorer : « Je me souviens, dit Sumangal Prakash, qu'au retour de Channa, Svâmiji fit faire des transformations majeures dans les cases de l'ashram pour améliorer la ventilation : toutes les fenêtres furent élargies et d'autres fenêtres furent rajoutées à sa propre case... rien d'étonnant que, pendant les *lyings* qu'il pratiquait pendant cinq à six heures d'affilée dans une pièce fermée, il ait commencé à suffoquer. Peut-être est-ce à cela qu'il faut attribuer l'apparition de ses premiers symptômes cardiaques. »

Une autre maladie importante fut une attaque de malaria en novembre 1948 à l'ashram Channa. Il fut soigné à Calcutta et il fut communément admis que « le cœur et le cerveau en furent affectés ». Ses yeux ne pouvaient plus supporter la lumière du jour et c'est à partir de ce moment-là qu'il se mit à porter des lunettes teintées pour éviter l'éclat du soleil.

En 1950, lors d'un séjour à Patna, Svâmiji se sentit fatigué de manière inhabituelle. De retour à Calcutta, lorsqu'il fut examiné par des spécialistes, ceux-ci remarquèrent que sa tension artérielle était particulièrement élevée. On lui fit un électro-cardiogramme mais on ne trouva rien. « Cependant raconte Svâmiji, le Dr Sen, à Patna, le plus grand cardiologue de la ville, après l'avoir examiné lui dit : "Votre cœur est dans une telle condition qu'il peut s'arrêter de fonctionner d'un moment à l'autre... ou bien il peut encore continuer pendant vingt-cinq ou trente ans encore. Cela dépend de vous. Nous autres médecins nous n'y pouvons rien." Et il ne prescrivit aucun traitement [1]. »

A noter qu'en 1952, sur la feuille de papier dont il est fait mention plus haut, on trouve : « Sensation particulière d'épuisement du corps ».

En novembre 1965, avant son départ pour Paris, les médecins relevèrent une tension artérielle anormalement élevée et comme l'électro-cardiogramme montrait depuis longtemps une déficience aortique, ils lui conseillèrent d'abandonner complètement l'usage du sel et d'éviter de séjourner à trop haute altitude.

La première alerte cardiaque sérieuse se produisit en été 1968. Svâmiji passait alors l'été à Mussoorie, où Olivier avait loué deux maisons indépendantes de deux étages avec un jardin commun. Les disciples indiens avaient beaucoup discuté sur le choix de Mussoorie compte tenu des problèmes cardiaques de Svâmiji et des recommandations faites par les médecins d'éviter la haute altitude

1. E.4.2.63.

en raison de sa tendance à avoir une tension élevée. Or Mussoorie est à plus de 6 000 m d'altitude. Mais Svâmiji était préoccupé du confort des disciples français qui devaient venir y séjourner, si bien que toutes les autres considérations furent écartées quand le médecin traitant de Svâmiji à Calcutta donna son accord.

Au cinquième mois de son séjour, cependant, Svâmiji tomba malade. C'est alors qu'on découvrit que la cause des fréquentes poussées de tension artérielle des dernières années était le fait qu'il n'avait pas dormi plus de deux à trois heures par nuit pendant les derniers mois et que ces insomnies devaient être attribuées au fait qu'il avait dépassé ses limites pour donner des *lyings* et qu'il avait cherché à rester en forme en prenant des remèdes.

Un cardiologue prescrivit un repos au lit pendant plusieurs semaines. Tous les *sittings* et *lyings* durent être interrompus. Mais la santé de Svâmiji continua à se détériorer et le médecin suggéra que Svâmiji redescende à plus basse altitude. Début septembre, il est alors ramené à Delhi et admis dans une maison de santé. Une dizaine de jours plus tard sa santé est suffisamment rétablie pour lui permettre de s'installer chez Sumangal. Svâmiji reviendra à Calcutta vers la mi-octobre et reprendra les *lyings* peu de temps après.

C'est vers cette époque que Svâmiji se mit à avoir mal au dos, dans la région lombaire, douleur qui se répandit progressivement dans les jambes. En 1970, un spécialiste des os lui prescrivit le port d'une ceinture abdominale.

En 1971, il tombe à nouveau malade : fièvre élevée avec complications bronchitiques, toux, difficultés respiratoires et des extrasystoles. Sa tension est de 21/6,5. Le cardiologue de Calcutta diagnostique des complications cardiaques : insuffisance aortique, déficience du ventricule gauche ainsi que de l'hypothyroïdie. Après un traitement de quinze jours, Svâmiji se rétablit suffisamment pour pouvoir s'installer à Ranchi.

Avril 1972 : de nouveau Svâmiji ne se sentit pas bien « avec des troubles respiratoires et des symptômes semblables à ceux ressentis à Mussoorie ». Tous les disciples reçoivent fin août 1972 une lettre d'Arnaud Desjardins qui se trouvait à ce moment à Ranchi :

« Svâmiji me charge de t'écrire de sa part que, dorénavant, il n'y aura plus de *lyings*. C'est définitif. (*It is for ever*.) Cette décision a été prise pour raison de santé, à la suite de la crise cardiaque qui a précédé la venue de Svâmiji à Ranchi et bien que son cœur soit redevenu normal. Svâmiji te fait donc demander si tu désires venir pour des *sittings* seulement.

Je ne sens nullement que Svâmiji soit diminué en quoi que ce soit, je dirais presque : au contraire. C'est sans doute moi qui suis plus réceptif. »

Malgré les précautions qui sont prises, le 16 octobre 1972, à une heure du matin c'est une nouvelle crise cardiaque qui le terrasse. Le Dr Mukherji diagnostique un infarctus aigu transversal du myocarde. Indépendamment du traitement médicamenteux, Svâmiji dut rester complètement alité pendant six mois. Il était tellement épuisé qu'il fallait le nourrir à la petite cuillère au lit.

Ce n'est qu'en mars 1973 que le Dr Mukherji trouva l'état de Svâmiji suffisamment amélioré pour lui permettre d'envisager de prendre l'avion pour aller en France où ses disciples français l'avaient invité.

2. *Face à la maladie.*

Les maladies du maître ne sont pas sans poser un problème aux disciples. Ceux-ci ont naturellement tendance à idéaliser le maître et à lui attribuer des super-pouvoirs. Non seulement le maître aurait le pouvoir de guérir mais encore d'être plus fort que la mort. N'est-ce pas là le signe manifeste, le plus probant de son propre accomplissement ? Comment se fait-il alors que le maître puisse tomber malade ? Ces maladies ont-elles un sens particulier ? Comment les comprendre ? Comment les soigner ?

Les soins :

On a vu que Svâmiji était d'une certaine façon un malade idéal. Il consultait les médecins et suivait leurs prescriptions à la lettre.

Un jour, choqué par la masse des médicaments prescrits et notamment par la présence de tranquillisants après sa crise cardiaque de 1972, je lui demandai :

« – Mais pourquoi Svâmiji prend-il des tranquillisants ?

– Svâmiji fait ce que les médecins lui disent de faire, répondit-il. Il est complètement entre leurs mains. Si vous n'êtes pas satisfait d'un docteur, changez de docteur mais une fois que vous avez accepté son traitement, observez complètement ce qu'il vous prescrit.

Il faut noter qu'en parlant ainsi, Svâmiji met lui-même en application ce qu'il préconise à ses disciples de faire dans leur relation avec le maître qu'ils ont choisi et qu'ils ont accepté.

– Pourtant, répliquai-je, aucun docteur n'est parfait. Chacun a des préjugés. Il ne peut pas connaître le fonctionnement, la réaction, la spécificité de l'organisme de chaque patient. Ne convient-il pas de vérifier et de contrôler le bien-fondé de ses prescriptions ?

– Oui, expérimentez ce qu'il prescrit. Et si cela fonctionne, continuez, sinon, arrêtez[1]. »

Sumangal Prakash avait remarqué que lorsque Svâmiji était malade, il prenait d'abord les remèdes prescrits et poursuivait ses activités habituelles. Si les troubles persistaient, alors seulement il se reposait. Cela se passait toujours dans cet ordre-là. Et la période de repos prenait fin toujours plus tôt que tard de façon à ce que les disciples n'aient pas à pâtir de l'arrêt de son activité.

La régulation diététique faisait également partie du traitement : toutefois souvent la prise en considération des besoins d'autrui venait à l'encontre des règles auxquelles il s'astreignait. On le voyait ainsi manger des *puri*[2] dégoulinants de beurre fondu préparés par Anasûya spécialement pour lui à l'occasion de son anniversaire alors que son organisme avait du mal à digérer la graisse. Il les absorbait en faisant des mimiques expressives d'appréciation pour lui montrer qu'il appréciait ce « cadeau ».

Les disciples français s'étonnaient souvent de voir la quantité de médicaments divers et de suppléments vitaminiques, minéraux, protidiques et autres avec lesquels Svâmiji complétait son alimentation végétarienne. Un jour, un disciple lui dit :

« Je croyais qu'en mangeant une nourriture végétarienne, en prenant soin de son corps, en l'exerçant, en pratiquant des exercices de yoga, cela permettait de garder le corps en bonne santé. Aujourd'hui en voyant comment Svâmiji se nourrit, je me rends compte que cette "vie naturelle" doit être complétée par toutes sortes d'apports artificiels : compléments vitaminiques, apports de protéines artificielles, repos sur une chaise longue, port d'une ceinture lombaire, etc.

– Svâmiji n'est pas du tout végétarien. Il prend plus d'un litre de lait par jour sous forme de *channa*. Les médecins disent pourtant que ce n'est pas assez. C'est pourquoi des protéines sont prises en supplément[3]. »

1. N.30.4.73.
2. Galettes de blé cuites dans du beurre fondu et particulièrement indigestes.
3. N.30.4.73.

La douleur :

Une autre question que se posaient souvent les disciples était de savoir si Svâmiji souffrait pendant ses maladies physiques comme tous les hommes ordinaires. En effet Svâmiji enseignait que la douleur est une création purement mentale et que les maladies physiques peuvent seulement provoquer des sensations qui sont intrinsèquement neutres : « Svâmiji ne souffre pas, disait-il. La sensation physique peut être présente maintenant et quand elle est très forte, on ne peut l'empêcher de s'exprimer. Mais Svâmiji ne souffre pas. La sensation vient. "Oui, c'est ainsi. C'est un changement[1]." »

Un jour, alors qu'il séjournait à Seez-Moulins, Colette Roumanoff, chaussée de sabots suédois à semelles de bois, en passant à ses côtés, lui écrasa les orteils. Svâmiji poussa un cri. Colette ôta son pied et Svâmiji lui demanda avec un sourire malicieux : « Pourquoi vouliez-vous écraser le pied de Svâmiji ? » Elle réalisa alors qu'elle se demandait à l'époque si un sage est sensible à la douleur et comment il y réagit. Ce cri lui apparut comme une expression directe et naturelle de la sensation douloureuse. Peut-être ce cri avait-il également pour but de la prévenir pour l'informer de ce qu'elle était en train de faire pour qu'elle puisse y réagir immédiatement et enlever son pied.

Tous les disciples ont pu ainsi observer qu'à différentes occasions, sous l'effet de la fièvre ou d'autres maladies, Svâmiji pouvait gémir ou pousser des soupirs. Mais personne, même au plus fort de ses maladies, ne l'a jamais vu ni perturbé ni troublé ni affecté.

Pourtant Svâmiji n'ignorait ni ne négligeait jamais l'apparition de la maladie et cherchait chaque fois un remède adéquat ou un traitement approprié.

Absence d'émotions :

Si Svâmiji fut capable après tout de vivre une vie relativement longue, puisqu'il mourut à l'âge de quatre-vingt deux ans, il faut en attribuer la cause à la vie régulière et disciplinée qu'il menait et encore plus à l'absence complète d'agitation émotionnelle ou de stress.

Sumangal Prakash raconte que lorsque le premier électrocardiogramme de Svâmiji fut établi en 1951, il l'apporta à un

1. N.8.73.

médecin de ses amis, le cardiologue le plus réputé de Patna.

« Après l'avoir examiné, celui-ci déclara que le patient n'avait pas beaucoup d'années ou probablement de mois à vivre et ajouta : "Tout choc émotionnel risque de lui être fatal. Surtout ne le répétez pas à votre Svâmiji, cela pourrait le rendre nerveux." Cet ami docteur était un communiste militant et avait entendu parler de "mon" Svâmiji. Il n'avait que mépris pour moi, son "compagnon de route", qui croyait aux "gurus". Je lui répondis que j'en parlerais certainement à Svâmiji, ajoutant avec emphase : "Svâmiji ne devient jamais nerveux." Il eut un rire incrédule. Cela me rendit un peu agressif et je lui rétorquai que si son diagnostic était correct et si le seul risque encouru par Svâmiji était de recevoir un choc émotionnel, alors dans ce cas il vivrait certainement très longtemps car il était libre de toute émotion.

Je racontai cet entretien à Svâmiji. Il sourit et me demanda de ne pas en parler à Anasûya. Il vécut en fait encore plus de vingt ans après le diagnostic du docteur. Et si l'état de son cœur se détériora ce ne fut pas en raison de sa susceptibilité aux "chocs émotionnels" mais exclusivement du fait qu'il acceptait délibérément et en toute connaissance de cause d'outrepasser ses propres limites, pour venir en aide ou soulager quelqu'un d'autre. "Le corps physique fonctionne selon ses propres lois et chaque fois qu'une limite est transgressée, il faut en payer le prix", ajoutait-il.

Je lui demandai un jour, poursuit Sumangal Prakash, pourquoi il acceptait de dépasser ainsi ses limites au bénéfice de telle personne particulière, ce qui le rendait chaque fois malade. Après un court instant, il répondit : "Ou bien vous tuez ou bien vous êtes tué." Je fus médusé par cette réponse. Svâmiji m'expliqua alors : "Cette personne qui se trouve engagée dans ce processus est dans une situation si misérable et si désespérée qu'il faut lui venir en aide fût-ce au prix de la santé de Svâmiji, faute de quoi elle serait amenée à souffrir [1]." »

« "La nature ne pardonne jamais la transgression de ses lois, dit Svâmiji pendant sa convalescence en 1972. La nature n'a aucune pitié. Elle est inexorable." Il prononça ces mots, raconte Sumangal Prakash, d'un ton calme, serein, comme une constatation qui impliquait qu'il n'avait aucun regret d'avoir délibérément transgressé les lois de la nature en dépassant les limites de sa résistance physique. »

1. Récit de Sumangal Prakash.

Un autre jour, Colette Roumanoff lui demanda à propos de sa maladie :

« Comment se fait-il que Svâmiji soit tombé malade au point d'avoir une crise cardiaque ?

– Svâmiji, répondit-il, n'était pas au courant de son insuffisance coronarienne. Svâmiji travaillait sans se prendre en considération. Svâmiji prenait les autres en considération : "Qu'il ou qu'elle soit libre." Svâmiji faisait des *lyings* et il fut épuisé au-delà de toute limite... Mais maintenant Svâmiji sent : "Pour pouvoir continuer à donner, Svâmiji doit se protéger[1]." »

Il précisa un mois plus tard : « La vie de l'homme est contre-nature. La maladie vient quand on va contre la nature. Svâmiji avait dit qu'il ne serait plus malade. Svâmiji tombera à terre et mourra. Mais Svâmiji a dépassé ses limites à cause de J. et de B. qui étaient si malheureux. Et maintenant c'est le prix que Svâmiji a dû payer pour cela. Svâmiji doit se protéger pour le bien des autres. Svâmiji ne permettra plus dorénavant que les entretiens durent plus d'une demi-heure. »

Quand Colette s'est occupée de Svâmiji à Seez-Moulins, elle avait un entretien quotidien de dix minutes et faisait extrêmement attention à ne pas dépasser le temps prescrit par le médecin. Mais un jour, prise par des émotions violentes, elle oublia l'heure. Ayant regardé sa montre, elle se rendit compte qu'elle avait pleuré plus d'une heure, sans que Svâmiji ait esquissé le moindre geste pour la prévenir que le temps était dépassé.

Près d'un an plus tard, lorsque je lui dis :

« – Sumangal dit que Svâmiji a toujours pris en considération les sentiments des autres et n'a jamais tenu compte de son propre corps.

– Telle est la nature de Svâmiji depuis son enfance, répondit-il. Comment pouvez-vous le changer ? Mais maintenant c'est différent, Svâmiji a vu qu'il ne peut dépendre de personne. Aussi doit-il accorder de l'attention au corps. Cette situation est due à la situation désespérée de J. et de B. Aucun d'eux n'a jamais demandé : "Svâmiji, comment vous sentez-vous ?" Ils se conduisaient comme si Svâmiji n'était là que pour donner et qu'il était fait d'acier tant ils étaient préoccupés de leurs propres problèmes.

La tension de Robi (le serviteur de l'ashram) était trop basse.

1. N.13.3.73.

Il devait prendre du lait et des œufs. Comme le lait n'était pas disponible en quantité suffisante, Svâmiji ne mangeait pas suffisamment de *channa*. Svâmiji ne pouvait agir autrement.

Quand je rapportai cet entretien à Sumangal, il me répondit : "Cela fait vingt-cinq ans que j'entends ce type de discours. Chaque fois Svâmiji dit : 'Il y a eu trop de demandes sur ce corps et à partir de maintenant cela sera changé.' Mais rien n'est changé[1]." »

Tout dépendait de l'intensité du besoin de ceux qui venaient le voir, qui venaient chercher l'aide de Svâmiji. Svâmiji disait que depuis sa plus tendre enfance « les autres ont toujours passé en premier... qu'il était toujours disposé à faire, à agir, à donner aux autres. Les autres ont toujours occupé la première place... ». Mais par la suite après avoir atteint le point d'épuisement, il disait aussi : « C'est à vous qu'il appartient de protéger et de préserver le corps de Svâmiji. »

3. ***Préserver Svâmiji.***

Préserver Svâmiji était une tâche particulièrement difficile tant Svâmiji se montrait d'une totale non-coopération chaque fois que les sentiments d'une autre personne se trouvaient en jeu. Témoin cette histoire rapportée par Sumangal Prakash qui s'est passée en 1972, alors que Svâmiji était alité après sa crise cardiaque : « Paramita (son arrière-petite-fille) était alors âgée de cinq ans. Elle tirait par la main sa mère Svagata ou sa grand-mère Chinmayee vers la chambre de Svâmiji pendant le temps des repas et insistait pour le nourrir elle-même à la cuillère pour imiter le comportement des grandes personnes. Cela causait à Svâmiji à n'en pas douter non seulement une gêne et un inconfort mais c'était surtout dans son état, une source de fatigue. Svâmiji était légèrement soulevé sur son lit et la nourriture liquide était mise dans sa bouche avec une cuillère. L'enfant se hissait au niveau de sa bouche en se tenant debout sur un tabouret. Elle prenait la cuillère pleine de liquide dans sa petite main et, essayant avec concentration de la garder stable, s'efforçait de nourrir Svâmiji à la cuillère du mieux qu'elle pouvait. Bien sûr, il y avait plus ou moins d'occasions, du moins au début, où le liquide tombait et se répandait sur le visage de Svâmiji qu'il fallait essuyer.

1. N.14.3.74.

Les assistants trouvaient que la concession accordée à l'enfant était tout à fait déplacée et excessive, mais Svâmiji n'a jamais permis fût-ce une seule fois à quiconque d'intervenir. Il laissa l'enfant, qui montrait tant d'enthousiasme à essayer de nourrir son arrière-grand-père, satisfaire son désir et faisait tous les efforts possibles pour aller à la rencontre de la cuillère.

Chacun était très lucide quant à la fatigue que pouvait causer à Svâmiji tel ou tel autre disciple, mais chacun était complètement aveugle quant à la fatigue qu'il pouvait lui-même occasionner par son propre comportement.

Dès que Svâmiji commença à se rétablir, tout fut mis en œuvre pour hâter sa guérison et lui permettre de se reposer dans de bonnes conditions. Colette et Daniel Roumanoff invitèrent Svâmiji à venir en France dans le but de le soigner et de lui permettre de se reposer en évitant de rester en Inde pendant les fortes chaleurs et la saison des pluies.

Tout son entourage était épuisé. Son lent rétablissement, sa longue convalescence, avaient été éprouvants pour tous les disciples indiens qui, eux-mêmes assez âgés, avaient pris soin de lui pendant sa maladie.

Le cardiologue de Ranchi ayant donné son accord, Daniel vint chercher Svâmiji à Ranchi. Le voyage fut effectué en train jusqu'à Calcutta et de là, ils devaient s'envoler pour Paris. C'était en pleine période « naxalite » et la plupart des compagnies aériennes avaient annulé leurs vols au départ de Calcutta si bien que jusqu'à la dernière minute tout le monde fut dans l'incertitude : Svâmiji pourra-t-il ou non s'embarquer ? Ce fut un voyage épuisant pour Svâmiji avec une escale de plusieurs heures à Delhi pour changer d'appareil et enfin un vol jusqu'à Paris le 6 mai 1973.

Quelques jours après son arrivée, Svâmiji écrivit à Minati : « Je suis parti sans savoir quelles dispositions avaient été prises pour le retour de vous tous. Quand êtes-vous revenus à Delhi ? N'était-ce pas trop inconfortable, Mâ ?... Tout le voyage a été une lutte contre le temps et il a fallu surmonter beaucoup d'obstacles avant d'arriver ici... Tout a dû être fait avec une grande précipitation. A partir du moment où nous avons quitté Rythm en voiture, j'ai dû partir sans voir quelles dispositions ont été prises pour votre voyage de retour : dès que nous sommes arrivés à Dum Dum (l'aéroport de Calcutta), j'ai été simplement noyé sous les directives : "Descendez s'il vous plaît ... S'il vous plaît descendez." Et le moment suivant : "Montez s'il vous plaît... S'il vous plaît, montez." Après quoi une course précipitée quand on m'a fait asseoir dans une chaise roulante ; cela devint presque impossible de jeter un regard sur vous tous ; inutile de dire que tous vos *pranâma* me sont parvenus : bénédiction à vous tous... Il y a eu quelque inconfort à Delhi, avec beaucoup de soins, d'amour et de vivacité. Daniel constamment à mes côtés m'aidait à marcher. Ce Daniel n'était pas le Daniel d'autrefois. Ceci vous avez dû le remarquer un peu par vous-mêmes.

Il fait assez froid ici ; et quelle différence, Mâ ! L'ambulance de Ranchi et celle de Paris. Qu'elle est propre et étincelante celle-ci ! Le brancard est matelassé et il y avait un coussin. M'étant allongé, je fus couvert d'une double couverture. Olivier et Anémone étaient présents à l'aéroport. Olivier s'est proposé de vous envoyer un télégramme à vous tous. L'ambulance prit de la vitesse sur les routes autour de Paris, dépassant toutes les voitures en chemin : les routes étaient méticuleusement propres. La distance de cent vingt-huit kilomètres fut parcourue en une heure et demie. Tout au long du chemin, les gens portaient des manteaux chauds et épais.

Dès que j'arrivai ici, Colette me mit au lit après m'avoir revêtu de deux pull-overs en laine et m'ayant recouvert de deux couvertures en laine. Elle a pris toutes les dispositions nécessaires ici : rien ne manque pour ce qui est du service.

Le jumbo jet est un avion gigantesque. A la hauteur de dix mille pieds la température extérieure était de – 40° centigrades.

La chambre est pourvue d'un radiateur qui permet de la chauffer chaque fois que c'est nécessaire. Il y a tout le confort propre à une ville. De plus c'est calme et ouvert. Il n'y avait pas beaucoup de pression sur le cœur. »

Dans l'ambulance, j'étais assis à l'arrière aux côtés de Svâmiji et lui tenais la main. Svâmiji également me tenait la main. J'avais le sentiment qu'il s'était complètement abandonné à mes soins. Je gardais sa main dans la mienne et il s'endormit. J'éprouvai un sentiment de profonde gratitude en sentant que Svâmiji me faisait complètement confiance. Expérience inoubliable : Svâmiji continuait à donner même lorsqu'il avait atteint le point le plus bas de sa résistance physique : un don qui se faisait par son abandon total sans aucune résistance, sans aucun refus. Jamais peut-être à aucun autre moment de ma vie n'ai-je senti une intimité si profonde, une telle communion avec un être humain.

Tout le séjour de Svâmiji à Seez-Moulins du 6 mai au 14 septembre fut une période de satisfactions très profondes pour Colette et moi-même. Au mois d'août, je dus être hospitalisé à Evreux à la suite d'une crise de péritonite aiguë. Colette me rendait visite tous les jours, ce qui lui prenait une heure et demie. Cela ne me paraissait pas du tout indispensable et je lui suggérai d'espacer ses visites. Elle eut l'impression que je la repoussais. Informé de la situation Svâmiji m'écrivit un petit mot que Colette me remit le jour suivant :

« Soyez vaillant et prenez courage, mon garçon ! Il vous faut sentir que vous êtes le père et que tout le reste dépend de vous.

Pour ce qui est de Colette, elle était hier pratiquement à bout de forces physiquement et psychologiquement. Vous avez raison. Indépendamment de son épuisement physique, elle souffrait mentalement, principalement de ce que vous écrivez mais aussi à cause de votre douleur, inconfort et tourment, là où elle se sentait impuissante elle-même à vous aider. Elle s'est précipitée voir le chirurgien qui dit d'abord que votre état était normal. Mais à mesure que les jours passaient, Colette s'impatienta et demanda au chirurgien de faire quelque chose, alors il a accepté que quelque chose soit fait maintenant et il le fit. Ayant appris par son frère que vous tardiez à être ramené [dans la chambre d'hôpital], Colette n'a pas pu attendre, a pris la voiture et s'est précipitée pour vous voir.

Svâmiji a essayé de lui donner autant de consolation qu'il pouvait et autant de repos que cela était possible, mais vous pouvez sentir que tant que vous ne serez pas complètement soulagé, elle ne pourra trouver de repos bien qu'elle ait tant de choses dont elle doit s'occuper et qu'elle ne peut pas négliger particulièrement Patrick, bien que vous soyez favorisés avec tous vos enfants et que Patrick ne soit pas si collant. Elle a fait tout ce qu'elle a pu d'ici et s'est précipitée pour vous voir deux fois par jour, en faisant $4 \times 28 = 112$ km par jour.

S'il vous plaît, permettez-lui de venir vous voir deux fois par jour. Elle pourra revenir un peu plus tôt si vous le souhaitez. Elle pourra dormir vers midi et l'après-midi. Elle n'a pu avoir que très peu de repos hier. Ne vous inquiétez pas à son sujet. Si elle est apaisée mentalement, le repos physique sera facile. Ayez un peu de pitié pour elle. Svâmiji est toujours avec vous, papa. »

Quelques jours plus tard, je fus bouleversé de voir Svâmiji lui-même venir me rendre visite en personne à l'hôpital d'Evreux.

Avoir Svâmiji à la maison a été une expérience très enrichissante. Colette avait l'impression qu'elle était sans valeur, qu'il y avait quelque chose d'intrinsèquement « mauvais » en elle. S'occuper de Svâmiji l'a guérie de ce sentiment d'infériorité. Un jour, il lui a dit : « Svâmiji aime chaque grain de sable d'un amour infini, alors vous voyez s'il vous aime ! »

Souvent les gens nous disent que nous avons fait tant de choses pour Svâmiji. Mais la vérité c'est que nous n'avons rien fait. C'est lui qui a tout fait pour nous en acceptant de venir et de vivre chez nous. Tel a été notre sentiment tout du long de son séjour.

A son retour de Paris, malgré une nette amélioration de son état général, Svâmiji se sentait encore fatigué. Il décida néanmoins de se rendre à Channa malgré l'inconfort du séjour. Il y resta de décembre 1973 au 15 mars 1974.

Quand je vins lui rendre visite, je fus étonné de ne pas y trouver la chaise spéciale de relaxation qu'on lui avait offerte à Paris et qu'on avait rapportée non sans difficulté à Ranchi. En raison de son encombrement et de la difficulté à la transporter par le train à Channa, elle avait été laissée à Ranchi. J'en fus très contrarié et fis part de mes sentiments à ce sujet à Svâmiji :

« – Vous continuez de penser à cette chaise, me dit Svâmiji. Ce qui est fait est fait.

– Ce qui devait être fait n'a pas été fait.

– Ce qui a été fait l'a été en fonction des circonstances particulières de ce moment. De l'individu à la personne, de la personne à ce qui est impersonnel.

– Comment cela ?

– Kalu [1] s'est proposé d'aller la chercher. En faisant cette proposition, il a surmonté son inconfort personnel et a agi comme une personne. Mais il n'a pas tellement insisté. Quand Svâmiji a dit "non", il n'a pas discuté. Aussi était-ce impersonnel.

– Parce que Svâmiji prend soin de tout le monde, son corps se trouve dans l'inconfort et le résultat c'est que tout le monde en souffre.

– Qui souffre ? Personne ne souffre. Sinon quelqu'un aurait senti le besoin de Svâmiji. Svâmiji a l'expérience qu'il ne peut dépendre de personne. Bien que ce mari et cette épouse [2] aient tout fait pour lui, de qui Svâmiji peut-il dépendre [3] ? »

1. Diminutif affectueux par lequel était appelé Madhu Sudan Khan dont on trouvera le récit au chapitre suivant.

2. Colette et Daniel Roumanoff.

3. N.7.3.74.

Bien que tout le monde fasse très attention à ce que Svâmiji ne soit soumis à aucun effort, lui-même cédait et cherchait à satisfaire les désirs de tous les nouveaux visiteurs, prétendant toujours que cela ne dépassait pas ses limites et minimisant son propre besoin de repos.

Arnaud et Indu lui rendirent visite en été 74 et beaucoup de disciples s'inquiétèrent de la fatigue que cela pouvait occasionner à Svâmiji mais dans la mesure où il pouvait s'occuper d'eux cela fut aussi interprété comme une indication que sa santé le lui permettait et que celle-ci s'améliorait.

A une lettre envoyée par des disciples français en juin 74 pour lui demander de prendre soin de sa santé, Svâmiji répondit : « Arnaud est très raisonnable et patient... Il a même demandé à Svâmiji de lui dire chaque fois qu'il serait fatigué et qu'il arrêterait. Mais le besoin ne s'en est pas fait sentir... Le temps alloué n'a jamais été dépassé. Grande amélioration dans le corps. »

Lorsque Sumangal Prakash demanda à Svâmiji pourquoi les disciples étaient si égocentriques et insensibles au point de vouloir obtenir toujours quelque chose de plus, de prendre son temps et son énergie, Svâmiji répondit : « Les disciples qui estiment qu'ils sont remplis de considération envers Svâmiji sont ceux qui dans le passé ont reçu de lui davantage que d'autres et peuvent plus ou moins se passer de lui. Mais ils étaient comme les autres dans leurs moments de besoin. Pratiquement tous ceux qui sont venus à lui étaient affamés émotionnellement et plus ou moins déséquilibrés mentalement. Comment peut-on attendre d'une telle personne qu'elle ait de la considération pour les autres, y compris pour Svâmiji ? »

Certains disciples, notamment Sumangal et Minati, avaient décidé après la crise de Mussoorie en 1968 de ne plus aller voir Svâmiji pour résoudre leurs problèmes.

« Mais, raconte Sumangal, je ne pus m'empêcher de lui demander conseil sur le livre que je venais d'achever et qui relatait son enseignement. Je lui lus d'abord un chapitre dont il approuva le contenu. J'en fus flatté et lui demandai la permission de lui laisser le manuscrit entier. Svâmiji sourit à ma requête et me demanda de le laisser sur sa table. Ce n'est qu'à mon retour à Delhi que Minati me raconta qu'une fois Svâmiji avait désigné le manuscrit en disant : "Et il y a cela à lire également pour satisfaire la demande de Sumangal, cet enfant."

A la mort de Svâmiji, le manuscrit me fut rendu et je ne trouvai aucune indication qui m'aurait permis de savoir si Svâmiji avait eu le temps ou non de le lire. Mais quelques mois plus tard, alors que je faisais les ultimes corrections au texte avant de le remettre à l'éditeur, je tombai sur un passage où j'avais accroché une petite note proposant une variante sous forme de question : "Ne serait-ce pas préférable ?" Et je découvris soudainement un seul mot écrit en réponse de l'écriture même de Svâmiji : "Oui."

Je n'avais pas versé de larmes lorsque m'était parvenue la nouvelle de la mort de Svâmiji mais à cet instant, d'un seul coup, quelque chose lâcha en moi et mon corps entier fut secoué de sanglots de souffrance, de culpabilité et d'un sentiment qui me dépassait d'être aimé : la prise de conscience soudaine de l'amour de Svâmiji qui s'était exercé jusqu'à son dernier moment et par-delà sa mort. »

4. ***Les derniers moments de Svâmiji.***

Le corps de Svâmiji cessa de fonctionner le 24 septembre 1974 à 3 h 40 du matin. Son gendre Satinath qui se trouvait à son chevet à ce moment-là raconte que Svâmiji demanda l'heure et dit : « Il est temps de partir. »

Les disciples se sont demandés, suivant en cela les propres indications de Svâmiji, en quoi cette mort avait été voulue par Svâmiji lui-même. N'avait-il pas dit que « toute mort est un suicide » ? La question avait été posée quelques années auparavant par un disciple français :

« Quand Svâmiji va mourir... Svâmiji mourra un jour... il ne vivra pas deux mille ans... Svâmiji sera-t-il attiré par la mort ?

– Oui, oui... Il y a deux choses ici : l'une est naturelle et l'autre humaine. Cet arbre meurt. Désire-t-il mourir ? Non. Il meurt parce que telle est la loi de la Nature : on vient et on s'en va, on vient et on s'en va. La loi de la nature fonctionne toujours, partout... Et les hommes qu'on appelle végétatifs, qui sont comme des végétaux, ils n'ont pas de mental du tout. Ils se laissent aller selon la loi de la Nature.

Mais l'homme en tant qu'homme, quand le mental apparaît, devient responsable de ses actions. L'arbre n'est pas responsable. Si une bouffée de vent survient, il se plie, il oscille. Veut-il osciller ? Mais telle est la nature des choses. Ainsi il y a la loi naturelle et la loi humaine.

Quand la mort viendra au corps de Svâmiji, vous pouvez dire :

“Peut-être Svâmiji a-t-il souhaité...” ? ou bien “la mort est venue de manière aussi naturelle que possible... S’il y a un souhait, ou... Et s’il n’y a pas de souhait alors la condition dans laquelle cet organisme se trouve est la condition de la nature. La nature ne fait que fonctionner [1]. »

Plusieurs fois Svâmiji a mentionné qu’en aucun cas il ne continuerait à vivre s’il devait être dépendant d’autrui. Ainsi en 1968, après sa première alerte cardiaque, Sumangal l’ayant trouvé très faible lui proposa de le masser avec de l’huile avant sa douche selon la coutume indienne et avait ajouté qu’il serait préférable de faire effectuer ce massage par un spécialiste. Svâmiji répondit : « Svâmiji abandonnera son corps quand celui-ci aura besoin d’être massé par quelqu’un d’autre. »

En 1972, après sa crise cardiaque, il accepta cependant pendant plusieurs mois d’affilée d’être complètement pris en charge par les autres même pour ses moindres besoins physiques. Toutefois, une des conditions qu’il posa avant d’accepter de venir en France fut de n’être une charge pour personne et de pouvoir être en mesure de satisfaire lui-même ses besoins physiques élémentaires : se lever, faire sa toilette, marcher, manger, etc.

Après sa dernière crise cardiaque, Svâmiji ne retrouva jamais le niveau d’énergie physique nécessaire pour être totalement indépendant. Aussi, de retour en Inde en 1974, il me dit : « Combien de temps encore ce corps va-t-il pouvoir continuer à vivre dans cette condition-là ? Svâmiji va mettre le docteur au défi de le rétablir. »

Sumangal rapporte que lorsqu’il revint à Delhi dans la première semaine de juin 1974, il était satisfait de l’amélioration qu’il avait pu constater de la santé de Svâmiji et que son état semblait se stabiliser. Cependant il avait le sentiment que c’était la dernière fois qu’il le voyait. En effet après sa crise cardiaque à Mussoorie, Svâmiji lui avait dit qu’il avait trois objectifs devant lui et fit allusion au fait qu’il ne continuerait pas à vivre après les avoir accomplis.

« Avant de repartir pour Delhi, raconte Sumangal, je demandai à Svâmiji si le premier objectif avait été atteint. Il me répondit par l’affirmative. C’était la sécurité matérielle d’Anasûya. Svâmiji m’assura qu’en ce qui la concernait, il n’y avait rien d’autre qu’il

1. E.11.12.69.

puisse faire : la maison de Cinthie avait été construite et les emprunts remboursés, son gendre n'avait pas de loyer à payer et, en cas de nécessité, une partie de la maison pouvait être louée, de plus une somme d'argent placée au nom d'Anasûya rapportait des intérêts et permettait de subvenir à ses besoins.

Le second objectif concernait Minati et il avait été atteint. Le troisième objectif concernait un autre disciple dont le cas était particulièrement ardu et avec lequel il avait travaillé plusieurs années. Cet objectif également était atteint. Aussi avais-je remarqué que lorsque j'avais suggéré de faire un certain nombre de réparations dans la maison de Hehal, Svâmiji avait dit : "Combien de temps encore Svâmiji va-t-il continuer à vivre ?" Et quand je répondis bravement : "Aussi longtemps que..." sans pouvoir continuer davantage, Svâmiji me répondit avec un doux sourire : "Oui, oui, faites comme vous voulez". »

Svâmiji s'est donc manifestement préparé à la mort et y a préparé son entourage et ses disciples. Rien n'est resté en suspens. Certes, certains ont ressenti sa disparition comme une tragédie ou un abandon, mais il avait donné tout ce qu'il pouvait, tout ce que chacun était capable de recevoir à ce moment-là.

En guise de conclusion

Récit de Madhu Sudan Khan

J'ai entendu parler de Svâmiji et de son ashram à l'époque du premier bombardement de Calcutta en 1943, lorsqu'un groupe d'hommes et de femmes trouvèrent refuge dans notre maison au village de Kamarpara dans le district de Burdwan. C'était un grand événement pour un garçon de huit ans puisque c'était la première fois que je rencontrais des gens différents qui se distinguaient les uns des autres par leurs allures et leurs vêtements très soignés. Ils ne restèrent que trois ou quatre jours chez nous puis prirent la direction de l'ashram de Svâmiji qui devait se trouver sur leur chemin pour revenir vers Calcutta. La menace d'un bombardement n'avait certainement pas duré plus de quelques jours cette fois-là.

Le mot ashram avait particulièrement frappé mon imagination car j'avais lu dans mes livres de classe des histoires extraites du *Râmâyana* et du *Mahâbhârata* évoquant de tels endroits. Le fait que cet ashram ne se trouvait pas seulement dans un passé lointain mais juste de l'autre côté de la rivière Khari, un peu après notre village, me mit dans un état de grande excitation.

Quelque temps après, je découvris que mon père avait l'habitude d'envoyer à l'ashram de Svâmiji, une fois par semaine, des paniers pleins de fruits et de sucreries de Calcutta où se trouvait sa joaillerie. C'est ma mère, accompagnée de notre servante, qui se chargeait de les lui apporter. Elle partait tôt le matin dans un char à boeufs et revenait dans l'après-midi. C'est à cette occasion qu'un jour je réussis à la convaincre de me laisser l'accompagner. J'avais peut-être alors neuf ou dix ans.

Je fus très excité pendant tout le voyage. Ma mère était dans le chariot mais j'étais trop énervé pour rester confiné dans un espace clos. Je marchais m'efforçant de garder la même allure que les boeufs quand, de temps à autre, ils se mettaient à courir. Le chemin boueux emprunté par la charrette zigzaguait entre les champs moissonnés et les vergers de mangues. C'était mon premier voyage loin de mon village et je m'amusais particulièrement à m'éloigner aussi loin que cela m'était permis par ma mère qui me rappelait frénétiquement.

Le temps d'arriver sur la rive pour traverser la rivière, je dus enlever les chaussures que j'avais spécialement mises pour ce voyage et qui meurtrissaient mes pieds depuis déjà quelque temps ; les ayant enlevées, je vis que mes pieds étaient couverts d'ampoules.

Nous traversâmes la rivière à l'endroit où elle était peu profonde et à partir de ce moment, je marchai pieds nus. Ma mère m'avait accablé de tant d'interdits et d'ordres avant de partir que mon courage diminuait à mesure que nous approchions de l'ashram, la terreur remplaçant l'enthousiasme.

Les chaussures devaient de toute manière être laissées sous un arbre hors de l'enceinte de l'ashram. Puis nous allâmes au bord de la rivière pour nous laver de la poussière du voyage.

Je suivis ma mère jusqu'à la hutte de Svâmiji et nous nous prosternâmes tous à ses pieds. Pendant quelque temps, il parla avec ma mère et partagé entre la peur, l'agitation et la timidité j'essayai de me former une opinion à son sujet.

Grand, le corps bien charpenté, le teint clair et bien rasé, des cheveux coupés à ras, habillé d'un vêtement fait de khadi de couleur safran, d'un dhoti et d'une tunique à manches courtes, il rayonnait de son corps une lumière telle que je n'en avais jamais vue auparavant. Si d'une part tout en lui me fascinait et dépassait toutes mes prévisions, d'autre part je me sentais trompé de le trouver si différent des sages de mes rêves dont il était question dans nos livres sacrés. Il n'avait ni barbe démesurée ni masse de cheveux dépeignés sur la tête ni pâte de santal sur le front ! Si, par ailleurs, il ressemblait beaucoup à Svâmi Vivekânanda tel qu'on le voyait sur ses photos, ses larges oreilles faisaient plutôt penser à Bouddha.

Ces pensées conflictuelles et déconcertantes prirent tout de suite fin lorsqu'il se tourna vers moi et me dit : « Tu as donc accompagné ta mère ! » Et il ajouta à ma simple et timide réponse affirmative : « C'est bien d'être venu, tu peux maintenant te sauver et aller manger. »

Je quittai sa compagnie et, peu après, ma mère apporta le *charanâmṛta* (eau utilisée pour laver les pieds de Svâmiji et rendue sacrée de ce fait) et m'en donna à boire ainsi que du riz soufflé à manger. Plus tard, chaque fois que je venais à l'ashram avec l'un de mes parents, le partage du *charanâmṛta* était un rituel obligatoire pour tous les membres de la famille. Ils lavaient l'orteil de Svâmiji et l'eau restante était bue avec une profonde dévotion.

Lors d'une telle visite à l'ashram, à l'occasion d'une fête pour l'anniversaire de Svâmiji ou le Nouvel An bengali, j'y rencontrai de nouvelles personnes. Il y avait notamment Minati, Suvrata et le serviteur de l'ashram Renuda. Suvrata servait elle-même à Svâmiji des assiettes et des bols remplis de différentes variétés de mets. Ma mère m'avait fait asseoir pendant le repas de Svâmiji et je me demandais : « Pourra-t-il manger tout cela ? » Il continuait silencieusement à manger fixant toute son attention sur chaque morceau qu'il portait à sa bouche ; mais, tout à coup, alors que je regardais avidement une sucrerie, Svâmiji me l'offrit. Trop honteux d'avoir été surpris, je refusai avec véhémence mais Svâmiji semblait déterminé à la partager avec moi. Enfin, poussé par ma mère et Suvrata, je dus l'accepter. Puis on me demanda de quitter la pièce, ce que je fis avec joie car cela me permettait de manger, hors de leur vue, la conscience tranquille. Après cet incident, je me suis longtemps efforcé scrupuleusement d'éviter d'être présent lors de ses repas.

Lors de ma première visite à l'ashram, j'avais été déçu, d'une manière générale, de trouver ce sage et son ashram si différents de ceux du passé. Cet ashram ne possédait pas de larges forêts dans ses environs, ni de vergers riches en fruits, ni de vaches laitières dans son voisinage et le sage mangeait presque la même nourriture normalement servie dans les foyers bengalis. En outre, il ne semblait pas posséder de pouvoirs surnaturels comme je l'avais rêvé depuis que j'avais entendu parler de lui. En effet, un de mes rêves persistants était qu'à ma première visite, moi aussi je recevrais certains de ces pouvoirs, ce qui m'aurait permis d'assurer ma suprématie sur mes camarades ! Mais il ne se passa rien de semblable.

Ma visite suivante à l'ashram me réconcilia cependant avec ce nouveau type de sage et d'ashram et mon attirance commença à croître à chaque nouvelle visite.

J'avais environ douze ans lorsque je visitai pour la première fois Calcutta où mon père avait une petite joaillerie. Je fus frappé par un grand tableau à l'huile de Svâmiji dans un très beau cadre, placé au-dessus du coffre en métal, derrière la vitrine. Pendant un instant, je crus que Svâmiji lui-même était assis en face de moi.

Pendant ce séjour avec mon père, je remarquai qu'après avoir pris son bain matinal, mais avant le petit déjeuner, il se prosternait devant ce portrait avec une profonde dévotion puis buvait un peu d'eau sacrée qu'il gardait dans une bouteille. S'il ne pouvait rendre visite à Svâmiji pendant longtemps et pour avoir toujours de cette eau purifiante à disposition, il y ajoutait de l'eau ordinaire.

Ce qui m'attirait aussi dans ce tableau était qu'il était entouré d'une délicate broderie colorée culminant en une large rose avec des pétales très distincts. J'appris bien plus tard que ce travail de broderie avait été réalisé par Mâ. D'ailleurs, ce fut lors de cette première visite à Calcutta que j'eus l'occasion de rencontrer les membres de l'ex-famille de Svâmiji : Ma, Chinmayee et Svagata ainsi que Paresh Kakar, son ami d'enfance. Ils habitaient tous à Baranagar et quand je vis Ma pour la première fois je fus tout à fait charmé par sa beauté et sa personnalité agréable. J'étais évidemment trop jeune pour me faire une idée plus approfondie à son sujet mais plus tard je me suis demandé comment Svâmiji avait pu l'abandonner et se faire moine et combien elle avait dû contribuer à sa réalisation !

Ma première visite à Calcutta fut très courte mais quelques années plus tard, quand toute notre famille déménagea à Calcutta, je trouvai maintes occasions pour rendre visite à Mâ, Chinmayee et leur famille à Baranagar où je fus toujours accueilli comme si j'étais un membre de leur famille. De 1950 à 1955, c'est-à-dire lorsque j'avais de quinze ans à vingt ans, pendant notre séjour à Calcutta, toutes les fois que Svâmiji allait de l'ashram Channa à Ranchi ou de Rancni à l'ashram, il s'arrêtait toujours à Baranagar et était l'hôte de la famille Basak. Suvrata et Kamala le servaient avec une telle dévotion que cela me donnait l'impression d'y prendre part aussi. Progressivement, à mesure que je grandissais, Svâmiji me traitait comme une personne distincte et non comme un jeune membre de la famille.

Un souvenir mémorable est celui du mariage de ma grande sœur dans notre village. J'avais environ treize ans à cette époque et les cadets de la famille dont je faisais partie étaient obligés d'attendre que les mets délicats préparés pour la fête soient mis de côté pour être envoyés à l'ashram avant de pouvoir y goûter. Cet incident est particulièrement gravé dans ma mémoire puisqu'un violent cyclone gâcha les festivités en un instant. Ce qui préoccupait mon père était le sort de mes deux frères qui étaient partis avec des paniers de nourriture pour l'ashram dans l'après-midi. Il ne put dormir de la nuit et nous fûmes tous très soulagés quand ils arrivèrent sains et saufs le lendemain matin et nous dirent qu'ils se trouvaient dans l'ashram quand la tornade éclata. Svâmiji les empêcha de rentrer dans la nuit et les logea à l'ashram.

Après cinq ans passés à Calcutta, notre famille retourna au village après la faillite de mon père. J'avais vingt ans et mes études supérieures étaient à peine commencées. Je dus les abandonner. Je passais donc mon temps à flâner au village. Mes deux frères aînés étaient employés et mes deux frères cadets terminaient leurs études secondaires. Je m'efforçais de trouver n'importe quel emploi qui me rendrait autosuffisant. Mon père avait été un orfèvre assez prospère et malgré sa faillite voulait que je devienne orfèvre aussi. Mais je n'éprouvais que de la répulsion pour cette profession. Pendant la période où Svâmiji se trouvait à l'ashram, j'y allais à vélo tous les jours et y passais quelque temps. Je discutais de mon avenir avec Svâmiji et, suivant ses conseils, je posai ma candidature pour de nombreux emplois mais je n'aboutis à rien. Parfois je songeais même à me suicider mais je n'en soufflai jamais mot à Svâmiji.

Je pus voter aux élections de 1957 puisque j'avais plus de vingt et un ans. Bien entendu, n'ayant aucun autre emploi je m'engageai dans la politique et travaillai au niveau local pour un parti que je savais opposé aux opinions de mon père. Après les élections, je revins à la maison, tard dans l'après-midi, épuisé. Mon père critiqua avec virulence mes activités. Je rétorquai avec véhémence et après une dispute violente, il explosa et me demanda de quitter la maison pour de bon.

Sans le sou et n'ayant pour tout bien que mes seuls vêtements, je quittai la maison dans la nuit noire. Mais où aller à cette heure ? Je savais que la seule personne au monde qui pouvait me témoigner de la sympathie était Svâmiji et que si j'allais à l'ashram je trouverais sans problème un endroit pour dormir sans le déranger dans son sommeil et que je pourrais lui parler le lendemain matin. Mais ma dignité blessée m'empêchait à cet instant d'aller chercher refuge même auprès de Svâmiji.

Après avoir passé une nuit chez un ami du village, nous partîmes tous deux à Burdwan en vélo. Cet ami exerçait le même métier que mon père et possédait son propre petit atelier dans cette ville. Je passai quelque temps là-bas puis, me rappelant le précepte de Svâmiji qui était de ne pas dépendre des autres, je commençai à l'aider dans ce métier qui me répugnait.

Puis mon père revint pour me ramener à la maison : « Ta mère est très malheureuse, me dit-il, et d'ailleurs, Svâmiji aussi veut te voir. » Je revins donc à la maison et me rendis à l'ashram le lendemain matin. Svâmiji m'accueillit avec sa bienveillance habituelle et me demanda ce que je comptais faire pour subvenir à mes besoins. Je lui fis part de mon échec complet à trouver un quelconque emploi et exprimai mon souhait de faire tout ce qu'il me demanderait de faire sans me soucier maintenant de mes goûts. « Pourras-tu rester à l'ashram pendant quelques jours ? » me demanda-t-il.

Renu était surchargé de travail puisque aucun des disciples de Svâmiji n'était alors présent pour l'aider. Il me proposa donc de l'aider et aussi de l'assister lui-même dans l'administration des terres de l'ashram. C'était pour moi une solution inespérée et je m'acquittai de ces responsabilités nouvelles avec enthousiasme. Mon père m'avait chassé de la maison dans un accès de rage sans m'expliquer la nécessité d'être autosuffisant, mais Svâmiji avait donné un but à ce renvoi : mon indépendance, me rendre *svâdhina.*

C'était l'expression même que j'avais employée, quand après avoir acquis le droit de vote je lui avais fait part de ma joie à devenir indépendant (*svâdhina*).

– Evidemment, vous êtes maintenant *svâdhina*, m'avait-il confirmé.

Puis il m'avait demandé :

– Que veut dire en fait le mot *svâdhina* ?

– Que je suis libre et indépendant.

– C'est seulement la traduction littérale du mot, mais quel est son sens ?

Après avoir réfléchi un moment je lui répondis :

– C'est de pouvoir exprimer mes propres opinions et de choisir un métier qui me convienne, etc.

– Peux-tu séparer ce mot composé en ses différents éléments ?

– Oui, *sva* + *adhina* = *svâdhina.*

– Que signifie soi (*sva*) ?

– Moi-même !

– Et *adhina* ?

– Ah, j'ai compris, m'exclamai-je, c'est être dépendant de soi-même.

– Oui, donc seul celui qui est dépendant de soi-même est indépendant et libre (*svâdhina*).

Il me demanda alors si j'étais indépendant pour tout. Si je n'avais pas à dépendre de quelqu'un d'autre par exemple pour ma nourriture, mes vêtements, ma santé, mon logement et ainsi de suite. Je dus concéder que j'étais encore dépendant des autres.

Svâmiji me demanda ensuite de m'efforcer de devenir réellement indépendant et donc de n'être dominé par personne d'autre. Il me donna en exemple notre pays qui avait récemment acquis son indépendance. Cela voulait dire qu'il n'était plus sous la domination d'une autre nation ni d'un autre peuple. Notre peuple était maintenant dépendant de lui seul, ce qui voulait dire qu'il pouvait se gouverner lui-même, se développer et acquérir ainsi plus de force. Puis il me demanda ce que j'entendais quand je disais que je pouvais agir à ma guise.

– Agir selon ses souhaits s'appelle *svechhâcara* n'est-ce pas ? En décomposant ce mot, on obtient : *sva + ichha + âcara. Svâdhinata* et *svechhâcara* sont-ils identiques ? Puis-je agir à ma guise quand je traverse la rue ou quand j'écarte mes bras ? Non, je ne peux faire cela. Il faut que je prenne garde à ne pas bousculer des passants, à ne pas gêner les personnes qui se déplacent dans la rue.

Voilà comment Svâmiji s'y est pris pour m'ouvrir les yeux concernant les limites que chacun doit s'imposer dans sa liberté d'agir. Et maintenant Svâmiji me préparait à me tenir sur mes propres jambes en me rapprochant de lui et en m'inculquant un esprit d'autodiscipline.

Mon enthousiasme pour l'autodiscipline suscité par sa générosité et son affection fut donc spontané et jamais imposé. Tout mon mode de vie à l'ashram était synchronisé avec celui de Svâmiji qui se levait chaque matin à quatre heures précises et se couchait à neuf heures du soir. Toutes ses activités étaient si organisées que je ne voulais à aucun prix lui faire défaut, car alors je ne lui aurais plus été d'aucune utilité.

Je m'accoutumai progressivement à me lever à l'heure prescrite de sorte que mon réveille-matin devint bientôt inutile. Après avoir quitté mon lit, j'avais l'habitude de remplir un seau d'eau à la pompe qui était près de l'ashram puis d'allumer le feu dans le fourneau de terre et de faire bouillir l'eau pour le bain de Svâmiji. En attendant que l'eau chauffe, je finissais mes ablutions matinales et me dirigeais vers la chambre de Svâmiji pour le saluer. Je le trouvais assis droit sur sa chaise, totalement immobile, et je sentais en sa présence, à cette heure matinale, une sensation m'envahir comme si j'étais frappé d'une sorte de terreur sacrée. Après avoir fait son lit, j'apportais un seau d'eau chaude dans la salle de bain et je plaçais également un autre seau d'eau froide. J'y suspendais aussi les vêtements de Svâmiji qui avaient été lavés la veille. Entre-temps, Renuda était arrivé du village voisin et s'affairait dans la cuisine pour préparer le petit déjeuner.

Les activités de Svâmiji étaient strictement synchronisées avec les heures de la journée. Il quittait son lit à quatre heures, pénétrait dans la salle de bains à six heures, prenait son petit déjeuner à sept heures, déjeunait à onze heures et peu après se retirait dans sa chambre pour lire, s'occuper de sa correspondance ou se reposer. A trois heures, il reprenait ses activités après avoir bu un verre d'eau chaude. A quatre heures, il prenait un verre de jus d'orange. A cinq heures, il allait se promener ; à sept heures, il dînait ; il se couchait à neuf heures précises.

Renuda préparait les repas et je les servais. Quand Svâmiji avait terminé, il se lavait la bouche et prenait le temps de se curer les dents pendant que je lui versais de l'eau sur les mains. Je l'accompagnais dans sa promenade du soir. Tout ceci se déroulait dans un ordre presque militaire et quand Svâmiji me demandait de temps en temps ce que j'en pensais, je répondais simplement que cela me plaisait. A l'époque, je ne m'en rendais pas très bien compte mais cette vie disciplinée eut un certain impact sur ma vie future et la changea d'une certaine façon tout au moins. Cette routine stricte fut observée pendant un mois environ jusqu'au jour où arriva Shanta Basak qui se chargea de toute la cuisine et des autres tâches concernant le service personnel de Svâmiji. Dès lors, mon travail s'en trouva allégé. Je n'eus plus qu'à m'occuper de l'administration des terres de l'ashram et à aller, de temps à autre, à Burdwan.

Au bout d'un mois et demi, Svâmiji m'appela auprès de lui et me dit : « Tu sais que je vais maintenant aller à Ranchi pour la saison des pluies mais le travail dont tu es chargé ici est encore inachevé, aussi serait-ce une bonne chose que tu restes ici quelques jours de plus pour le terminer. Evidemment, si tu le souhaites, tu pourras dormir chez toi au village et venir ici dans la journée. » En disant cela, il me tendit une carte de visite imprimée qui appartenait à une usine de construction mécanique où il m'avait trouvé une place d'apprenti offrant une rémunération raisonnable. Il me conseilla de leur envoyer, si je le souhaitais, une lettre pour les informer du jour où je pourrais commencer à travailler.

Ceci dépassait toutes mes espérances puisque je n'avais pas fini mes études et que mon père n'était pas à même de me donner une qualification pour un emploi digne de ce nom, moi qui n'avais même pas acquis la formation élémentaire pour un travail si technique ! Sans fournir aucun effort, sans avoir à passer des tests ni à me soumettre à des interviews, en dehors de toute compétition je me voyais offrir un emploi rémunéré qui me permettrait de devenir ingénieur en construction ! Je ressentis tout cela à cet instant, tant je me trouvais bouleversé par la tournure inespérée des événements. Je n'étais pas assez mûr à l'époque pour réfléchir au sens réel de cet événement : qu'un personnage d'une telle envergure, auquel tant de gens venaient rendre visite parce qu'ils en ressentaient le besoin, ait dû rechercher les faveurs de quelqu'un, rien que pour moi ! Je n'avais pas alors assez de lucidité pour réaliser quel grand service Svâmiji m'avait rendu en agissant ainsi pour éviter que ma vie soit vouée à l'échec !

Je dus cependant me soumettre à un test crucial et j'aurais sûrement échoué si Svâmiji ne m'avait pas aidé et guidé. Dans l'atelier de l'usine, je me trouvai confronté à des conditions de travail épouvantables : chaleur insoutenable dans la petite construction en tôle ondulée comme à l'intérieur d'un fourneau (c'était pendant les mois les plus chauds, mai et juin), mugissement ininterrompu des lourdes machines, langage vulgaire et obscène utilisé par les ouvriers avec qui je devais travailler ! Après quelques jours, je pris la décision de m'enfuir de cet endroit abominable. La seule chose qui m'en empêcha était le désir d'écrire à Svâmiji avant de mettre mon projet à exécution. Je lui écrivis donc une longue lettre circonstanciée dans laquelle je lui donnai les moindres détails de l'inconfort et des inconvénients que je devais supporter, et je terminai en disant que je devrais probablement retourner à mon village bien que cela ne soit ni attrayant ni digne.

La réponse que Svâmiji me donna le 20 juin 1957 fut très brève : « Quand vous entreprenez quelque chose de nouveau, de vieilles habitudes vous font sentir plutôt mal à l'aise. Mais si vous persévérez, ceci également se transforme en habitude et devient naturel. Quand vous commencez à pratiquer un exercice physique, vous avez des courbatures le jour suivant ; mais pouvez-vous pour cette raison y renoncer ? Malgré vos courbatures, vous continuez à pratiquer l'exercice qui, à son tour, va guérir la douleur et va tout remettre en place. »

Je n'ai pas le moindre doute aujourd'hui que c'est cette courte lettre de Svâmiji qui a changé tout le cours de ma vie et établi les fondations de ce que je suis aujourd'hui. Si j'avais cédé à mes impulsions ce jour-là et abandonné l'opportunité si généreusement recherchée par Svâmiji pour moi, je n'aurais abouti à rien aujourd'hui.

Sa lettre me donna une impulsion mentale (*jerk*) et l'intention que j'avais de m'enfuir m'apparut comme totalement stupide. Je sentis et réalisai que j'étais certainement capable de faire ce que tant d'autres avaient fait avant moi.

Je me donnai à mon travail de tout mon cœur et avec une conviction complète. La nouvelle inspiration reçue de Svâmiji m'induisit également à concentrer mon attention non seulement sur ce qu'il m'était ordonné de faire, mais également à apprendre chacun des moindres détails des différentes techniques toutes les fois que l'occasion s'en présentait. Il n'y avait personne pour m'éclairer sur les aspects hautement techniques du travail qui s'accomplissait autour de moi et je n'avais jamais appris la terminologie technique utilisée dans les livres traitant ce sujet. Aussi je me rendais dans des bibliothèques le soir, consultais des livres, prenais de nombreuses notes et vérifiais à la première occasion dans l'atelier les connaissances ainsi acquises. Heureusement il y avait non loin de l'endroit où j'habitais une bibliothèque gérée par l'ambassade des Etats-Unis en Inde, où se trouvaient tous les livres relatifs à mon travail.

Ceci me mit à la tête de tous les autres. Mes rapides progrès furent remarqués par la direction et je fus rapidement promu dans mon travail.

En octobre 1957, je fis parvenir à Svâmiji une petite somme d'argent venant de la maigre indemnité qui m'était allouée. En retour, Svâmiji, après m'avoir envoyé ses bénédictions, me demanda d'épargner au moins quelque chose pour l'avenir et dans la mesure du possible de ne pas oublier mes parents dans leur situation difficile. C'est ainsi que je commençai à me sentir responsable et à venir en aide à mes parents autant que cela m'était possible. J'épargnais autant que je le pouvais en m'efforçant de maintenir mes dépenses au niveau le plus bas possible. Par contre, je ne fus pas à même de mettre à exécution l'autre instruction de Svâmiji : épargner pour mon avenir.

La situation financière de mon père ne s'améliora pas et peu à peu je dus prendre en charge les besoins de toute la famille composée de cinq personnes : mes deux parents, deux jeunes frères et une jeune sœur. Bien entendu, ma promotion fut exceptionnellement rapide et en 1960, en l'espace de trois ans seulement, j'atteignis la position la plus élevée à l'usine et fut chargé de superviser la production. C'est ainsi que je me trouvai à même d'obtenir un prêt de l'usine, bien entendu avec l'approbation de Svâmiji, remboursable par déduction sur mon salaire pour permettre à ma jeune sœur de se marier.

Entre-temps, mes patrons qui étaient par ailleurs satisfaits de mon travail commencèrent à exprimer leur mécontentement pour ce qui leur semblait un comportement trop doux de ma part vis-à-vis des ouvriers ; ils voulaient que j'obtienne un meilleur rendement du travail que celui que je pouvais raisonnablement leur demander. J'avais à ce sujet, de temps à autre, des entretiens avec Svâmiji chaque fois que j'avais l'occasion de le voir et même par correspondance. Voici un extrait de sa lettre du 3 novembre 1959 :

« Quand des gens occupant une situation importante (*big*) dépensent le seizième d'une roupie, ils espèrent en obtenir quinze en contrepartie, aussi n'est-il pas conforme au *dharma* d'être sous la dépendance de quelqu'un si on peut l'éviter ; si l'on ne peut pas maintenir sa position avec honneur (bien entendu autant que cela est possible) plus tôt on l'abandonne, mieux cela vaut. »

Comme il m'avait cependant conseillé d'essayer de m'ajuster à mes patrons autant que possible, je persévérai dans ce sens. Cependant avec le type de machines que nous avions à l'usine, leur état de vétusté et le nombre limité d'ouvriers, il était pratiquement impossible d'augmenter la production. J'essayai d'en convaincre mes patrons mais ils n'écoutèrent aucun des arguments que j'avançais. J'allais même, une fois, jusqu'à leur suggérer de me rétrograder à mon poste précédent et de nommer quelqu'un d'autre à ma place qui pourrait essayer d'augmenter davantage la production. Mais ceci non plus n'eut aucun effet sur eux. Je ne sais pas si c'est cela qui amena la situation à son point critique ou s'ils attendaient que j'aie remboursé la totalité de mon emprunt, mais, en décembre 1962, ils me dirent qu'ils n'avaient plus besoin de moi.

Cela faisait cinq ans que je travaillais dans cette usine et je fus d'autant plus bouleversé par ce dénouement inattendu que mon père était mort seulement un mois et demi auparavant, laissant ma mère et un jeune frère entièrement dépendants de moi. Je passai toute la nuit sans pouvoir fermer l'œil et sans pouvoir avaler quoi que ce soit. Je me souvins alors du conseil que Svâmiji m'avait donné auparavant d'épargner au moins un petit peu chaque mois en cas de nécessité ultérieure mais lui-même savait également très bien qu'avec mes charges familiales cela ne m'était guère possible. Aussi, je n'avais aucune autre possession que les quatorze jours de salaire qui me furent remis le jour de mon licenciement.

Sans avoir dormi de la nuit et sans appétit pour quoi que ce soit, je pris le train tôt le lendemain matin pour Burdwan et arrivai à l'ashram de Svâmiji à huit heures du matin.

– Si tôt le matin ? me demanda Svâmiji. Qu'est-il arrivé ? Pourquoi avez-vous l'air si hagard ?

Incapable de me contrôler davantage, je me laissai aller à pleurer longtemps, ma tête reposant sur ses pieds. Quand je pus me ressaisir un peu, quelle consolation de voir Svâmiji passant tendrement sa main sur ma tête comme une mère qui prend soin d'un enfant perdu et malheureux !

Je déversai mon cœur devant lui en lui racontant tout ce qui s'était passé le jour précédent et je repris, peu à peu, mes esprits. Svâmiji me dit d'un ton tendre mais très terre à terre comme si rien d'inhabituel ou d'étrange n'était arrivé : « Très bien. Maintenant allez vous laver et manger quelque chose et nous reprendrons cet entretien plus tard. »

Quand je revins vers lui un peu après, il me demanda :

– Qu'avez-vous l'intention de faire maintenant ?

– L'avenir me paraît sombre. Si ma mère et mon jeune frère n'étaient pas entièrement dépendants de moi, je ne m'inquiéterais pas pour moi.

– Voyez bien la situation telle qu'elle est. Vous êtes maintenant qualifié et vous devez avoir établi de bons contacts dans votre domaine d'activités. Pourquoi ne chercheriez-vous pas un travail ailleurs ?

– Mais cela peut prendre un certain temps pour se matérialiser.

Svâmiji savait aussi qu'à Calcutta je n'avais pas de logement indépendant mais que j'habitais dans une résidence pour les employés de l'usine et qu'avec la perte de mon emploi je me trouvais privé par la même occasion de mon logement.

– Mais n'avez-vous pas suffisamment confiance en vous-même maintenant pour trouver un autre emploi rapidement, disons d'ici un mois ou deux ?

Je me rappelai soudainement un ancien collègue qui m'avait informé d'un poste autre part, mais au moment où il m'en avait parlé, cela ne m'avait pas du tout intéressé car je n'envisageais pas de quitter mon emploi. Je fis part à Svâmiji de l'occasion manquée. Svâmiji me demanda de m'informer si le poste était toujours vacant et me donna l'instruction d'aller m'enquérir de cela dès le lendemain.

Le soir, j'allai à la maison, y passai la nuit et sans rien dire à ma mère ni à mon frère de ce qui m'était arrivé, je partis pour Calcutta le jour suivant. Je retrouvai mon ancien collègue et, ayant obtenu l'adresse de l'usine, je rencontrai le directeur. Je lui fis part du but de ma visite et, à mon grand soulagement, il se trouva que le poste était toujours vacant. Je posai ma candidature et fus bientôt convoqué pour un entretien préliminaire. Assis aux côtés du directeur il y avait un Européen qui conduisait l'interview. Sa première question fut si je savais ce que c'était que « le dessin ». Heureusement pour moi, le dessin industriel était ma matière préférée et je répondis par l'affirmative. Il étala alors un grand rouleau de papier sur la table en face de lui et me demanda d'en faire l'analyse, ce qui était véritablement un jeu d'enfant pour moi et que je fis en un rien de temps. « Quel sera son poids lorsqu'il sera construit ? » me demanda-t-il. Cela me prit un certain temps pour faire les calculs et je plaçai les résultats devant lui. Il me demanda alors de calculer le prix de revient de la machine construite sur la base du dessin. Ma réponse fut que cela dépendait des standards de production que la société souhaitait établir ainsi que des frais de gestion. Alors il essaya de me tester sous un autre angle : « Quelles opérations seraient nécessaires pour construire cette machine ? » Je les énumérai, point par point, en commençant par l'obtention des matières premières jusqu'au stade final. Tout du long, j'avais l'impression que c'était Svâmiji qui, sans que je m'en aperçoive, me guidait ainsi.

– Bravo, monsieur Khan, s'exclama l'Européen à la fin de l'entretien en roulant de nouveau la feuille de dessin.

Le directeur me demanda alors si j'accepterais d'être engagé à l'essai dans l'usine pendant quinze jours. « Bien entendu, ajouta-t-il, un salaire correspondant vous sera versé pendant cette période. Votre engagement définitif dépendra en fin de compte du rapport favorable du directeur de production de l'usine. »

Le lendemain, je me présentai à l'usine et j'en informai immédiatement Svâmiji. J'avais la très vive sensation que par compassion envers moi, dans la situation pitoyable où je me trouvais, Svâmiji avait fait usage de son pouvoir divin en ma faveur, sinon comment expliquer autrement qu'ait pu me revenir à l'esprit l'existence de ce poste, qui se trouvait vacant il y a quatre mois, uniquement quand je me suis trouvé en sa présence à l'ashram ? Comment expliquer autrement que ce poste soit resté vacant pendant si longtemps, comme s'il m'était spécialement réservé ? Et pourquoi Svâmiji m'aurait-il dit d'aller justement là et nulle part ailleurs ?

Le dimanche suivant, après avoir reçu ma lettre d'engagement, je me rendis à l'ashram pour m'incliner devant Svâmiji. Comme les circonstances étaient différentes ce jour-là et le jour où j'y étais venu trois semaines auparavant ! Je pleurais lors de ces deux occasions ; la première fois c'étaient des pleurs de souffrance et de désespoir complet tandis que cette fois-ci c'étaient des pleurs de soulagement et de joie.

Ce jour-là fut un jour particulièrement mémorable pour une autre raison, car je reçus de Svâmiji un enseignement de la plus grande valeur et des plus durables de toute ma vie.

– Qu'avez-vous vu ou découvert pendant ces trois dernières semaines ? me demanda-t-il. Qu'avez-vous appris ?

– J'avais un travail, Svâmiji, que j'ai soudainement perdu. Mais, grâce à vos bénédictions, j'en ai trouvé un autre bien meilleur immédiatement après. Je me sens très heureux, vraiment. J'ai vu un changement considérable et rapide dans ma vie.

– Maintenant, regardez bien, dit Svâmiji comme s'il était parfaitement satisfait de ma réponse, ce changement ! C'est la vérité. Tout le reste est faux, *mâyâ* (illusion), ignorance. Ce changement ! Le flux du changement ne s'arrête pas un instant. Ce qui signifie que ce changement était toujours présent avant, qu'il est présent maintenant et le restera dans l'avenir. Tout ce qui apparaît dans ce monde vient seulement, reste et puis s'en va. Rien n'est stable, rien ne dure. Tout ce qui est perçu est dans un processus de détérioration à chaque instant, après quoi c'est une disparition complète bien que les yeux ne puissent pas le percevoir. Par exemple, regardez-vous vous-même. Etes-vous le même aujourd'hui que vous étiez au début de votre vie ou resterez-vous le même toujours ?

– Non, Svâmiji.

– Ainsi regardez les stades par lesquels vous êtes passé dans votre vie depuis le début : au stade initial vous étiez dans le ventre de votre mère sous la forme d'un fœtus ; après cela vous êtes apparu comme un nourrisson et après viennent l'enfance, l'adolescence et la jeunesse.

Il se mit alors à énumérer les stades suivants : l'âge adulte qui est suivi par la vieillesse et ensuite la mort

– N'en est-il pas ainsi ?

– Oui, Svâmiji.

– Êtes-vous alors la réalité, la vérité ? Vivrez-vous toujours ?

– Non, Svâmiji.

– A un certain moment vous êtes né. Maintenant vous êtes ici.

Puis viendra un jour où vous ne serez plus, ce qui signifie que votre venue au monde, votre départ de ce monde, ce flux, ce changement seuls sont la réalité, la vérité. De la même façon Svâmiji également va mourir. Un jour, il cessera d'exister puisque cela seul est la loi, la vérité, tout ce qui vient et qui que ce soit qui vient dans ce monde, ce qui se produit dans ce monde ne reste pas dans le même état pour toujours. Tout en vérité continue de changer à chaque instant et c'est ce flux de changement qu'on appelle la Vérité.

Ainsi, par exemple le soleil se lève le matin à l'est, rayonne sa chaleur toute la journée et, peu à peu, se couche à l'ouest le soir, laissant le monde enveloppé de ténèbres, et de nouveau selon la loi il se lève à l'est le lendemain. Des savants éminents ont calculé que même le soleil qui est une si grande source de chaleur se refroidit graduellement et après quelques milliards d'années va disparaître de cet univers, va perdre sa lumière et sa chaleur. Il en sera exactement de même pour les fleuves, les mers et les océans, les déserts et les montagnes, les animaux, les plantes et les arbres. Même les personnalités politiques les plus célèbres y compris les monarques, les présidents, les Premiers ministres, tout comme les châteaux forts, les palais, les palaces, même les monuments de plusieurs siècles, eux tous, un jour ou l'autre, vont périr et en fait sont en train de se dégrader à chaque instant. Rien n'est stable ni statique, tout en fait est dynamique.

Désignant alors le banyan qui se trouvait un peu plus loin, il dit : « Regardez maintenant ce gigantesque banyan. Quelle est son origine ? Juste une toute petite graine, qui ayant germé a donné naissance à une toute petite plante et elle également, lentement et graduellement, après avoir lancé ses racines sous la terre et des branches remplies de bourgeons au-dessus a pris graduellement la forme d'un arbre ; et de nouveau suivant la loi inévitable du vieillissement au bout d'un siècle ou deux il va commencer à se flétrir puis à se dessécher pour finalement mourir. Ce flux du changement est la Vérité. Rien n'est statique, tout est dynamique, tout est en mouvement selon des cycles. Ce changement est comme un flux continu. Il est représenté par la syllabe *aum*. Les trois lettres symbolisent respectivement la Création, la Préservation et la Dissolution. C'est la Vérité. C'est ce que proclament les hymnes védiques. Vous devez maintenant, à partir de maintenant, voir cette vérité et suivre le chemin de la vérité.

Le travail que vous venez d'obtenir ne va pas durer non plus pour toujours : gardant ceci à l'esprit, vous devrez vous préparer à cette éventualité. Tout dans ce monde changeant est impermanent. Rien ne dure. Par conséquent, il n'y a pas de place pour la frustration et le désespoir de la perte de ce qui a été une fois obtenu. Il vous suffit de garder toujours cette vérité présente à l'esprit et d'agir en conséquence. Ayant obtenu votre travail précédent vous avez considéré comme allant de soi qu'il durerait toujours sous la même forme, c'est pourquoi vous avez souffert si intensément quand vous l'avez perdu !

De plus, prenez maintenant en considération le fait que vous avez trouvé un autre travail juste après avoir perdu le précédent. Comment cela a-t-il été possible ?

– C'est uniquement grâce à votre bénédiction en réalité que j'ai été à même de l'obtenir.

Ignorant ce que je venais de dire, Svâmiji poursuivit :

– Maintenant, regardez, mon enfant, quand le désir que l'on a d'avoir un objet est suffisamment fort et intense, on est obligé de réussir dans ses efforts. La réaction dans votre esprit ce jour-là après avoir perdu votre travail vous a aidé à obtenir ce nouveau travail. Ou bien, vous pouvez dire aussi que selon les lois de la nature le premier a été perdu et le travail actuel obtenu. Et alors celui-ci également peut vous être enlevé à n'importe quel moment. (En fait, après une longue période de dix-sept ans, c'est moi qui, de ma propre volonté, le quitterai.)

Je ne pouvais me résoudre à croire que c'était sans les bénédictions de Svâmiji que j'avais été capable d'obtenir ce nouveau travail si rapidement. Si la force et l'intensité de mon désir avaient joué un rôle, l'obtention de ce nouveau travail, j'en étais sûr, était le résultat du propre désir de Svâmiji de m'extirper de la situation désespérée dans laquelle je me trouvais.

Le jour où il m'a instillé cette vérité, au cours des deux sittings du matin et du soir qui ont duré près de trois heures dans la première semaine de janvier 1963, est encore présent à ma mémoire. J'étais arrivé à l'ashram le matin et le soir j'étais reparti pour Calcutta, comme si j'étais en état de transe ou drogué. Pendant toute la durée du voyage en train, je n'étais occupé par rien d'autre que par les mots que Svâmiji m'avait dits, ces mots remplis d'une profonde philosophie. Je m'étonnais du fait que Svâmiji considère que je pouvais comprendre. Le pouvoir de la volonté et la force du désir sont-ils réellement tout-puissants ? La *sâdhanâ* ou effort spirituel et la force du désir sont-elles identiques ? Je me dis aussi que peut-être la perte de mon travail précédent a pu être également le résultat de la propre force de volonté de Svâmiji mise en œuvre pour me mettre à l'épreuve. Si tel était le cas, la vérité m'apparaissait vraiment trop dure et trop cruelle !

Au mois d'octobre de la même année, alors que je me trouvais à l'ashram Prasad pour quelques jours, je demandai à Svâmiji :

– Y a-t-il réellement quelqu'un qu'on appelle *Bhagavan* (Seigneur ou Dieu) et si oui qui est-il ?

– Quel est le sens du mot *Bhagavan* ? Cela veut dire Seigneur, maître. Celui qui a acquis la maîtrise d'un sujet ou d'un domaine particulier de connaissance est le maître dans ce domaine. Par exemple, le savant qui a acquis la maîtrise de la technologie des vaisseaux spatiaux ou des fusées peut être appelé *Bhagavan* dans ce domaine scientifique. Ou bien, un autre exemple, un savant dans le domaine médical, qui a découvert des remèdes qui sauvent la vie comme la pénicilline, il est *Bhagavan* dans ce domaine scientifique. L'inventeur de la bombe atomique était le maître dans ce domaine. Un professeur spécialiste d'un sujet particulier est un maître de ce sujet.

– Mais Svâmiji, pourquoi les gens disent-ils alors que *Bhagavan* est tout-puissant et un, sans second ?

– Ne vous ai-je pas parlé la dernière fois de *Aum* qui est le symbole de Brahman ou du Soi Universel ? Cet univers auto-créé est un flux continu de Création, Préservation et Dissolution, ce qui veut dire qu'il est un, unique et tout-puissant.

Mais les gens croient-ils réellement que Dieu est un, seul et tout-puissant ? Ignorant l'anomalie que cela implique, n'ont-ils pas créé trente trois millions de dieux et de déesses comme Sarasvatî, la déesse de la connaissance, Laksmî la déesse de la richesse, Viśvakarma le dieu des artisans, Śiva ou Mahâdeva, le dieu qui symbolise l'esprit de renoncement et de prospérité, Mahâkalî ou Durgâ la déesse de la puissance, etc., etc.

– Mais Krishna, lui, n'est-il pas un dieu puisque son culte est si répandu ?

– Krishna n'est qu'un homme comme chacun d'entre nous. Mais il était grand par ses qualités : une intelligence aiguë, un profond sens politique, un courage et une vaillance à toute épreuve. Il s'était fixé pour but d'établir le royaume du *dharma* (*dharmarâjya*), un royaume fondé sur les principes éthiques les plus élevés. Comme il n'avait ni l'argent ni les forces armées nécessaires pour atteindre son objectif, il conclut une alliance avec Yudhiṣṭhira et de plus devint ami avec Arjuna qui était un grand guerrier de ce temps-là. C'est ainsi que la guerre de Kurukṣetra fut menée selon ses conseils, ce qui eut pour résultat la défaite de tous les rois qui s'opposaient à l'établissement du royaume du *dharma*. Au début de la guerre, quand Arjuna fut submergé de sentiments tendres pour les membres de sa famille contre lesquels il devait combattre, Krishna sauva la situation en lui faisant voir le Soi comme manifesté dans l'univers et réaliser qu'il n'était qu'un instrument dans l'inévitable processus du changement. C'est en raison des grandes qualités manifestées par Krishna que les gens se sont mis à le révérer comme un dieu.

J'éprouvais une grande curiosité de savoir ce que signifiait le nom de Prajñânpad, mais je ne pus jamais rassembler assez de courage pour lui poser la question. Au milieu de l'année 1964, je reçus en cadeau un exemplaire de la *Bhagavad Gîtâ*, dans lequel figurait un commentaire sur ce terme. Selon ce commentaire, Prajñânpad signifiait *Triṇayana*, qui veut dire « celui qui a trois yeux » (un des noms de Śiva). Il peut ainsi visualiser le passé, le présent et l'avenir « et, ajoutait l'auteur du commentaire, cela ne peut être prouvé que par celui qui a réalisé le Soi ». Je me demandai alors : « Svâmiji serait-il alors Mahâdeva (Śiva), le symbole de ce qui est auspicieux ? N'ai-je pas non seulement été effectivement en sa présence tant de fois et pendant si longtemps mais ne lui ai-je pas aussi parlé et n'ai-je pas également eu la grâce d'être touché par lui ? » Cette simple pensée me fit frissonner d'extase et de terreur en même temps.

Depuis ce jour, Svâmiji perdit pour moi son identité de saint ordinaire, mais prit dans mon esprit le statut de la Présence Suprême, celle de Dieu lui-même ; depuis ce jour ma foi dans tous les autres dieux et déesses disparut complètement.

Et depuis lors, j'ai toujours éprouvé une grande joie à le servir chaque fois que l'occasion s'en présentait, bien que je fusse conscient de mes propres limites. En fait le peu que j'ai pu faire pour lui était de beaucoup dépassé par ce qu'il faisait pour moi, car je n'ai jamais hésité à l'approcher pour chercher son aide et ses conseils dans mes moindres difficultés.

Quelle patience sans limite avait-il pour aider ceux qui l'approchaient en cas de besoin ! La chose la plus étonnante cependant était son approche de chacun des disciples, qui changeait selon le niveau de compréhension de la personne qui se trouvait devant lui, car comme un étudiant devant un étudiant, un homme politique devant un autre homme politique, un maître de maison devant un autre maître de maison, si une maîtresse de maison venait le voir avec ses problèmes de maîtresse de maison, il n'avait aucune difficulté à la comprendre et à lui donner les indications appropriées. Il avait une aussi grande facilité à établir des relations avec un aborigène illettré, un villageois, un homme très cultivé, etc., etc. Tous en sa présence se sentaient parfaitement à l'aise et chacun des disciples sentait que parmi tous les autres il était celui qui lui était le plus proche. Comme un aimant, il attirait irrésistiblement à lui une personne qui se trouvait dans le besoin, car il avait la capacité prodigieuse de lui faire sentir qu'il était proche d'elle.

En été, quand Svâmiji séjournait à l'ashram Channa, toutes les portes et toutes les fenêtres restaient ouvertes pour permettre la circulation de l'air. Cet endroit n'était pas sans serpent et un jour que j'exprimais mes appréhensions à ce sujet, Svâmiji dit : « Le premier point à prendre en considération c'est de savoir pourquoi un serpent pénétrerait dans la pièce. Bien sûr, pour chercher de la nourriture. A moins qu'il n'ait vu un rat ou une grenouille, pourquoi entrerait-il ? L'homme n'est pas une nourriture pour lui, n'est-ce pas ? Bien sûr, un serpent peut mordre un être humain, mais à quelle occasion ? Lorsqu'il a peur ou lorsqu'il se sent attaqué. Un serpent ne poursuit jamais un homme pour le mordre ; il mord de peur quand quelqu'un s'approche soudainement de lui ou quand la main ou le pied de quelqu'un le frappe involontairement, sinon on a vu des serpents ramper sur un corps humain ou s'étendre à ses côtés sans lui faire aucun mal. De plus, ce ne sont pas seulement les serpents qui ont peur de l'homme, l'homme également a peur des serpents et dans ce cas, même si le serpent n'est pas venimeux, l'homme peut simplement mourir de peur après avoir été mordu. »

Mon travail acharné, mon sérieux et ma sincérité qui m'ont été inculqués par mes contacts avec Svâmiji me firent avoir une promotion dans mon nouveau travail au bout d'un an et demi seulement et me permirent d'avoir des heures régulières de dix heures du matin à cinq heures du soir au siège de la société ainsi que le privilège d'une voiture de fonction qui me conduisait au bureau et m'en ramenait le soir.

Quelques années plus tard, de manière inattendue on me proposa un des postes les plus importants dans la direction de la société. Ce nouveau poste était des plus confidentiels et impliquait de participer à des négociations et tractations secrètes que la société conduisait avec de hauts fonctionnaires et des sociétés privées dans tout le pays et impliquait la responsabilité de signer des contrats selon mon propre jugement. Il y avait plusieurs autres cadres dans la société dont l'ancienneté était plus grande que la mienne et pourtant c'est à moi que le poste fut attribué. Je disposai alors d'un bureau pour mon usage personnel juste à côté de celui du directeur général.

Cela me donna l'occasion de quitter le cercle étroit de l'usine et du siège de Calcutta et d'entrer dans un vaste domaine d'activités à travers tout le pays de Goa à l'ouest jusqu'à Manipur à l'est et de Kanpur au nord à Vishakapattanam dans le sud. Mon travail impliquait l'obtention de contrats du gouvernement et de sociétés privées concernant les chemins de fer, les compagnies maritimes, etc., et la plupart du temps j'étais en déplacement. Ceci me donna plus de liberté et l'occasion de rendre de courtes visites de temps à autre à Svâmiji. Svâmiji m'encouragea fortement à utiliser cette grande opportunité pour étendre mon champ d'expérience et de vision : « Plus vous voyagerez, disait-il, plus grande sera votre connaissance et expérience de la variété des gens avec lesquels vous serez en contact. » C'est à partir de ce moment que Svâmiji se mit à avoir recours à moi pour me demander de menus services de temps à autre. Un jour, je lui demandai :

– Quels sont les besoins réels d'un homme ? Quel est le but ultime de ses besoins matériels qui, une fois atteint, le rendrait satisfait et heureux ?

– Eh bien, pourquoi ne prenez-vous pas votre propre cas ? Maintenant que vous avez un bon travail, quel est le salaire qui vous donnerait satisfaction ou encore quel est le montant d'épargne que vous souhaiteriez encore avoir en plus ?

Ceci me rendit perplexe et je ne pus trouver de réponse.

– Regardez bien, mon enfant, il n'y a aucune limite au désir d'un homme. Plus il obtient, plus il désire obtenir encore davantage. Le désir d'avoir davantage produit encore plus d'agitation et le conduit à la dégradation. Tant qu'il ne surmonte pas son avidité pour avoir plus et encore plus et qu'il ne devient pas stable et établi en lui-même , il ne peut jamais atteindre *mukti* ou la libération de sa servitude. Son âme agitée et insatisfaite va errer de-ci de-là pendant des âges et des âges et d'une vie à l'autre.

Un jour, je demandai à Svâmiji :

– Pourquoi Svâmiji ne met-il pas par écrit sa philosophie ou ses expériences ou ce qu'il a atteint ? S'il le faisait, cela ne rendrait-il service à tant de gens dans le besoin dans notre société ?

– La philosophie ou la connaissance sont-elles comme des bonbons que l'on achète au marché ? La connaissance ne s'acquiert pas en lisant des livres mais en pratiquant la *sâdhanâ* qui consiste à utiliser son intellect, à avoir une expérience pratique et par la persévérance. Les livres que l'on trouve facilement dans les boutiques peuvent bien être appris par cœur ; ils peuvent conduire à une interprétation correcte ou fausse selon ses inclinations et peuvent également permettre de passer des examens. Mais peuvent-ils aider à atteindre la connaissance ou la réalisation de soi ?

Quand Svâmiji revint de son premier voyage en France, je lui rendis visite à l'ashram. Svâmiji me raconta quelques-unes de ses expériences là-bas. Il me décrivit de manière plutôt détaillée comment ses disciples français, hommes et femmes, s'étaient occupés de lui avec beaucoup de soin et de dévotion en faisant tout leur possible pour conserver le mode de vie de Svâmiji à l'ashram. Ils avaient même préparé de la nourriture comme à l'ashram. Il se montrait très élogieux en énumérant tous les détails de ce qu'ils avaient fait pour Svâmiji ; et alors tout d'un coup, il me dit : « Vous-même ne chérissez-vous pas dans votre cœur le désir de servir Svâmiji avec autant de dévotion qu'eux ? »

Je n'étais pas du tout prêt à cette question qui me fut posée si soudainement. Quelle réponse pouvais-je donner ? Comment aurais-je pu dire que le servir comme ils l'avaient fait aurait exigé beaucoup d'argent et que je n'en avais pas ? Cela me rappela l'histoire d'Hanuman du *Râmayâna* qui avait ouvert sa poitrine pour montrer que son maître Râma se trouvait installé en toute sécurité en son sein. Et ce qui me frappa également, c'est qu'étant Prajñânpad c'est-à-dire *trikaldarśin* (celui qui peut voir le passé, le présent et l'avenir) ainsi que l'impliquait son nom, ne pouvait-il pas savoir à quel point je lui étais attaché !

La tête baissée, comme si ma voix était bloquée, j'essayais de mon mieux de contrôler les larmes qui étaient sur le point de couler. J'entendis alors Svâmiji rire et dire : « Attendez un peu, vous n'avez qu'à attendre et à voir, mon enfant, vous n'en serez pas privé. Ne vous inquiétez pas à ce sujet. »

Je ne comprenais pas très bien ce qu'il voulait dire par ces mots de consolation. Mais s'il voulait dire seulement que j'aurais moi-même un jour les moyens de le servir comme il avait été servi en

France, mon cœur aujourd'hui frémit de souffrance. Car lorsque je suis parvenu à avoir une telle situation dans ma vie, Svâmiji avait déjà quitté ce monde. Avais-je besoin d'avoir toute cette richesse pour mon seul usage et celui de ma famille ? Aujourd'hui j'ai tout ce que je peux avoir pour la satisfaction de mes besoins matériels. Et pourtant je me sens extrêmement malheureux quand je pense que ceci est arrivé alors que Svâmiji n'est plus !

En 1967, il y eut soudainement un autre changement pour moi dans la société dans laquelle je travaillais : le directeur général qui m'avait questionné quatre ans auparavant et qui m'avait donné la formation au niveau le plus élevé mourut soudainement. Comme tous les autres directeurs de la société n'avaient eu pour unique intérêt que de partager les profits et qu'aucun d'eux n'était au courant des aspects variés des activités qui couvraient tout le pays, l'entière responsabilité de diriger les affaires retomba sur moi. Les directeurs me demandèrent d'accepter cette responsabilité comme un défi à mes capacités. Peu de temps après, le plus jeune frère du directeur défunt, qui étudiait à l'étranger, arrêta ses études et revint en Inde. Depuis lors, j'eus comme responsabilité supplémentaire de le former de la même manière que son frère aîné m'avait formé au cours des deux dernières années.

Ce défi fut en fait difficile mais Svâmiji était là pour me guider. Chaque fois que je me trouvais confronté à une difficulté, je me précipitais pour lui demander conseil et il m'était toujours d'une grande aide.

Svâmiji m'avait rappelé de temps en temps la nécessité de me marier mais je n'y avais pas beaucoup pensé et je m'occupais d'arranger le mariage de mon plus jeune frère. En 1970 cependant, âgé de trente-cinq ans, alors que j'étais à Bombay lors d'un voyage, je me sentis soudainement très seul un jour et j'écrivis une très longue lettre à Svâmiji à ce sujet. Je m'étais soudainement rendu compte qu'après être resté complètement occupé par mon travail toute la journée, je m'étais senti seul pendant quelque temps. Mes collègues passaient leur temps au bar à boire ou dans les cabarets ou au cinéma, mais je n'éprouvais aucune attirance pour de telles distractions. Je passais mes soirées à lire des livres ou des magazines mais ce soir-là à Bombay, tandis que j'avais une très belle vue de la mer de ma chambre d'hôtel, je sentis soudainement la morsure de la solitude comme jamais auparavant.

A mon retour à Calcutta après la fin de mon voyage une

quinzaine de jours plus tard, je trouvais mon frère aîné qui avait préparé selon les instructions de Svâmiji une liste de plusieurs partis possibles qu'il avait recherchés pendant ce temps-là.

Dans cette liste, la première place revenait naturellement à Shyamali car une proposition avait été reçue de sa famille deux années auparavant et n'avait pas été prise en considération simplement parce que je n'éprouvais aucune inclination pour le mariage à ce moment.

En compagnie de parents plus âgés de ma famille, j'allai jeter un coup d'œil sur Shyamali puis on me demanda également de rencontrer d'autres fiancées possibles, mais je refusai. Je raisonnais de la manière suivante : puisqu'on avait trouvé une fille qui n'avait pas de défaut physique ni mental pourquoi devrais-je rechercher une autre fille ? Cependant, dans le même temps, je souhaitais avoir l'approbation de Svâmiji pour Shyamali. Je lui envoyai sa photo et un spécimen de son écriture et je lui demandai de me donner son avis sur cette fille selon son intuition. Svâmiji répondit : « Cette fille peut convenir. On en parlera de manière détaillée lorsque vous viendrez. »

Quand je rencontrai Svâmiji sa première question fut :

– Quels sont vos sentiments à son égard ? Vous plaît-elle ?

– C'est difficile pour moi de dire ce que je sens. En fait je suis attiré par toutes les filles sur lesquelles se pose mon regard.

– Vous avez raison. A votre âge, c'est tout à fait normal d'être attiré par toutes les filles et pareillement toutes les filles qui vous regarderont seront attirées et souhaiteront vous avoir pour mari. Cependant votre santé, votre charme physique, la profession que vous exercez, votre position et votre statut dans la société vont séduire les filles, même celles qui sont plus éduquées que vous et plus riches que cette fille. Maintenant, c'est à vous de voir si vous préférez vous marier dans une famille plus riche avec une dot plus importante ou avec cette fille venant d'une famille ordinaire de la petite bourgeoisie ayant plus de vertus domestiques et plus soumise qu'une fille éduquée. Bien entendu si vous souhaitez épouser une belle fille venant d'une classe plus élevée, vous risquez de la trouver trop délicate ou trop exigeante. Mais cette fille qui a été élevée par son frère aîné après la mort de ses parents vous considérera comme son seul soutien. Elle ne sera pas tentée de détourner son attention et son amour autre part puisque son frère aîné est également marié. Sa famille cependant ainsi que vous l'avez écrit a été autrefois très riche et jouit d'une excellente réputation.

Il vous appartient maintenant de peser le pour et le contre et de voir ce que vous sentez dans votre cœur.

– Si vous sentez, Svâmiji, que cette fille me convient, j'aimerais certainement l'épouser.

– Je ne trouve rien du tout contre elle.

Bien que la décision concernant la fiancée ait déjà été prise, j'éprouvais cependant un certain doute sur ma compétence à faire face à cette nouvelle responsabilité financière puisque d'un côté ma mère et mon jeune frère dépendaient encore de moi et que d'un autre côté me marier signifiait que je devrais louer un appartement séparé alors que jusqu'à présent je vivais dans un appartement de célibataire. Mais Svâmiji n'attacha aucune importance à cet argument et dit :

– Pourquoi ne seriez-vous pas capable de vous débrouiller avec votre salaire après vous être marié alors que d'autres, même avec un salaire plus faible, en sont capables ? De plus, vous serez certainement capable de vivre tous deux dans la limite de vos revenus en réglant vos dépenses selon un budget mensuel. Faites attention à ne pas dépenser tout votre revenu après vous être marié. Vous devez épargner chaque mois un peu d'argent pour une urgence future.

J'exprimai alors la peur de l'insécurité même dans ma situation actuelle. Ce n'était après tout qu'une société privée qui pouvait, comme tant d'autres par le passé, fermer ses portes à tout moment sans autre raison que l'agitation de travailleurs qui devenait chaque jour de plus en plus forte au Bengale.

– Dans ce cas vous laisserez tomber ce travail et vous créerez votre propre société, répliqua Svâmiji avec une fermeté qui me surprit. Pourquoi devez-vous servir les autres comme un esclave alors que vous avez maîtrisé parfaitement tout ce qui doit être connu dans ce domaine hautement technique et que vous avez établi également des contacts très utiles dans le monde des affaires ?

Bien entendu je me gardai bien de me laisser emporter par la vision idyllique que Svâmiji dressa devant mes yeux ce jour-là, car j'étais devenu suffisamment réaliste pour savoir qu'il me manquait le capital nécessaire pour une telle entreprise et que ce projet était tout à fait irréalisable dans mon cas. Comment aurais-je pu supposer que les paroles de Svâmiji se déposeraient comme des graines dans mon esprit et que le moment venu elles allaient germer et que j'allais en fait tout seul créer ma propre affaire ! Ce jour cependant vint trop tard, quand Svâmiji n'était plus de ce monde.

Quelques jours après notre mariage, nous arrivâmes tous deux à l'ashram pour nous incliner à ses pieds. C'était la première fois que Shyamali se présentait devant lui. Au bout de quelques minutes, une fois les questions préliminaires terminées, Svâmiji me demanda de le laisser seul à seul quelque temps avec Shyamali. Je n'ai jamais demandé à Shyamali ce que Svâmiji lui avait dit ni l'impression qu'il lui avait faite mais il devint clair peu à peu qu'il avait su prendre la place la plus sacrée dans son cœur et qu'elle se mit à le considérer comme son seul dieu à partir de ce moment-là. Autant que je puisse en juger cela a été également rendu possible par l'affection que Svâmiji lui témoigna à elle qui n'avait plus ses parents.

J'avais pris l'habitude depuis très longtemps de me rendre à l'ashram pour la nouvelle année bengalie et cette fois-ci je m'y rendis en compagnie de Shyamali. Le chemin normal pour aller à l'ashram de Burdwan, c'était de prendre un autobus jusqu'au village de Natumgrama et de là, après avoir traversé la route, il fallait parcourir quelques kilomètres de terrains accidentés quasiment non cultivés, couverts d'arbustes et d'autres plantes sauvages, jusqu'à la rivière Khari que l'on pouvait normalement traverser à gué tout à fait facilement. Cependant, le soir précédent, un orage avec de fortes averses avait gonflé la rivière et la passer à gué était très dangereux voire impossible. Les passagers de l'autobus puis les habitants de Natumgrama nous conseillèrent soit de renoncer à notre projet soit de prendre un autre chemin beaucoup plus long pour parvenir à l'ashram. Dans mon impatience cependant d'obtenir les bénédictions de Svâmiji avant le coucher de soleil, je ne pris pas en compte toutes ces mises en garde. Quand nous atteignîmes les bords de la rivière en crue, je fus d'abord pris de panique spécialement en raison de la petite taille de Shyamali d'autant plus qu'elle était enceinte de quatre mois. Mais je surmontai mes appréhensions et décidai finalement de tenter la traversée. J'enlevai ma chemise et mon pantalon et, n'ayant qu'un sous-vêtement, j'entrai dans l'eau. Au-dessus de ma tête, je tenais un panier de fruits et de sucreries pour Svâmiji ainsi que mes vêtements, tandis que de l'autre main je tenais Shyamali serrée contre moi. Plus nous avancions dans la rivière gonflée d'eau, plus nous nous enfoncions et bientôt l'eau parvint à la hauteur de ma poitrine et du cou de Shyamali. Celle-ci qui avait peur de l'eau de la rivière même dans des conditions normales s'accrocha à moi avec plus de force encore rendant notre progression d'autant plus difficile. Ce fut un miracle que nous ayons pu atteindre l'autre rive sans accident. Bien entendu, j'avais cherché en silence l'aide de Svâmiji avec tout le sérieux et la dévotion que j'avais dans le cœur et je me demande si nous aurions pu réussir sans avoir reçu ses bénédictions invisibles.

Après avoir traversé la rivière et avoir grimpé sur la terre ferme tout près de l'ashram, nous pûmes voir à quelque distance que Svâmiji et Mâ regardaient dans notre direction avec étonnement. Svâmiji dit alors avec un grand soulagement : « Comment avez-vous réussi à traverser tous deux cette rivière gonflée ? Personne n'a pu venir aujourd'hui pour le Nouvel An. Votre frère aîné ce matin a dû faire demi-tour sans pouvoir traverser la rivière et vous en compagnie de Shyamali vous l'avez traversée, simplement pour être ici à cette occasion ! » Mâ donna à Shyamali des habits secs pour se changer et après avoir passé quelque temps à l'ashram nous retournâmes le soir même à Calcutta. Mais Svâmiji ne nous permit pas de reprendre le même chemin.

Shyamali mit au monde deux enfants mais tous deux moururent pendant que Svâmiji était encore en vie. Bien que je ne fusse pas trop affecté par leur disparition survenue si tôt après leur naissance, la peine de Shyamali était insupportable et la consoler m'était devenu très difficile. Combien de fois n'ai-je pas dû me précipiter avec elle vers Svâmiji, car lui seul réussissait à la calmer et à l'apaiser.

Svâmiji tomba très gravement malade en 1972. Je ne réalisai la gravité de son état que lorsque je reçus une réponse à ma lettre dans une écriture qui n'était pas la sienne mais celle de Satinath. Malgré mon vif désir de lui rendre visite, je fis un effort particulier pour ne pas y aller car ma présence additionnelle alors que tant d'autres y étaient déjà risquait non seulement d'être une charge supplémentaire pour ceux qui s'occupaient de lui mais risquait de le fatiguer également.

Après son retour de Paris où, pour changer de climat, il était allé séjourner chez Daniel, il vint à l'ashram Channa pour la dernière fois de sa vie en décembre 1973. Je fus très malheureux de voir quand il arriva à la gare Howrah combien il était devenu faible et fragile. Il devait s'arrêter longuement sur chaque marche de l'escalier, s'appuyant avec effort d'une main sur son bâton et de l'autre sur la personne qui l'accompagnait. Il parlait lentement et faiblement et mangeait très peu. Pourquoi devait-il quitter Ranchi dans l'état dans lequel il se trouvait spécialement alors que je savais qu'aucune aide médicale ne serait disponible à l'ashram

Channa en cas d'urgence ? Il resta à l'ashram Channa jusqu'en mars 1974 et revint à Ranchi.

Le 20 septembre 1974, sans même avoir eu le temps de prévenir mon bureau, je dus accompagner Mâ de toute urgence à Ranchi. L'état de Svâmiji était critique et pourtant je ne pouvais même pas rester pour la nuit car je devais rentrer à Calcutta. Svâmiji pouvait à peine parler et ses paroles étaient à peine audibles et pourtant, avant de partir, quand je m'inclinai devant lui, il m'enjoignit de demander le remboursement du prix du billet que j'avais acheté pour Mâ et pour moi-même pour venir de Calcutta ainsi que le prix du billet de retour. C'était une situation très embarrassante pour moi. On aboutit finalement à un compromis. On devait me rembourser seulement les dépenses occasionnées par Mâ. Bien que Svâmiji dût faire un sur-effort pour prononcer même un simple mot, il me fit comprendre que ce qu'il voulait dire c'était : « On ne doit avoir de dette envers personne. Un homme endetté ne peut jamais être libre. »

Ce furent les derniers mots que j'entendis Svâmiji prononcer. Quarante-huit heures après mon retour à Calcutta à quatre heures du matin, le 24 septembre, Satinath m'appela au téléphone : « Svâmiji n'est plus. Il vient juste de tous nous quitter à l'instant. » Selon les instructions de Satinath, j'informai Svagata ainsi que mon frère aîné. Notre groupe arriva à Ranchi un peu moins de quatre heures après sa mort.

Personnellement, le moment le plus difficile vint quand, après de longues discussions, c'est moi qui fus choisi parmi tous les membres de sa famille et ses disciples pour accomplir les derniers rites funéraires. Cela n'avait rien d'agréable car, selon la tradition hindoue, le corps mort doit être placé sur un bûcher et la personne qui accomplit les derniers rites doit placer le feu dans la bouche du corps mort.

Mon sentiment personnel était qu'il appartenait à sa fille Chinmayee, en l'absence d'un frère, d'accomplir ce rite ou bien à son mari. Mais aucun des deux ne fut d'accord puisque Svâmiji n'était pas un maître de maison mais un *saṃnyâsin*. Le consensus se porta en faveur de l'un de ses disciples soit le plus âgé, soit le plus jeune. Le plus âgé étant Nandakishore qui, pour des raisons connues de lui seul, refusa d'accepter cet honneur. C'est moi, le plus jeune parmi les disciples présents, qui fus appelé à accomplir cet acte.

C'est ainsi que se termina la vie de Svâmiji et nous sentîmes tous un vide indescriptible dans notre cœur et tout autour de nous.

En dépit du chagrin passager causé par cette grande perte, mon sentiment personnel, qui s'est renforcé par la suite, fut que Svâmiji, qui n'a jamais cherché à avoir quelque chose pour lui-même et ne faisait que donner aux autres, était mort seulement après avoir donné à chacun de ses disciples dans le besoin ce que lui ou elle avait besoin de recevoir.

Quant à moi, je peux dire aujourd'hui qu'aucun de mes désirs ou besoins fondamentaux n'est resté insatisfait. Svâmiji m'a rendu complètement dépendant de moi-même, capable de vivre à l'intérieur de mes moyens et sans désirer ce qui n'est pas à moi ni ce qui est inatteignable. Partant d'un garçon qui manquait complètement de confiance en lui-même, graduellement, par sa patience et ses conseils éclairés, il infusa en moi la force qui naît de la confiance en soi.

Table des matières

Cet ouvrage a été achevé
d'imprimer sur presse
Cameron dans les ateliers
de la S.E.P.C.
à Saint-Amand-Montrond (Cher)
en janvier 1993

N° d'édition : 2664. N° d'impression : 049.
Dépôt légal : janvier 1993.

Imprimé en France